钱锺書集

錢鍾書集

寫在人生邊上
人生邊上的邊上
石語

生活·讀書·新知 三聯書店

圖書在版編目(CIP)數據

錢鍾書集:寫在人生邊上;人生邊上的邊上;石語 / 錢鍾書著.
—2 版. —北京:生活・讀書・新知三聯書店,2007.10 (2022.8 重印)
ISBN 978-7-108-02750-4

Ⅰ.錢… Ⅱ.錢… Ⅲ.①錢鍾書(1910~1998)-文集
②社會科學-文集 Ⅳ.C52

中國版本圖書館 CIP 數據核字(2007)第 086086 號

書名題簽 錢鍾書 楊 絳

責任編輯 馮金紅
裝幀設計 陸智昌
責任印制 董 歡
出版發行 生活・讀書・新知三聯書店
(北京市東城區美術館東街 22 號)
郵 編 100010

出版說明

錢鍾書先生（一九一〇——一九九八年）是當代中國著名的學者、作家。他的著述，如廣爲傳播的《談藝録》、《管錐編》、《圍城》等，均已成爲二十世紀重要的學術和文學經典。爲了比較全面地呈現錢鍾書先生的學術思想和文學成就，經作者授權，三聯書店組織力量編輯了這套《錢鍾書集》。

《錢鍾書集》包括下列十種著述：

《談藝録》、《管錐編》、《宋詩選註》、《七綴集》、《圍城》、《人・獸・鬼》、《寫在人生邊上》、《人生邊上的邊上》、《石語》、《槐聚詩存》。

這些著述中，凡已正式出版的，我們均據作者的自存本做了校訂。其中，《談藝録》、《管錐編》出版後，作者曾做過多次補訂；這些補訂在兩書再版時均綴於書後。此次結集，我們根據作者的意願，將各次補訂或據作者指示或依文意排入相關章節。另外，我們還訂正了少量排印錯訛。

《錢鍾書集》由錢鍾書先生和楊絳先生提供文稿和樣書；陸谷孫、羅新璋、董衡巽、薛鴻時和張佩芬諸先生任外文校訂；陸文虎先生和馬蓉女士分別擔任了《談藝録》和《管錐編》的編輯工作。對以上人士和所有關心、幫助過《錢鍾書集》出版的人，我們都表示誠摯的感謝。

生活·讀書·新知三聯書店
一九九九年十二月一日

此次再版，訂正了初版中少量的文字和標點訛誤；並對《談藝録》、《管錐編》的補訂插入位置稍做調整。

生活·讀書·新知三聯書店
二〇〇七年八月二十日

錢鍾書對《錢鍾書集》的態度

（代　序）

楊　絳

我謹以眷屬的身份，向讀者説説錢鍾書對《錢鍾書集》的態度。因爲他在病中，不能自己寫序。

他不願意出《全集》，認爲自己的作品不值得全部收集。他也不願意出《選集》，壓根兒不願意出《集》，因爲他的作品各式各樣，糅合不到一起。作品一一出版就行了，何必再多事出什麽《集》。

但從事出版的同志們從讀者需求出發，提出了不同意見，大致可歸納爲三點。（一）錢鍾書的作品，由他點滴授權，在臺灣已出了《作品集》。咱們大陸上倒不讓出？（二）《談藝録》、《管錐編》出版後，他曾再三修改，大量增删。出版者爲了印刷的方便，《談藝録》再版時把《補遺》和《補訂》附在卷末，《管錐編》的《增訂》是另册出版的。讀者閲讀不便。出《集》重排，可把《補遺》、《補訂》和《增訂》的段落，一一納入原文，讀者就可以一口氣讀個完整。（三）儘管自己不出《集》，難保旁人不侵權擅自出《集》。

錢鍾書覺得説來也有道理，終於同意出《錢鍾書集》。隨後他因病住醫院，出《錢鍾書集》的事就由三聯書店和諸位友好協力擔任。我是代他和書店並各友好聯絡的人。

錢鍾書絶對不敢以大師自居。他從不廁身大師之列。他不開宗立派，不傳授弟子。他絶不號召對他作品進行研究，也不喜旁人爲他號召，嚴肅認真的研究是不用號召的。《錢鍾書集》不是他的一家言。《談藝録》和《管錐編》是他的讀書心得，供會心的讀者閲讀欣賞。他偶爾聽到入耳的稱許，會驚喜又驚奇。《七綴集》文字比較明白易曉，也同樣不是普及性讀物。他酷愛詩。我國的舊體詩之外，西洋德、意、英、法原文詩他熟讀的真不少，詩的意境是他深有領會的。所以他評價自己的《詩存》衹是恰如其分。他對自己的長篇小説《圍城》和短篇小説以及散文等創作，都不大滿意。儘管電視劇《圍城》給原作贏得廣泛的讀者，他對這部小説確實不大滿意。他的早年作品唤不起他多大興趣。"小時候幹的營生"會使他"駭且笑"，不過也並不認爲見不得人。誰都有個成長的過程，而且，清一色的性格不多見。錢鍾書常説自己是"一束矛盾"。本《集》的作品不是洽調一致的，衹不過同出錢鍾書筆下而已。

錢鍾書六十年前曾對我説：他志氣不大，但願竭畢生精力，做做學問。六十年來，他就寫了幾本書。本《集》收集了他的主要作品。憑他自己説的"志氣不大"，《錢鍾書集》衹能是菲薄的奉獻。我希望他畢生的虚心和努力，能得到尊重。

一九九七年十一月二十一日

作者在清華大學氣象臺，時已
開始寫作本書的一些文章（一九三二）

作者夫婦赴英國留學途中（一九三五）

石語

絳檢得余舊稿紙已破碎，病中爲之粘襯，圖文又釘成此小冊子。槐聚記 一九九四年四月四日

作者手跡

總 目 次

寫在人生邊上

書名由作者題簽

赠　予

季　康

一九四一年六月二十日

誌　謝

這個集子裏的文章，有幾篇是發表過的，曾和孫大雨、戴望舒、沈從文、孫毓棠各位先生所主編或籌備的刊物有過關係。

陳麟瑞、李健吾兩先生曾將全書審閱一遍，並且在出版和印刷方面，不吝惜地給予了幫助。

作者遠客內地，由楊絳女士在上海收拾，挑選，編定這幾篇散文，成爲一集。

願他們幾位不嫌微末地接受作者的感謝。

目　次

序

人生據説是一部大書。

假使人生真是這樣，那末，我們一大半作者祇能算是書評家，具有書評家的本領，無須看得幾頁書，議論早已發了一大堆，書評一篇寫完繳卷。

但是，世界上還有一種人。他們覺得看書的目的，並不是爲了寫批評或介紹。他們有一種業餘消遣者的隨便和從容，他們不慌不忙地瀏覽。每到有什麽意見，他們隨手在書邊的空白上註幾個字，寫一個問號或感歎號，像中國舊書上的眉批，外國書裏的 Marginalia。這種零星隨感並非他們對於整部書的結論。因爲是隨時批識，先後也許彼此矛盾，説話過火。他們也懶得去理會，反正是消遣，不像書評家負有指導讀者、教訓作者的重大使命。誰有能力和耐心做那些事呢?

假使人生是一部大書，那末，下面的幾篇散文祇能算是寫在人生邊上的。這本書真大！一時不易看完，就是寫過的邊上也還留下好多空白。

一九三九，二，一八

魔鬼夜訪錢鍾書先生

“論理你跟我該彼此早認識了，”他說，揀了最近火盆的凳子坐下：“我就是魔鬼；你曾經受我的引誘和試探。”

“不過，你是個實心眼兒的好人！”他說時泛出同情的微笑，“你不會認識我，雖然你上過我的當。你受我引誘時，你衹知道我是可愛的女人、可親信的朋友，甚至是可追求的理想，你没有看出是我。衹有拒絶我引誘的人，像耶穌基督，纔知道我是誰。今天呢，我們也算有緣。有人家做齋事，打醮祭鬼，請我去坐首席，應酬了半個晚上，多喝了幾杯酒，醉眼迷離，想回到我的黑暗的寓處，不料錯走進了你的屋子。内地的電燈實在太糟了！你房裏竟黑洞洞跟敝處地獄一樣！不過還比我那兒冷；我那兒一天到晚生着硫磺火，你這裏當然做不到——聽説炭價又漲了。”

這時候，我驚奇已定，覺得要盡點主人的義務，對來客説：“承你老人家半夜暗臨，蓬蓽生黑，十分榮幸！衹恨獨身作客，没有預備歡迎，抱歉得很！老人家覺得冷麽？失陪一會，讓我去叫醒傭人來沏壺茶，添些炭。”

“那可不必，”他極客氣地阻止我，“我衹坐一會兒就要去的。

並且，我告訴你——”他那時的表情，親信而帶嚴重，極像向醫生報告隱病時的病人——“反正我是烤火不暖的。我少年時大鬧天宫，想奪上帝的位子不料没有成功，反而被貶入寒冰地獄受苦①，好像你們人世從前俄國的革命黨，被暴君充配到西伯利亞雪地一樣。我通身熱度都被寒氣逼入心裏，變成一個熱中冷血的角色。我曾在火炕上坐了三日三夜，屁股還是像窗外的冬夜，深黑地冷……”

我驚異地截斷他説：“巴貝獨瑞維衣(Barbey D’Aurevilly)不是也曾説……”

“是啊，”他呵呵地笑了：“他在《魔女記》(*Les Diaboliques*)第五篇裏確也曾提起我的火燒不暖的屁股。你看，人怕出名啊！出了名後，你就無秘密可言。什麽私事都給採訪們去傳説，通訊員等去發表。這麽一來，把你的自傳或懺悔録裏的資料硬奪去了②。將來我若做自述，非另外捏造點新奇事實不可。”

“這不是和自傳的意義違反了嗎?”我問。

他又笑了：“不料你的識見竟平庸得可以做社論。現在是新傳記文學的時代。爲别人做傳記也是自我表現的一種；不妨加入自己的主見，借别人爲題目來發揮自己。反過來説，作自傳的人往往並無自己可傳，就逞心如意地描摹出自己老婆、兒子都認不得的形象，或者東拉西扯地記載交遊，傳述别人的軼事。所以，

---

① 密爾頓《失樂園》第一卷就寫魔鬼因造反，大鬧天堂被貶。但丁《地獄篇》第三十四齣寫魔鬼在冰裏受苦。

② 像卡爾松與文匈合作的《魔鬼》（Garcon & Vinchon：*Le Diable*）就搜集許多民間關於魔鬼的傳説。

你要知道一個人的自己，你得看他爲别人做的傳；你要知道别人，你倒該看他爲自己做的傳。自傳就是别傳。”

我聽了不由自主地佩服，因而恭恭敬敬地請求道：“你老人家允許我將來引用你這段話麽?”

他回答説：“那有什麽不可以？衹要你引到它時，應用‘我的朋友某某説’的公式。”

這使我更高興了，便謙遜説：“老人家太看得起我了！我配做你的朋友麽?”

他的回答頗使我掃興：“不是我瞧得起你，説你是我的朋友；是你看承我，説我是你的朋友。做文章時，引用到古人的話，不要用引號，表示詞必己出，引用今人的話，必須説‘我的朋友’——這樣你纔能招徠朋友。”

他雖然這樣直率，我還想敷衍他幾句：“承教得很！不料你老人家對於文學寫作也是這樣的内行。你剛纔提起《魔女記》已使我驚佩了。”

他半帶憐憫地回答：“怪不得旁人説你跳不出你的階級意識，難道我就不配看書？我雖屬於地獄，在社會的最下層，而從小就有向上的志趣。對於書本也曾用過工夫，尤其是流行的雜誌小册子之類。因此歌德稱讚我有進步的精神，能隨着報紙上所謂‘時代的巨輪’一同滚向前去①。因爲你是個歡喜看文學書的人，所以我對你談話就講點文學名著，顯得我也有同好，也是内行。反

① 歌德《浮士德》第一部巫竈節，女巫怪魔鬼形容改變，魔鬼答謂世界文明日新，故亦與之俱進。

過來說，假使你是個反對看書的多產作家，我當然要改變談風，對你說我也覺得書是不必看的，祇除了你自己做的書——並且，看你的書還嫌人生太短，哪有工夫看什麼典籍？我會對科學家談發明，對歷史家談考古，對政治家談國際情勢，展覽會上講藝術賞鑒，酒席上講烹調。不但這樣，有時我偏要對科學家講政治，對考古家論文藝，因爲反正他們不懂什麽，樂得讓他們拾點牙慧；對牛彈的琴根本就不用挑選什麽好曲子！烹調呢，我往往在茶會上討論；亦許女主人聽我講得有味，過幾天約我吃她自己做的菜，也未可知。這樣混了幾萬年，在人間世也稍微有點名氣。但丁讚我善於思辯，歌德說我見多識廣①。你到了我的地位，又該驕傲了！我卻不然，愈變愈謙遜，時常自謙說：‘我不過是個地下鬼！’② 就是你們自謙爲‘鄉下人’的意思，我還恐怕空口說話不足以表示我的謙卑的精神，我把我的身體來作爲象徵。財主有布袋似的大肚子，表示囊中充實；思想家垂頭彎背，形狀像標點裏的問號，表示對一切發生疑問；所以——”說時，他伸給我看他的右腳，所穿皮鞋的跟似乎特別高——“我的腿是不大方便的③，這象徵着我的謙虛，表示我‘蹩腳’。我於是發明了纏小腳和高跟鞋，因爲我的殘疾有時也需要掩飾，尤其碰到我

---

① 《地獄篇》第二十七齣魔鬼自言爲論理學家。《浮士德》第一部《書齋節》魔鬼自言雖非無所不知，而見聞亦極廣博。

② 柯律立治《魔鬼有所思》、騷賽《魔鬼閑行》二詩皆言魔鬼以謙恭飾驕傲。

③ 魔鬼跛足，看勒薩日(Le Sage)《魔鬼領導觀光记》(*Le Diable Boiteux*)可知。又笛福(Defoe)《魔鬼政治史》(*Political History of the Devil*) 第二部第四章可知。

變爲女人的時候。”

我忍不住發問説：“也有瞻仰過你風采的人説，你老人家頭角峥嶸，有點像……”

他不等我講完就回答説：“是的，有時我也現牛相①。這當然還是一種象徵。牛慣做犧牲，可以顯示‘我不入地獄，誰入地獄’的精神；並且，世人好吹牛，而牛決不能自己吹自己，至少生理構造不允許它那樣做，所以我的牛形正是謙遜的表現。我不比你們文人學者會假客氣。有種人神氣活現，你對他恭維，他不推卻地接受，好像你還他的債，他衹恨你没有附繳利錢。另外一種假作謙虚，人家讚美，他滿口説慚愧不敢當，好像上司納賄，嫌數量太少，原璧退還，好等下屬加倍再送。不管債主也好，上司也好，他們終相信世界上還有值得稱讚的好人，至少就是他們自己。我的謙虚纔是頂徹底的，我覺得自己就無可驕傲，無可讚美，何況其他的人！我一向衹遭人咒駡，所以全没有這種虚榮心。不過，我雖非作者，却引起了好多作品。在這一點上，我頗像——”他説時，毫不難爲情，真虧他！衹有火盆裏通紅的炭在他的黑臉上弄着光彩，“我頗像一個美麗的女人，自己並不寫作，而能引起好多失戀的詩人的靈感，使他們從破裂的心裏——不是！從破裂的嗓子裏發出歌詠。像拜倫、雪萊等寫詩就受到我的啓示②。又如現在報章雜誌上常常鬼話連篇，這也是

---

① 魔鬼常現牛形，《舊約全書·詩篇》第一〇六篇即謂祀鬼者造牛像而敬事之。後世則謂魔鬼現山羊形，笛福詳説之。

② 騷賽《末日審判》（*Vision of Judgment*）長詩自序説拜倫、雪萊皆魔鬼派詩人。

受我的感化。”

我說：“我正在奇怪，你老人家怎會有工夫。全世界的報紙，都在講戰爭。在這個時候，你老人家該忙着屠殺和侵略，施展你的破壞藝術，怎會忙裏偷閑來找我談天。”

他說：“你頗有逐客之意，是不是？我是該去了，我忘了夜是你們人間世休息的時間。我們今天談得很暢，我還要跟你解釋幾句，你說我參與戰爭，那真是冤枉。我脾氣和平，頂反對用武力，相信條約可以解決一切，譬如浮士德跟我歃血爲盟，訂立出賣靈魂的契約①，雙方何等斯文！我當初也是個好勇鬥狠的人，自從造反失敗，驅逐出天堂，聽了我參謀的勸告，悟到角力不如角智②，從此以後我把誘惑來代替鬥爭。你知道，我是做靈魂生意的。人類的靈魂一部分由上帝挑去，此外全歸我。誰料這幾十年來，生意清淡得衹好喝陰風。一向人類靈魂有好壞之分。好的歸上帝收存，壞的由我買賣。到了十九世紀中葉，忽然來了個大變動，除了極少數外，人類幾乎全無靈魂。有點靈魂的又都是好人，該歸上帝掌管。譬如戰士們是有靈魂的，但是他們的靈魂，直接升入天堂，全沒有我的份。近代心理學者提倡‘没有靈魂的心理學’，這種學説在人人有靈魂的古代，決不會發生。到了現在，即使有一兩個給上帝挑剩的靈魂，往往又臭又髒，不是帶着實驗室裏的藥味，就是罩了一層舊書的灰塵，再不然還有刺鼻的銅臭，我有愛潔的脾氣，不願意撿破爛。近代當然也有壞人，但

① 馬洛(Marlowe)《浮士德》(*Faustus*)記浮士德刺臂出血，並載契約全文。

② 見《失樂園》第二卷。

是他們壞得没有性靈，没有人格，不動聲色像無機體，富有效率像機械。就是詩人之類，也很使我失望；他們常説表現靈魂，把靈魂全部表現完了，更不留一點兒給我。你説我忙，你怎知道我閑得發慌，我也是近代物質和機械文明的犧牲品，一個失業者，而且我的家庭負擔很重，有七百萬子孫待我養活①。當然，應酬還是有的，像我這樣有聲望的人，不會没有應酬，今天就是吃了飯來。在這個年頭兒，不愁没有人請你吃飯，祇是人不讓你用本領來換飯吃。這是一種苦悶。”

他不説了。他的淒涼佈滿了空氣，減退了火盆的温暖。我正想關於我自己的靈魂有所詢問，他忽然站起來，説不再坐了，祝我“晚安”，還説也許有機會再相見。我開門相送。無邊際的夜色在静等着他。他走出了門，消溶而吞併在夜色之中，彷彿一滴雨歸於大海。

① 魏阿《魔鬼威靈記》（Johann Weier：*De Praestigiis Daemonium*）載小鬼數共計七百四十萬五千九百二十六個。

窗

又是春天，窗子可以常開了。春天從窗外進來，人在屋子裏坐不住，就從門裏出去。不過屋子外的春天太賤了！到處是陽光，不像射破屋裏陰深的那樣明亮；到處是給太陽曬得懶洋洋的風，不像攪動屋裏沉悶的那樣有生氣。就是鳥語，也似乎瑣碎而單薄，需要屋裏的寂靜來做襯托。我們因此明白，春天是該鑲嵌在窗子裏看的，好比畫配了框子。

同時，我們悟到，門和窗有不同的意義。當然，門是造了讓人出進的。但是，窗子有時也可作爲進出口用，譬如小偷或小説裏私約的情人就喜歡爬窗子。所以窗子和門的根本分别，決不僅是有没有人進來出去。若據賞春一事來看，我們不妨這樣説：有了門，我們可以出去；有了窗，我們可以不必出去。窗子打通了大自然和人的隔膜，把風和太陽逗引進來，使屋子裏也關着一部分春天，讓我們安坐了享受，無須再到外面去找。古代詩人像陶淵明對於窗子的這種精神，頗有會心。《歸去來辭》有兩句道：“倚南窗以寄傲，審容膝之易安。”不等於説，衹要有窗可以憑眺，就是小屋子也住得麽？他又説：“夏月虚閑，高卧北窗之下，清風颯至，自謂羲皇上人。”意思是祇要窗子透風，小屋子可成極樂世界；他雖然是柴桑人，就近有廬山，也用不着上去避暑。所以，門許我們追求，表示慾望，窗子許我們佔領，表示享受。這個分別，不但是住在屋裏的人的看法，有時也適用於屋外的來人。一個外來者，打門請進，有所要求，有所詢問，他至多是個客人，一切要等主人來決定。反過來説，一個鑽窗子進來的人，不管是偷東西還是偷情，早已決心來替你做個暫時的主人，顧不到你的歡迎和拒絶了。繆塞（Musset）在《少女做的是什麼夢》（*A Quoi revent les jeunes filles*）那首詩劇裏，有句妙語，略謂父親開了門，請進了物質上的丈夫（matériel époux），但是理想的愛人（idéal），總是從窗子出進的。換句話説，從前門進來的，祇是形式上的女婿，雖然經丈人看中，還待博取小姐自己的歡心；要是從後窗進來的，纔是女郎們把靈魂肉體完全交託的真正情人。你進前門，先要經門房通知，再要等主人出現，還得寒暄幾句，方能説明來意，既費心思，又費時間，哪像從後窗進來的直捷痛快？好像學問的捷徑，在乎書背後的引得，若從前面正文看起，反見得迂遠了。這當然祇是在社會常態下的分別，到了戰爭等變態時期，屋子本身就保不住，還講什麼門和窗！

世界上的屋子全有門，而不開窗的屋子我們還看得到。這指示出窗比門代表更高的人類進化階段。門是住屋子者的需要，窗多少是一種奢侈。屋子的本意，祇像鳥窠獸窟，準備人回來過夜的，把門關上，算是保護。但是牆上開了窗子，收入光明和空氣，使我們白天不必到户外去，關了門也可生活。屋子在人生裏因此增添了意義，不祇是避風雨、過夜的地方，並且有了陳設，掛着書畫，是我們從早到晚思想、工作、娱樂、演出人生悲喜劇的場子。門是人的進出口，窗可以説是天的進出口。屋子本是人造了爲躲避自然的脅害，而向四垛牆、一個屋頂裏，窗引誘了一角天進來，馴服了它，給人利用，好比我們籠絡野馬，變爲家畜一樣。從此我們在屋子裏就能和自然接觸，不必去找光明，换空氣，光明和空氣會來找到我們。所以，人對於自然的勝利，窗也是一個。不過，這種勝利，有如女人對於男子的勝利，表面上看來好像是讓步——人開了窗讓風和日光進來佔領，誰知道來佔領這個地方的就給這個地方佔領去了！我們剛説門是需要，需要是不由人做得主的。譬如我餓了就要吃，渴了就得喝。所以，有人敲門，你總得去開，也許是易卜生所説比你下一代的青年想衝進來，也許像德昆西《論謀殺後聞打門聲》（*On the knocking at the Gate in the Macheth*）所説，光天化日的世界想攻進黑暗罪惡的世界，也許是浪子回家，也許是有人借債（更許是討債），你愈不知道，怕去開，你愈想知道究竟，愈要去開。甚至每天郵差打門的聲音，也使你起了帶疑懼的希冀，因爲你不知道而又願知道他帶來的是什麽消息。門的開關是由不得你的。但是窗呢？你清早起來，衹要把窗幕拉過一邊，你就知道窗外有什麽東西在招呼着你，是雪，是霧，是雨，還是好太陽，決定要不要開窗子。上面説過窗子算得奢侈品，奢侈品原是在人看情形斟酌增減的。

我常想，窗可以算房屋的眼睛。劉熙《釋名》説："窗，聰也；於内窺外，爲聰明也。"正如凱羅（Gottfried Keller）《晚歌》（*Abendlied*）起句所謂："雙瞳如小窗（Fensterlein），佳景收歷歷。”同樣地祇説着一半。眼睛是靈魂的窗户，我們看見外界，同時也讓人看到了我們的内心；眼睛往往跟着心在轉，所以孟子認爲相人莫良於眸子，梅特林克戲劇裏的情人接吻時不閉眼，可以看見對方有多少吻要從心裏上升到嘴邊。我們跟戴黑眼鏡的人談話，總覺得捉摸不住他的用意，彷彿他以假面具相對，就是爲此。據愛克曼(Eckermann)記一八三〇年四月五日歌德的談話，歌德恨一切戴眼鏡的人，説他們看得清楚他臉上的皺紋，但是他給他們的玻璃片耀得眼花繚亂，看不出他們的心境。窗子許裏面人看出去，同時也許外面人看進來，所以在熱鬧地方住的人要用窗簾子，替他們私生活做個保障。晚上訪人，祇要看窗裏有無燈光，就約略可以猜到主人在不在家，不必打開了門再問，好比不等人開口，從眼睛裏看出他的心思。關窗的作用等於閉眼。天地間有許多景象是要閉了眼纔看得見的，譬如夢。假使窗外的人聲物態太嘈雜了，關了窗好讓靈魂自由地去探勝，安靜地默想。有時，關窗和閉眼也有連帶關係，你覺得窗外的世界不過爾爾，並不能給與你什麽滿足，你想回到故鄉，你要看見跟你分離的親友，你祇有睡覺，閉了眼向夢裏尋去，於是你起來先關了窗。因爲祇是春天，還留着殘冷，窗子也不能鎮天鎮夜不關的。

論快樂

在舊書鋪裏買回來維尼（Vigny）的《詩人日記》（*Journal d'un poète*），信手翻開，就看見有趣的一條。他說，在法語裏，喜樂（bonheur）一個名詞是“好”和“鐘點”兩字拼成，可見好事多磨，衹是個把鐘頭的玩意兒（Si le bonheur n'était qu'une bonne heure!）。我們聯想到我們本國話的說法，也同樣的意味深永，譬如快活或快樂的快字，就把人生一切樂事的飄瞥難留，極清楚地指示出來。所以我們又慨歎說：“歡娱嫌夜短！”因爲人在高興的時候，活得太快，一到困苦無聊，愈覺得日腳像跛了似的，走得特別慢。德語的沉悶（Langeweile）一詞，據字面上直譯，就是“長時間”的意思。《西遊記》裏小猴子對孫行者說：“天上一日，下界一年。”這種神話，確反映着人類的心理。天上比人間舒服歡樂，所以神仙活得快，人間一年在天上衹當一日過。從此類推，地獄裏比人間更痛苦，日子一定愈加難度。段成式《酉陽雜俎》就說：“鬼言三年，人間三日。”嫌人生短促的人，真是最“快活”的人，反過來說，真快活的人，不管活到多少歲死，衹能算是短命夭折。所以，做神仙也並不值得，在凡間已經三十年做了一世的人，在天上還是個初滿月的小孩。但是這種“天算”，也有佔便宜的地方：譬如戴孚《廣異記》載崔參軍捉狐妖，“以桃枝決五下”，長孫無忌說罰討得太輕，崔答：“五下是人間五百下，殊非小刑。”可見賣老祝壽等等，在地上最爲相宜，而刑罰呢，應該到天上去受。

“永遠快樂”這句話，不但渺茫得不能實現，並且荒謬得不能成立。快過的決不會永久；我們說永遠快樂，正好像說四方的圓形、靜止的動作同樣地自相矛盾。在高興的時候，我們的生命加添了迅速，增進了油滑。像浮士德那樣，我們空對瞬息即逝的時間喊着說：“逗留一會兒罷！你太美了！”那有什麼用？你要永久，你該向痛苦裏去找。不講别的，祇要一個失眠的晚上，或者有約不來的下午，或者一課沉悶的聽講——這許多，比一切宗教信仰更有效力，能使你嘗到什麼叫做“永生”的滋味。人生的刺，就在這裏，留戀着不肯快走的，偏是你所不留戀的東西。

快樂在人生裏，好比引誘小孩子吃藥的方糖，更像跑狗場裏引誘狗賽跑的電兔子。幾分鐘或者幾天的快樂賺我們活了一世，忍受着許多痛苦。我們希望它來，希望它留，希望它再來——這三句話概括了整個人類努力的歷史。在我們追求和等候的時候，生命又不知不覺地偷度過去。也許我們祇是時間消費的籌碼，活了一世不過是爲那一世的歲月充當殉葬品，根本不會享到快樂。但是我們到死也不明白是上了當，我們還理想死後有個天堂，在那裏——謝上帝，也有這一天！我們終於享受到永遠的快樂。你看，快樂的引誘，不僅像電兔子和方糖，使我們忍受了人生，而且彷彿釣鈎上的魚餌，竟使我們甘心去死。這樣說來，人生雖痛苦，却並不悲觀，因爲它終抱着快樂的希望；現在的賬，我們預支了將來去付。爲了快活，我們甚至於願意慢死。

穆勒曾把“痛苦的蘇格拉底”和“快樂的豬”比較。假使豬真知道快活，那末豬和蘇格拉底也相去無幾了。豬是否能快樂得像人，我們不知道；但是人會容易滿足得像豬，我們是常看見的。把快樂分肉體的和精神的兩種，這是最糊塗的分析。一切快樂的享受都屬於精神的，儘管快樂的原因是肉體上的物質刺激。小孩子初生下來，吃飽了奶就乖乖地睡，並不知道什麽是快活，雖然它身體感覺舒服。緣故是小孩子的精神和肉體還没有分化，衹是混沌的星雲狀態。洗一個澡，看一朵花，吃一頓飯，假使你覺得快活，並非全因爲澡洗得乾淨，花開得好，或者菜合你口味，主要因爲你心上没有掛礙，輕鬆的靈魂可以專注肉體的感覺，來欣賞，來審定。要是你精神不痛快，像將離别時的筵席，隨它怎樣烹調得好，吃來衹是土氣息、泥滋味。那時刻的靈魂，彷彿害病的眼怕見陽光，撕去皮的傷口怕接觸空氣，雖然空氣和陽光都是好東西。快樂時的你，一定心無愧怍。假如你犯罪而真覺快樂，你那時候一定和有道德、有修養的人同樣心安理得。有最潔白的良心，跟全没有良心或有最漆黑的良心，效果是相等的。

發現了快樂由精神來決定，人類文化又進一步。發現這個道理，和發現是非善惡取決於公理而不取決於暴力，一樣重要。公理發現以後，從此世界上没有可被武力完全屈服的人。發現了精神是一切快樂的根據，從此痛苦失掉它們的可怕，肉體減少了專制。精神的煉金術能使肉體痛苦都變成快樂的資料。於是，燒了房子，有慶賀的人；一簞食，一瓢飲，有不改其樂的人；千災百毒，有談笑自若的人。所以我們前面説，人生雖不快樂，而仍能樂觀。譬如從寫《先知書》的所羅門直到做《海風》詩的馬拉梅(Mallarmé)，都覺得文明人的痛苦，是身體睏倦。但是偏有人能苦中作樂，從病痛裏濾出快活來，使健康的消失有種賠償。蘇東坡詩就説："因病得閒殊不惡，安心是藥更無方。"王丹麓《今世説》也記毛稚黄善病，人以爲憂，毛曰："病味亦佳，第不堪爲躁熱人道耳!"在着重體育的西洋，我們也可以找着同樣達觀的人。工愁善病的諾瓦利斯(Novalis)在《碎金集》裏建立一種病的哲學，説病是"教人學會休息的女教師"。羅登巴煦(Rodenbach)的詩集《禁錮的生活》(*Les Vies Encloses*)裏有專詠病味的一卷，説病是"靈魂的洗滌(é puration)"。身體結實、喜歡活動的人採用了這個觀點，就對病痛也感到另有風味。頑健粗壯的十八世紀德國詩人白洛柯斯(B. H. Brockes)第一次害病，覺得是一個"可驚異的大發現(Eine bewunderungswürdige Erfindung)"。對於這種人，人生還有什麽威脅？這種快樂把忍受變爲享受，是精神對於物質的大勝利。靈魂可以自主——同時也許是自欺。能一貫抱這種態度的人，當然是大哲學家，但是誰知道他不也是個大傻子？

是的，這有點矛盾。矛盾是智慧的代價。這是人生對於人生觀開的玩笑。

説　笑

自從幽默文學提倡以來，賣笑變成了文人的職業。幽默當然用笑來發洩，但是笑未必就表示着幽默。劉繼莊《廣陽雜記》云：“驢鳴似哭，馬嘶如笑。”而馬並不以幽默名家，大約因爲臉太長的緣故。老實説，一大部分人的笑，也衹等於馬鳴蕭蕭，充不得什麽幽默。

把幽默來分别人獸，好像亞理士多德是第一個。他在《動物學》裏説：“人是惟一能笑的動物。”近代奇人白倫脱(W. S. Blunt)有《笑與死》的一首十四行詩，略謂自然界如飛禽走獸之類，喜怒愛懼，無不發爲適當的聲音，衹缺乏表示幽默的笑聲。不過，笑若爲表現幽默而設，笑衹能算是廢物或者奢侈品，因爲人類並不都需要笑。禽獸的鳴叫，盡够來表達一般人的情感，怒則獅吼，悲則猿啼，爭則蛙噪，遇冤家則如犬之吠影，見愛人則如鳩之呼婦(Cooing)。請問多少人真有幽默，需要笑來表現呢？然而造物者已經把笑的能力公平地分給了整個人類，臉上能做出笑容，嗓子裏能發出笑聲；有了這種本領而不使用，未免可惜。所以，一般人並非因有幽默而笑，是會笑而藉笑來掩飾他們的没有幽默。笑的本意，逐漸喪失；本來是幽默豐富的流露，慢慢地變成了幽默貧乏的遮蓋。於是你看見傻子的呆笑，瞎子的趁淘笑——還有風行一時的幽默文學。

笑是最流動、最迅速的表情，從眼睛裏泛到口角邊。東方朔《神異經·東荒經》載東王公投壺不中，“天爲之笑”，張華註說天笑即是閃電，真是絶頂聰明的想像。據荷蘭夫人（Lady Holland）的《追憶録》，薛德尼斯密史（Sidney Smith）也曾説：“電光是天的詼諧（Wit）。”笑的確可以説是人面上的電光，眼睛忽然增添了明亮，唇吻間閃爍着牙齒的光芒。我們不能扣留住閃電來代替高懸普照的太陽和月亮，所以我們也不能把笑變爲一個固定的、集體的表情。經提倡而産生的幽默，一定是矯揉造作的幽默。這種機械化的笑容，衹像骷髏的露齒，算不得活人靈動的姿態。柏格森《笑論》（*Le Rire*）説，一切可笑都起於靈活的事物變成呆板，生動的舉止化作機械式（Le mécanique plaque sur le vivant）。所以，復出單調的言動，無不惹笑，像口吃，像口頭習慣語，像小孩子的有意模仿大人。老頭子常比少年人可笑，就因爲老頭子不如少年人靈變活動，衹是一串僵化的習慣。幽默不能提倡，也是爲此。一經提倡，自然流露的弄成模仿的，變化不居的弄成刻板的。這種幽默本身就是幽默的資料，這種笑本身就可笑。一個真有幽默的人别有會心，欣然獨笑，冷然微笑，替沉悶的人生透一口氣。也許要在幾百年後、幾萬里外，纔有另一個人和他隔着時間空間的河岸，莫逆於心，相視而笑。假如一大批人，嘻開了嘴，放寬了嗓子，約齊了時刻，成羣結黨大笑，那衹能算下等遊藝場裏的滑稽大會串。國貨提倡尚且增添了冒牌，何況幽默是不能大批出産的東西。所以，幽默提倡以後，並不産生幽默家，祇添了無數弄筆墨的小花臉。掛了幽默的招牌，小花臉當然身價大增，脱離戲場而混進文場；反過來説，爲小花臉冒牌以後，幽默品格降低，一大半文藝祇能算是“遊藝”。小花臉也使我們笑，不錯！但是他跟真有幽默者絶然不同。真有幽默的人能笑，我們跟着他笑；假充幽默的小花臉可笑，我們對着他笑。小花臉使我們笑，並非因爲他有幽默，正因爲我們自己有幽默。

所以，幽默至多是一種脾氣，決不能標爲主張，更不能當作職業。我們不要忘掉幽默(Humour)的拉丁文原意是液體；換句話説，好像賈寶玉心目中的女性，幽默是水做的。把幽默當爲一貫的主義或一生的衣食飯碗，那便是液體凝爲固體，生物製成標本。就是真有幽默的人，若要賣笑爲生，作品便不甚看得，例如馬克·吐温(Mark Twain)。自十八世紀末葉以來，德國人好講幽默，然而愈講愈不相干，就因爲德國人是做香腸的民族，錯認幽默也像肉末似的，可以包紮得停停當當，作爲現成的精神食料。幽默減少人生的嚴重性，決不把自己看得嚴重。真正的幽默是能反躬自笑的，它不但對於人生是幽默的看法，它對於幽默本身也是幽默的看法。提倡幽默作爲一個口號、一種標準，正是缺乏幽默的舉動；這不是幽默，這是一本正經的宣傳幽默，板了面孔的勸笑。我們又聯想到馬鳴蕭蕭了！聽來聲音倒是笑，祇是馬臉全無笑容，還是拉得長長的，像追悼會上後死的朋友，又像講學臺上的先進的大師。

大凡假充一樁事物，總有兩個動機。或出於尊敬，例如俗物尊敬藝術，就收集骨董，附庸風雅。或出於利用，例如壞蛋有所企圖，就利用宗教道德，假充正人君子。幽默被假藉，想來不出這兩個緣故。然而假貨畢竟充不得真。西洋成語稱笑聲清揚者爲“銀笑”，假幽默像摻了鉛的僞幣，發出重濁呆木的聲音，祇能算鉛笑。不過，“銀笑”也許是賣笑得利，笑中有銀之意，好比説“書中有黄金屋”；姑備一説，供給辭典學者的參考。

吃　飯

吃飯有時很像結婚，名義上最主要的東西，其實往往是附屬品。吃講究的飯事實上衹是吃菜，正如討闊佬的小姐，宗旨倒並不在女人。這種主權旁移，包含着一個轉了彎的、不甚素樸的人生觀。辨味而不是充飢，變成了我們吃飯的目的。舌頭代替了腸胃，作爲最後或最高的裁判。不過，我們仍然把享受掩飾爲需要，不説吃菜，衹説吃飯，好比我們研究哲學或藝術，總説爲了真和美可以利用一樣。有用的東西衹能給人利用，所以存在；偏是無用的東西會利用人，替它遮蓋和辯護，也能免於拋棄。柏拉圖《理想國》裏把國家分成三等人，相當於靈魂的三個成分；飢渴吃喝等嗜慾是靈魂裏最低賤的成分，等於政治組織裏的平民或民衆。最巧妙的政治家知道怎樣來敷衍民衆，把自己的野心裝點成民衆的意志和福利；請客上館子去吃菜，還頂着吃飯的名義，這正是舌頭對肚子的藉口，彷彿説："你别抱怨，這有你的份！你享着名，我替你出力去幹，還虧了你什麽?"其實呢，天知道——更有餓癟的肚子知道——若專爲充腸填腹起見，樹皮草根跟雞鴨魚肉差不了多少！真想不到，在區區消化排泄的生理過程裏還需要那麽多的政治作用。

古羅馬詩人波西藹斯(Persius)曾慨歎説，肚子發展了人的天才，傳授人以技術(Magister artis ingenique largitor Venter)。這個意思經拉柏萊發揮得淋漓盡致，《巨人世家》卷三有讚美肚子的一章，尊爲人類的真主宰、各種學問和職業的創始和提倡者，鳥飛，獸走，魚游，蟲爬，以及一切有生之類的一切活動，也都是爲了腸胃。人類所有的創造和活動（包括寫文章在内），不僅表示頭腦的充實，並且證明腸胃的空虛。飽滿的肚子最没用，那時候的頭腦，迷迷糊糊，衹配做癡夢；咱們有一條不成文的法律：吃了午飯睡中覺，就是有力的證據。我們通常把飢餓看得太低了，衹説它產生了乞丐、盜賊、娼妓一類的東西，忘記了它也啓發過思想、技巧，還有“有飯大家吃”的政治和經濟理論。德國古詩人白洛柯斯(B. H. Brockes)做讚美詩，把上帝比作“一個偉大的廚師父(der gross Speisemeister)”，做飯給全人類吃，還不免帶些宗教的稚氣。弄飯給我們吃的人，決不是我們真正的主人翁。這樣的上帝，不做也罷。衹有爲他弄了飯來給他吃的人，纔支配着我們的行動。譬如一家之主，並不是賺錢養家的父親，倒是那些乳臭未乾、安坐着吃飯的孩子；這一點，當然做孩子時不會悟到，而父親們也決不甘承認的。拉柏萊的話較有道理。試想，肚子一天到晚要我們把茶飯來向它祭獻，它還不是上帝是什麽？但是它畢竟是個下流不上檯面的東西，一味容納吸收，不懂得享受和欣賞。人生就因此複雜起來。一方面是有了腸胃而要飯去充實的人，另一方面是有飯而要胃口來吃的人。第一種人生觀可以説是吃飯的；第二種不妨唤作吃菜的。第一種人工作、生產、創造，來换飯吃。第二種人利用第一種人活動的結果，來健脾開胃，幫助吃飯而增進食量。所以吃飯時要有音樂，還不够，就有“佳人”、“麗人”之類來勸酒；文雅點就開什麼銷寒會、銷夏會，在席上傳觀法書名畫；甚至賞花遊山，把自然名勝來下飯。吃的菜不用説儘量講究。有這樣優裕的物質環境，舌頭像身體一般，本來是極隨便的，此時也會有貞操和氣節了；許多從前慣吃的東西，現在吃了彷彿玷污清白，決不肯再進口。精細到這種田地，似乎應當少吃，實則反而多吃。假使讓肚子作主，吃飽就完事，還不失分寸。舌頭揀精揀肥，貪嘴不顧性命，結果是肚子倒楣受累，衹好忌嘴，舌頭也像魯智深所説“淡出鳥來”。這誠然是它饞得忘了本的報應！如此看來，吃菜的人生觀似乎欠妥。

不過，可口好吃的菜還是值得讚美的。這個世界給人弄得混亂顛倒，到處是磨擦衝突，衹有兩件最和諧的事物總算是人造的：音樂和烹調。一碗好菜彷彿一支樂曲，也是一種一貫的多元，調和滋味，使相反的分子相成相濟，變作可分而不可離的綜合。最粗淺的例像白煮蟹和醋、烤鴨和甜醬，或如西菜裹烤豬肉(roast pork)和蘋果泥(apple sauce)、滲鱉魚和檸檬片，原來是天涯地角、全不相干的東西，而偏偏有注定的緣分，像佳人和才子、母豬和癩象，結成了天造地設的配偶、相得益彰的眷屬。到現在，他們親熱得拆也拆不開。在調味裏，也有來伯尼支(Leibniz)的哲學所謂“前定的調和”(Harmonia praestabilita)，同時也有前定的不可妥協，譬如胡椒和煮蝦蟹、糖醋和炒牛羊肉，正如古音樂裏，商角不相協，徵羽不相配。音樂的道理可通於烹飪，孔子早已明白，《論語》記他在齊聞《韶》，“三月不知肉味”。可惜他老先生雖然在《鄉黨》一章裏頗講究燒菜，還未得吃道三昧，在兩種和諧裏，偏向音樂。譬如《中庸》講身心修養，衹説“發而中節謂之和”，養成音樂化的人格，真是聽樂而不知肉味人的話。照我們的意見，完美的人格，“一以貫之”的“吾道”，統治盡善的國家，不僅要和諧得像音樂，也該把烹飪的調和懸爲理想。在這一點上，我們不追隨孔子，而願意推崇被人忘掉的伊尹。伊尹是中國第一個哲學家廚師，在他眼裏，整個人世間好比是做菜的廚房。《吕氏春秋·本味篇》記伊尹以至味説湯，把最偉大的統治哲學講成惹人垂涎的食譜。這個觀念滲透了中國古代的政治意識，所以自從《尚書·説命》起，做宰相總比爲“和羹調鼎”，老子也説“治國如烹小鮮”。孟子曾讚伊尹爲“聖之任者”，柳下惠爲“聖之和者”；這裏的文字也許有些錯簡。其實呢，允許人赤條條相對的柳下惠該算是個放“任”主義者；而伊尹倒當得起“和”字——這個“和”字，當然還帶些下廚上竈、調和五味的涵意。

吃飯還有許多社交的功用，譬如聯絡感情、談生意經等等，那就是“請吃飯”了。社交的吃飯種類雖然複雜，性質極爲簡單。把飯給有飯吃的人吃，那是請飯；自己有飯可吃而去吃人家的飯，那是賞面子。交際的微妙不外乎此。反過來説，把飯給與没飯吃的人吃，那是施食；自己無飯可吃而去吃人家的飯，賞面子就一變而爲丢臉。這便是慈善救濟，算不上交際了。至於請飯時客人數目的多少，男女性别的配比，我們改天再談。但是趣味洋溢的《老饕年鑒》(*Almanach des Gourmands*)裏有一節妙文，不可不在此處一提。這八小本名貴稀罕的奇書在研究吃飯之外，也曾討論到請飯的問題。大意說：我們吃了人家的飯該有多少天不在背後說主人的壞話，時間的長短按照飯菜的質量而定；所以做人應當多多請客吃飯，並且吃好飯，以增進朋友的感情，減少仇敵的毀謗。這一番議論，我誠懇地介紹給一切不願彼此成爲冤家的朋友，以及願意彼此變爲朋友的冤家。至於我本人呢，恭候諸君的邀請，努力奉行豬八戒對南山大王手下小妖說的話：“不要拉扯，待我一家家吃將來。”

讀《伊索寓言》

比我們年輕的人，大概可以分作兩類。第一種是和我們年齡相差得極多的小輩，我們能够容忍這種人，並且會喜歡而給以保護；我們可以對他們賣老，我們的年長衹增添了我們的尊嚴。還有一種是比我們年輕得不多的後生，這種人衹會惹我們的厭恨以至於嫉忌，他們已失掉尊敬長者的觀念，而我們的年齡又不够引起他們對老弱者的憐憫；我們非但不能賣老，還要趕着他們學少，我們的年長反使我們吃虧。這兩種態度是到處看得見的。譬如一個近三十的女人，對於十八九歲女孩子的相貌，還肯説好，對於二十三四的少女們，就批判得不留情面了。所以小孩子總能討大人的喜歡，而大孩子跟小孩子之間就免不了時常衝突。一切人事上的關係，衹要涉到年輩資格先後的，全證明了這個分析的正確。

把整個歷史來看，古代相當於人類的小孩子時期。先前是幼稚的，經過幾千百年的長進，慢慢地到了現代。時代愈古，愈在前，它的歷史愈短；時代愈在後，它積的閱歷愈深，年齡愈多。所以我們反是我們祖父的老輩，上古三代反不如現代的悠久古老。這樣，我們的信而好古的態度，便發生了新意義。我們思慕古代不一定是尊敬祖先，也許衹是喜歡小孩子，並非爲敬老，也許是賣老。没有老頭子肯承認自己是衰朽頑固的，所以我們也相信現代一切，在價值上、品格上都比了古代進步。

這些感想是偶爾翻看《伊索寓言》引起的。是的，《伊索寓言》大可看得。它至少給予我們三重安慰。第一，這是一本古代的書，讀了可以增進我們對於現代文明的驕傲。第二，它是一本小孩子讀物，看了愈覺得我們是成人了，已超出那些幼稚的見解。第三呢，這部書差不多都是講禽獸的，從禽獸變到人，你看這中間需要多少進化歷程！我們看到這許多蝙蝠、狐狸等的舉動言論，大有發跡後訪窮朋友、衣錦還故鄉的感覺。但是窮朋友要我們幫助，小孩子該我們教導，所以我們看了《伊索寓言》，也覺得有好多淺薄的見解，非加以糾正不可。

例如蝙蝠的故事：蝙蝠碰見鳥就充作鳥，碰見獸就充作獸。人比蝙蝠就聰明多了。他會把蝙蝠的方法反過來施用：在鳥類裏偏要充獸，表示腳踏實地；在獸類裏偏要充鳥，表示高超出世，向武人賣弄風雅，向文人裝作英雄；在上流社會裏他是又窮又硬的平民，到了平民中間，他又是屈尊下顧的文化分子：這當然不是蝙蝠，這衹是——人。

螞蟻和促織的故事：一到冬天，螞蟻把在冬天的米粒出曬；促織餓得半死，向螞蟻借糧，螞蟻説："在夏天唱歌作樂的是你，到現在挨餓，活該！"這故事應該還有下文。據柏拉圖《菲得洛斯》(*Phaedrus*)對話篇説，促織進化，變成詩人。照此推論，坐看着詩人窮餓、不肯借錢的人，前身無疑是螞蟻了。促織餓死了，本身做螞蟻的糧食；同樣，生前養不活自己的大作家，到了死後偏有一大批人靠他生活，譬如，寫回憶懷念文字的親戚和朋友，寫研究論文的批評家和學者。

狗和它自己影子的故事：狗銜肉過橋，看見水裏的影子，以爲是另一隻狗也銜着肉，因而放棄了嘴裏的肉，跟影子打架，要搶影子銜的肉，結果把嘴裏的肉都丢了。這篇寓言的本意是戒貪得，但是我們現在可以應用到旁的方面。據説每個人需要一面鏡子，可以常常自照，知道自己是個什麽東西。不過，能自知的人根本不用照鏡子；不自知的東西，照了鏡子也没有用——譬如這隻銜肉的狗，照鏡以後，反害它大叫大鬧，空把自己的影子，當作攻擊狂吠的對象。可見有些東西最好不要對鏡自照。

天文家的故事：天文家仰面看星象，失足掉在井裏，大叫“救命”；他的鄰居聽見了，歎氣説：“誰叫他祇望着高處，不管地下呢!”祇向高處看，不顧腳下的結果，有時是下井，有時是下野或者下臺。不過，下去以後，決不説是不小心掉下去的，祇説有意去做下屬的調查和工作。譬如這位天文家就有很好的藉口：坐井觀天。真的，我們就是下去以後，眼睛還是向上看的。

烏鴉的故事：上帝要揀最美麗的鳥作禽類的王，烏鴉把孔雀的長毛披在身上，插在尾巴上，到上帝前面去應選，果然爲上帝挑中；其他鳥類大怒，把它插上的毛羽都扯下來，依然現出烏鴉的本相。這就是説，披着長頭髮的，未必就真是藝術家；反過來説，秃頂無髮的人，當然未必是學者或思想家，寸草也不生的頭腦，你想還會産生什麽旁的東西？這個寓言也不就此結束，這隻烏鴉借來的羽毛全給人家拔去，現了原形，老羞成怒，提議索性大家把自己天生的毛羽也拔個乾淨，到那時候，大家光着身子，看真正的孔雀、天鵝等跟烏鴉有何分別。這個遮羞的方法至少人類是常用的。

牛跟蛙的故事：母蛙鼓足了氣，問小蛙道："牛有我這樣大麽？"小蛙答説："請你不要漲了，當心肚子爆裂！"這母蛙真是笨坯！她不該跟牛比偉大的，她應該跟牛比嬌小。所以，我們每一種缺陷都有補償，吝嗇説是經濟，愚蠢説是誠實，卑鄙説是靈活，無才便説是德。因此世界上没有自認爲一無可愛的女人，没有自認爲百不如人的男子。這樣，彼此各得其所，當然會相安無事。

老婆子和母雞的故事：老婆子養隻母雞，每天下一個蛋。老婆子貪心不足，希望她一天下兩個蛋，加倍餵她。從此雞愈吃愈肥，不下蛋了——所以戒之在貪。伊索錯了！他該説：大胖子往往是小心眼。

狐狸和葡萄的故事：狐狸看見藤上一顆顆已熟的葡萄，用盡方法，弄不到嘴，衹好放棄，安慰自己説："這葡萄也許還是酸的，不吃也罷！"他就是吃到了，還要説："這葡萄果然是酸的。"假如他是一隻不易滿足的狐狸，這句話他對自己説，因爲現實終"不够理想"。假如他是一隻很感滿意的狐狸，這句話他對旁人説，因爲訴苦經可以免得旁人來分甜頭。

驢子跟狼的故事：驢子見狼，假裝腿上受傷，對狼説："脚上有刺，請你拔去了，免得你吃我時舌頭被刺。"狼信以爲真，專心尋刺，被驢踢傷逃去，因此歎氣説："天派我做送命的屠夫的，何苦做治病的醫生呢！"這當然幼稚得可笑，他不知道醫生也是屠夫的一種。

這幾個例可以證明《伊索寓言》是不宜做現代兒童讀物的。盧梭在《愛彌兒》(*Emile*)卷二裏反對小孩子讀寓言，認爲有壞心術，舉狐狸騙烏鴉嘴裏的肉一則爲例，説小孩子看了，不會跟被騙的烏鴉同情，反會羡慕善騙的狐狸。要是真這樣，不就證明小孩子的居心本來欠好嗎？小孩子該不該讀寓言，全看我們成年人在造成什麽一個世界、什麽一個社會，給小孩子長大了來過活。盧梭認爲寓言會把純樸的小孩教得複雜了，失去了天真，所以要不得。我認爲寓言要不得，因爲它把純樸的小孩教得愈簡單了，愈幼稚了，以爲人事裏是非的分別、善惡的果報，也像在禽獸中間一樣公平清楚，長大了就處處碰壁上當。緣故是，盧梭是原始主義者(Primitivist)，主張復古，而我是相信進步的人——雖然並不像寓言裏所説的蒼蠅，坐在車輪的軸心上，嗡嗡地叫："車子的前進，都是我的力量。"

談教訓

嫌髒所以表示愛潔，因此清潔成癖的人寧可不洗澡，而不願借用旁人的浴具。穢潔之分結果變成了他人和自己的分別。自以爲乾淨的人，總嫌別人齷齪，甚而覺得自己就是骯髒，還比清潔的旁人好受，往往一身臭汗、滿口腥味，還不肯借用旁人使過的牙刷和手巾。這樣看來，我們並非愛潔，不過是自愛。“潔身自好”那句成語頗含有深刻的心理觀察。老實説，世界上是非善惡邪正等等分別，有時候也不過是人我的差異，正和身體上的穢潔一樣。所以，假使自己要充好人，總先把世界上人説得都是壞蛋；自己要充道學，先正顔厲色，説旁人如何不道學或假道學。寫到此地，我們想到《聊齋》裏女鬼答覆狐狸精的話：“你説我不是人，你就算得人麽?”

我常奇怪，天下何以有這許多人，自告奮勇來做人類的義務導師，天天發表文章，教訓人類。“人這畜生”（That animal called man），居然未可一概抹殺，也竟有能够捨己忘我的。我更奇怪，有這許多人教訓人類，何以人類並未改善。這當然好像説，世界上有這許多掛牌的醫生，仁心仁術，人類何以還有疾病。不過醫生雖然治病，同時也希望人害病：配了苦藥水，好討辣價錢；救人的命正是救他自己的命，非有病人吃藥，他不能吃飯。所以，有導師而人性不改善，並不足奇；人性並不能改良而還有人來負訓導的責任，那倒是極耐尋味的。反正人是不可教誨的，教訓式的文章，於世道人心，雖無實用，總合需要，好比我們生病，就得延醫服藥，儘管病未必因此治好。假使人類真個學好，無須再領教訓，豈不閑殺了這許多人？於是從人生責任説到批評家態度，寫成一篇篇的露天傳道式的文字，反正文章雖不值錢，紙墨也並不費錢。

人生中年跟道學式的教訓似乎有密切的關係。我們單就作家們觀察，也看得到這個有趣的事實。有許多文人，到四十左右，忽然挑上救世的擔子，對於眼前的一切人事無不加以咒罵糾正。像安諾德、羅斯金、莫理斯（William Morris），以及生存着的愛利惡德(T. S. Eliot)、墨瑞(J. M. Murry)等等就是人人知道的近代英國例子。甚至唯美的王爾德，也臨死發善心，講社會主義。假使我們還要找例子，在自己的朋友裏，就看得見。這種可尊敬的轉變，目的當然極純正，爲的是拯救世界、教育人類，但是純正的目的不妨有複雜的動機。義正詞嚴的叫喊，有時是文學創造力衰退的掩飾，有時是對人生絶望的惱怒，有時是改變職業的試探，有時是中年人看見旁人還是少年的忌妒。譬如中年女人，姿色減退，化妝不好，自然減少交際，甘心做正經家庭主婦，並且覺得少年女子的打扮妖形怪狀，看不入眼。若南(Jules Janin)説巴爾扎克是發現四十歲女人的哥倫布。四十左右的男人似乎尚待發現。聖如孔子，對於中年人的特徵也不甚瞭解；所以

《論語·季氏》章記人生三戒，衹説少年好色，壯年好打架，老年好利，忘了説中年好教訓。當然也有人從小喜歡説教傳道的，這不過表示他們一生下來就是中年，活到六十歲應當慶九十或一百歲。

有一種人的理財學不過是借債不還，所以有一種人的道學，衹是教訓旁人，並非自己有什麼道德。古書上説“能受盡言”的是“善人”，見解不免膚淺。真正的善人，有施無受，衹許他教訓人，從不肯受人教訓，這就是所謂“自我犧牲精神”。

從藝術的人生觀變到道學的人生觀可以説是人生新時期的産生。但是，每一時期的開始同時也是另一時期的没落。譬如在有職業的人的眼裏，早餐是今天的開始，吃飽了可以工作；而從一夜打牌、通宵跳舞的有閑階級看來，早餐衹是昨宵的結束，吃飽了好睡覺。道德教訓的産生也許正是文學創作的死亡。這裏我全没有褒貶輕重之意，因爲教訓和創作的價值高低，全看人來定。有人的文學創作根本就是戴了面具的説教，倒不如乾脆去談道學；反過來説，有人的道學，能以無爲有，將假充真，大可以和詩歌、小説、謡言、謊話同様算得創作。

頭腦簡單的人也許要説，自己没有道德而教訓他人，那是假道學。我們的回答是：假道學有什麼不好呢？假道學比真道學更爲難能可貴。自己有了道德而來教訓他人，那有什麼稀奇；没有道德而也能以道德教人，這纔見得本領。有學問能教書，不過見得有學問；没有學問而偏能教書，好比無本錢的生意，那就是藝術了。真道學家來提倡道德，衹像店家替存貨登廣告，不免自我標榜；絶無道德的人來講道學，方見得大公無我，樂道人善，愈證明道德的偉大。更進一層説，真有道德的人來鼓吹道德，反會慢慢地喪失他原有的道德。拉維斯福哥(La Rochefoucauld)《删去的格言》(*Maximes Supprimees*)第五八九條裏説："道學家像賽納卡(Sénéque)之流，並未能把教訓來減少人類的罪惡；祇是由教訓他人而增加自己的驕傲。"你覺得旁人不好，需要你的教訓，你不由自主地擺起架子來，最初你説旁人欠缺理想，慢慢地你覺得自己就是理想的人物，强迫旁人來學你。以才學驕人，你並不以驕傲而喪失才學，以貧賤驕人，你並不以驕傲而變成富貴，但是，道德跟驕傲是不能並立的。世界上的大罪惡，大殘忍——没有比殘忍更大的罪惡了——大多是真有道德理想的人幹的。没有道德的人犯罪，自己明白是罪；真有道德的人害了人，他還覺得是道德應有的代價。上帝要懲罰人類，有時來一個荒年，有時來一次瘟疫或戰爭，有時産生一個道德家，抱有高尚得一般人實現不了的理想，伴隨着和他的理想成正比例的自信心和煽動力，融合成不自覺的驕傲。基督教哲學以驕傲爲七死罪之一。王陽明《傳習録》卷三也説："人生大病祇是一傲字，有我即傲，衆惡之魁。"照此説來，真道學可以算是罪惡的初期。反過來講，假道學家提倡道德，倒往往弄假成真，習慣轉化爲自然，真正地改進了一點品行。調情可成戀愛，模仿引進創造，附庸風雅會養成内行的鑒賞，世界上不少真貨色都是從冒牌起的。所以假道學可以説是真道學的學習時期。不過，假也好，真也好，行善必有善報。真道學死後也許可以升天堂，假道學生前就上講堂。這是多麼令人欣慰的事！

所以不配教訓人的人最宜教訓人；愈是假道學愈該攻擊假道

學。假道學的特徵可以説是不要臉而偏愛面子。依照王子漢姆雷德（Hamlet）罵他未婚妻的話，女子化妝打扮，也是愛面子而不要臉（God has given thou one face，but you make yourself another）。假道學也就是美容的藝術——

寫到這裏，我忽然心血來潮。這篇文章不恰恰也在教訓人麽？難道我自己也人到中年，走到生命的半路了！白紙上黑字是收不回來的，扯個淡收場罷。

一個偏見

偏見可以説是思想的放假。它是没有思想的人的家常日用，是有思想的人的星期日娱樂。假如我們不能懷挾偏見，隨時隨地必須得客觀公平、正經嚴肅，那就像造屋衹有客廳，没有卧室，又好比在浴室裏照鏡子還得做出攝影機頭前的姿態。魔鬼在但丁《地獄曲》第二十七齣中自稱："敝魔生平最好講理。"可見地獄之設，正爲此輩；人生在世，言動專求合理，大可不必。當然，所謂正道公理壓根兒也是偏見。依照生理學常識，人心位置，並不正中，有點偏側，並且時髦得很，偏傾於左。古人稱偏僻之道爲"左道"，頗有科學根據。不過，話雖如此説，有許多意見還不失禪宗所謂"偏中正"，例如學術理論之類。衹有人生邊上的隨筆、熱戀時的情書等等，那纔是老老實實、痛痛快快的一偏之見。世界太廣漠了，我們圓睁兩眼，平視正視，視野還是褊狹得可憐，狗注視着肉骨頭時，何嘗顧到旁邊還有狗呢？至於通常所謂偏見，衹好比打靶的瞄準，用一隻眼來看。但是，也有人以爲這倒是瞄中事物紅心的看法。譬如説，柏拉圖爲人類下定義云："人者，無羽毛之兩足動物也。"可謂客觀極了！但是按照來阿鐵斯（Diogenes

Laertius)《哲人言行録》六卷二章所載，偏有人拿着一隻拔了毛的雞向柏拉圖去質問。博馬舍(Beaumarchais)《趣姻緣》(*Mariage de Figaro*)裏的丑角説："人是不渴而飲，四季有性慾的動物。"我們明知那是貪酒好色的小花臉的打諢，而也不得不承認這種偏宕之論確説透了人類一部分的根性。偏激二字，本來相連；我們别有所激，見解當然會另有所偏。假使我們説："人類是不拘日夜，不問寒暑，發出聲音的動物。"那又何妨?

禽囀於春，蛩啼於秋，蚊作雷於夏，夜則蟲醒而鳥睡，風雨並不天天有，無來人犬不吠，不下蛋雞不報。惟有人用語言，用動作，用機械，隨時隨地做出聲音。就是獨處一室，無與酬答的時候，他可以開留聲機，聽無綫電，甚至睡眠時還發出似雷的鼻息。語言當然不就是聲音，但是在不中聽，不願聽，或者隔着牆壁和距離聽不真的語言裏，文字都喪失了圭角和輪廓，變成一團忽漲忽縮的喧鬧，跟雞鳴犬吠同樣缺乏意義。這就是所謂人籟！斷送了睡眠，震斷了思想，培養了神經衰弱。

這個世界畢竟是人類主宰管領的。人的聲音勝過一切。聚合了大自然的萬千喉舌，抵不上兩個人同時説話的喧嘩，至少從第三者的耳朵聽來。唐子西《醉眠》詩的名句"山静如太古"，大約指着人類尚未出現的上古時代，否則山上住和尚，山下來遊客，半山開飯店茶館，決不容許那座山清静。人籟是寂静的致命傷，天籟是能和寂静溶爲一片的。風聲濤聲之於寂静，正如風之於空氣，濤之於海水，是一是二。每日東方乍白，我們夢已迴而睏未醒，會聽到無數禽聲，向早晨打招呼。那時夜未全消，寂静還逗留着，來庇蔭未找清的睡夢。數不清的麻雀的鳴噪，瑣碎得像要啄破了這個寂靜：鳥鵲的聲音清利像把剪刀，老鸛鳥的聲音滯澀而有刺像把鋸子，都一聲兩聲地向寂靜來試鋒口。但是寂靜似乎太厚實了，又似乎太流動了，太富於彈性了，給禽鳥啼破的浮面，立刻就填滿。雄雞引吭悠揚的報曉，也並未在寂靜上劃下一道聲跡。慢慢地，我們忘了鳥囀是在破壞寂靜；似乎寂靜已將鳥語吸收消化，變成一種有聲音的寂靜。此時衹要有鄰家小兒的啼哭，樓上睡人的咳嗽，或牆外早行者的腳步聲，寂靜就像宿霧見了朝陽，破裂分散得乾淨。人籟已起，人事復始，你休想更有安頓。在更闌身倦，或苦思冥想時，忽聞人籟嘈雜，最博愛的人道主義者也許有時殺心頓起，恨不能滅口以博耳根清淨。禽獸風濤等一切天籟能和寂靜相安相得，善於體物的古詩人早已悟到。《詩經》："蕭蕭馬鳴，悠悠旆旌"，下文就説明"有聞無聲"；可見馬嘶而無人喊，不會産生喧鬧。《顏氏家訓》也指出王籍名句"蟬噪林愈靜，鳥鳴山更幽"，就是"有聞無聲"的感覺；蟲鳥鳴噪，反添靜境。雪萊詩《贈珍尼——一個回憶》(*To Jane—A Recollection*)裏，描寫啄木鳥，也説鳥啄山更幽。柯律立治(Coleridge)《風瑟》詩(*Eolian Harp*)云："海聲遠且幽，似告我以靜。"假使這個海是人海，詩人非耳聾頭痛不可。所以我們常把"鴉鳴雀噪"來比人聲喧嘩，還是對人類存三分回護的曲筆。常將一羣婦女的説笑聲比於"鶯啼燕語"，那簡直是對於禽類的侮辱了。

寂靜並非是聲響全無。聲響全無是死，不是靜；所以但丁説，在地獄裏，連太陽都是靜悄悄的(Dove il sol tace)。寂靜可以説是聽覺方面的透明狀態，正好像空明可以説是視覺方面的靜穆。寂靜能使人聽見平常所聽不到的聲息，使道德家聽見了良心的微語(still small voice)，使詩人們聽見了暮色移動的潛息或青草萌芽的幽響。你愈聽得見喧鬧，你愈聽不清聲音。惟其人類如此善鬧，所以人類相聚而寂不作聲，反欠自然。例如開會前的五分鐘靜默，又如親人好友，久別重逢，執手無言。這種寂靜像懷着胎，充滿了未發出的聲音的隱動。

人籟還有可怕的一點。車馬雖喧，跟你在一條水平綫上，衹在你周圍鬧。惟有人會對準了你頭腦，在你頂上鬧——譬如説，你住樓下，有人住樓上。不講别的，衹是腳步聲一項，已够教你感到像《紅樓夢》裏的趙姨娘，有人在踹你的頭。每到忍無可忍，你會發兩個宏願。一願住在樓下的自己變成《山海經》所謂“刑天之民”，頭腦生在胸膛下面，不致首當其衝，受樓上皮鞋的踐踏。二願住在樓上的人變得像基督教的“安琪兒”或天使，身體生到腰部而止，背生兩翼，不用腿腳走路。你存心真好，你不願意樓上人像孫臏那樣受刖足的痛苦，雖然他何嘗顧到你的頭腦，顧到你是羅登巴煦所謂“給喧鬧損傷了的靈魂”?

鬧與熱，靜與冷，都有連帶關係；所以在陰慘的地獄裏，太陽也給人以寂寥之感。人聲喧雜，冷屋會變成熱鍋，使人通身煩躁。叔本華《哲學小品》(*Parerga und Paralipomena*)第二百七十八節中説，思想家應當耳聾，大有道理。因爲耳朵不聾，必聞聲音，聲音熱鬧，頭腦就很難保持冷靜，思想不會公平，衹能把偏見來代替。那時候，你忘掉了你自己也是會鬧的動物，你也曾踹過樓下人的頭，也曾嚷嚷以致隔壁的人不能思想和睡眠，你更顧不得旁人在說你偏見太深，你又添了一種偏見，又在人生邊上註了一筆。

釋文盲

在非文學書中找到有文章意味的妙句，正像整理舊衣服，忽然在夾袋裏發現了用剩的鈔票和角子；雖然是分内的東西，却有一種意外的喜悦。譬如三年前的秋天，偶爾翻翻哈德門(Nicolai Hartmann)的大作《倫理學》，看見一節奇文，略謂有一種人，不知好壞，不辨善惡，彷彿色盲者的不分青紅皂白，可以説是害着價值盲的病（Wertblindheit)。當時就覺得這個比喻的巧妙新鮮，想不到今天會引到它。藉系統偉大的哲學家（並且是德國人)，來做小品隨筆的開篇，當然有點大材小用，好比用高射炮來打蚊子。不過小題目若不大做，有誰來理會呢？小店、小學校開張，也想法要請當地首長參加典禮，小書出版，也央求大名人題簽，正是同樣的道理。

價值盲的一種象徵是欠缺美感；對於文藝作品，全無欣賞能力。這種病症，我們依照色盲的例子，無妨唤作文盲。在這一點上，蘇東坡完全跟我同意。東坡領貢舉而李方叔考試落第，東坡賦詩相送云："與君相從非一日，筆勢翩翩疑可識；平時漫説古戰場，過眼終迷日五色。"你看，他早把不識文章比作不別顔色了。説來也奇，偏是把文學當作職業的人，文盲的程度似乎愈加厲害。好多文學研究者，對於詩文的美醜高低，竟毫無欣賞和鑒別。但是，我們祇要放大眼界，就知道不值得少見多怪。看文學書而不懂鑒賞，恰等於帝皇時代，看守後宫，成日價在女人堆裏厮混的偏偏是個太監，雖有機會，卻無能力！無錯不成話，非冤家不聚頭，不如此怎會有人生的笑劇？

文盲這個名稱太好了，我們該向民衆教育家要它過來。因爲認識字的人，未必不是文盲。譬如説，世界上還有比語言學家和文字學家識字更多的人麽？然而有幾位文字語言專家，到看文學作品時，往往不免烏煙瘴氣眼前一片灰色。有一位語言學家説："文學批評全是些廢話，祇有一個個字的形義音韻，纔有確實性。"拜聆之下，不禁想到格利佛(Gulliver)在大人國瞻仰皇后玉胸，祇見汗毛孔不見皮膚的故事。假如蒼蠅認得字——我想它是識字的，有《晉書·苻堅載記》爲證——假如蒼蠅認得字，我説，它對文學一定和那位語言學家看法相同。眼孔生得小，視界想來不會遠大，看詩文祇見一個個字，看人物祇見一個個汗毛孔。我坦白地承認，蒼蠅的宇宙觀，極富於詩意：除了勃萊克(Blake)自身以外，所謂"一花一世界，一沙一天國"的胸襟，蒼蠅倒是具有的。它能够在一堆肉骨頭裏發現了金銀島，從一撮垃圾飛到别一撮垃圾時，領略到歐亞長途航空的愉快。祇要它不認爲肉骨之外無樂土，垃圾之外無五洲，我們儘管讓這個小東西嗡嗡地自鳴得意。訓詁音韻是頂有用、頂有趣的學問，就祇怕學者們的頭腦還是清朝樸學時期的遺物，以爲此外更無學問，或者以爲研究文學不過是文字或其他的考訂。樸學者的霸道是可怕的。聖佩韋(Sainte-Beuve)在《月曜論文新編》(*Nouveaux Lundis*)第六册裏説，學會了語言，不能欣賞文學，而專做文字學的工夫，好比向小姐求愛不遂，衹能找丫頭來替。不幸得很，最招惹不得的是丫頭，你一抬舉她，她就想蓋過了千金小姐。有多少丫頭不想學花襲人呢?

色盲決不學繪畫，文盲却有時談文學，而且談得還特别起勁。於是産生了印象主義的又唤作自我表現或創造的文學批評。文藝鑒賞當然離不開印象，但是印象何以就是自我表現，我們想不明白。若照常識講，印象衹能説是被鑒賞的作品的表現，不能説是鑒賞者自我的表現，衹能算是作品的給予，不能算是鑒賞者的創造。印象創造派談起文來，那纔是真正熱鬧。大約就因爲缺乏美感，所以文章做得特别花花緑緑；此中有無精神分析派所謂補償心結，我也不敢妄斷。他會怒喊，會狂呼，甚至於會一言不發，昏厥過去——這就是領略到了"無言之美"的境界。他没有分析——誰耐煩呢?他没有判斷——那太頭巾氣了。"靈感"呀，"純粹"呀，"真理"呀，"人生"呀，種種名詞，盡他濫用。濫用大名詞，好像不惜小錢，都表示出作風的豪爽。"印象"倒也不少，有一大串陳腐到發臭的比喻。他做篇文章論雪萊，你在他的文章裏找不出多少雪萊；你衹看見一大段描寫燃燒的火焰，又一大節摹狀呼嘯的西風，更一大堆刻劃飛行自在的雲雀，據説這三個不倫不類的東西就是雪萊。何以故?風不會吹熄了火，火不至於烤熟了雲雀，衹能算是奇跡罷。所以，你每看到句子像"他的生命簡直是一首美麗的詩"，你就知道下面準跟着不甚美麗的詩的散文了。這種文藝鑒賞，稱爲"創造的"或"印象主義"

的批評，還欠貼切。我們不妨小試點鐵成金的手段，各改一字。“創造的”改爲“捏造的”，取“捏”鼻頭做夢和向壁虛“造”之意。至於“印象派”呢，我們當然還記得四個瞎子摸白象的故事，改爲“摸象派”。你説怎樣？這和文盲更拍合了。

捏造派根本否認在文藝欣賞時，有什麽價值的鑒别。配他老人家脾胃的就算好的，否則都是糟的。文盲是價值盲的一種，在這裏表現得更清楚。有一位時髦貴婦對大畫家威斯婁（Whistler）説：“我不知道什麽是好東西，我衹知道我喜歡什麽東西。”威斯婁鞠躬敬答：“親愛的太太，在這一點上太太所見和野獸相同。”真的，文明人類跟野蠻獸類的區别，就在人類有一個超自我（Transsubjective）的觀點。因此，他能够把是非真僞跟一己的利害分開，把善惡好醜跟一己的愛憎分開。他並不和日常生命黏合得難分難解，而儘量企圖跳出自己的凡軀俗骨來批判自己。所以，他在實用應付以外，還知道有真理；在教書投稿以外，還知道有學問；在看電影明星照片以外，還知道有美術；雖然愛惜身命，也明白殉國殉道的可貴。生來是個人，終免不得做幾樁傻事錯事，吃不該吃的果子，愛不值得愛的東西；但是心上自有權衡，不肯顛倒是非，抹殺好壞來爲自己辯護。他瞭解該做的事未必就是愛做的事。這種自我的分裂、知行的歧出，緊張時産出了悲劇，鬆散時變成了諷刺。衹有禽獸是天生就知行合一的，因爲它們不知道有比一己嗜慾更高的理想。好容易千辛萬苦，從猴子進化到人類，還要把嗜好跟價值渾而爲一，變做人面獸心，真有點對不住達爾文。

痛恨文學的人，更不必説：眼中有釘，安得不盲。不過，眼睛雖出毛病，鼻子想極敏鋭；因爲他們常説，厭惡文人的氣息。“與以足者去其角，傅之翼者奪其齒”；對於造物的公平，我們衹有無休息的頌讚。

論文人

文人是可嘉獎的，因爲他虛心，知道上進，並不拿身份，並不安本分。真的，文人對於自己，有時比旁人對於他還看得輕賤；他衹恨自己是個文人，並且不惜費話、費力、費時、費紙來證明他不願意做文人，不滿意做文人。在這個年頭兒，這還算不得識時務的俊傑麽？

所謂文人也者，照理應該指一切投稿、著書、寫文章的人說。但是，在事實上，文人一個名詞的應用衹限於詩歌、散文、小說、戲曲之類的作者，古人所謂“詞章家”、“無用文人”、“一爲文人，便無足觀”。至於不事虛文，精通實學的社會科學與自然科學等專家，儘管也洋洋灑灑發表着大文章，斷乎不屑以無用文人自居——雖然還够不上武人的資格。不以文人自居呢，也許出於自知之明；因爲白紙上寫黑字，未必就算得文章。講到有用，大概可分兩種。第一種是廢物利用，譬如牛糞可當柴燒，又像陶侃所謂竹頭木屑皆有用。第二種是必需日用，譬如我們對於牙刷、毛廁之類，也大有王子猷看竹“不可一日無此君”之想。天下事物用途如此衆多，偏有文人們還頂着無用的徽號，對着竹頭、木屑、牙刷、毛廁，自歎不如，你説可憐不可憐？對於有用人物，我們不妨也給與一個名目，以便和文人分別。譬如説，稱他們爲“用人”。“用人”二字，是“有用人物”的縮寫，恰對得過文人兩字。這樣簡潔渾成的名詞，不該讓老媽子、小丫頭、包車夫們專有。並且，這個名詞還有兩個好處。第一，它充滿了民主的平等精神，專家顧問跟聽差僕役們共頂一個頭銜，站在一條綫上。第二，它不違背中國全盤西化的原則：美國有位總統聽説自稱爲“國民公僕”，就是大家使喚得的用人；羅馬教皇自謙爲“奴才的奴才”或“用人的用人”（Servus servorum）；法國大革命時，黨人都趕着僕人叫“用人兄弟”（Frères servants）；總統等於君，教皇（Pope）等於父（Papa），在歐美都和用人連帶稱呼，中國當然效法。

用人瞧不起文人，自古已然，並非今天朝報的新聞。例如《漢高祖本紀》載“帝不好文學”，《陸賈列傳》更借高祖自己的話來説明：“乃公馬上得天下，安事詩書？”直捷痛快，名言至理，不愧是開國皇帝的聖旨。從古到今反對文學的人，千言萬語，歸根還不過是這兩句話。“居馬上”那兩句，在抗戰時期讀來，更覺得親切有味。柏拉圖的《理想國》裏排斥詩人文人，那有這樣斬截雄壯的口氣？柏拉圖富有詩情，漢高祖曾發詩興，吟過《大風歌》；他們兩位尚且鄙棄詞章，更何怪那些庸俗得健全的靈長動物。戈蒂埃（Theophile Gautier）在《奇人志》（*Les Grotesques*）裏曾説，商人財主，常害奇病，名曰“畏詩症”（Poésophobie）。病原如是：財主偶爾打開兒子的書桌抽屜，看見一堆寫滿了字的白紙，既非簿記，又非賬目，每行第一字大寫，末一字不到底，細加研究，知是詩稿，因此怒沖腦頂，氣破胸脯，深恨家門不幸，出此不肖逆子，神經頓呈變態。其實此症富有傳染性；每到這個年頭兒，竟能跟夏天的霍亂、冬天的感冒同樣流行。藥方呢，聽説也有一個：把古今中外詩文集都付之一炬，化灰吞服。據云衹要如法炮製，自然胸中氣消，眼中釘拔，而且從此國强民泰，政治修明，武運昌盛！至於當代名人的這類弘論，早在銷行極廣的各種大刊物上發表，人人熟讀，不必贅述。

文學必須毁滅，而文人卻不妨奬勵——奬勵他們不要做文人。蒲伯(Pope)出口成章(Lisp in numbers)，白居易生識之無，此類不可救藥的先天文人畢竟是少數。至於一般文人，老實説，對於文學並不愛好，並無擅長。他們弄文學，彷彿舊小説裏的良家女子做娼妓，據説是出於不甚得已，無可奈何。衹要有機會讓他們跳出火坑，此等可造之才無不廢書投筆，改行從良。文學是倒楣晦氣的事業，出息最少，鄰近着飢寒，附帶了疾病。我們衹聽説有文丐，像理丐、工丐、法丐、商丐等名目是從來没有的。至傻極笨的人，若非無路可走，斷不肯搞什麽詩歌小説。因此不僅旁人鄙夷文學和文學家，就是文人自己也填滿了自卑心結，對於文學，全然缺乏信仰和愛敬。譬如十足文人的揚雄在《法言》裏就説：“雕蟲篆刻，壯夫不爲。”可見他寧做壯丁，不做文人。因此，我們看見一個特殊現象：一切學者無不威風凛凛，神氣活現，對於自己所學專門科目，帶吹帶唱，具有十二分信念；衹有文人們懷着鬼胎，賠了笑臉，抱愧無窮，即使偶爾吹牛，談談“國難文學”、“宣傳武器”等等，也好像水浸濕的皮鼓，敲擂不響。歌德不作愛國詩歌，遭人唾駡，因在《語録》(*Gespräche mit Eckermann*）裏大發牢騷，説不是軍士，未到前綫，怎能坐在書房裏吶喊做戰歌（Kriegslieder schreiben und in Zimmer sitzend）。少數文人在善造英雄的時勢下，能談戰略，能作政論，能上條陳，再不然能自任導師，勸告民衆。這樣多才多藝的人，是不該在文學裏埋没的，也不會在文學裏埋没的。祇要有機會讓他們變換，他們可以立刻抛棄文藝，别幹營生。

雪萊在《詩的辯護》裏説文人是"人類的立法者"（Legislator），卡萊爾在《英雄崇拜論》裏説文人算得上"英雄"。那些特殊材料的文人祇想充當英雄，希望變成立法者或其他。竟自稱是英雄或立法者，不免誇大狂；想做立法者和英雄呢，那就是有志上進了。有志上進是該嘉獎的。有志上進，表示對於現實地位的不滿足和羞恥。知恥近乎勇。勇是該鼓勵的，何況在這個時期？

要而言之：我們應當毁滅文學而獎勵文人——獎勵他們不做文人，不搞文學。

人生边上的边上

本書收集了作者自編散文集《寫在人生邊上》之外的論文、隨感、序跋、書評和譯文等各類文字，由楊絳先生擬定書名，陸文虎先生編輯整理，書名題簽集作者字。　—— 本書編者註

目　次

目　次

譯文

論俗氣

找遍了化學書，在炭氣、氧氣以至於氯氣之外，你看不到俗氣的。這是比任何氣體更稀淡、更微茫，超出於五官感覺之上的一種氣體，祇有在文藝裏或社交裏才能碰見。文藝裏和社交裏還有許多旁的氣也是化學所不談的，例如寒酸氣、泥土氣。不過，這許多氣都没有俗氣那樣難捉摸：因爲它們本身雖然是超越感覺的，它們的名字卻是藉感覺中的事物來比方着，象徵着；每一個比喻或象徵都無形中包含一個類比推理(analogy)①，所以，顧名思義，你還有綫索可求。説到酸氣，你立刻聯想着山西或鎮江的老醋；説起泥土氣，你就記憶到夏雨初晴，青草池塘四周圍氤氲着的氣息。但是俗氣呢？不幸的很，“氣”已是够空虚了，“俗”比“氣”更抽象！所以，有亞爾特斯·赫胥黎(Aldous Huxley)先生的機伶，在《文學中之俗氣》(*Vulgarity in*

① 參見 Whitehead：*Symbolism：Its meaning and Effects*，又 Stout：*Mind and Matter* 第四章，又一九三二年五、六月號 *Revue Philosophique* 中 Desbien：*Le Symbolisme Verbal et l'expérience de la Pensée*。

Literature)那本小册子裏，他也不能抓住俗氣，像孫行者抓住妖風一般，把鼻子來辨别滋味。

赫胥黎先生以爲俗氣的標準是跟了社會階級而變换的；下等社會認爲美的，中等社會認爲俗不可耐，中等社會認爲美的，上等社會認爲俗不可耐，以此類推。又説："俗氣就是流露出來的一種下劣性"（vulgarity is a lowness that proclaims itself)。這上中下階級想是依照知識程度來分的，每一個階級又分好多層，上等之上，下等之下，還有階級，大概相當於利馥絲(Q. D. Leavis)《小説與讀者》(*Fiction and the Reading Public*) 一書中高眉(high-brow)、平眉(middlebrow)、低眉(lowbrow) 的分别；若説根據銀行存款的多少來判定階級，赫胥黎先生斷不至於那樣勢利的。

俗氣跟着社會階級而變换的，不錯！不過，赫胥黎先生的説法祇讓我們知道俗氣産生的淵源(origin)，没有説出俗氣形成的性質(nature)，祇告訴我們怎樣有俗氣，並没有講清什麽是俗氣。"一種下劣性"是什麽，我們根本就不懂；把它來解釋俗氣，真是ignotum per ignotius了。因此，我們的問題是：上等社會批評東西"甲"俗，中等社會批評東西"乙"俗，下等社會批評東西"丙"俗（盡許此階級認爲俗的就是較下的階級認爲美的)，它們批評爲俗的東西雖不同，它們批評爲俗是相同的，這個相同是到什麽程度？换句話説：當一個上等社會的代表(typical) 人物看見他認爲俗的事物時，一個中等社會的代表人物看見他認爲俗的事物時，和一個下等社會的代表人物看見他認爲俗的事物時，他們三個人的心理反應或感想一定是相同的，否則決不會同聲説："俗!"這三個不同的事物中有什麽相同的品質使這三個不同的人發生相同的感想？對於清潔成癖的人，天下没有一樁東西是不髒的；同樣，俗的東西的多少也跟一個人的風雅的程度成爲正比例，但是，不管他評爲“俗”的東西的數量的大小，這許多東西裏一定有一個像算學中的公因數(common factor)，做他的批評的根據。

赫胥黎先生討厭坡(Edgar Poe)的詩，説它好比戴滿了鑽戒的手，俗氣迎人。這一個妙喻點醒我們不少。從有一等人的眼光看來，濃抹了胭脂的臉，向上翻的厚嘴唇，福爾斯大夫(Falstaff)的大肚子，西哈諾(Cyrano)的大鼻子，涕澌交流的感傷主義(sentimentality)，柔軟到擠得出水的男人，鴛鴦蝴蝶派的才情，蘇東坡體的墨豬似的書法，乞斯透頓(Chesterton)的翻筋斗似的詭論(paradox)，大塊的四喜肉，還有——天呀！還有説不盡的etc. etc.，都跟戴滿鑽戒的手一般的俗。這形形色色的事物間有一個公共的成分——量的過度：鑽戒戴在手上是極悦目的，但是十指尖尖都搒着鑽戒，太多了，就俗了！胭脂擦在臉上是極助嬌艷的，但是塗得彷彿火燒一樣，太濃了，就俗了！肚子對於人體曲綫美是大有貢獻的，但是假使凸得像掛了布袋，太高了，就俗了！以此類推。同時，我們胸中還潛伏一個道德觀念：我們不贊成一切誇張和賣弄，一方面因爲一切誇張和賣弄總是過量的，上自媒人的花言巧語，下至戲裏的丑表功，都是言過其實、表過其裏的。另一方面也因爲人家的誇大反襯出我們的渺小，所以我們看見我們認爲過當的事物，我們不知不覺地聯想到賣弄，不管那樁事物確是在賣弄（像戴滿鑽戒的手）或是出於不得已（像大肚子）。因此，我們暫時的結論是：當一個人認一樁東西爲俗的時候，這一個東西裏一定有這個人認爲太過火的成分，不論在形式上或内容上。這個成分的本身也許是好的，不過，假使這個人認爲過多了(too much of a good thing)，包含這個成分的整個東西就要被判爲俗氣。所以，俗氣不是負面的缺陷(default)，是正面的過失(fault)。骨瘦如柴的福爾摩斯是不會被評爲俗的，肥頭胖耳的福爾斯大夫便難説了。簡單樸實的文筆，你至多覺得枯燥，不會嫌俗的，但是填砌着美麗詞藻的嵌寶文章便有俗的可能。沉默冷靜，不會應酬的人，你至多厭他呆板，偏是有説有笑，拍肩拉手的社交家頂容易變俗。雷諾爾慈(Joshua Reynolds)爵士論羅馬宗和威尼斯宗兩派繪畫的優劣，也是一個佐證：輕描淡掃，注重風韻(nuance)的畫是不會俗的，金碧輝煌，注重色相(couleur)的畫就跡近賣弄，相形之下，有些俗氣了①。批評家對於他們認爲“感傷主義”的作品，同聲説“俗”，因爲“感傷主義是對於一樁事物過量的反应”(a response is sentimental if it is too great for the occasion)——這是瑞恰慈(I. A. Richards)先生的話②，跟我們的理論不是一拍就合麽？俗的意思是“通俗”，大凡通俗的東西都是數量多的，價值賤的；照經濟常識，東西的價值降賤，因爲供過於求，所以，在一個人認爲俗的事物中，一定有供過於求的成分——超過那個人所希望或願意有的數量的成分。從“通俗”兩個字，我們悟到俗氣的第二特點：俗的東西就是可以感動“大多數人”的東西——此地所謂“大多數人”帶着一種譴責的意味，不僅指數

① 參觀 Reynolds：*Discourses* 第四講，nuance 與 couleur 之別，則本於 Verlaine：*Art Poétique*。

② Richards：*Practical Criticism*，二百五十八頁。

量說，並且指品質說，是卡萊爾(Carlyle)所謂“不要崇拜大多數”(don't worship the majority)的“大多數”，是易卜生(Ibsen)所謂“大多數永遠是錯誤的”(a majority is always wrong)的“大多數”。

綜括以上來說，假使一個人批評一樁東西爲“俗”，這個批評包含兩個意義：(一)他認爲這樁東西組織中某成分的量超過他心目中以爲適當的量。(二)他認爲這樁東西能感動的人數超過他自以爲隸屬着的階級的人數。

我們的結論並不跟赫胥黎先生的意見相反。事物本身無所謂雅俗，隨觀者而異，觀者之所以異，由於智識程度或階級之高下；Tout est relatif，是的！不過，不論它是什麽東西，衹要它被評爲“俗”，不論你是什麽階級的人，衹要你評它爲“俗”，那末，你對它的心理反應逃不出上面的方式，Voilà le seul principe absolu!

我們的俗氣說似乎比山潭野衲(Santayana)教授的也來得徹底。山潭野衲教授說俗氣就是自相矛盾(inner contradiction)，例如老太婆戴了金絲假髮，垢膩的手戴滿了珠寶，彼此間不能調和[①]。對於這種理論，我們有兩個批評，第一：照山潭野衲教授的說法，我們看見怪(grotesque)物時的感想，跟我們看見俗(vulgar)物時的感想，簡直是一是二，没有分别了。把相矛盾的、不和諧的分子硬拼在一起，是我們認爲怪相的造因，不是俗氣的造因。假使我們覺得戴假髮的老太婆或戴珠寶的髒手有俗氣，我們並非爲金絲髮的濃厚跟老太婆的乾癟不配，我們衹感到老太婆還妝着那許多如火如荼的頭髮，太過了，我們也並非爲髒手跟珠寶

① Santayana: *Reason in Art*，一百九十七頁。

不稱，我們衹感到這樣嘔人的手還要妝飾，太不知量了，太過了。第二：山潭野衲教授的說法至多衹能解釋兩個成分的相反（contrast）是俗氣，不能解釋爲什麼一個成分的增加（intensification）也是俗氣，衹能解釋污穢的手戴滿了珠寶（他自己的例）是俗，不能解釋不污穢的手戴滿了珠寶（赫胥黎的例）也是俗。當然，你可以說上面所舉的各例也能用自相矛盾來解釋的，譬如兩頰施朱，本求美觀，但是，濃塗厚抹，求美而反得醜，那就是自相矛盾了。不過，我們進一步問，爲什麼求美而得醜呢？還不是因爲胭脂擦得太過麼？還不是須要我們的過量說來解釋麼？

從求美而得醜，我們立刻想到求雅而得俗的矛盾現象——《儒林外史》第二十九回中杜慎卿所謂“雅的這樣俗”，《隨園詩話》所謂：“人但知滿口公卿之人俗，而不知滿口不趨公卿之人更俗。”這種現象是起於不自然的裝腔做勢；俗人拚命學雅，結果還是俗。夏士烈德（Hazlitt）的俗氣說便以此爲根據的。夏士烈德以爲一切天然的（natural）、自在的（spontaneous）東西都不會俗的，粗鹵（grossness）不是俗，愚陋（Ignorance）不是俗，呆板（awkwardness）也不是俗，衹有粗鹵而妝細膩，愚陋而妝聰明，呆板而妝伶俐才是俗氣。所以俗人就是裝模做樣的人（The truly vulgar are the herd of pretenders to what is not natural to them）①。這種說法也沒有我們的來得徹底。照夏士烈德的理論，我們覺得一樁東西俗，是因爲它的“妝”（affectation）。不過，我們何以知道它是“妝”呢？粗人妝細膩就爲要遮蓋他的粗，決不肯承認他的

---

① Hazlitt：*On Vulgarity and Affectation* 一小文。

細膩是妝出來的。我們所以覺得他俗，覺得他“妝”，覺得他妝出來的細膩跟他本性的粗鹵相矛盾(inner contradiction)，還是因爲他細膩得太過火了。天生細膩的人所隨便做的事，學細膩的粗人做得特别小心，以引起人家的注意，證明他的不粗；而偏是人家注意到他的特别小心，便知道他的細膩是學來的，不是生就的。好比説外國話極好的人，往往比説那國話的土人更成語化(idiomatic)，這一點過度的成語化反而證明他的非本國籍。一切妝腔都起於自卑心理(inferiority complex)，知道自己比不上人，有意做出勝如人的樣子，知道自己卑下，拚命妝着高出自己的樣子，一舉一動，都過於費力(over-emphasis)，把外面的有餘來掩飾裏面的不足，諸葛亮的“空城計”就是一個好例，司馬懿若懂得心解術，決不會上當，從諸葛亮過乎尋常的鎮静，便看得出他的鎮静是“妝”的，不是真的。所以，妝腔説也要以過量説爲根據的。我們上面説賣弄的所以俗，是在言過其實、表過其裏，妝腔也是如此。《石林詩話》説鄭谷的詩“格力適堪揭酒家壁，爲市人書扇耳！天下事每患自以爲工處，着力太過，何但詩也！”魏禧《與友論文書》道：“着佳言佳事太多，如市肆之列雜物，非不炫目，正嫌有市井氣耳！”賣弄妝腔以及一切有“市井氣”或俗氣的事物就壞在“太過”、“太多”兩點。A little more and how much it is!

俗人並不反對風雅的，他們崇拜風雅，模仿風雅，自以爲風雅①。没有比“雅的這樣俗”的人更雅了，他們偏是“雅的這

① Aldous Huxley：*Point Counter Point* 中仿 La Rochefoucauld：*Maximes* 第二百十八條云：“Intellectual hypocrisy is the tribute philistinism pays to art”。

樣俗”；古代的Précieuses Ridicules，現代的Notvery-intelligent-sia，都是此等人物。我們每一個人都免不了這種附庸風雅的習氣。天下不愁没有雅人和俗人，衹没有俗得有勇氣的人，甘心呼吸着市井氣，甘心在伊壁鳩魯（Epicurus）的豬圈裏打滾，有膽量擡出俗氣來跟風雅抵抗，彷彿魔鬼的反對上帝。有這個人麽？我們應當像敬禮撒旦（Satan）一般的敬禮他。

（原載《大公報》一九三三年十一月四日）

談交友

假使戀愛是人生的必需，那末，友誼衹能算是一種奢侈；所以，上帝垂憐阿大(Adam)的孤寂，衹爲他造了夏娃，並未另造個阿二。我們常把火焰來比戀愛，這個比喻有我們意想不到的貼切。戀愛跟火同樣的貪濫，同樣的會蔓延，同樣的殘忍，消滅了堅牢結實的原料，把灰燼去換光明和熱烈。像擺倫，像哥德，像繆塞，野火似的捲過了人生一世，一個個白色的、栗色的、棕色的情婦(une blonde, châtaigne ou brune maîtresse，繆塞的妙句)的血淋淋紅心、白心、黄心（孫行者的神通)，都燒炙成死灰，衹算供給了燃料。情婦雖然要新的纔有趣，朋友還讓舊的好。時間對於友誼的磨蝕，好比水流過石子，反把它洗琢得光潔了。因爲友誼不是尖利的需要，所以在好朋友間，極少發生那厭倦的先驅，一種饜足的情緒，像我們吃完最後一道菜，放下刀叉，靠着椅背，準備叫侍者上咖啡時的感覺，這當然不可一概而論，看你有的是什麽朋友。

西諺云："急需或困乏時的朋友纔是真正的朋友"，不免膚淺。我們有急需的時候，是最不需要朋友的時候。朋友有錢，我們需要他的錢；朋友有米，我們缺乏的是他的米。那時節，我們也許需要真正的朋友，不過我們真正的需要並非朋友。我們講交情，揩面子，東借西挪，目的不在朋友本身，衹是把友誼作爲可利用的工具，頂方便的法門。常時最知情識趣的朋友，在我們窮急時，他的風趣，他的襟抱，他的韻度，我們都無心欣賞了。兩袖包着清風，一口咽着清水，而云傾聽良友清談，可忘饑渴，即清高到没人氣的名士們，也未必能清苦如此，此話跟劉孝標所謂“勢交利交”的一派牢騷，全不相干。朋友的慷慨或吝嗇，肯否排難濟困，這是一回事；我們牢不可破的成見，以爲我和某人既有朋友之分，我有困難，某人理當扶助，那是另一回事。盡許朋友疏財仗義，他的竟算是我的，在我窮急告貸的時節，總是心存不良，滿口親善，其實别有作用。試看世間有多少友誼，因爲有求不遂，起了一層障膜；同樣，假使我們平日極瞧不起，最不相與的人，能在此時幫忙救急，反比平日的朋友來得關切，我們感激之餘，可以立刻結爲新交，好幾年積累成的友誼，當場轉移對象。在困乏時的友誼，是最不值錢了——不，是最可以用錢來估定價值了！我常感到，自《廣絶交論》以下，關於交誼的詩文，都不免對朋友希望太奢，批評太刻，衹説做朋友的人的氣量小，全不理會我們自己人窮眼孔小，衹認得錢類的東西，不認得借未必有，有未必肯的朋友。古爾斯密(Goldsmith)的東方故事《阿三痛史》(*The Tragedy of Asem*)，頗少人知，一八七七年出版的單行本，有一篇序文，中間説，想創立一種友誼測量表(philometer)，以朋友肯借給他的錢多少，定友誼的高下。這種沾光揩油的交誼觀，甚至雅人如張船山，也未能免除，所以他要怨什麽“事能容俗猶嫌傲，交爲通財漸不親”。《廣絶交論》衹代我們駡了我們的勢利朋友，我們還需要一篇《反絶交論》，代朋友來駡他們的勢利朋友，就是我們自己。《水滸》裏寫宋江刺配江州，戴宗向他討人情銀子，宋江道：“人情，人情，在人情願！”真正至理名言，比劉孝標、張船山等的見識，高出萬倍。説也奇怪，這句有“恕”道的話，偏出諸船火兒張横所謂“不愛交情祇愛錢”，打家劫舍的强盗頭子，這不免令人摇頭歎息了：第一歎來，歎惟有强盗，反比士大夫輩明白道理！然而且慢，還有第二歎；第二歎來，歎明白道理，而不免放火殺人，言行不符，所以爲强盗也！

從物質的周濟説到精神的補助，我們便想到孔子所謂直諒多聞的益友。這個漂白的功利主義，無非説，對于我們品性和智識有利益的人，不可不與結交。我的偏見，以爲此等交情，也不甚鞏固。孔子把直諒的益友跟“便僻善柔”的損友反襯，當然指那些到處碰得見的，心直口快，規過勸善的少年老成人。生就鬥蟋蟀般的脾氣，一擲一跳，護短非凡，爲省事少氣惱起見，對於喜管閑事的善人們，總盡力維持着尊敬的距離。不過，每到冤家狹路，免不了聽教訓的關頭，最近涵養功深，子路聞過則喜的境界，不是區區誇口，頗能做到。聽直諒的“益友”規勸，你萬不該良心發現，哭喪着臉；他看見你惶恐觳觫的表情，便覺得你邪不勝正，長了不少氣勢，帶駡帶勸，説得你有口難辯，然後幾句甜話，拍肩告別，一路上忻然獨笑，覺得替天行道，做了無量功德。反過來，你若一臉堆上濃笑，滿口承認；他説你駡人，你便説像某某等輩，不但該駡，並且該殺該剮，他説你刻毒，你就説，豈止刻毒，還想下毒，那時候，該他拉長了像烙鐵熨過的臉，哭笑不得了。大凡最自負心直口快，喜歡規過勸善的人，像我近年來所碰到的基督教善男信女，同時最受不起别人的規勸。因此，你不大看見直諒的人，彼此間會産生什麽友誼；大約直心腸頗像幾何學裏的直綫，兩條平行了，永遠不會接合。照我想來，心直口快，無過於使性子駡人，而這種直諒的“益友”從不駡人，頂反對你駡人。他們找到他們認爲你的過失，絶不痛痛快快的駡，衹是婆婆媽媽的勸告，算是他們的大度包容。駡是一種公道的競賽，對方有還駡的機會；勸卻不然，先用大帽子把你壓住，無抵抗的讓他攻擊，卑怯不亞於打落水狗。他們喜歡規勸你，所以，他們也喜歡你有過失，好比醫生要施行他手到病除的仁心仁術，總先希望你害病。這樣的居心險惡，無怪基督教爲善男信女設立天堂。真的，没有比進天堂更妙的刑罰了；設想四周圍都是無瑕可擊，無過可規的善人，此等心直口快的“益友”無所施其故技，心癢如有臭蟲叮，舌頭因不用而起鐵銹的苦痛。泰勒（A. E. Taylor）《道學先生的信仰》（*Faith of a Moralist*）書裏説，讀了但丁《神曲·天堂篇》，有一個印象，覺得天堂裏空氣沉悶，諸仙列聖衹希望下界來個陌生人，談話消遣。我也常常疑惑，假使天堂好玩，何以但丁不像鄉下人上城的東張西望，倒失神落魄，專去注視琵雅德麗史的美麗的眼睛，以至受琵雅德麗史婉妙的數説：“回過頭去罷！我的眼睛不是惟一的天堂（Che non pur ne' miei occhi è paradiso）”。天堂並不如史文朋（Swinburne）所説，一個玫瑰花園，充滿了浪上人火來的姑娘（A rose garden full of stunners），浪上人火來的姑娘，是裸了大腿，跳舞着唱

“天堂不是我的份”的。史文朋一生叛教，那知此中底細？古法文傳奇《烏開山與倪高來情史》(*Aucassin et Nicolette*)說，天堂裏全是老和尚跟殘廢的叫化子；風流武俠的騎士反以地獄爲歸宿。雷諾(Renan)《自傳續編》(*Feuilles détachées*)序文裏也說，天堂中大半是虔誠的老婆子(vieilles dévotes)，無聊得要命；雷諾教士出身，說話當然靠得住。假使愛女人，應當愛及女人的狗，那末，真心結交朋友，應當忘掉朋友的過失。對於人類應負全責的上帝，也祇能揑造——揑了泥土創造，並不能改造，使世界上壞人變好；偏是凡夫俗子倒常想改造朋友的品性，真是豈有此理。一切罪過，都是一點未鑿的天真，一角消毀不盡的個性，一條按壓不住的原始的衝動，脱離了人爲的規律，歸寧到大自然的老家。抽象地想着了罪惡，我們也許會厭恨；但是罪惡具體地在朋友的性格裏襯托出來，我們祇覺得他的品性產生了一種新的和諧，或者竟説是一種動人憐惜的缺陷，像古磁上一條淡淡的裂縫，奇書裏一角缺葉，使你心窩裏湧出加倍的愛惜，心直口快的勸告，假使出諸美麗的異性朋友，如聞裂帛，如看快刀切菜，當然樂於聽受。不過，照我所知，美麗的女郎，中外一例，説話無不打着圈兒掛了彎的；祇有身段缺乏曲綫的娘們，説話纔筆直到底。因此，直諒的“益友”，我是没有的，我也不感到“益友”的需要。無友一身輕，威斯婁(Whistler)的得意語，祇算替我説的。

多聞的“益友”，也同樣的靠不住。見聞多、記誦廣的人，也許可充顧問，未必配做朋友，除非學問以外，他另有引人的魔力。德·白落斯(Président de Brosses)批評伏爾泰道：“别人敬愛他，無非爲他做的詩好。確乎他的詩做得不壞。不過，我們衹該愛他的詩(Mais ce sont ses vers qu'il faut admirer)"。——言外之意，當然是，我們不必愛他的人。我去年聽見一句話，更爲痛快。一位男朋友慫恿我爲他跟一位女朋友撮合，生平未做媒人，好奇的想嘗試一次。見到那位女朋友，聲明來意，第一項先説那位男朋友學問頂好，正待極合科學方法的數説第二項第三項，那位姑娘輕冷地笑道："假使學問好便該嫁他，大學文科老教授裏有的是鰥夫。"這兩個例子，對於多聞的"益友"，也可應用。譬如看書，參考書材料最豐富，用處最大，然而極少有人認它爲伴侶的讀物。頤德(André Gide)《日記》(*Pages de Journal* 1929—1932)有個極妙的測驗；他説，關於有許多書，我們應當問：這種書給什麽人看(qui peut les lire)？關於有許多人，我們應該問：這種人能看什麽書(que peuvent-ils lire)？照此説法，多聞的"益友"就是專看參考書的人。多聞的人跟參考書往往同一命運，一經用過，彷彿擠乾的檸檬，嚼之無味，棄之不足惜。並且，打開天窗説亮話，世界上没有一個人不在任何方面比我們知道得多，假使個個要攀爲朋友，那裏有這許多情感來分配？倫敦東頭自告奮勇做嚮導的頑童，巴黎夜半領遊俱樂部的癟三，對於垢污的神秘，比你的見聞來得廣博，若照多聞益友的原則，幾個酒錢，還够不上朋友通財之誼。多聞的"多"字，表現出數量的注重。記誦不比學問；大學問家的學問跟他整個的性情陶融爲一片，不僅有豐富的數量，還添上個别的性質；每一個瑣細的事實，都在他的心血裏沉浸滋養，長了神經和脈絡，是你所學不會，學不到的。反過來説，一個參考書式的多聞者（章實齋所謂"横通"），無論記誦如何廣博，你總能把他吸收到一乾二淨。學校裏一般教師，授完功課後的精神的儲蓄，縮擠得跟所發講義紙一樣的扁薄了！普通師生之間，不常發生友誼，這也是一個原因。根據多聞的原則而產出的友誼，當然隨記誦的增減爲漲縮，不穩固可想而知。自從人工經濟的科學器具發達以來，“多聞”之學似乎也進了一個新階段。唐李渤問歸宗禪師云：“芥子何能容須彌山?”師言：“學士胸藏萬卷書，此心不過如椰子大，萬卷書何處著?”記得王荆公《寄蔡天啓詩》，袁隨園《秋夜雜詩》也有類似的說法。現在的情形可不大相同了。時髦的學者不需要心，祇需要幾隻抽屜，幾百張白卡片，分門別類，做成有引必得的“引得”，用不着頭腦更去强記。但得抽屜充實，何妨心腹空虛。最初把抽屜來代替頭腦，久而久之，習而俱化，頭腦也有點木木然接近抽屜的質料了。我敢豫言，在最近的將來，木頭或阿木林等謾駡，會變成學者們最尊敬的稱謂，“樸學”一個名詞，將發生新鮮的意義。

這並不是說，朋友對於你毫無益處；我不過解釋，能給你身心利益的人，未必就算朋友。朋友的益處，不能這樣拈斤播兩的講。真正友誼的形成，並非由於雙方有意的拉攏，帶些偶然，帶些不知不覺。在意識層底下，不知何年何月潛伏着一個友誼的種子，咦！看它在心里面透出了萌芽。在温暖固密，春夜一般的潛意識中，忽然偷偷的鑽進了一個外人，哦！原來就是他！真正友誼的產物，祇是一種滲透了你的身心的愉快。没有這種愉快，隨你如何直諒多聞，也不會有友誼。接觸着你真正的朋友，感覺到這種愉快，你内心的鄙吝殘忍，自然會消失，無需說教似的勸導。你没有聽過窮冬深夜壁爐煙囱裏呼嘯着的風聲麽？像把你胸懷間的鬱結體貼出來，吹盪到消散，然而不留語言文字的痕跡，不受金石絲竹的束縛。百讀不厭的黄山谷《茶詞》説得最妙："恰如燈下故人，萬里歸來對影；口不能言，心下快活自省。"以交友比吃茶，可謂確當。存心要交"益友"的人，便不像中國古人的品茗，而頗像英國人下午的吃茶了：濃而苦的印度紅茶，還要方糖牛奶，外加麵包牛油糕點，甚至香腸肉餅子，乾的濕的，熱鬧得好比水陸道場，胡亂填滿肚子完事。在我一知半解的幾國語言裏，没有比中國古語所謂"素交"更能表出友誼的骨髓。一個"素"字把純潔真樸的交情的本體，形容盡致。素是一切顔色的基礎，同時也是一切顔色的調和，像白日包含着七色。真正的交情，看來像素淡，自有超越死生的厚誼。假使交誼不淡而膩，那就是戀愛或者柏拉圖式的友情了。中國古人稱夫婦爲"膩友"，也是體貼入微的雋語，外國文裏找不見的。所以，真正的友誼，是比精神或物質的援助更深微的關係。蒲伯(Pope)對鮑林白洛克(Bolingbroke)的稱謂，極有斟酌，極耐尋味："哲人、導師、朋友"(philosopher, guide, friend)。我有大學時代五位最敬愛的老師，都像蒲伯所説，以哲人導師而更做朋友的；這五位老師以及其他三四位好朋友，全對我有説不盡的恩德；不過，我跟他們的友誼，並非由於説不盡的好處，倒是説不出的要好。孟太尼(Montaigne)解釋他跟拉·白哀地(La Boètie)生死交情的話，頗可借用："因爲他是他，因爲我是我"，没有其他的話可説。素交的"素"字已經把這個不着色相的情誼體會出來了；"口不能言"的快活也祇可採取無字天書的作法去描寫罷。

本來我的朋友就不多，這三年來，更少接近的機會，祇靠着不痛快的通信。到歐洲後，也有一二個常過往的外國少年，這又算得什麽朋友？分手了，回到中國，彼此間隔着“慣於離間的大海”（estranging seas），就極容易的忘懷了。這個種族的門檻，是跨不過的。在國外的友誼，在國外的戀愛，你想帶回家去麽？也許是路程太遠了，不方便携帶這許多行李；也許是海關太嚴了，付不起那許多進出口税。英國的冬天，到一二月間才來，去年落不盡的樹葉，又簌簌地隨風打着小書室的窗子。想一百年前的穆爾（Thomas Moore）定也在同樣蕭瑟的氣候裏，感覺到“故友如冬葉，蕭蕭四落稀”的淒涼（When I remember all the friends so link'd together，I've seen around me fall like leaves in wintry weather）。對於秋冬肅殺的氣息，感覺頂敏鋭的中國詩人自盧照鄰、高蟾，直到沈欽圻、陳嘉淑，早有一般用意的名句。金冬心的“故人笑比庭中樹，一日秋風一日疏”，更覺染深了冬夜的孤寂。然而何必替古人們傷感呢！我的朋友個個都好着，過兩天是星期一，從中國經西伯利亞來的信，又該到牛津了，包你帶來朋友的消息。

二十六年一月三十日

説“回家”

中國古代思想家，尤其是道家和禪宗，每逢思辯得到結論，心靈的追求達到目的，就把“回家”作爲比喻，例如“歸根復本”、“自家田地”、“窮子認家門”等等。像“客慧”、“客塵”這些名詞，也從“回家”這個比喻上生發而出；作客就是有家不歸或者無家可歸，換句話説，思想還未徹底，還没有真知灼見。《楞嚴經》卷一憍陳那説得明白：“譬如行客，投寄旅亭，宿食事畢，俶裝前途，不遑安住；若實主人，自無攸往。”子書佛經以及宗門語録裏這類言語，多不勝舉，姑引一個比較被忽略的例子：“李公廓菴問予云：‘子謂顔淵曰：“惜乎吾見其進，未見其止”，如何看?’予曰：‘惜他尚涉程途，未到得家耳。’公欣然曰：‘今人以“止”字爲上章“功虧一簣”之“止”，但知聖賢終身從事於學，而不知自有大休歇之地，則“止”字不明故也。’”（節引明王肯堂《筆塵》卷一）

這個比喻在西洋神秘主義裏也是個基本概念。新柏拉圖派大師潑洛克勒斯（Proclus）把探討真理的歷程分爲三個階段：家居，外出，回家（epistrophe）（見英譯本 *Elements of Theology* 第十五章，參觀 W. Wallace：*The Logic of Hegel* 第三八六頁又 W. R. Inge：*Philosophy of Plotinus* 第二册第一四五頁）。黑智爾受新柏拉圖派的影響，所以他説思想歷程是圓形的，首尾回環。近來文學史家又發現德國早期浪漫主義者也受新柏拉圖派的影響，我以爲諾梵立斯（Novalis）下面一句話就是好例證：“哲學其實是思家病，一種要歸居本宅的衝動”（Die Philosophie ist eigentlich Heimweh，ein Trieb，Überall zu Hause zu sein）（見 *Fragmente* 第二四節）。英國文評家裴德（Pater）也有相似的説話，他看過諾梵立斯，未必是無意的暗合。

中西比喻的相同，並非偶然。道家，禪宗，新柏拉圖派都是唯心的，主張返求諸己，發明本心。這當然跟走遍天下以後，回向本家，有點相像。不過，把唯心的玄談撇開，這比喻還是正確貼切的，因爲它表示出人類思想和推理時一種實在的境界。

回是歷程，家是對象。歷程是回復以求安息；對象是在一個不陌生的、識舊的、原有的地方從容安息。我想，我們追思而有結果，解疑而生信仰，那些時的心理狀況常是這樣。

正像一切戰爭都説是爲了獲取和平，一切心理活動，目的也在於靜止，恢復未活動前的穩定（restoration of equilibrium or stationary state）（參觀 Rignane：*Psychology of Reasoning* 英譯本第二至四頁）。碰見疑難，發生慾望，激動情感，都是心理的震蕩和擾亂。非到這震動平靜下去，我們不會舒服。所以疑難以解決爲快，情感以發洩爲快，慾望以到達爲快。思想的結束是不復思想，問題有解答就不成問題，懷疑克伏了而成信仰，或者坐實了而成懷疑主義——那是把懷疑在心裏養家了，使它和自己不再搗亂。假如一時得不到結論，就往往人云亦云，盲從現成的結論，或者哄騙得自己把這問題忘掉，彷彿根本没有這會事。總而言之，人心遭遇困難而感覺不安，就用種種方法，消除困難的感覺以便回復到心安慮得。當然另有新的困難會發生，不過對於這個已解決的困難，心是一勞永逸了。《樂記》説："人生而靜，天之性也。"自從《莊子·德充符》、《天道》兩篇以來，我們常把"止水"、"靜水"來比心的本體。剥去一切神秘玄妙的意義，本心像"止水"這句話跟西洋心理學所謂"意識的流水"，並不相反。"止"可以指上面所説的安定情境。心有無本體，不必討論；心的基本要求是儘量增加無所用心的可能，獲得暫時的或某方面的安穩。精神上和物質上麻醉品——例如酒和宗教——的流行是個間接的證據。

所謂回復原來，祇指心的情境(state)而説，心的内容(content)經過這番考索，添了一個新觀念，當然比原來豐富了些。但是我們千辛萬苦的新發現，常常給我們一種似曾相識，舊物重逢的印象。我們發現了以後，忍不住驚歎説："原來不過如此!"巴斯楷爾的詭論："假使你還没有找到我，你决不肯來找我"(Tu ne me chercherais pas si tu ne m' avais pas déjà trouvé)，就指此而言。據研究思維心理者的解釋，這個結論在被發現之先，早在我們的潛意識裏醖釀盤旋，所以到最後心力圓滿，豁然開朗，好比果子成熟，跟我們不陌生了。這種認新爲舊的錯覺，據我所知，柏拉圖拈出最早；他在對話 *Meno* 一篇裏把學算學來説明人類的知新其實是憶舊(Anamnesis)。哲學家和文學家自述經驗，也有同樣的記載。各舉一例，以概其餘。方德耐爾(Fontenelle)《皇家學院史·序》説，真理在人心裏現露的時候，寫寫意意地來；雖然我們第一次知道它，倒好像不過記起了舊事(s'en souvenir)。濟慈在一八一八年二月廿七日給泰勒(Taylor)的信裏説，好詩句彷彿是回憶的舊詩(appear almost as remembrance)。至於神秘的宗教經驗裏“如獲舊物”的例子（譬如《五燈會元》卷二十《善悟》一則），更不用説。

照此看來，“回家”這個比喻，不失爲貼切。但無論如何貼切，比喻衹是比喻。思想家的危險就是給比喻誘惑得忘記了被比喻的原物，把比喻上生發出來的理論認爲適用於被比喻的原物。這等於犯了禪宗所反覆警告的“認權作實”，“死在句下”，或方法論者所戒忌的把“假如”認爲“真如”(參觀 Vaihinger：*Philosophie des Als ob*，第七、第八合版二百二十至二百二十六頁“論每一思想的生命有三階段”)。

許多思想系統實際都建立在比喻上面，例如中庸的“中”，潛意識的“潛”等等。假使我們從修詞學的立場研究這些比喻的確切性，也許對思辯有些小幫助。

（原載《觀察》第二卷第一期，一九四七年三月一日）

小説瑣徵

焦廷琥《讀書小記》卷下有一則云："《舊唐書·楊虞卿傳》云：'鄭註爲上合金丹，須小兒心肝；密旨，捕小兒無算，民間相告語，扃鏁小兒甚密。'按《西遊記》演比丘國事即本此。以此知稗官小説，未嘗絶無所依附，而無道之事，特書史册；閲者爲之惻然。"按此可補周氏《小説舊聞鈔》之遺，然吴承恩作書時，未必遂有《楊虞卿傳》在心目間也。憶唐人張讀《宣室志》，載乾元初會稽楊叟事，與《西遊記》"比丘憐子遣陰神，尋洞擒妖逢老壽"二回，小有似處。略謂叟病心垂危，有陳生言食生人心可以愈，倉卒不能致，其子宗素一日飯僧入山徑中，見一胡僧，老而枯瘠，衣褐毛縷成袈裟，自言袁氏，世居巴山，己獨好浮屠氏，常慕歌利王割截身體，及菩提投厓以飼虎：獨恨未得果虎狼之腹。宗素以父病告；且謂捨身於豺虎以救其餒，何若授命於人以惠其生乎？胡僧可其請，願一飽而死，食畢，禮諸天神祇，躍上高樹，厲聲問曰："檀越所求何也？"曰："願得心以療父疾。"僧曰："吾已許檀越，請先説《金剛經》之奥義，可乎？《金剛經》云：'過去心不可得，未來心不可得'，檀越若要取吾心，亦不可得矣！”言已，跳躍大呼，化爲一猿而去云云。《西遊記》事，疑從此出，即所謂“骨都都滚出一堆心”者，亦自《金剛經》語，踵事增華者也。吴氏書本多取材於唐人小説；王國維嘗舉“太宗遊地府”事，謂出於張鷟《朝野僉載》，是其驗已。

《兒女英雄傳》三十九回“包公量一諾義賙貧，矍鑠翁九秩雙生子”，記安老爺至鄧家莊祝壽，於席上爲曾瑟菴、公西小端、冉望華、仲笑岩講《論語》子路、曾晳、冉有、公西華侍坐言志一章，頗有老生歎爲聞所未聞，不期底下書中，有此説經解頤文字者。按安老爺語，全襲袁枚《小倉山房文集》卷二十四《論語解》四章之一。隨園説“如或知爾，則何以哉”，略謂：“孔子轍環終老，其心傷矣，適聞曾點曠達之言，遂喟然而歎。”又謂：“如與聖心契合，當莞爾而笑，不當喟然而歎”云云，郝懿行極稱此説（《曬書堂外集》卷下《書袁簡齋〈論語解〉四篇後》），朱珔亦以“孔子心傷”之説爲然（《小萬卷齋文集》卷七《與狄叔穎書》）。翁方綱《石洲詩話》卷三云：“東坡在儋州詩有云：‘問點爾何如，不與聖同憂？’雖是偶爾撇脱語，卻正道着‘春風沂水’一段意思。蓋‘春風沂水’與‘老安少懷’，究有虚時不同；不過境象相似耳，用捨行藏，未可遽以許若人也。孰謂東坡僅詩人乎！”或亦有取于袁氏之説耶？文鐵仙爲勒文襄次孫，則咸同時人；簡齋著作，蓋已先行於世，故得摭以入書，其書諸序之作“雍正甲寅”等（原文作“閼逢攝提格”），疑年自晦，皆文人狡獪伎倆，如書中三十四回“屏紈絝穩步試雲程，破寂寥閑心談日夜”所云：“不曾奉文章祇限七百字的功令”，即乾隆戊戌事也。

明徐樹丕《識小録》卷四云："若士文章，在我朝指不勝屈，出其緒餘爲傳奇，驚才絶艷；《牡丹亭》尤爲膾炙。往歲聞之文中翰啓美云：'若士素恨太倉相公；此傳奇杜麗娘之死而更生，以況曇陽子，而平章則暗影相公。按曇陽仙跡，王元美爲之作傳，亦既彰彰矣，其後太倉人更有異議，云：曇陽入龕後復生，至嫁爲徽人婦。'其説曖昧不可知，若士則以爲實然耳。聞若士死時，手足盡墮；非以綺語受惡報，則嘲謔仙真，亦應得此報也。然更聞若士具此風流才思，而室無姬妾，與夫人相莊至老；似不宜得此惡報，定坐嘲謔仙真耳。"按此節可補蔣氏《小説考證》、錢氏《小説叢考》之所未及。自來以《牡丹亭》爲"Chronique Scandaleuse"者，皆謂刺太倉家事，而玉茗所以與王氏有隙之故，頗滋異説。或謂湯以"衡門之下，可以棲遲"，譏陳繼儒之依附緱山（緱山名衡，太倉長子）；並笑其"山人何以不居山中"（蔣士銓《臨川夢·引奸》一齣，眉公自言如此。顧公燮《消夏閑記摘抄》卷下僅言前一事；並謂《還魂記》中陳再良，即指眉公也），陳恚，譖之於太倉；故湯累試不第，憤而作此。或謂太倉將以女許若士；一日召與談，若士袖忽出一松鼠，陳眉公在坐，退語太倉曰："此子輕佻！"遂罷婚議。若士作《牡丹亭》，所以報也（説見丁傳靖《明事雜詠》自註）。臨川之爲華亭媒蘗信也，此外均非所知矣！朱彝尊《静志居詩話》卷十五力駁刺書之説；以爲假令影射曇陽，太倉"雖盛德有容，必不反演之於家"。丁傳靖《明事雜詠》有云："袖間松鼠語荒唐！唱徹還魂玉茗香，頭白太倉耽此曲，不須風影説曇陽"，即本竹垞意也。至《識小録》所云"其後太倉人更有異議"云云，則誠有其事，王緱山斥爲家奴造謗；馮偉人集當時傳記，求以息誣，朱珪（《知不足齋文集》卷六）、彭允升（《一行居文集》卷二）皆有跋，見二家集中者也。顧公燮乃信東野之言；至謂有人入冥，見作《還魂記》、《西廂記》者，同處阿鼻地獄，真癡人説夢矣！曇陽者，太倉王文肅公錫爵次女，本名桂仙人，朱真君爲更字如此。其族父王世貞爲作傳，見《弇洲山人續稿》卷七十八。近人汪曾武《外家紀聞》耳目頗真，亦可以參觀也。其遺言册真蹟，藏羅振玉處，有題跋，見《永豐鄉人丁稿·雪堂書畫跋尾》中。

（原載《清華週刊》第三十四卷第四期，
一九三〇年十一月二十二日）

讀小説偶憶[1]

陳碩甫奐《三百堂文集》卷上有《俞仲華〈蕩寇志〉序》。丘逢甲《嶺雲海日樓詩鈔》卷十一有《題〈蕩寇志〉兩絶句》。

明陸粲《庚巳編》云：“玄妙觀李道士早歲頗精於焚修，晚更怠忽。嘗上青詞，乘醉戲書‘天尊’爲‘夫尊’，‘大帝’爲‘犬帝’。一日被雷震死，背上朱書二行，可辨云：‘夫尊可恕，犬帝難容。’事在天順成化間。”此一事即《岳傳》第一回“王皇可恕，犬帝難饒”一節藍本。

《子不語》續編卷五“麒麟喊冤”一則乃袁隨園之寓言，藉以攻擊考據，而爲詞章家張門面者，其生平持論素如是也。漢儒之外，復波及宋儒，有云：“蒼聖帶領宋儒上殿，四人扛一大桶，上放稻草千枚，曰：‘此稻桶也，自孔孟亡後，無人能扛此桶，唐人韓愈妄想扛桶，被我掀翻了。’”蓋以“稻桶”諧聲譏置“道統”。黄春谷承吉《夢陔堂詩集》卷三十一有《題楊體之欲仁同年擔稻圖》一詩，自註云：“體之究心理學，意蓋以稻爲道。

① 本篇署名“全祖援”。——本書編者註

余考春秋左氏經‘會吴於善道’，公穀皆作‘稻’” 云云。可見宋學家以“稻桶”爲“道統”，真有其事。

尤西堂侗《艮齋雜説》卷三云：“福州人昔祀孫行者爲家堂，又立齊天大聖廟，甚壯麗。四五月間迎旱龍舟，粧飾寶玩，鼓樂喧闐，市人奔走若狂，其中坐一獼猴耳。”李穆堂紱《别稿》卷十四《雲南驛程記》云：“過澤州，方祈雨，舁一泥人，曰孫悟空。”梁諫菴玉繩《瞥記》卷六云：“應城程拳時（名大中）《在山堂集》有《蘄州毁悟空像記》，其略云：‘蘄俗以六月某日賽二郎神，神一人前導，山民呼“行者”。舉行者名，則元人小説所載孫悟空也。是日蘄人無遠近，皆來就觀；輟市肆，肅衣冠，立於門。出隻鷄百錢爲壽，必稱命於行者以致於神。一不予，則行者機變，舉動矯捷若生，擊人屋瓦器皿應手皆碎，甚則人受其咎。乾隆甲戌，州牧錢侯聞其事，悉取像焚之。’” 以上三事皆可與《聊齋志異·齊天大聖》條相發明；“偶然題作未居士，便有無窮求福人”，此之謂也。

桂未谷馥《札樸》卷四有“昭文帶”一則，考訂甚詳，文長不錄，略謂是佩劍之器服。《水滸》“宋江殺閻婆惜”一回中，“昭文袋”是殺機之樞紐，可以未谷此考註釋之。

中國文學小史序論

茲不爲文學立定義者，以文學如天童舍利，五色無定，隨人見性，向來定義，既苦繁多，不必更參之鄙見，徒益爭端。且他學定義均主內容(subject-matter)，文學定義獨言功用——外則人事，內則心事，均可著爲文章，衹須移情動魄——斯已歧矣！他學定義，僅樹是非之分；文學定義，更嚴美醜之別，雅鄭之殊——往往有控名責實，宜屬文學之書，徒以美不掩醜，瑜不掩瑕，或則以落響凡庸，或乃以操調險激，遂皆被屏不得與於斯文之列——蓋存在判斷與價值判斷合而爲一，歧路之中，又有歧焉！凡此之類，恒情所忽，此非專著，故勿論也。然如樊川所謂“杜詩韓筆”，有識共賞，不待尋虛逐微，立爲定義，始得欣會其文章之美，是則文學雖無定義，固有定指焉(definite without being definable)。顧此乃舉概之言，頗便應用，不勝苛求；茲復獻疑送難，聊爲判析。使有一文學定義與一作品於此，吾人反应之最資參驗者三種：一者承認此定義爲正確而亦承認此作品爲文學(即符合此定義之意)；二者不承認此定義爲正確而衹承認此作品爲文學，三者承認此定義爲正確而不承認此作品爲文學。合一與二而觀之，則定義固無，定指亦不得謂爲有，何者？苟承認此作品爲文學，而不承認此定義爲正確，則此人胸中必别有一文學定義而此作品適能符合之也，是則二人承認此作品爲文學雖同，而所以承認之故則大異，見仁見智，不啻有二作品，豈得爲有定指耶？合一與三而觀之，則定義反有而定指轉無也。雖然，合一與二云云，文學之矯然特異，正在於此。凡作品之文學價值愈高，承認之人不必愈衆，而所以承認之故必愈繁，金石千聲，雲霞萬色，如入百花之谷，如遊五都之市，應接不暇，鑽研不盡，各見所長，各得所欲，此種種不同之品德不相反而適相成，故作品正因見仁見智之不同而愈有文學價值，而定義則不能遍舉見仁見智之不同以不失爲定義也。至於合一與三云云，則吾儕對於作品之公認常較對於定義之公認爲廣，此又事實如斯，無關理論者。

嘗有拘墟之見，以爲文學史與文學批評體制懸殊。一作者也，文學史載記其承遭(genetic)之顯跡，以著位置之重輕(historical importance)；文學批評闡揚其創辟之特長，以著藝術之優劣(aesthetic worth)。一主事實而一重鑒賞也。相輔而行，各有本位。重輕優劣之間，不相比例。掉鞅文壇，開宗立派，固不必由於操術之良；然或因其羌無真際，浪盜虚名，遂抹殺其影響之大，時習如斯，竊所未安。反之，小家别子，幺絃孤張，雖名字寂寥，而愜心悦目，盡有高出聲華籍甚者之上；然姓字既黯淡而勿章，則所衣被之不廣可知，作史者亦不得激於表微闡幽之一念，而輕重顛倒。試以眼前人論之：言“近五十年中國之文學”者，湘綺一老，要爲大宗，同光詩體，亦是大事，脱病其優孟衣冠，不如服敔堂秋蟪吟館之“集開詩世界”，而乃草草了之，雖或徵文心之卓，終未見史識之通矣！史以傳信，位置之重輕，風氣之流佈，皆信之事也，可以徵驗而得；非欣賞領會之比，微乎！茫乎！有關性識，而不能人人以强同。得虚名者雖無實際，得虚名要是實事，作史者須如其實以出耳。

文章體制，省簡而繁，分化之跡，較然可識。談藝者固當沿流溯源，要不可執著根本之同，而忽略枝葉之異。譬之詞曲雖號出於詩歌，八股雖實本之駢儷（魏晉齊梁之作，語整而短，尚無連犿之句，此跡未著。暨乎初唐“四傑”，對比遂多，《盈川集》中，其制最夥，讀者試取而觀之。汪琬《松煙小録》謂柳子厚《國子祭酒兼安南都護御史中丞張公墓誌銘》中駢體長句，大類後世制藝中二比，亦即此意），然既踵事增華，彌復變本加厲，別開生面，勿得以其所自出者概括之。吾國文學，體制繁多，界律精嚴，分茅設蕝，各自爲政。《書》云：“詞尚體要”。得體與失體之辨，甚深微妙，間不容發，有待默悟。譬如王世貞《藝苑卮言》、朱彝尊《静志居詩話》皆謂《眉菴集》中七律聯語大似《浣溪沙》詞，又如章炳麟《與人論文書》謂嚴復文詞雖飭，氣體比於制舉，如斯之類，均堪佐驗。或云：“脱鑒别體裁，明密如此，則何以又有‘以文爲詩’之説?”不知標舉“以文爲詩”，正是嚴於辨體之證；惟其辨别文體與詩體，故曰“以文爲詩”，藉曰不然，則“爲詩”徑“爲詩”耳，何必曰“以文”耶? 且“以文爲詩”，乃刊落浮藻，盡歸質言之謂，差當 Wordsworth 之力反 poetic diction 也（按此處依 Wordsworth《詩集自序》，僅指詞藻而言；照 Coleridge:“Biographia Literaria” 則須包蓋音節結構，實違本意，故不從也。參觀 Sir Henry Taylor : *Notes from*

Books)。傳習既爾，作史者斷不可執西方文學之門類，鹵莽滅裂，强爲比附。西方所謂 Poetry 非即吾國之詩；所謂 drama，非即吾國之曲；所謂 prose，非即吾國之文；苟本諸《揅經室三集·文言説》、《揅經室續集·文韻説》之義，則吾國昔者之所謂文，正西方之 verse 耳。文學隨國風民俗而殊，須各還其本來面目，削足適屨，以求統定於一尊，斯無謂矣。

抑吾國文學，横則嚴分體制，縱則細別品類。體制定其得失，品類辨其尊卑，二事各不相蒙，試以例證之：譬之詩詞二體，詞號“詩餘”，品卑於詩；詩類於詞，如前節《眉菴集》云云，固爲失體；然使詞類於詩，比物此志，其失惟均，《苕溪漁隱叢話》記易安居士謂詞別是一家，晏殊、歐陽修、蘇軾之詞，皆句讀不葺之詩，未爲得詞之體矣。又譬之“文以載道”之説，桐城派之所崇信，本此以言，則註疏所以闡發經誥之指歸，語録所以控索理道之窾眇，二者之品類，胥視“古文”爲尊（以此類推，則制藝“代聖立言”，其品又出註疏語録之上，參觀《惜抱軒文集·停雲堂遺集序》，又陳碩士輯《惜抱軒尺牘·與鮑雙五》）；姚鼐《述菴文鈔序》顧謂“古文”不可有註疏語録之氣，亦知文各有體，不能相雜，分之雙美，合之兩傷；苟欲行兼並之實，則童牛角馬，非此非彼，所兼並者之品類雖尊，亦終爲僞體而已。不特此也，一體之中，亦分品焉：同一傳也，老子、韓非，則爲正史，其品尊，毛穎、虬髯客則爲小説，其品卑；同一《無題》詩也，傷時感事，意内言外，香草美人，騷客之寓言，之子夭桃，風人之託興，則尊之爲詩史，以爲有風騷之遺意，苟緣情綺靡，結念芳華，意盡言中，羌無寄託，則雖《金荃》麗制，玉溪復生，衆且以庾詞側體鄙之，法秀泥犁之訶，端爲若人矣！此《疑雨集》所以不見齒於歷來譚藝者，吴喬《圍爐詩話》所以取韓偓詩比附於時事，而“愛西昆好”者所以紛紛刺取史實，爲作“鄭箋”也。究其品類之尊卑，均繫於題目之大小(“all depends on the subject”)，而所謂大小者，乃自世眼觀之，初不關乎文學；由世俗之見，則國家之事爲大，而男女愛悦之私，無關政本國計，老子、韓非爲學派宗師，而虬髯客、毛穎則子虛烏有之倫，宜其不得相提並論矣。自古以來，吾國作者本此意以下筆，論者本此意以衡文，風氣相沿，讀者心知其意可耳，毋庸辨正其説之是非也。

由斯觀之，體之得失，視乎格調(style)，屬形式者也；品之尊卑，繫於題材(subject)，屬内容者也。惟此處所謂品，差與Brunetière所謂genre相當，司空圖《詩品》則品性、品格之謂，視乎格調，非繫於題材也。

體制既分，品類復别，詩文詞曲，壁壘森然，不相呼應。向來學者，踐跡遺神，未能即異籀同，馭繁於簡；不知觀乎其跡，雖復殊途，究乎其理，則又同歸。相傳談藝之書，言文則意盡於文，説詩則意盡於詩，劃然打爲數橛，未嘗能溝通綜合，有如西方所謂“文學”。昔之論者以爲詩文體類既異，職志遂爾不同，或以“載道”，或以“言志”；“文”之一字，多指“散文”、“古文”而言，斷不可以“文學”詁之。是以“文以載道”與“詩以言志”，苟以近世“文學”之誼説之，兩言牴牾不相容，而先民有作，則並行而不倍焉（參觀拙評《中國新文學源流》）。且“文以載道”云云，乃懸爲律令之談(prescriptive），謂文宜以載道爲尚；非根諸事實之語（descriptive），謂一切文均載道也。詩亦同然，盡有不事抒情，專鶩説理，假文之題材爲其題材，以自儕於文者，此又“以文爲詩”之別一解；比見《清詩匯·自序》論清詩卓絶者四事，第二事曰“詩道之尊”，謂其肴核《墳》、《典》，粉澤《蒼》、《凡》，以金石考訂入詩，足以證經而補史；所謂“詩道”，即品類是矣，然而“抄書作詩”，嚴體制者，所勿尚焉。

又有論者力非文學史之區劃時期，夫文學史之時期，自不能界域分明，有同匡格；然而作者之宗風習尚，相革相承，潛移默變，由漸而著，固可標舉其大者著者而區別之。譬之唐詩有初盛中晚四期，《有學集·唐詩英華序》詞而闢之，記醜而博，言僞而辨，自來攻滄浪者，未之或先也。而不知所謂初盛中晚，乃詩中之初盛中晚，與政事上之初盛中晚，各不相關。盡可身生於盛唐之時，而詩則暢初唐之體；濟二者而一之，非愚即誣矣！又譬之《隨園詩話》引徐嵩語力非唐宋詩之分，謂使李家祚亦如周之八百年，則宋詩皆成唐詩云云（參觀《小倉山房文集·答施蘭垞論詩書》），亦爲似是而非之談；脱令袁氏之言而信，談藝者遇歐梅黄陳，亦當另標名目，何者？以其體貌懸殊，風格迴異，不得與晚唐之温李皮陸等類齊觀也。曰唐曰宋，豈僅指時代（chronological epithet）而已哉，亦所以論其格調（critical epithet）耳。是以吴之振撰《宋詩鈔》，託始於《小畜集》而寇萊公不與焉，楊錢以下無論矣；蓋抄宋體之詩，非抄宋人之詩，後以紛紜，均未識其微意。楊萬里《江西宗派詩序》云：“詩江西也，非人江西也。”通識之言，不可復易矣。

且斷代爲文學史，亦自有説。吾國易代之際，均事兵戰，喪亂弘多，朝野顛覆，茫茫浩劫，玉石昆岡，惘惘生存，丘山華屋。當此之時，人奮於武，未暇修文，詞章亦以少少衰息矣。天下既定於一，民得休息，久亂得治，久分得合，相與燕忻其私，而在上者又往往欲潤色鴻業，增飾承平，此時之民族心理，別成一段落，所謂興朝（"century of hope"）氣象，與叔季（Fin de Siécle）性情，迥乎不同。而遺老逸民，富於故國之思者，身世飄零之感，宇宙摇落之悲，百端交集，發爲詩文，哀憤之思，憯若風霜，憔悴之音，託於環玦；苞稂黍離之什，旨亂而詞隱，別拓一新境地。趙翼《題梅村集》所云："國家不幸詩人幸，説着滄桑語便工"，文學之與鼎革有關，斷然可識矣。夫斷代分期，皆爲著書之便；而星霜改換，乃天時運行之故，不關人事，無裨文風，與其分爲上古、中古或十七世紀、十八世紀，何如漢魏唐宋，斷從朝代乎（參觀 Croce：*History*：*Its Theory and Practice*，Pt. I，Chap. VI.）？

數年前有一二名宿，論歷史現象有無因果關係，僉謂史實衍展，如流水然，揮刀難斷，安有因果可言？此與前文不可分期斷代之説，同出一源，皆爲籠統之論。夫既不持 Hume 習慣聯想之説，則必信因果率之有必然性普遍性；既信因果率之有必然性普遍性，則一切經過胥爲因果（all sequence is consequence），歷史現象安能自外？惟歷史現象之有因果爲一事，歷史現象中孰爲因孰爲果復是一事，前者可以推而信之，後者必得驗而識之。然每一歷史現象，各爲個別（uniquity），無相同之現象，可以附麗成類（class），而事過境遷，包涵者多既不能施以隔離(isolation)，又勿克使之重爲搬演(repetition)，以供驗核之資，Mill 五術，真有鼯鼠技窮之歎矣！故吾儕可信歷史現象之有因果關係，而不能斷言其某爲因某爲果，渾二事而一之，未之思耳！本書中雖涉及因革，而不敢求因果者，蓋爲此也。

本書敍述，不詳身世(milieu)；良以苦於篇幅狹短，姑從捨棄。而硜硜之愚，竊謂當因文以知世，不宜因世以求文；因世以求文，鮮有不强别因果者矣！Taine 之書，可爲例禁。且文學演變，自有脈絡可尋，正不必旁徵遠引，爲枝節支離之解説也。憶史家 G. M. Trevelyan：*Clio*，*A Muse* 文集中曾言歷史現象，往往因同果異，不歸一律；同一饑饉也，或則使人革命，或則使人待斃。此亦不揣其本之説。饑饉之外，當有無數適逢其會之人情世事(Variables)，或隱或顯，相克相生，互爲函係(function)，故非僅果異，實由因殊，特微茫繁賾，史家無以盡識其貌同心異之處耳。每見文學史作者，固執社會造因之説，以普通之社會狀況解釋特殊之文學風格，以某種文學之產生胥由於某時某地；其臆必目論，固置不言，而同時同地，往往有風格絶然不同之文學，使造因止於時地而已，則將何以解此歧出耶？蓋時地而外，必有無量數影響勢力，爲一人之所獨具，而非流輩之所共被焉。故不欲言因果則已，若欲言之，則必詳搜博討，而豈可以時地二字草草了之哉！由前之説，則妄談因果，乖存疑之誡，是爲多事；由後之説，則既言因果，而不求詳密完備，又過省事矣。鄙見以爲不如以文學之風格、思想之型式，與夫政治制度、社會狀態，皆視爲某種時代精神之表現，平行四出，異轍同源，彼此之間，初無先因後果之連誼，而相爲映射闡發，正可由以窺見此種時代精神之特徵；

較之社會造因之說，似稍謹慎（略見拙作《旁觀者》），又有進者，時勢身世不過能解釋何以而有某種作品，至某種作品之何以爲佳爲劣，則非時勢身世之所能解答，作品之發生，與作品之價值，絶然兩事；感遇發爲文章，才力定其造詣，文章之造作，繫乎感遇也，文章之造詣，不繫乎感遇也，此所以同一題目之作而美惡時復相徑庭也。社會背景充量能與以機會，而不能定價值；文學史家往往籠統立說，一若詩文之佳劣，亦由於身世，則是下蠶室者皆可爲司馬遷，居馬厩者皆可爲蘇頲，而王世貞《文章九命》之作推之於普天下可也。至於本書指歸，乃在考論行文之美，與夫立言之妙，題材之大小新陳，非所思存。辨鏡思想之是非，雖從鄙心所好，而既標名文學史，則宜"以能文爲本"，不當"以立意爲宗"，又以略諸。"能文"二語，本之《文選序》云云，乃吾國文評中一大公案，請得而略論之，並爲鄙見作申説可乎？

自來論六朝文藝批評者，多以蕭統《文選序》與劉勰《文心雕龍》並舉，而不知二者之相鑿枘，斯真皮相耳食，大惑不解者也！譬之凌廷堪《校禮堂集·上洗馬翁覃溪師書》云："《周官》、《左傳》，本是經典，馬《史》、班《書》，亦歸紀載；孟荀著述，迥異弘篇，賈孔義疏，不同盛藻，所謂'文'者，屈宋之徒，爰肇其始；蕭統一序，已得要領，劉勰數篇，尤徵詳備"（按凌又有《祝古詞人九歌》可參觀。《汪中年譜》四十九年甲辰下引此，蓋廷堪以爲中論文既崇蕭劉，不得復尊韓柳也。《校禮堂集》文主駢體，與《述學》之奇偶錯綜者不同，故持論始合終離如此，然汪氏談藝之説，散見《遺書》中者，實非如凌氏所云云，參觀《年譜》五十二年丁未下勸焦理堂語，五十一年丙午下

《祭告馮按察書》，五十二年丁未下《與趙味辛書》，便知凌氏之説，全然臆測，汪孟慈駁凌氏不引此等爲根據，而徒作無理之詰問，亦未爲善讀父書矣！今人如李詳等心目之汪氏，亦不脱凌氏之見，此爲清代文學批評史中一大事，而俗説橫流，真相不著，故隨文附着其涯略於此）。其説支離悠謬，不可究詰；果如所言，“屈宋肇始”，風詩三百，將置何地？蕭統、劉勰四句，尤屬瞽説。《文選序》云：“姬公之籍，孔父之書，……孝敬之準式，人倫之師友，豈可重以芟夷，加之剪截？老莊之作，管孟之流，蓋以立意爲宗，不以能文爲本，今之所撰，又以略諸。……至於紀事之史，繫年之書，所以褒貶是非，紀別異同，方之篇翰，亦已不同。若其讚論之綜緝辭采，序述之錯比文華，事出於沉思，義歸乎翰藻。故與夫篇什，雜而集之。”蓋所撰集，一以題材爲準，均採抒情言志之作，不收説理紀實之篇，若以昔日“四部”之目當之，則是專取集部，而遺經史子三部也。其所謂“文”，爲義極狹，然選及史中讚論序述，以爲“錯比文華，綜緝辭采”，乃又取決於格調，不盡題材之説；則姬、孔、老、莊、左、馬之作，莫非“事出於沉思，義歸乎翰藻”，何以偏從闕略？進退失據，於理大乖（參觀《文史通義・詩教篇》下評《文選》例及《國故論衡・文學總略》評《文選》節。惟彼此宗旨各不同，備考鏡而已）。彥和《雕龍》則《原道》、《徵聖》，已著遠矚；《宗經》一篇，專主修詞；《史傳》、《諸子》，均歸論述；雖不必應無盡無，而實已應有盡有，綜概一切載籍以爲“文”，與昭明之以一隅自封者，適得其反，豈可並稱乎？近論多與蕭統相合，鄙見獨爲劉勰張目。竊常以爲文者非一整個事物（self-contained entity)也，乃事物之一方面(aspect)。同一書也，史家則考其述作之真贋，哲人則辨其議論之是非，談藝者則定其文章之美惡；猶夫同一人也，社會科學取之爲題材焉，自然科學亦取之爲題材焉，由此觀點(perspective)之不同，非關事物之多歧。論文者亦以"義歸翰藻"爲觀點而已矣，於題材之"載道"與"抒情"奚擇焉？東坡《書鄢陵王主簿所畫折枝》云："賦詩必此詩，定非知詩人"，宙合間萬匯百端，細大不捐，莫非文料，第視乎佈置熔裁之得當否耳，豈有專爲行文而設(qua literary)之事物耶？且文學題材，隨時隨人而爲損益；往往有公認爲非文學之資料，無取以入文者，有才人出，具風爐日炭之手，化臭腐爲神奇，向來所謂非文學之資料，經其着手成春之技，亦一變而爲文學，文學題材之區域，因而擴張，此亦文學史中數見不鮮之事。抑文章要旨，不在其題材爲抒作者之情，而在效用能感讀者之情，由此觀之，則《論語》之泠泠善語，《孟子》之汩汩雄辭，《莊子》瀾翻雲譎，豪以氣轢，其移情悦性，視尋常秋士春人將歸望遠之作，方且有過而無不及也。是以專就感動讀者而論，亦須稍予區別：一則題材本爲抒感言情而能引起讀者之同情與美感者，一則題材不事抒感言情而能引起讀者之同情與美感者；竊謂 literature of power 與 literature of knowledge 政宜以此辨别，若 De Quincey 所云"教訓"(teach)與"激動"(move)，則似乎文學與非文學之分而非文學本身中之範劃矣。蓋物之感人，不必內容之深情厚意，純粹形式，有體無情者其震蕩感激之力，時復絶倫，觀乎音樂可知已。(W.J.N.Sullivan：*Aspects of Science* 有論音樂與數學一文，中謂文學之於音樂猶物理學之於數學，其言極耐尋味。)

又有進者，談藝者徒知載道説理之陳腐落套，而不識抒情言志，亦有蹊窟，亦成窠臼：言哀已嘆之聲，涉樂必笑之狀，前邪後許，此呻彼吟，如填匡格，如刻印板，“許渾千首濕，杜甫一生愁”，土飯陳羹，雷同一律；始則發表“個性”，終乃僅見“性”靈，無分“個”別，如西方評家所謂 romantic fallacy，如林貞恒《福州志·文苑傳》譏鄭善夫所謂“無病呻吟並襲杜意”，亦文學史中數見不鮮之事。蓋理道(reason)貞固不易，自難變化以見奇，而情感流動不居，復易沾染而成習，此又社會心理學中之事實也（參觀 McDougall：*Introduction to Social Psychology*，pp.93－99）。王夫之《夕堂永日緒論》乃言：“心靈人所自有而不相貸，無從開方便法門，任陋人支借”，誠爲目論矣（參觀《新月》第四卷第七期拙評《近代散文鈔》）。復次，文學史貴乎傳信紀實；孔孟老莊，班《書》馬《史》，此固歷古詞流，奉爲文學鴻寶者，鑽研膾炙，效法乞靈，殘膏餘馥，沾溉百代，脱一筆抹殺，不與紀載，則後世文學所受之影響，無可考見矣。故如《拿破侖法典》初無文章之觀，然使法國文人盡若 Stendhal 之奉爲行文規範，則法國文學史必且大書而特書之，敍述古人文學之時而加以今日文學之界説，强作解事，妄爲别裁，即令界説而是，已不忠於古人矣，況其未耶？

蓋吾國評者，夙囿於題材或内容之説——古人之重載道，今人之言“有物”，古人之重言志，今人之言抒情，皆魯衛之政也。究其所失，均由於談藝之時，以題材與體裁或形式分爲二元，不相照顧。而不知題材、體裁之分，乃文藝最粗淺之跡，聊以辨别門類(classificatory concepts)，初無與於鑒賞評騭之事。譬如杜甫《秋興詩》、夏珪《秋霖圖》，論其取材，同屬秋令，論其制體，一則七言律詩，一則水墨大幅：足資編目録立案卷者之方便而已，與杜詩、夏畫之命脈精神，有何關涉（參觀一九二八至一九二九年《亞里斯多德學會記録》中 A. L. Reid：*Beauty and Significance* 三文，又 A. C. Bradley：*Oxford Lectures on Poetry* 第一篇）。然此説淵源極遠，習非成是，非摧陷廓清，無由袪惑。王充《論衡・對作篇》云："《論衡》之造也，起衆書並失實，虚妄之言，勝真美也。故虚妄之語不黜，則華文不見息，華文放流，則實事不見，故《論衡》者，所以銓輕重之言，立真僞之平，非苟調文飾詞，爲奇偉之觀。"世之談藝者，嘖嘖稱道，而折之私衷，未敢隨和。夫言無是非，亦各視其所當，充所言是否當於文藝以外之物，吾不知也。充之言爲考鏡思想歟？抑爲别裁文藝歟？其言隱約兩可，吾亦不敢必也。果如説者所謂指文藝而言，則斷然無當也。所謂"虚實"，果何所指？"虚實"之與"真僞"，是一是二？文藝取材有虚實之分，而無真妄之别，此一事也。所謂"真妄"，果取決於世眼乎？抑取決於文藝之自身乎？使取決於世眼，則文藝所言，什九則世眼所謂虚妄，無文藝可也；使取決於文藝自身，則所言之真妄，須視言之美惡爲斷，不得復如充所云，以言之美惡取決於所言之真妄，蹈循環論證之譏，此二事也。即使文之美惡與材之真妄爲一事，而充云："非苟調文飾詞爲奇偉之觀"，則似乎奇偉之美觀，固可以虚飾爲之者：美之與真，又判爲二事矣。數語之内，自相矛盾，此三事也。《論衡・自紀篇》又云："養實者不育華，調行者不飾辭。實誠在胸臆，文墨著竹帛，外内表裏，自相副稱。"此節則顯然涉於文藝。近人所謂“不爲無病呻吟”、“言之有物”，胥本於此；然此僅可以語於作者之修養，而非所語於讀者之評賞，二事未可混爲一談。所謂“不爲無病呻吟”者即“修詞立誠”（sincerity）之説也，竊以爲惟其能無病呻吟，呻吟而能使讀者信以爲有病，方爲文藝之佳作耳。文藝上之所謂“病”，非可以診斷得；作者之真有病與否，讀者無從知也，亦取決于呻吟之似有病與否而已。故文藝之不足以取信於人者，非必作者之無病也，實由其不善於呻吟；非必“誠”而後能使人信也，能使人信，則爲“誠”矣（參觀 La Rochefoucauld：*Maximes*，XIII，論文知世，一以貫之可也）。Aldous Huxley：*Vulgarity in Literature* 一書中嘗謂讀 Keats 情書，覺語語如肺肝中流出，讀他人所作，便覺有飾僞之意，乃由才小，非關情薄（氏所作 *Essays New and Old* 末篇亦言此），嘗嘆此言，以爲美談。蓋必精於修詞，方足“立誠”，非謂誠立之後，修詞遂精，捨修詞而外，何由窺作者之誠僞乎？且自文藝鑒賞之觀點論之，言之與物，融合不分；言即是物，表即是裏；捨言求物，物非故物。同一意也，以兩種作法寫之，則讀者所得印象，迥然不同；劉體仁《七頌堂詞繹》所云：“‘夜闌更秉燭，相對如夢寐’，叔原則云：‘今宵剩把銀釭照，猶恐相逢是夢中’。此詩詞之分疆。”是以文藝不可以迻譯（paraphrase）者，非謂迻譯之必遜於原作也，爲迻譯所生之印象，非復原來之印象耳。故就鑒賞而論，一切文藝，莫不有物，以其莫不有言；“有物”之説，以之評論思想則可，以之兴賞文藝，則不相干，如删除其世眼之所謂言者，而簡擇世眼之所謂物，物固可得，而文之所以爲文（quiddity），亦隨言而共去矣。

吾國文學分雅言、俗語二體，此之所謂“雅”、“俗”，不過指行文所用語體之殊，別無褒貶微意。載籍所遺，宋代以前，多爲雅言，宋代以後，俗語遂繁，如曲如小説，均爲大宗。二體條貫統紀，茫不相接；各闢途徑，各歸流派。故自宋以前，文學綫索衹一；自宋以後，文學綫索遂二。至民國之新文學，淵源泰西；體制性德，絶非舊日之遺，爲有意之創闢，非無形之轉移，事實昭然，不關理論。或者乃欲以俗語之綫索，與宋前之載籍貫串，鹵莽滅裂，未見其可。竊謂舊文學中曲與小説文體之演展，大致適相反背。元人之曲，俗語之成分居多，及明清士夫爲之，雅言之成分加進；小説復有雅言、俗語之別，其俗語小説之初，如宋人平話，尚多雅言之跡，及明清所傳遂純爲流利之俗語矣，雅言小説宜於駢散文同科，然論其結構，亦分二類：一者就事紀事，盡事而止，既無結構，亦不拈弄，略如今日報紙新聞略志之類僅得條目(Item)，不可謂爲成篇，古如《山海經》，後世如《閱微草堂筆記》中，多屬此類；一者極意經營，用心雕琢，有佈局，有刻畫，斯爲小説之正則，遠則唐人傳奇，近則《聊齋志異》中，多屬此種。試取《太平廣記》觀之，二者之別井然，亦未可一概視也。惟有一至平極常之理，而並世俊彦僉忽而不覩：夫文學固非盡爲雅言，而俗語亦未必盡爲文學，賢者好奇之過，往往搜舊日民間之俗語讀物，不顧美醜，一切謂爲文學，此則骨董先生之餘習耳，非所望於譚藝之士！固也，嗜好不同，各如其面，然竊謂至精之藝，至高之美，不論文體之雅俗，非好學深思者，勿克心領神會；素人(amateur)俗子(philistine)，均不足與於此事，更何有於“平民”(the court chaplains of king Demos)？文學非政治選舉，豈以感人之多寡爲斷，亦視能感之度、所感之人耳。故以感人而言，亦有講究辨别；鄙見則以爲佳作者，能呼起(stimulate)讀者之嗜慾情感而復能滿足之者也，能摇蕩讀者之精神魂魄，而復能撫之使静，安之使定者也。蓋一書之中，呼應起訖，自爲一周(a complete circuit)，讀者不必於書外别求宣洩嗜慾情感之具焉。劣作則不然，放而不能收，動而不能止，讀者心煩意亂，必於書外求安心定意之方，甚且見諸行事，以爲陶寫。故夫誨淫誨盗之籍，教忠教孝之書，宗尚不同，胥歸劣作。何者？以書中所引起之慾願，必求償於書外也。僅以“可歌可泣”爲標準，則神經病態(neurotic)之文學觀而已。且如報章新聞之類，事不必奇，文不必麗，吾人一覽標題，即復興奮，而歲月逾邁，則斷爛朝報，無足感人；蓋時事切近(propinquity)，則易於感激（參觀 Henry Sidgwick：*Methods of Ethics*，p.124.，note 1)，初不繫乎文章之美惡，代移世異，然後真相漸出，現代文學之以難於論定者此也；倘僅以“曾使人歌使人泣”者爲文學，而不求真價所在，則“鄰貓生子”之消息，皆可爲“黄絹幼婦”之好詞矣。又有進者，惟其讀者之多寡不足定作品之優劣，故聲華煊赫之文，往往不如冷落無聞之作，而文學骨董家得以小施表微幽闡之慣技；若以讀者多寡判文學美醜，則一切流傳者必爲佳物，一切隱没者必爲劣品，更何别來佳作，有待文學骨董家之發現乎？既等文學標準於政治選舉，取決多數，而骨董之結習未除，以知稀爲貴，奇貨可居，此種推理，直超一切思辯方法而上，自愧顓愚，未能解會（關於讀者多寡之問題，請參觀 Q. D. Leavis：*Fiction and Reading Public* 一書。雖頗嫌拘偏不廣，而材料富，識力鋭，開闢一新領域，不僅爲談藝者之所必讀，亦資一切究心現代文化者之參照焉）。輒見如斯，不敢苟同，知我罪我，均所勿計。至於假藉“平民”，大肆咆哮，何謂文史？乃點鬼之簿，何謂批評？等醉人之囈；臃腫之筆，拳曲之思，厚誣古人，空掃前載，此其豪情勝概，固作者所讚歎兩窮，擬議俱絶，雖不能至，心嚮往之者也！

八股爲宋元後雅言文學之支與流裔，而俳優之言，情文無自，自古迄今，均不與於詞章之列。錢泳《履園叢話》比之畫中之豬，謂牛羊犬馬各有專家，獨豬從無入畫者。汪穰卿遺著《論八股文與學堂課程》引馬建忠言，謂同幾何學之命題證明，蓋全憑機械。然而往往善於體會，妙於想像，揣摹口角腔吻，大有劇情(dramatic element)，足資唱噱（參觀焦循《易餘籥録》中論八股與曲一節），至其影響於散文文體者，又彰明昭著，今之所作，遂旁及焉。

本書截至清季，不及民國以來，非敢崇遠背近，虐今榮古。良以前朝遺宿，當世名家，或有曾經捧手者，爲避标榜之嫌，中西之例，可援甚多。而新興文學，又復暌離舊貫，端須别撰一書，不必勉爲强弩之末。陳簡齋《夏日集葆真池上》云：“微波慣摇人，小立待其定。”所以遲遲未敢事紀者，亦以鑒於文瀾之澎湃，欲稍待其風平浪静耳。

（原載《國風半月刊》第三卷第八、十一期，
一九三三年十月十六日、十二月一日）

論不隔

偶然重翻開馬太·安諾德的《逐譯荷馬論》（*On Translating Homer*），意外的來了一個小發現。試看下面意譯的一節。

枯兒立治(Coleridge)曾説過，神和人的融合，須要這樣才成——

這迷霧，障隔着人和神，

消溶爲一片純潔的空明。

(Whene'er the mist, which stands between God and thee.

Defecates to pure transparency.)

一篇好翻譯也須具有上列的條件。在原作和譯文之間，不得障隔着煙霧，譯者自己的作風最容易造成煙霧，把原作籠罩住了，使讀者看不見本來面目。①

這道理是極平常的，衹是那譬喻來得巧妙。枯兒立治的兩

① Arnold: *On Translating Homer*, pp. 10–11.

句詩，寫的是神秘經驗；安諾德斷章取義，挪用爲好翻譯的標準，一拍即合，真便宜了他！我們能不能索性擴大這兩句詩的應用範圍，作爲一切好文學的標準呢？便記起王國維《人間詞話》所謂“不隔”了。多麼碰巧，這東西兩位批評家的不約而同！更妙的是王氏也用霧來作比喻：“覺白石《念奴嬌》、《惜紅衣》二詞猶有隔霧看花之恨。”“白石寫景之作，雖格韻高絶，然如霧裏看花，終隔一層。”安諾德的比喻是向枯兒立治詩中借來；王氏的比喻也是從别處移用的，杜甫《小寒食舟中作》云：“老年花似霧中看”——在這一個小節上，兩家也十分相像。

這個小小的巧合使我們觸悟了極重大的問題。恰像安諾德引那兩行詩來講藝術化的翻譯(translation as an art)，所以王氏心目中的藝術是翻譯化的藝術(art as a translation)，假使我們衹從“不隔”説推測起來，而不顧王氏其他的理論。王氏其他的理論如“境界”説等都是藝術内容方面的問題，我們實在也不必顧到；衹有“不隔”纔純粹地屬於藝術外表或技巧方面的。在翻譯學裏，“不隔”的正面就是“達”，嚴復《天演論》緒例所謂“信達雅”的“達”,① 翻譯學裏“達”的標準推廣到一切藝術便變成了美學上所謂“傳達”説(theory of communication)——作者把所感受的經驗，所認識的價值，用語言文字，或其他的媒介物來傳給讀者。因此，假使我們衹把“不隔”説作爲根據，我們可以説：王氏的藝術觀是接近瑞恰慈(Richards)派而跟柯羅采(Croce)派絶

① 參觀 Tytler：*Principles of Translation*，第一章所定第二原則。

然相反的[1]。這樣“不隔”說不是一個零碎、孤獨的理論了，我們把它和偉大的美學緒論組織在一起，爲它襯上了背景，把它放進了系統，使它發生了新關係，增添了新意義。

“不隔”，不隔離着什麼東西呢？在藝術化的翻譯裏，當然指跟原文的風度不隔，安諾德已說得極明白了，同樣，在翻譯化的藝術裏，“不隔”也得假設一個類似於翻譯的原文的東西。這個東西便是作者所想傳達給讀者的情感、境界或事物，按照“不隔”說講，假使作者的藝術能使讀者對於這許多情感、境界或事物得到一個清晰的、正確的、不含糊的印象，像水中印月，不同霧裏看花，那末，這個作者的藝術已能滿足“不隔”的條件：王氏所謂“語語都在目前，便是不隔”，所以，王氏反對用空泛的詞藻，因爲空泛的詞藻是用來障隔和遮掩的，彷彿亞當和夏娃的樹葉，又像照相館中的衣服，是人人可穿用的，没有特殊的個性，没有顯明的輪廓(contour)。王氏說：“詞忌用替代字，美成《解語花》云：‘桂華流瓦’，境界極妙，惜以‘桂華’，代‘月’耳！”又說：“沈伯時《樂府指迷》云：‘說桃不可直說破桃，須用紅雨劉郎等字；說柳不可直說破柳，須用章臺灞岸等字’，若惟恐人不用代字者。果以是爲工，則古今類書具在，又安用詞爲耶?”但是，“不隔”若衹指不用膚廓的詞頭套語和陳腐的典故而說，那末，一個很圓滿的理論便弄得狹小，偏僻了，並且也够不上什麼“新見”或“創見”了。我們還没有忘掉鍾嶸《詩品·序》内的話：“吟詠情性，亦何貴於用事?‘思君如流水’，既是

---

[1] Croce: *Estetica*, pp.11-14; Richards: *Principles of Literary Criticism*, p.25.

即目；‘高臺多悲風’，亦惟所見；‘清晨登隴首’，羌無故實；‘明月照積雪’，詎出經史？觀古今勝語，多非補假，皆由直尋。”這不就是不用代詞的説法麼？我們該注意的是：詞頭、套語或故典，無論它們本身是如何陳腐醜惡，在原則上是無可非議的；因爲它們的性質跟一切譬喻和象徵相同，都是根據着類比推理(analogy)來的，尤其是故典，所謂“古事比”。假使我們從原則上反對用代詞，推而廣之，我們須把大半的文學作品，不，甚至把有人認爲全部的文學作品①一筆勾消了。

有一個疑點，我們還没有談到，我們上文説起，“不隔”須假設着一個類似翻譯的原作的東西；有了這個東西，我們便可作爲標準來核定作者對於那個東西的描寫是不是正確，能不能恰如其分而給我們以清楚不含混的印象。在翻譯裏，這是容易辦到的；因爲有原作存在着供我們的參考，在文藝裏便不然了，我們向何處去找標準來跟作者的描寫核對呢？作者所能給讀者的衹是描寫，讀者怎樣會看出這描寫是“隔”或“不隔”呢？這標準其實是從讀者們自身產生出的，王氏説：“語語都在目前，便是‘不隔’。”由此演繹起來，“實獲我心”，“歷歷如覩”，“如吾心之所欲言”，都算得“不隔”，衹要作者的描寫能跟我們親身的觀察、經驗、想像相吻合，相調合，有同樣的清楚或生動(Hume所謂 liveliness)，像我們自己親身經歷過一般，這便是“不隔”。好的翻譯，我們讀了如讀原文；好的文藝作品，按照“不隔”説，我們讀着須像我們身經目擊着一樣。我們在此地衹注重身經

① Helen Parkhurst：*Beauty*，p.208.

目擊，至於身所經目所擊的性質如何，跟“不隔”無關。此點萬不可忽視；否則必起誤解。譬如，有人說“不隔”說衹能解釋顯的、一望而知的文藝，不能解釋隱的，鈎深致遠的文藝，這便是誤會了“不隔”。“不隔”不是一樁事物，不是一個境界，是一種狀態(state)，一種透明洞澈的狀態——“純潔的空明”，譬之於光天化日；在這種狀態之中，作者所寫的事物和境界得以無遮隱地曝露在讀者的眼前。作者的藝術的高下，全看他有無本領來撥雲霧而見青天，造就這個狀態。所以，“不隔”並不是把深沉的事物寫到淺顯易解；原來淺顯的寫來依然淺顯，原來深沉的寫到讓讀者看出它的深沉，甚至於原來糊塗的也能寫得讓讀者看清楚它的糊塗——没有見過 James Joyce 或 Gertrude Stein 的小説麽？這纔是“不隔”。不管是“朦朧萌拆”（王世貞語），是“blooming and buzzing confusion”(James 語)，是“那朦朦朧朧的一團”(常風轉語)，成功的藝術總能寫到它們“如在目前”。霧裏看花當然是隔；但是，如不想看花，衹想看霧，便算得“不隔”了。莎士比亞《韓烈德》(*Hamlet*)第三幕第四場和《安東尼和克魯巴屈拉》(*Anthony and Cleopatra*)第四幕第十四場寫雲霧的變態，也可作爲一例；雖然迷迷糊糊，我們辨不清是駱駝還是獅子，但是我們可以認清是雲霧，這便是隔而“不隔”[①]。“猶抱琵琶半遮面”；似乎半個臉被隔了，但是假使我們看得清半個臉是遮着，没有糊塗地認爲整個臉是露着，這便是隔而“不隔”。所以，隱和顯的分别跟“不隔”没有關係。比喻、暗示、象徵，甚

---

① 參觀 Santayana：*Scepticism and Animal Faith*，pp.94–95。

而至於典故，都不妨用，祇要有必須這種轉彎方法來寫到“不隔”的事物。

我們並非認爲“不隔”説是顛撲不破的理論，我們祇是想弄清楚這個理論的一切涵義。我們不願也隔着煙霧來看“不隔”説——惚恍、幽深，黑沉沉的充滿了神秘。

（原載《學文月刊》第一卷第三期，一九三四年七月）

中國固有的文學批評的一個特點

題目這樣累贅，我們取它的準確。我們不説中國文學批評，而説中國固有的文學批評，因爲要撇開中國文學批評裏近來所吸收的西洋成分；我們不説中國舊文學批評，而説中國固有的文學批評，因爲這一個中國舊文學批評的特點，在中國新文學批評裏，多少還保留着。

這種近似東西文化特徵的問題，給學者們弄得爛污了。我們常聽説，某東西代表道地的東方化，某東西代表真正的西方化；真實那個東西，往往名符其實，亦東亦西。哈吧小獅子狗，中國通俗喚作洋狗，《紅樓夢》裏不就有“西洋花點子哈吧兒”麽？而在西洋，時髦少婦大半養哈吧狗爲閨中伴侣，呼爲北京狗——北京至少現在還是我們的土地。許多東西文化的討論，常使我們聯想到哈吧狗。譬如我們舊文學裏有一種比興體的“香草美人”詩，把男女戀愛來象徵君臣間的綱常，精通西學而又風流綺膩的師友們，認爲這種殺風景的文藝觀，道地是中國舊文化的特殊産物，但是在西洋宗教詩裏，我們偏找得出同樣的體制，衹是把神和人的關係來代替君臣了①。中世紀西洋文學尤多此類比興的作品，但丁就是一個刺眼的例。西洋中世紀神學裏的神人之愛保持着名分和距離，破除私情(l'amour désintéressé)而又非抽象的記號(symbol)崇拜，跟中國舊名教所謂“忠”，十分相像，不比新教神學所講愛，帶有浪漫性的親昵②。因爲西洋有這一體詩，所以也有比興説詩的理論；但丁釋詩四義，甚深微妙義曰“寄託義”(senso anagogico)③，竟完全是我們常州詞派的原則。又如章實齋論先秦著作，指出一種“言公”現象，研究章實齋而亦略知西洋文化史的人，立刻會想到“言公”是西洋中世紀的特徵，它所根據的人生哲學和藝術觀，在現代西洋文藝思想裏尚佔有强大的勢力。“言公”現象跟“香草美人”體的得失是非，我們不能在此地討論；我們不過藉來證明所謂國粹或洋貨，往往並非中國或西洋文化的特別標識，一般受高等教育的野蠻人還未擺脱五十年前中國維新變法，出版《學究新談》、《文明小史》時的心理狀態，説到新便想到西洋，説到西洋便想到新，好像西洋歷史文物，跟他老人家一樣的新見世面，具有這種心眼來看文化史，當然處處都見得是特點了。

換句話説，中國所固有的東西，不必就是中國所特有或獨有的東西。譬如，中國道學家排斥文學；同樣，西方的藝術思想史也不過是一部相斫書，記載着“善的帝國主義”(L'impér-

① 參觀吴宓先生《空軒詩話》第一則。

② 參觀 Etienne Gilson：*L'Esprit de la philosophie médiévale*，*2a Série*，chap. IV。

③ 參觀 *Convivio*，*Tratlato II*，*Canzone I*：W. W. Jackson 英譯本 73-74 頁。

ialisme du Bien)和“美的帝國主義”(L'impérialisme du Beau)的衝突①。中國道學家的理論，雖未受任何西洋影響，算不得中國特有。此類中外相同的問題，不屬本文範圍。復次，中西對象不同，理論因而差異，我們不該冒失便認爲特點；因爲兩種不同的理論，可以根據着同一原則。譬如中國文章講平仄，西洋文章講輕重音；西洋詩的禁忌，並非中國的四聲八病，而兩者同遵守着聲調和諧的原則；雖不相同，可以相當。此類問題，也不屬本文範圍。最後，我們講的是中國文學批評的特色，並非中國特色的文學批評；我們不以一家一說一派而以整個的中國文評爲研究對象。譬如，心解派(psychoanalysis)的文學批評，當然是西方特有的文學批評，但是我們決不能説，西方文學批評的特色就是心解術；因爲，在心解術成立以前，西洋文評早有二千多年的歷史，在心解術應用到文學上以後，西洋文評還有不知多少別具手眼的宗派。

所以，我們所謂中國文評的特點，要是：（一）埋養在自古到今中國談藝者的意識田地裏，飄散在自古到今中國談藝的著作裏，各宗各派各時代的批評家都多少利用過；惟其它是這樣的普遍，所以我們習見而相忘。（二）在西洋文評裏，我們找不到它的匹偶，因此算得上中國文評的一個特點。（三）卻又並非中國語言文字特殊構造的結果，因爲在西洋文評裏，我們偶然瞥見它的影子，證明西洋一二靈心妙悟的批評家，也微茫地、倏忽地看到這一點。（四）從西洋批評家的偶悟，我們可以明白，這個特

① 這是 Charles Lalo 的雋語，參觀 *L'Art et la Morale*, chap. I。

點在現象上雖是中國特有，而在應用上能具普遍性和世界性；我們的看法未始不可推廣到西洋文藝。

這個特點就是：把文章通盤的人化或生命化（animism）①。《易·繫辭》云："近取諸身……以通神明之德，以類萬物之情"，可以移作解釋；我們把文章看成我們自己同類的活人。《文心雕龍·風骨篇》云："詞之待骨，如體之樹骸，情之含風，猶形之包氣……瘠義肥詞"；又《附會篇》云："以情志爲神明，事義爲骨髓，詞采爲肌膚，宮商爲聲氣……義脈不流，偏枯文體"；《顔氏家訓·文章篇》云："文章當以理致爲心腎，氣調爲筋骨，事義爲皮膚"；宋濂《文原·下篇》云："四瑕賊文之形，八冥傷文之膏髓，九蠹死文之心"；魏文帝《典論》云："孔融體氣高妙"；鍾嶸《詩品》云："陳思骨氣奇高，體被文質"——這種例子哪裏舉得盡呢？我們自己喜歡亂談詩文的人，做到批評，還會用什麽"氣"、"骨"、"力"、"魄"、"神"、"脈"、"髓"、"文心"、"句眼"等名詞。翁方綱精思卓識，正式拈出"肌理"，爲我們的文評，更添上一個新穎的生命化名詞。古人衹知道文章有皮膚，翁方綱偏體驗出皮膚上還有文章。現代英國女詩人薛德蕙女士（Edith Sitwell）明白詩文在色澤音節以外，還有它的觸覺方面，唤作"texture"，自負爲空前的大發現②，從我們看來"texture"在意義上、字面上都相當於翁方綱所謂"肌理"。從配得上"肌理"的texture的發現，我們可以推想出人化文評應用到西洋詩文也有正確性。因爲

① 依照G.F.Stout用此字的意義，參觀*Mind and Matter*，bk.I，chap.ii–iv。

② 參觀所作*Life of Pope*，*Aspects of Modern Poetry*，*Pleasures of Poetry*等書。

我們把文章人化了，所以文章欠佳，就彷彿人身害病，一部分傳統的詼諧，全從這個雙關意義上發出。譬如沈起鳳《紅心詞客傳奇》四種之一《才人福》寫張夢晉、李靈芸掛牌專醫詩病，因蘇州詩伯詩翁作品不通，開方勸服大黄；又如《聊齋志異·司文郎》一則記盲僧以鼻評文，“刺於鼻，棘於腹，膀胱所不容，直自下部出”，此類笑話可以旁證人化文評在中國的流行。

我們該申說，何以文章人化是我們固有的文評所特有。當然我們可以説，我們在西洋文評裏，没有見到同規模的人化現象；我們更可以説，我們自己用西洋文字寫批評的時候，常感覺到缺乏人化的成語。但是，這兩個負面的論證也許太空泛了。我們要在西洋文評裏找出代表的例子，來分析，來指明它們的似是而非，它們的貌同心異，算不得人化。我們把例子分爲三類，由淺入深，逐類辨析。

第一類像西塞羅（Cicero）的議論。西塞羅云：“美有二種（pulchritudinis duo genera sunt）：嬌麗者，女美也（venustatem muliebrem）；莊嚴者，男美也（dignitatem virilem）。”① 這當然算不得人化：因爲西塞羅根本是在講人體美，所以他下文説須眉丈夫，總得保持莊嚴本色，切勿軟迷迷、懶洋洋，衣冠言動，像個不男不女的戲子。他祇説男女剛柔各有其美，並非説文章可分爲陰柔陽剛。我們若講美學思想史，西塞羅的分類極爲重要，因爲人體美屬於美學範圍；我們若講文學批評，此説全不相干。我們當然可以把此説推演到文藝上面，但是我們要注意西塞羅自己並

① 參觀 *De Officiis*, Lib. I.36。

没有推演[①]。一切西洋談藝著作裏泛論美有剛柔男女性的説法，都算不上人化。

第二類西洋普通“文如其人”的理論，像畢豐(Buffon)所謂“學問材料皆身外物(hors de l'homme)，惟文則本諸其人(le style est l'homme même)”[②],歌德所謂，“文章乃作者内心(innern)真正的印象 (ein treuer abdruck)”[③]，叔本華所謂“文章乃心靈的面貌(die Physiognomie des Geistes)”[④]，跟我們此地所講人化，絶然是兩回事。第一，“文如其人”，並非“文如人”；“文章乃心靈的面貌”，並非人化文評的主張認爲文章自身有它的面貌。第二，他們所謂人，是指人格人品，不過《文中子・事君篇》“文士之行可見”一節的意見，並不指人身。顧爾蒙(Remy de Gourmont)唯物化的論文見解，認爲文章是生理作用的産物(un produit physiologique)，健康、飲食、居住以及其他生命機能都影響到文章[⑤]，也不就是人化或生命化。顧爾蒙衹想以作者的生理來解釋作者的文筆，生理是文筆外面或背面的東西，而我們的文評直捷認爲文筆自身就有氣骨神脈種種生命機能和構造。一切西洋談藝著作裏文如其人或因文觀人的説法，都絶對不是人化。

第三類是西洋文評裏近似人化而程度上未達一間的理論。在文藝思想裏，像在宇宙裏，一間一字的差分最難跨越，譬如有關，

---

① 參觀本篇下文。

② 參觀 *Discours de Réception à L'Académie française*, Auguste 17，53。

③ 參觀 J. P. Eckermann: *Gespräche mit Goethe*, 1824，4，14。

④ 參觀 *Parerga und Paralipomena* 二九〇節。

⑤ 參觀 *Le problème du style*。

我們可破；有牆，我們可跨；祇有包裹着神明意識一層皮囊，我們跳不出，在一絲半米上，見了高低好醜。此類例子，不比前兩類，在西洋文評裏，不易找見。我們揀最親切有味的來説。郎吉納斯(Longinus)云："文須如人體，不得有腫脹（Όγκοι)"[①]，又云："文如人體，非一肢一節之爲美，而體格停勻之爲美"[②]。昆鐵靈(Quintilian）云："人身體康强，血液足，運動多，筋骨牢固，所以爲健丈夫，亦即所以爲美丈夫（Ex iisdem his speciem accipunt,ex quibus vires)，若專事塗飾，作婦人態，適見其醜，於文亦然(similiter)[③]"，又云："文章雕飾(ornatus)，必有丈夫氣(virilis)，勿爲女子佻冶态(effeminatam levitatem)"[④]，又云："文章矯揉做作之弊(mala effectatio)，曰腫脹(tumida)，曰水蠱(pusilla)，曰肉感(praedulcia)"[⑤]，又云："文章寧可粗硬，不可有女氣而軟弱(effeminatam enervem)"[⑥]。維威斯(Juan Louis Vives)的議論要算西洋文評裏頂精闢的人化説了；他説："文章者，心靈(animi)以及全人(hominis universi)之影像(imago)也。人品本諸身與心(animo et corpore)；文品本諸文字及意義(verbis et sensis)。文字有音與形(magnitudine et sono verborum)，故文章有體格(statura)。字句精鍊(urbana et culta)，音節弘亮（amplus et

① 《崇高論》第三節。

② 同前第四十節。

③ 節譯 *Institutionis Oratoriae*，Lib，VIII，Prooemium，19-20。

④ 同前 Lib. VIII，Cap. iii，6。

⑤ 同前 Lib. VIII，Cap. iii，56。

⑥ 同前 Lib. IX，Cap. iv，142。

magnificus)，結構充實(plena)，則文之體高而大(magna et grandis)。字瑣碎(minutis)，音㲲薄(exilis)，調緊促而不舒(exiguis et arctis)，則文之體卑且侏(humilis et pumila)。體格而外，文章更有面貌(figura)：文之簡該者其貌圓而潤(rotunda et teres)，文之詳實者其貌方以剛(quadrata et firma)。文章亦有肉(caro)，有血(sanguis)，有骨(ossa)。詞藻太富，則文多肉(corpulenta)。繁而無當，則文多血(redundat sanguine, quae multo plus dicit quam necesse est)。文章又有液(succus)：字妥句適(apta et decentia)、理壯(vires)、辭順(lenis)，則文之液也。用字過省，且無比興譬喻(verborum est parsimonia et desunt fere naturalia)，音節細弱，結構庸俗，則文枯瘦(macilenta et strigosa)；無血無肉，乾皮包散骨，如囊貯石而已(vix haerens ossibus, ut ossa videantur in pellem congesta quasi lapides in culeum)。"① 斑・瓊生(Ben Jonson)也有類似的見解："文字如人(likened to a man)，有身體(structure and stature)、面貌(figure and feature)、皮膚包裹(skin and coat)。繁詞曲譬，理不勝詞，曰多肉之文(a fleshy style)；詞不該理，曰多筋骨之文(a bony and sinewy style)；音諧字妥，則文有血液(blood and juice)。"② 華茨華斯(Wordsworth)云："世人以文章爲思想之衣服(dress)，實則文章乃思想之肉身坐現(In carnation)"③。卡萊爾云："世人謂文字乃思想之外衣(coat)，不知

① 節譯 *De Ratione Dicendi*, Lib. II Opera Omnia, I, p.103.s 99。這一節有趣的文字，知道的人似乎不多，且在現代語言裏也未見譯本；所以多註原文，備參考。

② 節譯 *Timber or Discoveries* 中 *Oratio Imago Animi* 一大節。

③ 參觀 De Quincey: *Style*, part IV, IV。

字爲思想之皮肉(flesh-garment),比喻(metaphor)則其筋絡(muscles and tissues)。有瘦硬之文,有憔悴窮餓無生氣之文,有康健而不免中風危險之文"①。佛羅貝(Flaubert)論文云:"思想(idée)與形式(forme)分開,全無意義。譬如物體,去其顏色形模,所餘不過一場空(une abstraction creuse)。思想之爲思想,端賴(en vertu de)文筆耳"②。又云:"文章不特爲思想之生命(la vie),抑且爲思想之血液(le sang)"③。這幾個例子,够舉一反三了。

在我們討論這幾個例子以前,我們先要注意,它們在西洋文評裏,不過是偶然的比喻,信手拈來,隨意放下,並未沁透西洋文人的意識,成爲普遍的假設和專門的術語。記牢了這一點,我們然後研究,上面所舉第三類例子,跟中國文評的人化,有什麼差異?我們分四層來講。

第一,此類例子大多把文章來比人體,祇是一種顯喻(simile);我們該注意到"如人體"的"如"字,"於文亦然"的"然"字。頂多也不過隱比(metaphor),算不得人跟文的化合;我們祇要把郎吉納斯跟劉勰比較,便見分曉。在此類西洋文評裏,人體跟文章還是二元的,雖然是平行的二元。在我們的文評裏,文跟人無分彼此,混同一氣,達到《莊子·齊物論》所謂"類與不類,相與爲類,則與彼無以異"的境界。從比喻的"比"字,望

① 節譯 *Sartor Resartus*. Bk. I, chap. XI 中一大節。

② *Correspondances*, Nouvelle édition augmentée (Louis Conard), p. 321.

③ 同前 III, p. 336,佛氏其他論文相類語,見下。

文生義，我們便推想得出平行的二元性；在拉丁文裏，比喻喚作translatio，就是我們現在所謂翻譯，更明白地流露出被比較的兩椿事物的對抗。超越對稱的比喻以達到兼融的化合，當然是文藝創造最妙的境界，詩人心理方面天然的辯證法(dialectic)；這種心理狀態，經波德萊爾(Baudelaire)再三描摹之後①，已成爲文藝心理學的普通常識，我們不必更事申說。劉勰《文心雕龍・比興篇》論詩人“觸物圓覽”，那個“圓”字，體會得精當無比。人化文評是“圓覽”；人文比喻單是“左顧右盼”。所以，在西洋語文裏，藉人體機能來評騭文藝，僅有邏輯上所謂偏指(particular)的意義，没有全舉(universal)的意義，僅有形容詞(adjectival)的功用，没有名詞(substantive)的功用，換句話説，衹是比喻的詞藻，算不上鑒賞的範疇。在西洋語文裏，我們習慣上衹説“一種或這種多肌肉的文章(a or the muscular style)”，不説“一切文章的肌肉(the muscles of the style)”，衹説“一種或這種多筋(sinewy or nervous)的文章”，不説“一切文章的筋”，除非我們硬要做譬喻，不顧公認的仂語(idiom)。並且，在我們的文評裏，人化的術語多少是中立的(neutral)，不大有估定價值的意義，可以用來讚美——譬如説“骨重神寒”，也可以用來譴責——譬如説“骨弛肌懈”；而在西方文評裏，這種人體比喻形容詞本身就是一種估價，從上面維威斯、斑・瓊生的話裏，我們一看就知，他們説文章多骨多肉，就等於説文章不好，同樣，現代西洋人説文章多肌肉多筋，就等於説文章好。換句話説，他們用到fleshy、bony等

① 例如 *L'Art Romantique*, pp. 304 ff, 亦可參覩 Gide: *Traité du Narcisse*, p. 15。

等，都是指文章的變態說，不是指文章的常態說，不僅說文章有肉有骨，是說文章肉肥如豕或骨瘦如豺①，不但是存在判斷，並且是價值判斷，是善惡美醜的批評（eulogistic and dyslogistic），不是有無是非的描寫。維威斯、斑·瓊生所謂體貌，倒是有中立性的，此點我們下文再講。大多數西洋談藝者以文比人，都偏重病態變態，例如郎吉納斯所謂腫脹，昆鐵靈所謂水蠱肉感。西洋文評裏人體比喻本身就是偏重的形容詞，難於更加形容，所以西洋作者說到多骨或多肉而止，更無下文；我們的人化術語衹是中立的名詞，所以我們還可添上種種形容襯托，精微地描畫出文章風韻，譬如有“瘦硬通神”的清骨，有“嚴家餓隸”的窮骨，有輕而浮薄的賤骨，有輕而超妙的“自是君身有仙骨”。西洋人體譬喻的文評，比了中國人化文評，恰像西洋相人書比了中國《麻衣相法》，一般的粗淺簡陋。中國論文跟中國相面風鑒有極密切而一向被忽略的關係。西洋以文比人是估價，我們再有一個例證。我們上文說過，西塞羅論美有男女算不得人化。昆鐵靈論文有丈夫氣女子態，當然跟姚鼐所謂陽剛之文陰柔之文的分别相接近了；然而我們要注意姚鼐着眼在文章種類的差異，昆鐵靈衹注意到文章價值的高下。昆鐵靈全不明白丈夫氣和女子態可以“異曲同工”，他衹知道丈夫氣是好文章，女子態是壞文章。我們所謂陰柔陽剛是平等相對的文章風格，昆鐵靈便有點重男輕女了。進一步說，昆鐵靈衹認爲丈夫氣是文章的常態，他所謂女子氣並非指女子的本色，倒是指男人的變相；他衹知道鬚眉丈夫不該有巾幗氣，他不知道

① 依照《醒睡録》中故事，改柴作豺，與豕相配。

巾幗女子原該有巾幗氣，雄媳婦跟雌老公一樣的討人厭——也許我錯了，雌老公該討得雄媳婦的喜歡的！西洋人論文有男女，不是中立的分類，而是偏袒的判斷，佛羅貝的話表示得極明白；他說："我祇喜歡男性的文句(les phrasses mâles)；像拉馬丁(Lamartine)那種女性的文句(les phrases femelles)，我是不愛的"①。

第二，除卻比喻的二元以外，第三類例子裏還潛伏着一個二元，思想或內容與文筆或外表的二元。華茨華斯那句話，當然有所指。華茨華斯所深惡痛絕的特萊登(Dryden)和樸伯(Pope)都把衣服來比過文章；例如特萊登云："文詞之於思想，如裙褲(breeches and petticoats)之於人身，乃遮羞之衣服也(modest clothing)"②，樸伯亦有句云："理以文爲衣，勿須綉鞶帨"③。華茨華斯、卡萊爾、佛羅貝的說法當然比特萊登、樸伯高明，但是我們該注意，他們還是把思想跟文章對舉的：假使文章是肉身，那末思想便是投胎的靈魂，假使文章是皮肉，那末思想便是骨血。靈魂跟肉體自然比衣服跟身體，來得關係密切，不過仍舊是兩個平行的單位。劉勰、顏之推的話，比此說深微得多。劉勰、顏之推認爲文章一名詞在概念(concept)上包括"理致"和"氣調"、"情志"和"詞采"、內容和外表；而在華茨華斯等人的文章概念裏，他們所謂文章祇指我們所謂"詞采"或外表，祇能粘貼着思想或內容，並不跟思想或內容融貫一片，所以

---

① *Correspondances*, Nouvelle édition augmentée (Louis Conard), I., p.153.

② 參觀 *All for Love*: *Preface*。

③ 參觀 *Eassay on Criticism* 三一八—三一九行。

他們把文章(style)和文字(language)二名往往無別的使用。用邏輯成語來説，劉勰等人所謂“文章是思想的表現”是一個分析判斷(analytics judgement)，而華茨華斯等人所謂“文章是思想的表現”是一個綜合判斷(synthetic judgement)；劉勰把一個單位分成幾個，華茨華斯要把兩個單位合成一個。因此，我們悟到我們所謂文章血脈或文章皮骨，跟西洋人所謂“文章乃思想之血”或“文章乃思想之皮肉”，全不相同。譬如我們説“學杜得其皮”，我們並非説杜甫詩的風格衹是皮毛，杜甫忠君愛國的思想懷抱才是骨髓；我們是説杜甫詩的風格本身就分皮毛和骨髓，李空同學杜僅得其皮，陳後山學杜便得其髓。西洋人在皮毛或肉體的文章風格外，更立骨髓或精神的文章思想爲標準；所以西洋文評所謂 spirit，切不可望文生義，以爲等於我們所謂神魄。spirit 一字跟 letter 相對，譬如説《失樂園》一詩字面上(in letter)雖説贊助上帝，而真精神(in spirit)卻是主張個人主義，同情於魔鬼；所謂精神完全是指文章思想或意義方面的事，而我們所謂“神采奕奕”、“神韻盎然”，一望而知是指的文章風格。這種細密的差分，我們不能粗心浮氣，忽略過去。

第三，維威斯、斑·瓊生的議論，是極難得的成片段的西洋人化文評，論多肉的文章一節尤可與劉勰所謂“瘠義肥詞”參觀。但是此類議論畢竟没有達到中國人化文評的境界。他們衹注意到文章有體貌骨肉，不知道文章還有神韻氣魄。他們所謂人不過是睡着或暈倒的人，不是有表情、有動作的活人；鑒賞家會告訴我們，活人的美跟塑像的美有一大分別，塑像衹有姿，没有態，衹有面首，欠缺活動變化的表情；活人的表情好比生命的沸水上面的花泡，而塑像的表情便彷彿水凍成冰，又板又冷。這種意見對於活人們不免恭維太過，因爲一大半活人等於泥塑木雕，然而也有它的道理。表情是性情品格身世修養在體貌上的流露，説它是外貌，卻又映射着内心，譬如風騷女人的花眼，强盜的殺相；假使體貌算是外表，性格算是内容，那末，表情就抵内外詞意融通一貫的文章風格(style)。《孟子・盡心章》云："仁義禮智根於心，其生色者，睟然見於面，盎於背，施於四體，四體不言而喻"；《離婁章》云："存乎人者，莫良於眸子……胸中正，則眸子瞭焉；胸中不正，則眸子眊焉；聽其言也，觀其眸子，人焉廋哉!"這是相面的天經地義，也就是我們人化文評的原則。我們把論文當作看人，便無須像西洋人把文章割裂成内容外表。我們論人論文所謂氣息凡俗，神清韻淡，都是從風度或風格上看出來。西洋論文，有了人體模型，還缺乏心靈生命。隨便舉個中國例子罷，唐順之《記李方叔論文》語云："文章之無韻，譬之壯夫，其軀幹枵然，骨强氣盛，而神色昏瞢，言動凡濁，則庸俗鄙人而已。"你看，他就跳出骨肉肥瘦等範圍了。維威斯、斑・瓊生、卡萊爾衹知道文如人有强弱之分，尚未悟到文如人有雅俗之别，我們的人化文評便見得周密了。

第四，我們還有幾個小點，要分别清楚。我們所謂氣，並非西洋文評裏的 atmosphere。我們所指是氣息，西洋人所指是謂氣壓。氣壓是籠罩在事物外的背景，譬如説哈代(Hardy)的小説氣壓沉悶；氣息是流動在人身内的節奏，譬如説六朝人論文講究"潛氣内轉"。氣壓是物理界的譬喻，氣息是生命界的譬喻；一個是外察(extra-vert)，一個是内省(introvert)。孟子所説充塞天地的浩然之氣，也是從内散外，並非由外聚内，所以他説“以直養而無害”。西洋文評偶然用氣息，祇是極粗淺帶譴責性的形容詞，不是單獨中立的名詞。譬如説氣促的文章（short winded style）。又如德昆西（De Quincey）所謂“力的文學”（literature of power）的“力”，也不可跟中國文評所謂力相提並論。德昆西明説“力”是文學跟非文學（anti-literature）的區别；我們認爲力是陰柔文學與陽剛文學的分别。並且，德昆西所謂“力”，就等於抒情，還偏重内容方面①，我們所謂力純粹是風格方面的一種特質。還有，德昆西的“力”，明是物理界的譬喻，所以他把船帆（sail）和船槳（oar）做象徵②；《文心雕龍》的現成比喻“蔚彼風力，嚴兹骨鯁”，德昆西竟未想到。一切物理界名詞，也許都根據生理現象來③，不過，何以德昆西未能近取諸身，從本源上立喻？這種偏重外察而忽略内省，跟西方自然科學的發達，有無關係？西洋文評裏的 vigor 一字，略當我們所謂力；不過，vigor 是帶讚美性的籠統字，既非中立，並且把我們所謂氣力神骨種種屬性都混沌地包括在内。這也足證明，西洋談藝者稍有人化的趨向，祇是没有推演精密，發達完備。

這種人化文評，我們認爲是無可非難的。一切藝術鑒賞根本就是移情作用（Einfühlung）④，譬如西洋人喚文藝鑒賞力爲

---

① 關於“内容抒情”跟“風格動情”這兩點的混淆，此地不談，參觀《中國文學小史緒論》。

② 參觀 *The Poetry of Pope*。

③ 參觀 Stout：*Mind and Matter*，bk.I，chap.ii，又 O.Barfield：*Poetic Diction*，chap.ii。

④ 參觀朱光潛先生《文藝心理學》三六至三九頁，此地不復引證解釋。

taste，就是從味覺和觸覺上推類的名詞。人化文評不過是移情作用發達到最高點的產物。其實一切科學、文學、哲學、人生觀、宇宙觀的概念，無不根源着移情作用。我們對於世界的認識，不過是一種比喻、象徵的、像煞有介事的(als ob)、詩意的認識。用一個粗淺的比喻，好像小孩子要看鏡子的光明，卻在光明裏發現了自己。人類最初把自己沁透了世界，把心鑽進了物，建設了範疇概念；這許多概念慢慢地變硬變定，失掉本來的人性，彷彿魚化了石。到自然科學發達，思想家把初民的認識方法翻了過來，把物來統制心，把魚化石的科學概念來壓塞養魚的活水。從我們研究思想史的人看來，移情作用跟泛客觀(panobjectivism)，行爲主義跟唯心論，祇是一個波浪的起伏，一個原則的變化。因爲人化文評祇是移情作用，而移情作用是一切文藝欣賞的原則，所以西洋人偶爾也有人化文評的氣息，像我們所舉第三類的例子，正好像中國古代雖没有完備的形式邏輯，而三數中國大思想家對於西洋人所講究的偏全異同問題，也時參妙悟。西洋人講文章，到佛羅貝要算得頭兒腦兒尖兒頂兒，而佛羅貝最多人化文評的片言隻語，譬如他説："拉馬丁的作品裏從來没有那種肌肉突出的老句"(ces vieilles phrases à muscles saillants)①,又説："孟德斯鳩的文章緊實如運動家的雙頭肌肉"(tendues comme des biceps d'athlete)②，這是值得我們思考的。

---

① *Correspondances*, Nouvelle édition augmentée (Louis Conard), II, p. 399.

② 同前書 III，p. 231。

人化文評在理論上有何好處呢？要解答這個問題，我們先得知道人體在美學上有何地位。黑智爾（Hegel）曾按照内容或精神與外表或型式的關係（Idee zu ihrer Gestaltung），把藝術（Kunstform）分爲三類，第二類古典式（klassische）的藝術，是表裏心物最湊拍的和諧，一種精神的具體化（concret Geistige）；這種表裏神體的調融，在藝術裏就是雕刻，在自然現象裏就是人體（die menschlische Gestalt）①，這不是跟我們上文所説人體化文評的一元性，拍得上麼？章實齋《文史通義·文德篇》云："古人所言，皆兼本末，包内外，猶合道德文章而一之，未嘗就文詞之中言其有才有學有識猶有文之德也。"這是人化文評打通内容外表的好註脚。我們因此悟到中國古代談藝者往往看上去是講内容，其實是注重外表，譬如載道問題。自然注重内容並不就是載道，不過有許多認爲道與内容是一是二，我們此地無暇詳説，衹能就本文有關係處，略加分析。照我們看，載道在歷史上有兩種相反的意義：（一）爲載道而反對文藝，（二）爲文藝而主張載道。第一種是一般道學家、科學家的主張，人所共知。不過這種意見，不必就是嚴格的文學批評，我們先要把它的坐標系（system of reference）弄清。關於此點，我們從前在《論復古》一篇文字裏詳細辨過；譬如《鏡花緣》裏林之洋罵淑士國酒保通文，之乎者也，酸氣衝人，我們似乎不可標出"掮客生意人文評"的題目，大書特書道："生意人反對文言，主張白話，乃近來新文學運動的先聲；尤以飄洋過海的生意人如林之洋爲甚，可見受外國文化影響。"道

① 參觀 *Vorlesungen über die Aesthetik*, *Einlheitung* 一章。

學家反文藝的意見，有它片面的真理①，也不一定是文藝衰落時期的產物。第二種就是一部分古文家或者“倒學家”② 的意見。這種意見並非古文家藉道來作幌子，或者像袁枚《答友人論文第二書》所謂“文人習氣，挾持道以佔地步”。少數古文家明白內容的肯定外表，正不亞於外表的肯定內容，思想的影響文筆，正不亞於文筆的影響思想。要做不朽的好文章，也要有不滅的大道理；此種説法，我們認爲也有真理③。我們該辨清，假使繪畫的媒介（medium）是顏色綫段，音樂的媒介是音調，那末詩文的媒介不就是文字，是文字和文字的意義；假使我們把文字本身作爲文學的媒介，不顧思想意義，那末一首詩從字形上看來，衹是不知所云的墨跡，從字音上聽來，衹是不成腔調的聲浪。所以，意義、思想在文章裏有極重要的地位。照此説來，“倒學家”主張文以載道，並非爲道，還是爲文章，並非爲内容，還是爲内容的外表。又要説到相面了：要像個上等文明人，須先從學問心術上修養起，決非不學無術，穿了燕尾巴衣服（swallow tail），喝着雞尾巴酒（cocktail），便保得住狐狸尾巴不顯出野蠻原形的。“倒學家”主張文以載道，就等於風鑒家勸你修心補相。關於整個載道問題的涵義，我們將來還想詳細討論。

中國文評還有其他特點，本篇衹講人化。我們希望已經把此點論列清楚。

---

① 參考朱光潛先生《文藝心理學》一○一頁。

② 這是程子批評韓愈的妙語。

③ 參觀 S. Alexander，*Beauty and Other Forms Value*，chap. VIII。

後記：去年十一月底，紐約大學現代文學教授John Bakeless君來牛津看我，談起要做一部文學批評史，來補充Saintsbury大作的缺漏，添上中國文評、俄國文評兩部分。關於中國文評方面，他要求我合作。因爲種種關係，當時謹謝不敏。但是這個善意的提議使我整理我個人對於中國文評的思想，得到幾個結論，先偷空寫成此篇。承我兄弟鍾英給了不少幫助，寫寄所引中國書籍原文，免卻我記憶的錯漏；又承友人K. J. Spalding先生把所引西文例證審定一過，免卻穿鑿，並此致謝。

二十六年五月二十三日

（原載《文學雜誌》第一卷第四期，一九三七年八月）

小説識小

《負曝閑談》第一回，載陸鵬誇言府裏飯菜云："有一隻鵝，鵝裏面包着一隻雞，雞裏面包着一隻鴿子，鴿子裏面包着一隻黄雀，味道鮮得很!"此實烹飪之奇聞。按古羅馬彼德羅尼厄斯(Petronius)《諷刺小説》(*Satyricon*)第五、第六章，寫暴發户三樂宴客(Cena Trimalchionis)，極慾窮奢，盥手以美酒，溺器爲精銀，肴核亦無奇不備，以糞穢團成魚鳥形，堆盤供客，幾與《太平廣記》卷四百八十三所載"聖虀"相似；有饌曰："脱羅愛野豬"(Verres Trojanus)者，烤野豬腹中塞一牝鹿，鹿腹中塞一野兔，兔腹中塞一竹雞，雞腹中塞一夜鶯，重重包裹，與陸鵬所言，無獨有偶。(按 Trimalchio 一名，出希臘文，義爲"三倍享樂"，故藉孟子及榮啓期語譯爲"三樂"。斯人又俱内，蓋"三樂"而兼"四畏"者。)

《西遊記》七十五回唐僧四衆行近獅駝洞，太白金星報妖精攔路。孫行者欲邀豬八戒相隨打妖，云："兄弟，你雖無甚本事，好道也是個人。俗云'放屁添風'，你也可壯我些膽氣。"俗諺云云，大是奇語。按巴闕立治(Eric Partridge)名著，《英國俗語大詞典》(*A Dictionary of Slang and Unconventional English*, p.635)字母P部，採有“撒鳥海中以添水”一語(“Every little helps”, as the old lady said when she pissed in the sea)，亦指助力而言，意正相當。《淮南子·詮言訓》曰：“猶憂河水之少，泣而益之”；曹子建上書請免發諸國士息曰：“揮涕增河”；皆意同而詞氣之生動不及。古羅馬戲劇家潑洛脱斯(Plautus)形容財虜欲浣濯而惜水，則揮淚以增之(Aquam plorat, cum lavat, profundere)；不知亦用洋葱薰目否？不然何能致此懸河決溜一副急淚？又按田藝蘅《玉笑零音》云：“海爲地之腎，故水鹹”；“撒鳥添海”，亦如木落歸根矣。

《西遊記》八十二回，唐僧爲金毛白鼠精攝入無底洞中，同遊果園。孫行者化身爲紅桃，妖精採而食之，行者一骨碌滚入妖精肚内。“妖精害怕道：‘長老啊，這個果子利害！怎麽不容咬破，就滚下去了？’三藏道：‘娘子，新開園的果子愛吃，所以去得快了。’”“愛吃”二字，體會入微。食物之愛人吃者，幾不須齒決，韓昌黎《贈劉師服》詩云：“羡君齒牙牢且潔，大肉硬餅如刀截”；所羡如此，蓋以食物爲鍛煉牙齒之器具，“愛吃”之旨，概乎未聞。若廣東鴨肫肝之類乃不愛人吃而人愛吃之，故必與齒牙掙扎往復，久之而後帖服下咽。按海涅(Heine)《旅行心影録》(*Reisebilder*)第二部(*Ideen*：*Das Buch Le Grand*)第一章有云，極樂世界中，惟哺啜是務，湯酒開河，糕點遍野，熟鵝口銜蘸汁之碟，飛來飛去，以被吃爲喜(fühlen sich geschmeichelt wenn man sich verzehrt)，即“愛吃”之意。

劉後村詩文好用本朝故事，王漁洋、趙甌北皆誹議之。按

《後村大全集》卷四十三《釋老》六言十首之第四云："取經煩猴行者，吟詩輸鶴阿師"；此詩前尚有七絶一首，亦用二事作對。《西遊記》事見南宋人詩中，當自後村始。

《老殘遊記》第二回寫王小玉説書，有三十多歲操湖南口音者極口讚美，謂不但"餘音繞樑，三日不絶"，並且真使人"三月不知肉味"。旁人稱此爲"夢湘先生"。按此乃真人真名，毫無文飾。夢湘爲武陵王以敏字，所著《檗塢詩存》中有《濟城篇》七古，即爲白妞鼓書而作。

《品花寶鑒》一書口角伶俐。第十八回張仲雨論篾片一節，透徹精微，可與《長隨論》並傳，有云："一團和氣要不變；二等才情要不露；三斤酒量要不醉；四季衣服要不乏；五聲音律要不錯；六品官銜要不做；七言詩句要不慌；八面張羅要不斷；九流通透要不短；十分應酬要不俗。"梁茝林《歸田瑣記》所載《清客十字令》與此大同小異："一筆好字不錯；二等才情不露；三斤酒量不吐；四季衣服不當；五子圍棋不悔；六齣昆曲不推；七字歪詩不遲；八字馬吊不查；九品頭銜不選；十分和氣不俗。"具此本領，亦可以得志於今之世矣。"四季衣服"一事，尤洞達世故。巴蕾斯（Maurice Barrès）有小説《無根人》（*Les déracinés*），余震於其名，嘗取讀之，皆空發議論，悶鈍無味，唯有語云："衣服不整潔而欲求人謀事，猶妓女鶉衣百結而欲人光顧。"（L'homme qui cherche du travail et n'a plus de vêtements propres est aussi dépourvu que la prostituée en guenilles），即"四季衣服"之意。鮮衣下屬之異於布衣上司，衣冠濟楚小清客之異於不衫不履大名士，未始不繫此也。

《品花寶鑒》作者陳少逸熟於《後西遊記》一書，故屢取爲排調之資。如第十七回高品笑田春航遲到云："南極仙翁遲遲不到，難道半路上撞着了小行者的筋斗雲，因此行走不便麽?" 按此即《後西遊記》中小行者與小天公鬥法跳"好勝圈"事。又如第三十九回李元茂見其妻孫氏爲"天老"(Albino)，因云："這是《西遊記》上的不老婆婆。"按此即《後西遊記》中使玉火鉗之長顔姐姐，嘗以鉗夾豬一戒之耳朵者。《後西遊記》一書，暗淡不彰，人鮮稱引，惟陳氏屢道之。

《笑林廣記》卷二《債精傳》有"大窮寶殿"，可與紅心詞客《伏虎韜傳奇》中悍婦所造之"大雌寶殿"並傳。以"窮"代"雄"，取其音同；以"雌"代"雄"，取其義反；皆合弗羅依特(Freud)《論俳諧》(*Wit and the Unconscious*)所謂"代換"(substitutive formation)一原則者。《廣記》卷四一則略謂：南北兩人，均慣説謊，彼此欽慕，不辭遠道相訪，恰遇中途，各敍寒温；南人謂北人曰："聞得貴處極冷，不知其冷如何?"北人曰："北方冷時，道中小遺者須帶棒，隨溺隨凍，隨凍隨擊，不然人與牆凍在一處。聞尊處極熱，不知其熱何如?"南人曰："南方熱時，有趕豬道行者，行稍遲，豬成燒烤，人化灰塵。"按此則情事口吻，入諸《孟巧生奇遇記》(*Adventures of Baron Münchausen*)，可亂楮葉。《奇遇記》第六章寫旅行俄國時，天寒吹角，聲凍角中，以角懸竈畔，聲得熱而融，Tereng! tereng! teng! teng! 自出角中；蓋襲取拉白萊(Rabelais)《巨靈世家》(*Gargantua et Pantagruel*)卷四第五十五章而稍加改易。英詩人羅傑士《語録》(*Table-talk of Samuel Rogers*, ed. by A. Dyce)第一百三十五頁則記印度天熱而人化灰塵之事(pulverised by a coup de soleil),略謂一印度人請客,驕陽如灼,主婦渴甚,中席忽化爲焦灰一堆;主人司空見慣,聲色不動,呼侍者曰:"取箕帚來,將太太掃去(sweep up the mistress)。"較之《廣記》云云,似更詼諧。

《艾子雜説》一則,略云艾子之鄰二鄙夫,食肉以求長智慧,如是數日,相與自負爲"心識明達,觸事有智,不徒有智,又能窮理"。其一曰:"吾見人鼻竅向下甚利,若向上豈不爲天雨注之乎?"按法國成語謂鼻孔向天者爲雨注鼻(Le nez dans lequel il pleut),思路亦已及此。

董若雨《西遊補》記孫行者被老人救出葛藟宫,老人忽合於己體,乃知即自己真神,"慌忙唱個大喏,拜謝自家。"此語曲盡心理。人之自負才能本領者,每作一事,成一文,津津自道,恨不能現身外身,於自家"唱喏拜謝",香花供奉,匪特我我周旋,形神酬答而已。陳松山《明詩紀事》蔡羽下引《太湖備考》云:"陶周望云:'羽置大鏡南面,遇著書得意,輒正衣冠北面向鏡拜譽其影曰:"易洞先生,爾言何妙!吾今拜先生矣!"羽以善《易》自負,故稱"易洞"也。'"天下文人,齊心同意而含意未申者,數必不少。德昆西(De Quincey)《全集》(*Collected Works*,ed. by D. Masson)第四册論古爾史密斯(Goldsmith)一文中記枯立治(Coleridge)識一人,敬畏自己,每説及"我"(I)字,輒脱帽鞠躬爲禮,較易洞先生尤甚矣。西洋詩人之好自譽者首推莫萊亞斯(Moréas),詳見亞兒巴拉(A. Albalat)自傳(*Souvenirs de la vie littéraire*)記莫萊亞斯篇。次則但丁,亦樂道己善,詳見伯璧尼(G. Papini)《活但丁》(*Dante Vivo*)第二十一章。余中外友人中此節足與二子媲美者亦復指不勝屈。

《兒女英雄傳》第十五回描摹鄧九公姨奶奶衣飾體態，極侔色揣稱之妙，有云："雪白的一個臉皮兒，衹是胖些，那臉蛋子一走一哆嗦，活脱兒一塊凉粉兒。"刻劃肥人，可謂狀難寫之景，如在目前。按披考克(T. L. Peacock)寫羅賓漢事小説(*Maid Marian*)第十章狀一胖和尚戰慄如肉汁或果汁凍之顫動(The little friar quaked like a jelly)，迭更司《旅行笑史》(*Pickwick Papers*)第八章狀肥童點頭時，雙頰哆嗦如白甜凍(The train of nods communicated a blancmange like motion to his fat cheeks)，與"活脱兒一塊凉粉兒"取譬正同。

《兒女英雄傳》第三十九回，鄧九公九秩慶壽，安老爺爲同席講《論語》"春風沂水"章，略謂朱子註不可過信，"四賢侍坐言志，夫子正是賞識冉有、公西華、子路三人，轉有些駁斥曾皙。讀者不得因'吾與點也'一句，擡高曾皙。曾皙的話説完了，夫子的心便傷透了。彼時夫子一片憐才救世之心，正望着諸弟子各行其志，不没斯文，忽聽得這番話，覺得如曾皙者，也作此想，豈不正是我平日浮海居夷那番感慨，其爲時衰運替可知，然則吾道終窮矣！於是喟嘆曰：'吾與點也！'這句話正是傷心蒿目之詞，不是志同道合之語。果然志同道合，夫子自應莞爾而笑，不應喟然而歎了哇!"詞辯尖新，老宿多稱賞之。按此段議論，全襲袁子才之説。《小倉山房文集》卷二十四《〈論語〉解》之四略云："'如或知爾，則何以哉?'問酬知也。曾點之對，絶不相蒙。夫子何以與之？非與曾點，與三子也。明與而實不與：以沂水春風，即乘桴浮海之意，與點即從我其由之心。三子之才與夫子之道終於不行，其心傷矣。適聞曾點曠達之言，遂歎而與之，非果聖心契合。如果契合聖心，在子當莞爾而笑，不當喟然而歎。”此《兒女英雄傳》之藍本也。翁覃谿《石洲詩話》卷三說東坡《在儋耳》詩：“問點爾何如，不與聖同憂？”以爲能“道着春風沂水一段意思”云云，亦頗合袁氏之説，特筆舌無此明快。乾嘉漢學家於袁解頗有節取：郝蘭皋《曬書堂外集》卷下《書袁簡齋〈論語解〉四篇後》即取其二、其四兩篇，朱蘭坡《小萬卷齋文稿》卷七《與狄叔穎論四書質疑書》雖駁袁氏之解歎字而亦不非其夫子傷心之説。

德國十七世紀小説家格力墨爾斯好森（H. J. Ch. von Grimmelshausen）以《老實人》（*Simplicissimus*）一書得名。余嘗謂其書名與伏爾泰（Voltaire）小説《坦白者》（*Candide*），天造地設一對偶。書中寫兵連禍結，盜匪横行之狀，與伏爾泰書每有曠世相契處，證之今事，亦覺古風未沫。雖文詞粗獷冗蕪，不足比伏爾泰風霜姜桂之筆，然佳處偶遭，尚非得不償勞也。卷四第二章老實人在法國與居停加那（Canard）論醫，有云：“在病家心目中，醫生有三變相：有病初見時爲天使相，診時爲上帝相，病愈開發時爲魔鬼相”（Ein Arzt dreierlei Angesichter hat：das erste eines Engels，wann ihn der Kranke ansichtig wird，das ander eines Gottes，wann er hilft，das dritte eines Teufels，wann man gesund ist und ihn wieder abschafft）。司各脱小説《主持僧》（*Abbot*）第二十六章寫一醫生感慨云：“拉丁古諺謂，醫生索診費時，即是魔鬼（Praemia cum poscit medicus，Sathan est）。

病人欲吾儕診視，則以吾儕爲天使，及吾儕索費，則以吾儕爲魔鬼（We are angels when we come to cure—devils when we ask payment）。”余偶至公立醫院，每見施診部之醫生，早於診視時，對貧苦病人猙獰叱咤，作魔鬼相。余初非病人，而旁觀竟窺此態，百思不得其解。

《老實人》卷二第九章，形容美婦人有云：“上下兩排牙齒，又整齊，又有糖味兒（zuckerähnlich），像從白蘿蔔上（von einer weißen Rübe）成塊切下來的。人就是給它咬着，也不會覺得痛（Ich glaube nicht，daß es einem wehe tut，wann du einen damit beißest）。”以白蘿蔔塊擬齒，與《詩經》以東瓜子擬齒——“齒如瓠犀”，用意差類。尤妙者爲“咬着不使人痛”。齒性本剛，而齒之美者，望之温柔圓潤，不使人有鋒鍔巉利之想；曰“白蘿蔔”，曰“瓠犀”，曰“糯米銀牙”，比物此志。故西方詩人每以珠比美人之齒，正取珠之體色温潤，如亞里屋斯吐（Ariosto）《詠屋蘭徒發狂》（*Orlando Furioso*）第七篇云：“朱唇之中，珠齒隱現”（Quivi due filze son di perle elette，che chiude ed apre un bello e dolce labro）。英國婦人以長齒爲歐陸各國所嗤；亞部（E. About）《希臘史》（*Histoire de la Grèce*）及白羅松（J. J. Brousson）《法郎士語録》（*France en Pantoufles*）皆比英婦之齒於鋼琴之鍵盤（le clavier de piano），余則竊欲以杜牧之《阿房宫賦》所謂“檐牙高啄”者當之。若此等齒，望之已有刀山劍峽之畏，不待被咬矣。昔鮑士威爾（Boswell）謁見伏爾泰，問以肯説英文否，伏爾泰答曰：“説英文須以齒自嚙舌尖，余老而無齒”，蓋指英語中 th 一音而言。然則英美二國人齒長，殆天使之便於自嗞舌尖耶？法國人治英文學卓有成就者，以泰納(Taine)爲最先，據《鞏固兄弟日記》(*Jurnal des Goncourt*)一八六三年三月一日寫泰納形貌有云：“牙長如英國老婦”(Une bouche aux dents longues d'une vieille Anglaise)。殆學英文之所致耶？識此以質之博物君子。

周元暐《涇林續記》記嚴東樓事有云：“至其發落公事，適值中酒，則用金盆滿貯滚湯，浸手帨於中，乘熱提帨，圍首三匝，稍冷更易，則無復酒態，舉筆裁答，處置周悉，出人意表。”按此與迭更司《二城記》(*Tale of Two Cities*)卷二第五章所記卡登(Sydney Carton)爲律師作狀事全同，特非用冷水而用熱水耳。

《紅樓夢》第八十九回賈寶玉到瀟湘館，“走到裏間門口，看見新寫的一副紫黑色泥金雲龍箋的小對，上寫着‘緑窗明月在，青史古人空。’”悼紅轩本有護花主人評云：“好對句。”按此聯並非《紅樓夢》後四十回作者自撰，乃摘唐崔顥《題沈隱侯八詠樓》五律頸聯，其全首曰：“梁日東陽守，爲樓望越中。緑窗明月在，青史古人空！江静聞山狖，川長數塞鴻。登臨白雲晚，流恨此遺風!”史悟崗《西青散記》卷四記玉勾詞客吴震生亡室程飛仙事，有云：“夫人口熟楊升菴《二十一史彈詞》，緑窗紅燭之下輒按拍歌之。自書名句爲窗聯云：‘緑窗明月在，青史古人空。’”《散記》作於乾隆二年，所載皆雍正時事，蓋在《紅樓夢》後四十回以前，程飛仙唱《二十一史彈詞》，故云：“青史古人空”，黛玉亦襲其語，則殊無謂。

勒帥治(Le Sage)《跛足魔鬼》(*Le Diable boiteux*)亦法國小説中之奇作。所載皆半夜窺探臥室中私事，而無片言隻語及於牀第狎褻者(Voyeurisme,Peeping Tom motive),粗穢而不淫穢，尚是古典作風也。書中於醫生之詭道欺世，極反覆嘲諷之能事，有云：“兄弟二人皆行醫，各有一夢，甚爲掃興。兄夢官廳頒佈法令，凡醫生未將病人治愈，不得索取診費。弟夢官廳頒佈法令，凡病人死於醫手者，其出殯下葬時，該醫須着服帶孝，盡哀往送”(Il est ordonné que les médecins mèneront le deuil à l’enterrement de tous les malades qui mourront entre leurs mains)。按後一事吾國底下書中亦有類似者。《廣笑府》卷三云：“一庸醫不依本方，誤用藥餌，因而致死病者。病家責令醫人妻子唱輓歌舁柩出殯，庸醫唱曰：‘祖公三代做太醫，呵呵咳!’其妻曰：‘丈夫做事連累妻，呵呵咳!’幼子曰：‘無奈亡靈十分重，呵呵咳!’長子曰：‘以後衹揀瘦的醫，呵呵咳!’”《綴白裘》十二集卷四《幽閨記·請醫》齣中翁醫生自言醫死了人，本須告官，經人勸解，乃由醫生出資買棺入殮燒化；又叫不起人來扛棺材，乃與其妻、兒、兒媳四人同扛，聯句唱《蒿里歌》：“我就第一個來哉：‘我做郎中命運低，蒿里又蒿里。’我里老家主婆來哉：‘你醫死了人兒連累着妻，蒿里又蒿里。’呧猜我里個強種拿個扛棒得來，對了地下一甩，説道：‘呧醫殺子胖個扛不動，蒿里又蒿里。’我里兒媳好，孝順得極，走得來，對子我深深一福，倒説道：‘公爹，從今衹揀瘦人醫，蒿里又蒿里。’”施惠《幽閨記》原本第二十五齣《抱恙離鸞》雖亦有插科打諢，初無此節。買棺扛棺，盡屬醫生之責，較之帶孝送葬，更爲謔而虐矣。

《跛足魔鬼》又一節載，一少年子爵夫人失眠六夜，醫爲處方，夫人嗤之，謂衹須閲一名作家之書，開卷而病愈矣(Je suis

persuadée qu'en l'ouvrant seulement je me guérirai de mon insomnie)；因命人至藏書樓取阿才羅(Azero)書新譯本至，展讀不及三頁，已沉酣入黑甜鄉。按孟德斯鳩《魚雁發微》(*Lettres Persanes*)第一百四十三函託爲鄉下醫生致巴黎醫生之信，略謂鄉間有人，失眠三十五日，醫命服鴉片，此人不肯，請一設書肆者至，問肆中倘有無人過問之宗教書否(quelque livre de dévotion que vous n' ayez pas pu vendre)；醫悟其意，因爲另處方劑，藥味爲亞理士多德《論理學》原文三頁，潑洛丁尼斯《六書九章》如數(Trois feuilles de la logique d'Aristote en grec, autant de Plotin)等等，病果霍然。二事用意全同。梁元帝《金樓子》卷六《雜記篇》十三上云："有人讀書，握卷而輒睡者。梁朝有名士呼書卷爲'黄奶'，此蓋見其美神養性如奶媪也。"不以書爲安神之藥，而以書爲拍唱催眠之乳母，立譬更奇。余見美國教授史奈特(E.D.Snyder)《催眠詩論》(*Hypnotic Poetry*)，謂詩之意義浮泛，音節平和，多重複詞句者，具有催眠之功能，例如丁尼生(Tennyson)之 Break, Break, Break，坡(Poe)之 Annabel Lee；剖析甚詳。夫陳琳之檄，可愈頭風，杜甫之詩，能驅瘧鬼；若美神養性，催眠引睡，則書籍亦患怔忡者對症之藥。當有繼張燕公《錢本草》、慧日雅禪師《禪本草》而作《書本草》者。

《跛足魔鬼》又一節寫一老而風騷之女人臨睡時，先將頭髮、睫毛、牙齒脱下置化妝桌上；一老而風流之男人將目睛、鬚髭、頭髮皆取下而後上牀；又一風騷女人，身材苗條可愛，實則其頸與臀皆假造者，嘗至禮拜堂聽説教，至將僞臀遺失堂中(Elle laissa tomber ses fesses dans l'auditoire)。按所謂僞臀(hanches artificielles)，即英國十六世紀戲劇中之臀卷(Bum-rolls)；僞睫毛、僞眉毛皆以鼠毛爲之，觀斯蒂爾(Richard Steele)喜劇《温柔丈夫》(*Tender Husband*)可知；僞髮則以馬毛爲之，上塗豬油或白粉，有重至十餘磅者。

《十日談》(*Decameron*)第三日第二故事寫一圉者通王后，出宫返臥，王跡之至衆圉寢處，暗中摸索，不知誰爲通於后者，因遍捫諸人心，覺此圉心怦怦然異於常，罪人果得。按西方古醫書有所謂"情人脈博"(pulsus amatorius)者，跳躍不均(amor facit inaequales, inordinatos)；欲究其人有無戀愛或姦情，但把脈可知。嘗有醫生爲婦人治病，一日把脈，遂知此婦已於己有情，詳見勃登(Robert Burton)《憂鬱分析》(*Anatomy of Melancholy*)第三部第三節第三分所引史脱勒昔烏斯(Josephus Struthius)書。此法不知今尚傳否？又第九日第三故事，愚夫楷浪特里諾(Calandrino)自信有孕，驚惶失措，謂其妻曰："我怎樣生得下肚裏的孩子？這孽障找什麼路出來？"按《西遊記》第五十三回豬八戒誤飲子母河水，哼道："爺爺呀！要生孩子，我們却是男身，那裏開得産門？如何脱得出來！"口吻逼肖。

(原載《新語》第四、五期，一九四五年十一月十七日、十二月二日)

小説識小續

去年秋，傅怒安先生編《新語》，索稿無以應，刺取劄記中涉稗官者二十許事報命。鄭西諦先生見而謬賞，屬其繼録。聊復爬梳得數十事，自附於不賢之義云爾。

馮夢龍《廣笑府》卷一一則略云："或人命其子曰：'爾一言一動皆當效師所爲。'子領命，侍食於師。師食亦食，師飲亦飲；師嚏，生不能强爲，乃揖而謝曰：'吾師此等妙處，其實難學也！'"按謝在杭《文海披沙》卷四嘗論詼諧每有所本，例如東方朔竊飲漢武帝不死酒即中射之士奪食楚王不死之藥事；麥西烏斯(Brander Matthews)《筆墨集》(*Pen and Ink*)有《詼諧譜牒》(*On the Antiquity of Jests*)一文，亦謂當爲笑話造譜牒，究其遺傳演變之跡(genesis)。馮氏此則，即脱胎换骨之一例。《法苑珠林》卷六十六引《百喻經》云："昔有一人，欲得王意，問餘人言，云何得之？有人語言，若欲得意，汝當效之。此人見王眼瞤，便效王瞤，王問之言，汝爲病耶？爲着風耶？何以眼瞤？其人答王，我不病眼，亦不着風，欲得王意，見王眼瞤，故效王也。王聞是語，即大瞋恚，使人加害。"洪文敏《容齋續筆》卷十五云："楊願善佞，動作悉效秦檜，檜嘗因噴嚏失笑，顧於倉卒間亦佯噴飯而笑，左右皆哂，檜察其奉己愈喜。”楊願殆即或人之子而盡其師之道者乎？又按吾國文中“笑”“笑話”等字，西方近代心理學家每取以爲分析幽默之資。伊斯脱門（Max Eastman）《幽默論》（*The Sense of Humor*）第八十六頁、第二百四十六頁説詼諧不必爲嘲諷，即引“笑話”（smile talk）作證。格來格（J. Y. T. Greig）《笑劇心理學》（*The Psychology of Laughter and Comedy*）第二十四頁謂吾國“笑”字一拼音 Hsiao 中，人類四種笑聲已含其三：嘻嘻(i)，哈哈(a)，呵呵(o)。皆可謂妙手偶得，非通人不能道。足與太特（Tarde）《模仿論》（*Les Lois de l'imitation*）第二百六十九頁説“老兄”，尼采《超善惡論》（*Jenseits von Gut und Boese*）第二百六十七節説“小心”，並傳不刊。今人治中西文物溝通史者，均未留意及此等處。

吾國舊小説巨構中，《儒林外史》蹈襲依傍處最多，兹舉數事爲例，已見有人拈出者，則不復也。杜慎卿訪來霞士事，本之朱國楨《湧幢小品》卷三，或言出《堅瓠集》，未確。此類考索小舛，亦從略云。

第七回陳和甫講李夢陽扶乩：“那乩半日也不動，後來忽然大動起來，寫了一首詩，後頭兩句説道：‘夢到江南省宗廟，不知誰是舊京人！’又如飛寫了幾個字道：‘朕乃建文皇帝是也。’”按周草窗《齊東野語》云：“李知父云：向嘗於貴家觀降仙，扣其姓名，不答。忽作薛稷體，大書一詩云：‘猩袍玉帶落邊塵，幾見東風作好春。因過江南省宗廟，眼前誰是舊京人！’捧箕者皆驚散，知爲淵聖（宋欽宗）之靈。”《外史》以此爲藍本也。

第十三回馬二先生與蘧公孫論作八股文道："古人說得好：'作文之心如人目'，凡人目中，塵土屑固不可有，即金玉屑又是着得的麽?"按以目喻文，始於王仲任《論衡》。《佚文篇》曰："鴻文在國，聖世之驗。孟子相人，以眸子焉，心清則眸子瞭。瞭者，目文瞭也。"《自紀篇》語略同。《傳燈録》卷七白居易問惟寬禪師云："垢即不可念，淨無念可乎?"師答："如人眼睛上，一物不可住；金屑雖珍寶，在眼亦有病。"施愚山《蠖齋詩話》駁東坡論孟襄陽云："古人詩入三昧，更無從堆垛學問，正如眼中着不得金屑。"馬二先生之言，實從此出。范肯堂《再與義門論文設譬》七律前半首云："雙眸炯炯如秋水，持比文章理最工。糞土塵沙不教入，金泥玉屑也難容。"則又本之《儒林外史》矣。

《儒林外史》第十四回馬二先生遊西湖，"到城隍山一名吴山，進片石居，見幾個人圍一張桌子請仙。一個人道：'請了一個才女來了!'馬二先生暗笑。又一會説道：'可是李清照?'又説道：'可是蘇若蘭?'又聽得拍手道：'原來是朱淑貞!'"按陸次雲《湖壖雜記》"片石居"一條略云："順治辛卯，有雲間客扶乩于片石居。一士以休咎問，乩曰：'非余所知。'問：'仙來何處?'書曰：'兒家原住古錢塘，曾有詩編號斷腸。'士問：'仙爲何氏?'書曰：'猶傳小字在詞場。'士曰：'仙得非蘇小小乎?'書曰：'漫把若蘭方淑女——'士曰：'然則李易安乎?'書曰：'須知清照異真娘，朱顔説與任君詳。'士方悟爲朱淑貞。"《外史》全本此。

第七回蘧景玉道："數年前有一位老先生，點了四川學差，在何景明先生寓處吃酒。景明先生醉後大聲道：'四川如蘇軾的文章，是該考六等的了。’這位老先生記在心裏，到後典了三年學差回來，會見何老先生，説：‘學生在四川三年，到處細查，並不見蘇軾來考，想是臨場規避了。’”按錢牧齋《歷朝詩集》丁集六汪道昆傳有云：“廣陵陸弼記一事云：‘嘉靖間，汪伯玉以襄陽守遷臬副，丹陽姜寶以翰林提學四川，道經楚省，會飲於黄鶴樓。伯玉舉杯大言曰：蜀人如蘇軾者，文章一字不通！此等秀才，當以劣等處之。後數日會餞，伯玉又大言如初。姜笑而應之曰：訪問蜀中胥吏，秀才中並無此人，想是臨考畏避耳。’”周櫟園《書影》所載有明文人軼事，皆本之《歷朝詩集》，此則亦在採摭中。《外史》蹈襲之跡顯然。

第四十六回沈瓊枝追薦亡夫宋爲富，請天師作水陸大會，帶着小兒子——即瓊花觀和尚所傳佛種——跪在壇前，忽見法官口裏喝道：“何方妖僧敢冒血食?”但見那日浴堂裏來的和尚，正與亡夫爲富爭取血食。按嚴鐵橋《全後漢文》卷三十八輯應劭《風俗通》佚文一則云：“汝南周霸字翁仲，婦於乳捨生女自毒，時屠婦比臥得男，因相與私貨，易裨錢數萬。後翁仲爲北海相，吏周光能見鬼，使還致敬於本郡縣，因告光曰：‘事訖，可與小兒俱上塚。’到於塚上，郎君沃酹，主簿俯伏在後，但見屠者弊衣螺結，踞神座，持刀割肉；有五時衣帶青墨綬數人，彷徨不敢來前……凡有子者，欲以承先祖，先祖不享血食。”此則輯自《意林》及《御覽》三百六十一又八百八十三。《外史》所本也。

《外史》中其他承襲處如：楊執中絶句乃《輟耕録》載吕思誠《戲作》下半首，楊執中室聯乃《隨園詩話》載魯亮儕聯（《閱微草堂筆記》載此聯而下聯不同，謂是張晴嵐門聯；《梼園銷夏録》謂是錢捧石門聯)，杜慎卿隔屋聞女人臭氣乃《周書》卷四十八蕭詧語，杜慎卿訪來霞士事本之《棗林雜俎》，張鐵臂存豬頭事本之《桂苑叢談》，不待覼縷。據德國人許戴潑林格(Stemplinger)所著書(*Das Plagiat in der griechischen Literatur*)，古希臘時論文，已追究蹈襲。麥格羅弼士(Macrobius)《冬夜談》(*Saturnalia*)中有二卷專論桓吉爾剽竊古人處(Furta Vergiliana)。近世比較文學大盛，"淵源學"(chronology)更卓爾自成門類。雖每失之瑣屑，而有裨於作者與評者皆不淺。作者玩古人之點鐵成金，脱胎换骨，會心不遠，往往悟入，未始非他山之助。評者觀古人依傍沿襲之多少，可以論定其才力之大小，意匠之爲因爲創。近人論吴敬梓者，頗多過情之譽；余故發凡引緒，以資談藝者之參考。

董若雨《西遊補》後識語有所謂《續西遊記》者，未之見也。去年秋，周君煦良得之於揚州冷攤，遂獲寓目，果有靈虚子、比邱僧等角色。書敍唐僧取經後自西天佛國返大唐事宜，名曰《東歸記》。大旨爲：孫行者西遊取經時，多謀善變，機心太重，心生一切魔生，故歸途遇種種妖怪；唐僧與八戒偶不降伏自心，變幻亦隨；金箍棒、釘鈀、寶杖皆收繳佛庫，三衆赤手空拳，幸有靈虚子、比邱僧奉佛命暗中保護，得以化險爲夷。都一百回。意在力矯前書，文筆尚達，言亦成理，然正經板滯，生氣全無。蓋不知小説家言荒唐悠謬之趣，而必欲科之以佛説，折之以禪機，已是法執理障，死在句下，真癡人前説不得夢矣。妖怪多蠹魚精、蛙精、獅毛精之類，幺麽已甚；皆歸化佛法，無一被殺者，殊不痛快。行者本領，大遜前《記》，毫毛拔下，須近身方能收回；八戒神通，則遠勝於昔，亦能拔毛變化。第十四回妖精與八戒爭鬥，妖精以流星錘打八戒肩脊，八戒忙使出個磁石吸鐵法術，把那剛鬣變了磁石，將那妖精鐵錘緊緊吸住。此尤異想天開，從來小説中寫比武鬥法所無也。穿插處亦偶有比美前《記》者，如九十七回云："八戒聽得老道誇奬好相貌，便扭頭捏頸，裝嬌做媚起來，説道'不敢欺老師傅，我老豬還不曾洗臉包唐巾哩，若梳洗了還好看。'"九十回一節略云："行者打妖精一掌，妖精大怒。行者曰：'此中有奥理，這打你叫做不打你；若是我方纔不打你這一掌，乃叫做打你。'妖魔個個請教禪機；行者曰：'譬如你們到寶林寺中，住持衆僧問你可是真唐僧，你道是真的，那住持衆僧定指你爲假；你若説是假的，那住持衆僧方信你是真。'妖魔聽了，各相笑曰：'原來禪機微妙，顛倒倒顛。'後來八戒知道此事，打行者一巴掌道：'正是不打他。'"按此乃宋明以來嘲禪呵佛者之慣謔，如《笑禪録》笑《金剛經》"有我者即是非我"一句，則舉僧見秀才不爲禮曰："不起是起"；秀才以扇擊僧頭曰："打是不打。"筆記、笑林轉輾相襲，而以余所知，蓋實有其事。北宋张文潛《明道雜志》云："殿中丞邱浚，多言人也。嘗在杭謁珊禪師，師見之殊傲。俄頃，有州將子弟來謁，珊降階接，禮甚恭。浚不能平，子弟退，乃問珊曰：'和尚接浚甚傲，而接州將子弟乃爾恭耶?'珊曰：'接是不接，不接是接。'浚勃然起，撾珊數下，乃徐曰：'和尚莫怪：打是不打，不打是打。'"此殆俗謔之所昉也。《傳燈録》卷十載侍者問趙州："和尚見大王來，不下禪牀，今日軍將來，爲什麽下?"趙州云："第一等人來，禪牀上接；中等人來，下禪牀接；末等人來，三門外接。”珊禪師者，亦昧於趙州門風，不善應對者矣！妖魔所謂“禪機顛倒倒顛”，即南宗禪“參話頭”心法；《六祖壇經·付囑》第十云：“出語盡雙，皆取對法；問有以無對，問無以有對，二道相因，成中道義。”一切神秘思維，無不沿此途徑。西洋神秘主義大宗師潑洛丁納斯(Plotinus)即云：“言即云無，有即不言”(Nous disons ce qu'il n'est pas; et ce qu'il est, nous ne le disons pas)(見 *Enneads* V，iii，13-14；參觀同書 III，i，X，3，據 E. Brehier 希臘文法文對照本)。斯賓諾至定規律云：“肯定即否決”(Omnis det ermiu atioest negatio)。黑智爾之辯證歷程以有立無，由正生反，亦藉神秘經驗爲思維法則；William James：*Varieties of Religious Experience* p.389、p.417，又 Ed. Spranger：*Lebensformen* s.252-3，說此甚明。與六祖所謂“二道相因，生中道義”，無乎不同，均可以“打是不打”一語嘲之。

斐爾亭(Fielding)小說《湯姆·瓊斯傳》(*History of Tom Jones*)卷六第一章詳說戀愛心理，聖茨伯雷先生(George Saintsbury)頗歎賞之。中一節云：“世人通常所云愛情，實乃對嫩白人肉之饕餮食慾，宜名曰‘饞餓’，不得謂爲戀愛(The desire of satisfying a voracious appetite wish a certain quantity of delicate white human flesh is more properly hunger than love)。貪口腹之人不諱言心‘愛’某菜，此種好色之徒亦可曰‘餓’而欲吃某女人。”按此節議論雖妙，莎士比亞已先發之。《聖誕後第十二夜》(*Twelfth Night*)第二幕第四景公爵云：“彼等之愛情僅可謂爲胃口(their love may be call'd appetite)，非出於肝(liver)，而出於舌(palate)，過飽而厭，由厭而嘔。吾之愛情如海之餓而無不容，吞而無不消（as hungry as the sea and can digest as much）”。不曰“出於心”而曰“出於肝”者，西洋古代以肝爲主愛情，猶中國古代之以肝爲主憤怒，古英文之“肝火”（liver burning hot）正吾國新作家所謂“心裏燃燒着愛情的烈焰”也。勃洛黑（I. Bloch）名著《近世戀愛生活》（*Das Sexualleben unserer Zeit*）第十二版第三十五頁謂爲相愛而欲“一口水吞下去”（Liebe zu essen）。真有其事，往往至於嚙情人之肉而生啖之（tatsächlich anbiβ und zu verspeisen anfing）。因舉一近例爲證。足見莎士比亞、斐爾亭云云，非徒侔色揣稱，實爲真知灼見。心理學家見事每落文學家之後，可以隅反。孟子有言：“食色性也”；今人用“性”字輒專指色而言，豈世風不古，今人天性不吃飯而祇好色乎？蓋食色相通，心同此理，語言流露，有不自覺者。小說劇本中常語如“秀色可餐”，“禁臠”，“恨不得一口水吞了他”，“蜜月”，“甜甜蜜蜜”，“吃醋”，“好塊肥肉，落在狗嘴裏”，諸若此類，莫非取譬於口腹，西洋成語亦無不然。法文之 jolie à croguer即“一口水吞下去”；白魯松（Brousson）《法郎士私記》（*Anatole France en Pantoufles*）載法郎士說“可饗王侯”一語，兼指美女與美饌而言（morceau de roi）。姑以英文爲例：美女曰“桃”（peach），醜女曰“檸檬”（lemon），瘦女曰“好肉在骨頭邊”（The nearer the bone，the better the meat），風騷女曰“辣貨”（hot stuff）（指胡椒言），少女曰“雞雛”（chicken），其他鄙言媟語，未敢多舉。雅馴則如韓冬郎香奩詩曰：“蜂偷崖蜜初嘗處，鶯啄含桃欲咽時”；獷直則如《二十年目覩之怪現狀》第三回曰：“又是黄魚，又是野雞，倒是兩件好吃東西。”《廣笑府》

卷五載好色者曰："不惟可當飯，並可代酒"；戀愛之時，往往"茶飯無心"，亦見苟心中有人，腹中可以無物，誠凶年節食之妙法。今人言"性"字，撇去飲食，確有心理根據，未可厚非。

《聊齋志異》卷四"齊天大聖"條謂八閩有孫悟空祠，香火甚盛。有慢者必遭神罰。向謂蒲留仙荒唐之言。後讀梁玉繩《清白士集·瞥記》卷六云："應城程拳時（名大中）《在山堂集》有《蘄州毀悟空像記》，其略云：'蘄俗以六月某日賽二郎神，神一人前導，山民呼"行者"，則元人小説所載孫悟空也。是日蘄人無遠近皆來就觀：輟市肆，肅衣冠，立於門，出隻雞百錢爲壽，必稱命於行者，以至於神。一不予則行者機變，舉動矯捷若生，擊人屋瓦器皿，應手皆碎，甚則人受其咎。乾隆甲戌，州牧錢侯聞其事，悉取像焚之。'"則真有鑄像以事者。

巴爾扎克之《放誕故事》於其著作中爲别調，然奇情異想，有突過《十日談》者。第四篇《路易十一之惡作劇》中記諸朝臣飲食過飽，腸胃脹悶，天顏咫尺，不敢造次，一主教腹鼓鼓不能忍，口中噫氣，自知失儀，恨不能在德國。當時德國，風俗樸野，每爲先進鄰邦所笑，如呼手指爲"德國人之髮梳"，蝦蟆爲"德國人之黄鶯"等等。然巴爾扎克此節，卻非譏切德國朝儀粗獷，乃指德文而言，故下文云："路易聞此腸胃語言。"腸胃語言即噫氣，意謂德文音吐刺耳可憎，有同此聲。吾國俗人形容西洋人講話，輒曰"嘰哩咕嚕"，而形容饑腸雷鳴或過飽腹中作聲——英文俗語所謂者——曰"咕嚕咕嚕"，亦無形中以西洋語比之腸胃語言也。巴爾扎克此書文筆力仿拉白萊。余按《巨人世家》第二卷第九章件件能以英、德、意等十三種語言自述生平，一聞者云："我相信德國人是這樣講話的。假使上帝允許，我們也可以教大腸這樣講話。" 乃巴爾扎克此節註解。法國人至今有語云："英國人説話如鳥叫，意大利人説話如唱歌，德國人説話如嘔吐，衹有法國人説話是説話。""嘔吐" 二字，刻劃盡致，亦即腸胃語言之引申也。色格爾女士小説《野草梅》中法國女教師論英文爲鳥語而德文爲馬語。近代法文伆語又以説德文爲"切乾草"。又是馬，又是乾草，説德文者豈不成"馬嚙枯萁喧午枕"乎？中世紀以還，大魔術家如浮士德輩，皆德國人，故英國古代以德國爲召神、捉鬼、煉丹、點金之龍虎山，觀彭瓊生劇本如《狐狸精》第二幕第一景，《撲朔迷離》第四幕第二景，《點鐵成金》第二幕第一景，可見一斑。一切荒誕神奇之説，輒託言"譯自德文"。德文蓋與念念有詞之禁咒同功，等於"唵嘛呢叭咪吽"，可以捉妖請鬼，例如弗蘭邱《逆旅少女》第四幕第二景問答有云："請問用什麼語言來召請魔鬼呢？——我想德文最好，説起來嘴裏滿滿的。" 十九世紀，德國文學卓然自立，海涅友人蒲爾納誇張德國語言以爲天下無比，至云："英國人捲舌，法國人利嘴，西班牙人喉間轉，意大利人舌頭花，衹有德國人真是講話。" 用字不甚貼切，而矜狂之概，亦殊不可一世。

蕭子顯《南齊書》卷五十四《顧歡傳論》揚挹九流三教，譏墨家以自苦爲極，有云："膚同斷瓠，目如井星。" 下句謂容顏枯瘠，目睛深陷眶中也，描劃甚妙。按佛羅貝《聖安東尼之誘惑》(*La Tentation de Saint Antoine*)中釋迦牟尼自語云："我雙目深陷眶中，如井底之星。"(Mes yeux rentrés dans les orbites semblaient des étoiles aperçues au fond d'un puits)，亦指其戒嚴行苦，軀面癯削。與蕭子顯語，若吻符節。余嘗以此事質之李君健吾，渠亦歎爲巧合。《瑜珈師地論》卷四十九記如來三十二丈夫相八十隨好，初非佢儴如餓丐者，則佛羅貝不之知矣。

《野叟曝言》中刻劃人情世故，偶有佳處，寫賤婦人口吻，亦能逼真，而事跡中破綻不少，如衛聖功何以迄無交代，文素臣既深惡和尚何以借居昭慶寺，素娥精通醫藥何至誤服補天丸，李四嫂爲連成畫策誘石璇姑，何以計不及此。第六十八回李又全諸姬妾所講笑話多有所本，第三妾所講較雅馴，云："一個道學先生父子倆人種鶯粟花，人合他説，撒種時要説村話，不説村話，就開不盛。父子倆人都道：'這個容易。'那老子一面撒種，一面説道：'夫婦之道，人倫之本。'那兒子也撒種道：'家父已經上達。'"按宋僧文瑩《湘山野録》云："衝晦處士李退夫作事矯怪，携一子遊京師，居北郊别墅，帶經灌園。一日老圃請撒園荽；俗傳撒此物，須主人口頌穢語播之則茂。退夫固矜純節，執菜子於手，撒之，但低聲密誦曰：'夫婦之道，人倫之始'云云，不絶於口。夫何客至，不能迄事，戒其子使畢之。其子尤矯於父，執餘子咒之曰：'大人已曾上聞。'皇祐中，館閣以爲雅戲；凡曰澹話清談，則曰'宜撒園荽一巡。'"《曝言》一節全本此。

以作《福爾摩斯探案》得名之柯南道爾晚年曾撰回憶録（*Memories and Adventures*），頗資考訂。中間極稱王爾德之妙於辭令，能即席講故事，尤歎賞所講一魔鬼故事，略云："魔鬼一日遊行至非洲大沙漠，見諸小鬼方誘惑一修道隱士。此隱士塵根清淨，超凡入聖；諸小鬼竭變幻試探之能，而隱士如死灰槁木，了不爲動。魔鬼笑曰：'此易事耳'，趨前與隱士耳語曰：'君之兄弟新任爲亞歷山大城主教矣’（Your brother has just been made bishop of Alexandria）。語未畢，隱士憤嫉之色見於面。”設想甚妙，蓋學道者於聲色貨利等嗜慾尚易解脱，惟好名好勝好計較之心最難鏟除；柏拉圖所謂“名心乃人臨死最後脱去之衣服”（見 Athenaeus：*Deipnosophists*，bk. xi，sect. 116）。近人李盎君（Philip Leon）大作《權力倫理學》（*Ethics of Power*）論聖賢豪傑愈無私心（egoism），愈有我執（egotism），皆此意也。然王爾德實有所本。迦耐脱（Richard Garnett）短篇小説集（*The Twilight of the Gods*）《詩人選舉》（*The Poet of Panopolis*）一篇中有云：“魔鬼曰：‘此等小鬼乃吾學生，於引誘之技術，尚未到家。此老漢目不别美醜而欲以美色動之，口不辨酸鹹而欲以美味動之，不識錢爲何物而欲炫之以金銀，不知學問爲何事而欲誇之以書卷，皆傎也。吾出一語即能使之勃然作色而興。’乃耳語曰：‘農納斯將爲君故鄉主教矣’（Nonnus is to be bishop of Panopolis），隱士妒恨之色見於面。”王爾德著作好蹈襲同時人，霍斯門（Laurence Houseman）自傳（*The Unexpected Years*）即記王爾德嘗面稱其小説（*The Green Gaffer*）中寫炊煙一句而襲取之，口語假藉更不必論矣。

（原載《聯合晚報》一九四六年四月十七日，

五月二、九、二十三日，六月七、二十一日）

談中國詩[1]

翻譯者的藝術曾被比於做媒者的刁滑，因爲他把作者的美麗半遮半露來引起你讀原文的慾望。這個譬喻可以移用在一個演講外國文學者的身上。他也祇是個撮合的媒人，希望能够造就莎士比亞所謂真心靈的結婚。他又像在語言的大宴會上偷嘗了些殘羹冷炙，出來向聽衆誇張這筵席的豐盛，説："你們也有機會飽嘗異味，祇要你們肯努力去克服這巴貝爾塔的咒詛（The curse of the Babel）。"

諸位全知道《創世記》裏這個有名的故事。人類想建築一個吻雲刺天的高塔，而上帝呢，他不願意貴國紐約的摩天樓給那些蠻子搶先造了，所以咒詛到人類語言彼此扞格不通，無法合作。這個咒詛影響於文學最大。旁的藝術是超越國界的，它們所用的材料有普遍性，顏色、綫條、音調都可以走遍世界各國而不須翻譯。最寡陋的中國人會愛聽外國音樂；最土氣的外國人會收藏中國繪畫和塑像。也許他們的鑒别並不到家，可是他們的快感

① 一九四五年十二月六日在上海美軍俱樂部講稿節譯。——本書編者註

是真正的。祇有文學最深閉固拒，不肯把它的秘密逢人便告。某一種語言裏產生的文學就給那語言限止了，封鎖了。某一國的文學對於外國人總是本禁書，除非他精通該國語言。翻譯祇像開水煮過的楊梅，不够味道。當然意大利大詩人貝德拉克(Petrarch)不懂希臘文而酷愛希臘文學，寶藏着一本原文的《荷馬史詩》，玩古董也似的摩挲鑒賞。不過，有多少人會學他呢?

不幸得很，在一切死的、活的、還没生出來的語言裏，中國文怕是最難的。這也許可以解釋爲什麼中國從事文化工作的人裏，文理不通者還那樣多。至少中文是難到拒人於千里之外的程度。有位批評家說，專學外國語言而不研究外國文學，好比向千金小姐求婚的人，結果祇跟丫頭勾搭上了。中文可不是這樣輕賤的小蹄子。毋寧說它像十八世紀戲劇裏所描寫的西班牙式老保姆(duenna)，她緊緊地看管着小姐，一臉的難說話，把她的具有電氣冰箱效力的嚴冷，嚇退了那些浮浪的求婚少年，讓我從高諦愛(Gautier)的中篇小說(*Fortunio*)裏舉個例子來證明中文的難學。有一個風騷絶世的巴黎女郎在她愛人的口袋裏偷到一封中國公主給他的情書，便馬不停蹄地坐車拜訪法蘭西學院的漢學教授，請他翻譯。那位學者把這張紙顛倒縱横地看，秃頭頂上的汗珠像清晨聖彼得教堂圓頂上的露水，最後道歉說：“中文共有八萬個字，我到現在祇認識四萬字；這封信上的字恰在我没有認識的四萬字裏面的。小姐，你另請高明罷。”說也奇怪，在十七世紀，偏有個名叫約翰·韋伯(John Webb)的英國人，花了不少心思和氣力，要證實中文是人類原始的語言。可是中文裏並没有亞當跟夏娃在天堂裏所講體己話的記録。

中國文學跟英美人好像有上天注定的姻緣，祇就詩歌而論，這句話更可以成立。假使我的考據没有錯，西洋文學批評裏最早的中國詩討論，見於一五八九年出版的潑德能(George Puttenham)所撰《詩學》(*Arte of Poesie*)。潑德能在當時英國文壇頗負聲望，他從一個到過遠東的意大利朋友那裏知道中國詩押韻，篇幅簡短，並且可安排成種種圖案形。他還譯了兩首中國的寶塔形詩作例，每句添一字的寶塔形在譯文裏也保持着——這不能不算是奇跡。在現代呢，貴國的龐特(Ezra Pound)先生大膽地把翻譯和創作融貫，根據中國詩的藍本來寫他自己的篇什，例如他的《契丹集》(*Cathay*)。更妙的是，第一首譯成中文的西洋近代詩是首美國詩——朗法羅的《人生之歌》(*A Psalm of Life*)。這當然不是西洋詩的好樣品，可是最高尚的人物和東西是不容易出口的，有朗法羅那樣，已經算够體面了。這首《人生之歌》先由英國公使威妥瑪譯爲中國散文，然後由中國尚書董恂據每章寫成七絶一首，兩種譯本在《蕉軒隨録》第十二卷裏就看得見。所以遠在ABC國家軍事同盟之前，文藝女神早藉一首小詩把中國人、美國人、英國人聯絡在一起了。

什麽是中國詩的一般印象呢？發這個問題的人一定是位外國讀者，或者是位能欣賞外國詩的中國讀者。一個祇讀中國詩的人決不會發生這個問題。他能辨别，他不能這樣籠罩地概括。他要把每個詩人的特殊、個獨的美一一分辨出來。具有文學良心和鑒别力的人像嚴正的科學家一樣，避免泛論、概論這類高帽子空頭大話。他會牢記詩人勃萊克(Blake)的快語："作概論就是傻瓜"(To generalise is to be an idiot)。假如一位祇會欣賞本國詩的人要作概論，他至多就本國詩本身分成宗派或時期而説明彼此的特點。他不能對整個本國詩遠瞰，因爲他没法“超其像外，得於環中”，有居高臨遠的觀點(Pisgah view)。因此，説起中國詩的一般印象，意中就有外國人和外國詩在。這立場是比較文學的。

據有幾個文學史家的意見，詩的發展是先有史詩，次有戲劇詩，最後有抒情詩。中國詩可不然。中國没有史詩，中國人缺乏伏爾泰所謂“史詩頭腦”(tête épique)，中國最好的戲劇詩，産生遠在最完美的抒情詩以後。純粹的抒情，詩的精髓和峯極，在中國詩裏出現得異常之早。所以，中國詩是早熟的。早熟的代價是早衰。中國詩一蹴而至崇高的境界，以後就缺乏變化，而且逐漸腐化。這種現象在中國文化裏數見不鮮。譬如中國繪畫裏。客觀寫真的技術還未發達，而早已有“印象派”、“後印象派”那種“純粹畫”的作風；中國的邏輯極爲簡陋，而辯證法的周到，足使黑智爾羨妒。中國人的心地裏，没有地心吸力那會事，一跳就高升上去。梵文的《百譬喻經》説一個印度愚人要住三層樓而不許匠人造底下兩層，中國的藝術和思想體構，往往是飄飄凌雲的空中樓閣，這因爲中國人聰明，流毒無窮地聰明。

貴國愛倫·坡(Poe)主張詩的篇幅愈短愈妙，“長詩”這個名稱壓根兒是自相矛盾，最長的詩不能需要半點鐘以上的閱覽。他不懂中文，太可惜了。中國詩是文藝欣賞裏的閃電戰，平均不過二三分鐘。比了西洋的中篇詩，中國長詩也衹是聲韻裏面的輕燕剪掠(short swallow flights of song)。當然，一篇詩裏不許一字兩次押韻的禁律限止了中國詩的篇幅。可是，假如鞋子形成了脚，脚也形成了鞋子；詩體也許正是詩心的産物，適配詩心的需要。比着西洋的詩人，中國詩人衹能算是櫻桃核跟二寸象牙方塊的雕刻者。不過，簡短的詩可以有悠遠的意味，收縮並不妨礙延長，彷彿我們要看得遠些，每把眉眼颦蹙。外國的短詩貴乎尖刻斬截(epigrammatic point)。中國詩人要使你從“易盡”裏望見了“無垠”(make the infinitesimal a window on the infinite)。

一位中國詩人説：“言有盡而意無窮”；另一位詩人説：“狀難寫之景，如在目前；含不盡之意，見於言外”，用最精細確定的形式來逗出不可名言、難於湊泊的境界，恰符合魏爾蘭(Verlaine)論詩的條件：

> 那灰色的歌曲，
> 空泛聯接着確切。

這就是一般西洋讀者所認爲中國詩的特徵：富於暗示。我願意換個説法，説這是一種懷孕的靜默。説出來的話比不上不説出來的話，衹影射着説不出來的話。濟慈（Keats）名句所謂：

> 聽得見的音樂真美，但那聽不見的更美。

我們的詩人也説：“此時無聲勝有聲”，又説：“解識無聲弦指妙。”有時候，他引誘你到語言文字的窮邊極際，下面是深秘的靜默：“此中有真意，欲辯已忘言”，“淡然離言説，悟悦心自足”。有時他不了了之，引得你遥思遠悵：“美人捲珠簾，深坐颦蛾眉；但見淚痕濕，不知心恨誰”；“松下問童子，言師採藥去，衹在此山中，雲深不知處”。這“不知”得多撩人！中國詩用疑問語氣做結束的，比我所知道的西洋任何一國詩來得多，這是極耐尋味的事實。試舉一個很普通的例子。西洋中世紀拉丁詩裏有個“何處是”（ubi sunt）的公式，來慨歎死亡的不饒恕人。英、法、德、意、俄、捷克各國詩都利用過這個公式，而最妙的，莫如維榮（Villon）的《古美人歌》（*Ballade des Dames du Jadis*）：每一節先問何處是西洋的西施、南威或王昭君、楊貴妃，然後結句道：

可是何處是去年的雪呢?

巧得很，中國詩裏這個公式的應用最多，例如：“壯士皆死盡，餘人安在哉”；“閣中帝子今何在，檻外長江空自流”；“今年花落顏色改，明年花開人誰在”；“同來玩月人何在，風景依稀似去年”；“春去也，人何處；人去也，春何處”。莎士比亞的《第十二夜》（*Twelfth Night*）裏的公爵也許要説：

够了，不再有了。
就是有也不像從前那樣美了。

中國詩人呢，他們都像拜倫《哀希臘》般的問：

他們在何處? 你在何處?

問而不答，以問爲答，給你一個迴腸盪氣的没有下落，吞言咽理的没有下文。餘下的，像韓立德(Hamlet)臨死所説，餘下的衹是靜默——深摯於涕淚和歎息的靜默。

因此，新式西洋標點往往不適合我們的舊詩詞。標點增加文句的清楚，可是也會使流動的變成凍凝，連貫的變成破碎，一個複雜錯綜的心理表現每爲標點所逼，戴上簡單的面具，標點所能給予詩文的清楚常是一種卑鄙貧薄的清楚(beleidigende Klarheit)，妨礙着霍夫孟許戴兒(Hofmannsthal)所謂：

背景烘襯的大藝術，跟燭影暗摇的神秘。

它會給予朦朧萌拆的一團以矯揉造作的肯定和鮮明，剥奪了讀者們玩索想像的奢侈。所以近代西洋作者像喬哀斯(Joyce)和克敏斯(Cummings)都在詩文裏放棄傳統標點。我們自己寫作時，也每躊躇於"?"號和"!"之間，結果衹好兩用："?!"。白拉姆(Aleanterre Brahm)還提議在感嘆疑問之外，添個正言若反的微詞婉諷號："⸮"，標點中國詩的人每覺得"!"號、"?"號和"——"號該混合在一起用，否則達不出這混沌含融的心理格式(Gestalt)。譬如："流水落花春去也，天上人間"；這結句可以有三個解釋，三種點法，而事實上這三個意義融而未明地同時存在於讀者意識裏，成爲一種星雲狀態似的美感。

西洋讀者也覺得中國詩筆力輕淡，詞氣安和。我們也有厚重的詩，給情感、思想和典故壓得腰彎背斷。可是中國詩的"比重"確低於西洋詩；好比蛛絲網之於鋼絲網。西洋詩的音調像樂隊合奏(Orchestral)，而中國詩的音調比較單薄，衹像吹着蘆管。

這跟語言的本質有關，例如法國詩調就比不上英國和德國詩調的雄厚，而英國和德國詩調比了拉丁詩調的沉重，又見得輕了。何況中國古詩人對於叫囂和吶喊素來視爲低品的。我們最豪放的狂歌比了你們的還是斯文；中國詩人狂得不過有凌風出塵的仙意(airy-fairy)，我造過 aeromantic 一個英文字來指示這種心理。你們的詩人狂起來可了不得！有拔木轉石的獸力(brute force)和驚天動地的神威(divine rage)，中國詩絶不是貴國威德門(Whitman)所謂"野蠻犬吠"，而是文明人話，並且是談話，不是演講，像良心的聲音又靜又細——但有良心的人全聽得見，除非耳朵太聽慣了麥克風和無綫電或者——

我有意對中國詩的内容忽而不講。中國詩跟西洋詩在内容上無甚差異；中國社交詩(vers d' occasion)特别多，宗教詩幾乎没有，如是而已。譬如田園詩——不是浪漫主義神秘地戀愛自然，而是古典主義的逍遥林下——有人認爲是中國詩的特色。不過自從羅馬霍瑞斯(Horace)《諷訓集》(*Sermones*)卷二第六首以後，跟中國田園詩同一型式的作品，在西洋詩卓然自成風會。又如下面兩節詩是公認爲洋溢着中國特具的情調的："采菊東籬下，悠然見南山，山氣日夕佳，飛鳥相與還"；"衆鳥高飛盡，孤雲獨去閑，相看兩不厭，衹有敬亭山"。我試舉兩首極普通的外國詩來比，第一是格雷(Gray)《墓地哀歌》的首節：

晚鐘送終了這一天，
牛羊咻咻然徐度原野，
農夫倦步長道回家。

僅餘我與暮色平分此世界；

第二是歌德的《有喻》(*Ein Gleiches*)：

微風收木末，
群動息山頭。
鳥眠靜不噪，
我亦欲歸休。

口吻情景和陶淵明、李太白相似得令人驚訝。中西詩不但內容常相同，並且作風也往往暗合。斯屈萊契(Lytton Strachey)就說中國詩的安靜使他聯想起魏爾蘭的作風。我在別處也曾詳細說明貴國愛倫·坡的詩法所產生的純粹詩(poesie pure)，我們詩裏幾千年前早有了。

所以，你們瞧，中國詩並没有特特別別"中國"的地方。中國詩祇是詩，它該是詩，比它是"中國的"更重要。好比一個人，不管他是中國人、美國人、英國人，總是人。有種鬈毛凹鼻子的哈吧狗兒，你們叫它"北京狗"(Pekinese)，我們叫它"西洋狗"，《紅樓夢》的"西洋花點子哈吧狗兒"。這隻在西洋就充中國而在中國又算西洋的小畜生，該磨快牙齒，咬那些談中西本位文化的人。每逢這類人講到中國文藝或思想的特色等等，我們不可輕信，好比我們不上"本店十大特色"那種商業廣告的當一樣。中國詩裏有所謂"西洋的"品質，西洋詩裏也有所謂"中國的"成分。在我們這兒是零碎的、薄弱的，到你們那兒發展得明朗圓滿。反過來也是一樣。因此，讀外國詩每有種他鄉忽遇故知的喜悦，會領導你回到本國詩。這事了不足奇。希臘神秘哲學家早説，人生不過是家居，出門，回家。我們一切情感、理智和意志上的追求或企圖，不過是靈魂的思家病，想找着一個人，一件事物，一處地位，容許我們的身心在這茫茫漠漠的世界裏有個安頓歸宿，彷佛病人上了牀，浪蕩子回到家。出門旅行，目的還是要回家，否則不必牢記着旅途的印象。研究我們的詩準使諸位對本國的詩有更高的領會，正像諸位在中國的小住能增加諸位對本國的愛戀，覺得甜蜜的家鄉因遠征而添了甜蜜。

附識：關於“無聲勝有聲”那個境界，陳西禾先生《瑪婷》的序文裏説得甚妙。關於標點，我曾問過校點唐人詩集極精審的鄭西諦先生，他也説確有此感。

（原載《大公報》一九四五年十二月二十六、二十七日）

雜　言

——關於著作的

作品遭人毀駡，我們常能置之不理，說人家誤解了我們或根本不了解我們；作品有人讚美，我們無不欣然引爲知音。但是讚美很可能跟毀駡一樣的盲目，而且往往對作家心理上的影響更壞。因爲讚美是無形中的賄賂，沒有白受的道理；我們要保持這種不該受的讚美，要常博得這些人的雖不中肯而頗中聽的讚美，便不知不覺中遷就迎合，逐漸損失了思想和創作的自主權。有自尊心的人應當對不虞之譽跟求全之毀同樣的不屑理會——不過人的虛榮心(vanity)總勝於他的驕傲(pride)。

在斯賓諾沙(Spinoza)的哲學裏，“心”跟“物”(matter)是分得清清楚楚的；他給“物”的定義是：祇有面積體積(extension)而絶無思想(thought)。許多言之有物的偉大讀物都證明了這個定義的正確。

“先把論文哄過自己的先生，然後把講義哄過自己的學生。”這是我在一部小說裏所說的教授。我的老同學和同事們把這個頑笑當了真，紛紛責難，甚至說：“你們學文學的人也許如此，至於我們學歷史、考古、社會學、經濟等等的人，那都是貨真價實，老少無欺，一點兒不含糊的。”我也覺得那句話太過火，需要修正。“先把圖書館的參考書放入自己寫的書裏，然後把自己寫的書列入圖書館的參考書裏”，這樣描寫學術的輪迴，也許妥當些。

任何大作家的作品，決不能每一部都好，總有些優劣不齊。這當然是句老生常談，但好像一切老生常談無人把它掛在心上。我們爲某一種作品寫得好因而愛好它的作者，這是人之常情。不過，愛上了作者以後，我們每每對他起了偏袒，推愛及於他的全部作品，一鼓腦兒都認爲聖經寶典，催眠得自己喪失了辨别力，甚且不許旁人有選擇權。對莎士比亞的 bardolatry 就是個例。這可以算“專家”的職業病(occupational disease)，彷彿畫師的肚子痛(painter’s colic)和女傭的膝蓋腫脹(housemaid’s knee)；專門研究某一家作品或某一時期作品的人，常有這種不分皂白的溺愛。專家有從一而終的貞節，死心塌地的忠實，更如俾士麥所謂，崇拜和傾倒的肌肉特别發達，但是他們説不上文藝鑒賞，正像沙龍的女主人愛好的是藝術家，不是藝術，或影劇迷看中了明星，並非對劇藝真有興趣。

“文如其人”(le style，c’est l’homme)，這話靠不住。許多人作起文來——尤其是政論或硬性的學術文字——一定要裝點些文藝辭藻，扭揑出文藝姿態，説不盡的搔首弄姿。他們以爲這樣才算是“文”。“文如其女人”(le style，c’est la femme)，似乎更切些；祇希望女人千萬别像這種文章。

（原載《觀察》週刊第四卷第二期，
一九四八年三月六日）

意中文學的互相照明：一個大題目，幾個小例子[①]

我是研究中國古典文學的，對意大利文學衹有極生疏的一點兒認識。這篇論文衹是一個來客向博學主人的致敬，並表示我對增進意中文化交流的熱烈希望。這個大會的主題是現代中國；這篇論文講的不是現代中國，然而它也許不失爲現代中國文化動態的一個方面的小小示例，表明我們對世界文學有廣泛而濃厚的興趣，對中國和西方（包括意大利的）經典正在加深研究。一位近代意大利哲學家有句名言："在真實意義上，一切歷史都是現代史"[②]。文學經典誠然是古代的，這種興趣和研究卻是現代的，是今天中國文化活動的一個現象。

你們的大批評家德·桑克諦斯在《十九世紀意大利文學》裏不留情面地把意中兩國相提並論："意大利不能像中國那樣和歐洲隔絶"[③]。你們有句表達今非昔比的諺語説："好些河水已經

① 在歐洲研究中國學會第二六次會議上演講的中译稿。——本書編者註

② 克羅采(B. Croce)自選集《哲學·詩學·史學》四四四頁。

③ 羅所（I. Rosso）輯《意大利作家論》第二册一五四頁。

流過橋下了”，我也不妨説，北京附近那個世界闻名的古跡盧溝橋（即西方所稱馬可波羅橋）下也流過好多水了。意大利和中國也不彼此隔絶了，意大利學者對中國研究做出了很多有意義的貢獻，而我們對你們的思想和文藝也正逐漸增添認識。儘管馬可波羅本人對中國的哲學、語文等“黯淡地缺乏興趣”，讓那座以他爲名的橋樑作爲咱們兩國古老而又保持青春的文化長遠交通的象徵罷！

研究外國文學時，我們感受到各種情感。“似曾相識的驚喜”是其中之一。在和本國素無交往的一個外國的文學裏，我們往往意外地看到和本國文學在技巧上、題材上、理論上的高度類似，彷彿他鄉忽遇故知。德·桑克諦斯分析詩歌欣賞，説常有一個“這是舊相識！”的感覺①，這在情調上是相近的。這種類似提供了研究的問題：是由於共同的歷史來源呢，還是出於典型的心理活動呢？無論如何，這些有趣的類似豐富了我們的文學經驗，促進了我們對文學的理解。本世紀初一位德國學者有一部影響頗大的著作，名叫《藝術的互相照明》②。正如兩門藝術——像詩歌和繪畫——可以各放光明，交相輝映，兩國文學——像意大利和中國的——也可以互相照明，而上面所説的類似，至少算得互相照明裏的幾支小蠟燭。

舉一個文字上的例。馬基雅未利的一個基本概念是所謂

---

① 羅所編德·桑克諦斯《批評論文集》第二册四六頁。

② 華爾澤爾(Oskar Walzel)著，一九一七年出版，原名 *Wechselseitige Erhellung des Künste*。

“命運與人力的對照”①。先秦大思想家、名學家墨子和晉代僞託的列子都把“力”或“强”和“命”作爲對立的東西（《墨子·非命篇》、《列子·力命篇》）。大家知道，馬基雅未利用來和“運命”相對的那個字“virtù”是不能照字面譯的，例如直譯爲英語的“virtue”，那就是“道德”的意義而不是“强力”的意義了。但是我們的墨子和列子在這個問題上的用語“强”和“力”，爲“virtù”提供了天造地設的貼切譯名。再舉一個藝術理論上的例，你們的一位美術史家也早注意到②，達芬奇對學畫者的指示是傳誦的：“假如你要畫什麼景物，你先注視痕跡縱橫的牆壁和顔色斑駁的石塊，就會悟出各色各樣的形象來”③。北宋初大畫家宋迪對學生有同樣的訓誨：“汝畫信工，但少天趣。汝當求一敗牆，張絹素訖，倚之敗牆之上，朝夕觀之。觀之既久，隔素見敗牆之上，高平曲折，皆成山水之象，心存目想。”（沈括《夢溪筆談》卷十七）中國宋代畫風和意大利文藝復興畫風完全不同；風格上完全不同的藝術成品淵源於心理上幾乎完全相同的創作啓發過程，這對抽象地探討文藝理論的人是有教益的。

你們十九世紀大詩人卡度契曾經譴責佛羅倫薩人，説他們“瑣碎細小，所見不大，簡直是意大利的中國人”④。我甘願分擔這個譴責，再舉兩個小故事來説明我的題目。

---

① 龐芳諦諾（M. Bonfantino）編注《馬基雅未利集》八〇—八二，二九七—二九九，三〇二—三〇三，三四四頁。

② 彼得羅齊（R. Petrucci）《遠東美術裏的自然哲學》一一七頁。

③ 李許德（I. A. Richter）《達芬奇隨筆選録》一八二頁。

④ 普拉茨（M. Praz）《美與怪》二三頁引。

從中世紀流傳下來的一個故事有幾種大同小異的“版本”，以鮑卡丘傑作《十日談》第四日《入話》裏那個“版本”爲衆所周知。一個人的老婆死了，他就帶着幼兒隱居山野，與世隔絶。兒子長大到十八歲，跟父親首次出山進城；一路上牛呀、馬呀、房屋呀，他都見所未見，向父親問個没了。忽然碰上一個漂亮姑娘，那孩子忙問是什麽東西，父親説：“孩子呀！快低下頭别看！這些是壞東西，名叫‘傻鵝’。”晚上回家，父親詢問兒子出門一趟的印象，兒子對什麽也不感興趣，祇説：“爸呀！我求您找一隻傻鵝給我。”[①] 法國早期漢學家安卜·于阿爾首向歐洲介紹的十八世紀中國詩人袁枚講了一個故事：“五臺山某禪師收一沙彌，年甫三歲，從不一下山。後十餘年，禪師同弟子下山。沙彌見牛馬雞犬，皆不識也。師因指而告之曰：‘此牛也……馬也……雞犬也’，沙彌唯唯。少頃，一少年女子走過，沙彌驚問：‘此又是何物?’師……正色告之曰：‘此名老虎，人近之者必遭咬死。……’晚間上山，師問：‘汝今日在山下所見之物，可有心上思想他的否?’曰：‘一切物我都不想，祇想那吃人的老虎。’”（《續新齊諧》卷二；相似故事見《聊齋志異》會校、會註、會評本卷七《青梅》評）這個被稱爲“世界上第二個最古老的故事”[②] 在中國出現得那麽晚，頗值得考究。這個故事也可以作爲文評家常常遭逢的窘境的寓言，就是克羅采嘲笑吕奈諦埃承認的窘境[③]：對

① 《十日談》歐伯利（Hoepli）《經典叢書》本二四五—二四六頁。

② 華德爾（H. Waddell）《流浪學者》二一〇頁。

③ 克羅采《詩學》三〇八—三〇九頁。

一個作品情感上覺得喜愛而理智上知道應當貶斥。

後漢末散文家孔融是個奇童。他十歲（至多九歲，按照西方對年齡的計算方法）時請見河南尹李膺，對答如流，客座“莫不歎息。太中大夫陳煒後至，坐中以告煒，煒曰：‘夫人小而聰了，大未必奇。’融應聲曰：‘觀君所言，將不早慧乎？’”（《後漢書·鄭孔荀列傳》；一見《世説·言語》，作：“小時了了，大未必佳，想君小時，必當了了。”）千百年來這個故事在中國已成爲諺語。文藝復興時包其奧的名著《詼諧録》裏有一則。教皇駕臨佛羅倫薩，一個十歲的小孩子晉見，談吐文雅，一位紅衣大主教在場，就說：“像這樣聰明的小孩子愈長大就愈不聰明，到老年就變成十足的笨蛋！”那小孩子泰然自若，説：“您老人家當年準是個絶頂聰明的孩子。”① 追隨鮑卡丘的薩凱諦的《三百新事》，第六七則也記載一個人和小孩子鬥嘴輸了，要爲自己爭回些面子，就說：“没有一個聰明孩子長大了不是傻瓜的。”那小孩子接口說：“天哪！你先生小時候不用説是聰明的了。”② 這幾個意大利故事和中國故事彼此相像得彷彿是孿生子。也許因爲存在着一個我們尚未發現的彼此通流的渠道，更可能是“同樣的挑釁，同樣的反應”。

這類例子一定很多，都等待發現，需要解釋。它們很值得研究，都多多少少有助於意中文學家的“互相照明”。我相信這種照明絶不至於像你們的俏皮諺語所謂：“傻和尚點燈，愈多愈

① 斯貝隆尼（C. Speroni）《文藝復興時代意大利的風趣和智慧》五〇頁。

② 薩凱諦《三百新事》，李凑列（Rizzoli）《經典叢書》本二二二頁。

不明。”（la illuninazione di Prete Cuio/Che con di moltilumi facea buio）

一九七八年九月五日，意大利奧蒂賽依

古典文學研究在現代中國

我是中國古典文學的研究者。假如我説現代中國文化生活的一個重要方面就是對本國古典文學的興趣，也許並非出於我職業偏見的誇大之詞。前些時候，外國駐北京的記者報道書店前排着長隊購買新編《唐詩選》的情形，正是一個生動的例證；據説這些排隊的顧客同時購買重印的莎士比亞譯本，這表示我們的興趣還包括外國的古典文學。近代一位意大利哲學家有句名言："在真正的意義上，一切歷史都是現代史。"古典誠然是過去的東西，但是我們的興趣和研究是現代的，不但承認過去東西的存在並且認識到過去東西裏的現實意義。

我不準備向你們點名報賬歷舉一些學者的姓名和學術著作的標題。時間和場合都不容許我那樣做。我衹能簡單地講個大略。大略必然意味着忽略；一個徒步旅行者能看到花木、溪山、人物、房屋等等，坐在飛機裏的人不得不放棄這些眼福，他衹希望大體上對地貌没有看錯，就算好了。在現代中國，文學研究的主要傾向是應用馬克思主義來分析、評價個別作家、作品和探討總體文學史的發展。當然主要的傾向不等於惟一的傾向；非馬克思主義的、傳統方式的文學研究同時存在；形式主義的分析、印象主義的欣賞、有關作者和作品的純粹考訂等都繼續產生成果，但是都沒有代表性。馬克思主義的應用，發生了深刻的變革，我衹講我認爲最可注意的兩點。

第一點是“對實證主義的造反”，請容許我藉西方文評史家的用語來說。大家知道威來克的那篇文章《近來歐洲的文學研究中對實證主義的造反》；他講第一次世界大戰以後，歐洲的文學研究被實證主義所統治，所謂“實證主義”就是繁瑣無謂的考據、盲目的材料崇拜。在解放前的中國，清代“樸學”的尚未削減的權威，配合了新從歐美進口的這種實證主義的聲勢，本地傳統和外來風氣一見如故，相得益彰，使文學研究和考據幾乎成爲同義名詞，使考據和“科學方法”幾乎成爲同義名詞。

那時候，衹有對作者事跡、作品版本的考訂，以及通過考訂對作品本事的索隱，才算是嚴肅的“科學的”文學研究。一切文學批評衹是“詞章之學”，說不上“研究”的。一九五四年關於《紅樓夢研究》的大辯論的一個作用，就是對過去古典文學研究裏的實證主義的宣戰。反對實證主義並非否定事實和證據，反對“考據癖”並非否定考據，正如你們的成語所說：歪用不能消除正用。文學研究是一門嚴密的學問，在掌握資料時需要精細的考據，但是這種考據不是文學研究的最終目標，不能讓它喧賓奪主、代替對作家和作品的闡明、分析和評價。

經過那次大辯論後，考據在文學研究裏佔有了它應得的位置，自覺的、有思想性的考據逐漸增加，而自我放任的無關宏旨的考據逐漸減少。譬如解放前有位大學者在討論白居易《長恨歌》時，花費博學和細心來解答“楊貴妃入宮時是否處女?”的問題——一個比“濟慈喝什麽稀飯?”、“普希金抽不抽煙?”等西方研究的話柄更無謂的問題。今天很難設想這一類問題的解答再會被認爲是嚴肅的文學研究。

現在中國古典文學研究裏的考據並不減退嚴謹性，祇是增添了思想性。可以説不但在專門研究裏，而且在一般閲讀裏，對資料準確性的重視，達到了空前的高度。

有一個很現成的例證。古典小説和戲劇的通俗版本，不論是《西遊記》、《牡丹亭》或《官場現形記》，都經過校勘，甚至附有註解；對大衆讀物的普及本這樣鄭重看待，是中國出版史上没有先例的。又如最近出版的《二十四史》——其中至少有六、七種可説是敍事文學的大經典——也是校勘學的巨大成就，從此我們的“正史”有較可信賴的本子了。

第二點是：中國古典文學研究者認真研究理論。在過去，中國的西洋文學研究者都還多少研究一些一般性的文學理論和藝術原理，研究中國文學的人幾乎是什麽理論都不管的。他們或忙於尋章摘句的評點，或從事追究來歷、典故的箋註，再不然就去搜羅軼事掌故，態度最“科學”的是埋頭在上述的實證主義的考據裏，他們不覺得有文藝理論的需要。雖然他們没有像貝爾凱説：“讓詩學理論那一派胡言見鬼去罷!”或像格立爾巴澤説：“願魔鬼把一切理論拿走!”他們至少以爲讓研究西洋文學的人去講什麽玄虚抽象的理論罷。就是研究中國文學批評史的人，也無可諱言，偏重資料的搜討，而把理論的分析和批判放在次要地位。應用馬克思主義來研究中國古典文學就改變了解放前這種

“可憐的、缺乏思想的”狀態。要寫文學史，必然要研究社會發展史；要談小説、戲曲裏的人物，必然要研究典型論；要講文學和真實的關係，必然要研究反映論；其他像作者動機和作品效果——德·桑克蒂斯强調的“意圖世界”和“成果世界”——的矛盾、作品形式和作品内容的矛盾，都是過去評點家、箋註家、考據家可以置之不理或避而不談的。現代的古典文學研究者認識到躲避這些問題，就是放棄文學研究的職責，都得通過普遍理論和具體情況的結合來試圖解答。

這些問題都曾引起廣泛的討論。古典文學研究者還從馬克思主義文藝理論的研究推廣到其它文藝理論的探討，例如最近關於“想像”或通過俄語譯自法、德語的“形象思維”是否和中國上古文評所謂“比興”拍合的討論，使中國古典文學研究者接觸到大思想家維柯《新科學》裏“概念而出以想像”的名論。對一般文藝理論的興趣也推動了對中國古典文評的重新研究。上海幾位學者正在編一部很廣博的《文論選》，將成爲中國文評的重要資料彙編。

總的説來，我們的古典文學研究的成績還是很不够的。我們還没有編寫出一部比較詳備的大型《中國文學史》；我們還没有編校出許多重要詩文集的新版本；許多作家有分量的傳記和評釋亟待産生；作家、作品、文學史上各種問題的文獻目録和彙編都很欠缺；總集添了相當精詳的《全宋詞》，《全唐詩》正在校訂中，但是《全上古三代兩漢三國六朝文》和《全唐文》的增删工作，似乎尚未着手。我們中國古典文學研究者面臨諸如此類的艱鉅任務。我們還得承認一個缺點：我們對外國學者研究中國文學的重要論著幾乎一無所知；這種無知是不可原諒的，而在最近的過去幾年裏它也許是不可避免的，虧得它並非不可克服的。大批評家德·桑克蒂斯在《十九世紀意大利文學》裏，曾不客氣地把意大利和中國結合在一起："意大利不能像中國那樣和歐洲隔絕。"今非昔比，"好些河水已經流過橋下了"；我也不妨說，北京附近那樣世界聞名的古跡、盧溝橋即西方所稱馬哥波羅橋下，也流過好多水了。中國和意大利、和歐洲也不再隔絕了。儘管馬哥波羅本人對文學、哲學等人文科學"黯淡地缺乏興趣"，讓那座以他爲名的橋樑作爲歐中文化長遠交通的象徵罷！

美國學者對於中國文學的研究簡況

在這次訪問中，美方照顧我的專業（中國古典文學）和“餘興”（比較文學），安排了同行的對話和座談。和各大學裏比較文學研究者都是個別會晤，可以從容談論。和中國文學研究者的會面常是一夥人把我圍住，大多是青年教師和研究生（有美國人、美籍華裔，還有香港和臺灣來美留學或任教的人），不等我開口，就提出有關我的幾種舊作的問題，七張八嘴，使我應付得頭暈腦漲，回答得舌敝唇焦。因此我很少有機會向他們瞭解美國學者研究中國文學的動向；儘管那樣，我還知道了一些情況。

老輩的美國“漢學”家多數能閱讀文言，但是不擅口語。後起五十歲以下的“漢學”家，多數能講相當好的“官話”或“普通話”，而對文言文感到困難。所以，當前研究中國古典文學的學者也偏重在古典文學裏的白話作品，例如宋、元以來的小說和戲劇。接觸到的傑出美國學者裏像哈佛大學的 Patrick Hannan 是研究話本和《金瓶梅》的，普林斯頓大學的 Andrew Plaks（四十二、三歲，公推爲同輩中最卓越的學者，祖籍南斯拉夫，通十四、五國語文）是研究《紅樓夢》的，芝加哥大學的 David

Roy（去冬來華相訪，這次外出未晤，但留下給我的信和著作）是研究張竹坡、金聖歎等對《金瓶梅》、《水滸傳》的評點的。像哈佛大學 James Hightower 研究駢文和詞（他極佩服俞平伯先生的《讀詞偶記》）、耶魯大學 Stephen Owen 研究韓愈和孟郊詩（他對毛主席給陳毅同志信裏肯定了韓愈的詩，甚感興趣），已屬少數。研究的方法和態度也和過去不同；純粹考據當然還有人從事，但主要是文藝批評——把西方文評裏流行的方法應用在中國古典文學研究上。例如 Plaks 有名的《紅樓夢》研究是用法國文評裏“結構主義”（structuralism）（Levi-Strauss，R. Barthes 等的理論和實踐）來解釋《紅樓夢》的藝術。Owen 有名的韓孟詩研究是用俄國文評裏“形式主義”（formalism）（Victor Shklovsky 派的著作六十年代開始譯成法文和英文，也聽說在蘇聯復活）來分析風格。這種努力不論成功或失敗，都值得注意；它表示中國文學研究已不復是閉關自守的“漢學”，而是和美國對世界文學的普遍研究通了氣，發生了聯繫，中國文學作品也不僅是專家的研究對象，而逐漸可以和荷馬、但丁、莎士比亞、歌德、巴爾扎克、托爾斯泰等作品成爲一般人的文化修養了。一位西德學者（Manon Marien-Grisebach）曾把當代文學研究的方法分爲六派：實證主義或考據派、思想史派、現象學派、存在主義派、形態學派、馬克思主義或社會學派；兩位意大利學者（Maria Corti，Cesare Segre）曾把它分爲七派：社會學派、象徵主義派、心理分析學派、風格學派、形式主義派、結構主義派、表意學派。看來這些流行的西方文評方法還沒有完全應用在中國古典文學研究裏，但也很可能都已應用，衹是我聞見有限，不知其詳。

在華裔學者裏，研究中國古代小說的哥倫比亞大學教授夏志清、研究中國古代文藝理論的斯坦福大學教授劉若愚（外文所劉若端之弟）、譯註《西遊記》的芝加哥大學教授余國藩（廣東籍，長大在臺灣，三十餘歲，並通希臘文；表示欲回祖國，但他父親是蔣經國手下軍官，對他哭道："你一走，我就没有老命了！"），都是公認爲有特殊成就的。一般學者們對《金瓶梅》似乎比《紅樓夢》更有興趣，在哈佛的工作午餐會上，一個美國女講師說："假如你們把《金瓶梅》當作'淫書'（porn），那麽我們現代小說十之八九都會遭到你們的怒目而視（frown upon）了！"——這句話無意中也表達了美國以及整個西方的社會風尚。我聯想起去秋訪問意大利拿坡里大學，一位講授中國文學的青年女教師告訴我，她選的教材是《金瓶梅》裏的章節。一般學者對宋元以來小說戲劇有興趣，他們在我的同事裏，對孫楷第先生也就比對俞平伯先生有興趣，例如 Hannan 就希望自己訪華時，能和孫先生一見。

我這次晤見了美國有名的三位比較文學家，耶魯的 Lowry Nelson Jr.、哈佛的 Harry Levin 和 Claudio Guillén。以五卷本巨著《近代批評史》聞名世界的耶魯退休教授 R. Wellek 恰恰旅行他往，否則也會晤面的。其他像密歇根大學比較文學系主任 Charles Witke 自說是爲江青寫傳記的那個"討厭女人"（that odious woman）的前夫，取的中國名字是"魏大可"，特來相見。我讀過 Nelson Jr.，Levin，Guillén 三位的著作，談得很投機，我們都認爲：比較文學有助於瞭解本國文學；各國文學在發展上、藝術上都有特色和共性，即異而求同，因同而見異，可以使文藝學具有科學的普遍性；一個偏僻小國的文學也常有助於解決文學史上的大問題，例如半世紀來西方關於荷馬史詩的看法是從美國學者 Milman Parry 研究南斯拉夫民歌得來的，中國豐富偉大的文學更是比較文學尚待開發的寶藏。我向他們稱述了胡喬木同志《關於文藝理論研究問題》裏有關中國散文、詩和“歐洲的散文”、“各國的詩”比較那一節話；引了懂得中文的法國著名比較文學家 R. Étiemble 在一九六三年一部著作裏所說：“没讀過《西遊記》，正像没讀過托爾斯泰或陀思妥耶夫斯基一樣，卻去講小說理論，可算是大膽。”他們都說：中文是個很難掌握的語言，外國“漢學”家學會了中文，常常没有餘力來研究自己本國的文學；中國人有語言天才，因此，把比較文學的領域擴大及於中國文學，主要是中國學者的任務，别國人不能勝任。這也許是他們的客氣話，但不失爲對我們的正當要求，向我國的文學研究者提出了放寬視野和接觸面的問題。就是說，爲了更好地瞭解中國文學，我們也許該研究一點外國文學；同樣，爲了更好地瞭解外國文學，我們該研究一點中國文學。

我在美國各校訪問，還懷着本位主義的私心，想替我所（文學研究所）的中年、青年同人找一些去美研究的機會。經過瞭解，老年學者應聘“講學”，無須具有運用英語的能力，可以由美方搭配翻譯；“研究”人員在利用圖書資料（儘管是中文的資料）和日常討論時，都須有一定程度的英語知識，不會伴隨着助手的。美國學者很關心他們的著作是否爲我國學者所知道。我說：“英語在中國的本國文學研究者裏還未人喻家曉，翻譯也很費事。正像我們用生硬的英文寫出論文向西方傳達我們的學術成果，你們是‘漢學’家，何妨用中文把自己的見解寫出來，我想我們的學術刊物會樂於發表，聽説哲學所的一個刊物曾發表一位英國學者的來稿。”Plaks 説：“這才是真正的學術交流，我們的各種刊物也歡迎你們來稿。”Owen 説：“這是對我們‘漢學’家一個嚴峻的考驗，我們未必經受得起，但是我們不該畏避。”講起美國人學習中文問題，他們都説在香港和臺灣（所謂 Stanford Program）的學習效率比在北京的高，當然在北京除語言以外，還可以接觸到“真正的中國文化”。

最後，略講一下有關我自己的事，那是不可避免的，也是當前動向的一個微末部分。我去秋在歐洲，就知道我的四本解放前舊作在臺灣和香港流行着好幾種“盜印”本，但未看到，這次大家拿來請求簽名，都目覩了。還知道《圍城》原有臺灣翻印本，後來由於序文裏嘲笑蔣介石“還政於民”那句話，本文裏諷刺抗戰時期大學裏的訓導制，臺灣出版當局便禁止翻印。在文化革命時期，海外盛傳我已身故，並發表悼唁文字，臺灣就把《宋詩選註》盜印了兩版。四月二十三日我訪問哥倫比亞大學時，《美國之音》派記者張翔（後知爲哈佛大學教授張光直之弟）録音採訪，提出了四個書面問題，其中之三是：“以研究《圍城》作博士、碩士學位論文題目者不止一起，對此有何感想？”各大學座談會上所發的問題，性質相仿。還有詢問各書中人物是否有所影射；我是否續寫過或將寫小説；何以我的作品在海外盛行而在本國絶少人提起；《圍城》裏有些部分極像“憤怒的青年”所寫小説，我寫作遠在他們以前，他們也決不會看到我的東西，怎樣解釋這種巧合等等。在哈佛，有人給我看一本新出版的有關中國戲劇論文選，收了我二十四歲時所寫一篇英文文章，緊接着一個美國人近年駁我的文章，問我看到沒有，“有何感想?”在密歇根，有人給我看美國人所寫《比較文學新動向》的書，稱引了《談藝録》，問我看到沒有，“有何感想?”在洛杉磯，有人給我看臺灣一個姓葉的文章，貶斥《談藝録》爲“被捧得過高”，問我看到沒有，“有何感想?”諸如此類。《圍城》的第一個英譯本出於 Jeanne Kelly 和 Nathan Mao（第二個英譯本是 Dennis Hu 的，尚未完成），今秋將由印第安那大學出版社出版，該社社長派人到芝加哥和我接洽，並給我看譯本《引言》。我衹看了有關身世的部分，有些是不知哪裏來的“神話”，我删去或改正了。有個 Theodore Huters 正寫一本分析我的文藝創作的大書，特從加拿大到斯坦福來會我，要“核實”我的身世中幾個懸案（例如我是一九一〇還是一九一一年生的），我知道那些“神話”都是他辛辛苦苦到香港和臺灣訪問我舊日清華大學師友得來的。他説搜集到我在《清華校刊》上的投稿，清華畢業照相等——一切我記不起或者願意旁人忘記的東西，我回答説：“我佩服你的努力，但我一點不感謝。”他也把結構主義的方法運用在我的作品上。他還告訴我有個華裔學者（我没聽清名字，也没有追問）是研究我的“文言”作品的，除《談藝録》外，還從老輩的《詩話》和解放前刊物裏搜集了我的一些舊詩，正等待着《管錐編》的出版。哥倫比亞、哈佛、斯坦福、夏威夷大學的亞洲語文系都邀請我在最近的將來到那裏去“講學”，哈佛還提出明年“Lowell 詩學講座”（Lowell Professorship of Poetry）的建議，請我考慮，我自度不能勝任，都婉言辞謝了。

（原載《訪美觀感》，中國社會科學出版社，
一九七九年九月版）

粉碎“四人幫”以後中國的文學情況[①]

各位尊敬的教授、各位女士、各位先生：

前天上午，從東京動身到貴處來之前，纔知道今天要來獻醜一次。旅途之中，既没有工夫，也没有資料可以準備，不是“講”什麽“學”，因爲我既不會“講”，也没有“學”問，衹能算是一個超齡的老學生來應“口試”。理由很簡單，先生們出的題目是《粉碎“四人幫”以後中國的文學情況》，這是一個好題目，好題目應當産生好文章；但是這篇好文章應當由日本學者來寫。中國老話説：“旁觀者清，當局者迷”，又説“不識廬山真面目，只緣身在此山中”，西洋人説“A spectator sees more of the game”，貴國一定也有相似的話。而最能旁觀清楚，具有適當perspective（眼力）的，無過於日本研究中國文學的學者。貴國對於中國古代、近代、現代文化各方面的研究，是國際學術界所公共推崇的，掌握資料的廣博而且準確，對傾向和氣候的變化具

---

① 一九八〇年十一月，在日本愛知大學文學部的講演提綱。由當時擔任翻譯的荒川清秀提供，王水照整理。——本書編者註

有寒暑表甚至 radar（雷達）般的敏感。不要説我這樣一個孤陋不留心現狀的老學究，就是我同事裏專門注意動態和現狀的青年學者都是驚歎和佩服的。我個人還有一個很大的不利條件。我對日本語文是瞎子、聾子兼啞巴，因此今天全靠我這位新朋友荒川清秀先生來做我的救苦救難的天使。而諸位先生都是精通中國語文的，所以我對中國文學現狀的無知，諸位一目了然；而諸位對中國文學現狀的熟悉，我兩眼漆黑。用十九世紀英國大詩人兼批評家 S. T. Coleridge（柯勒律治）的話來説，各位有 knowledge of my ignorance，而我衹是有 ignorance of your knowledge，諸位對我的無所知有所知，而我對諸位的所知一無所知。所以我今天與其説是講中國文學現狀，不如説向諸位談談自己對文學現狀的一點個人的感想。

這三年來，一些西方學者和作家，有些在歐洲和美國碰到的，有些到北京來訪問我的，常常問我：“‘四人幫’統治時那種恐怖和黑暗，在中國是否永遠再不會出現?”(Will or will not such a state of affairs ever happen again?)這是天真的問題。“永遠”(ever)、“永遠不”(never)，這兩個表示最天真的心理狀態的詞，雖然在政治家或政客口頭上經常出現，但是在歷史學和政治學的科學詞彙裏是不收的，查不到的。同樣，那句老話“歷史重演”也不是精確的説法。“歷史”在科學意義上是不會“重演”的。用馬克思補充黑格爾的話説，第一次演的是悲劇，重演就變成笑劇；我也許可以説，有時候第一次演的笑劇，重演就變成悲劇。反正替中國史或是世界史算命，是專門學問，我没有這個能力；同樣，從中國文學的現狀推斷將來，我也没有算命先生或預言家的能力。這一點就算交代過了。

諸位知道，“四人幫”垮臺以後，中國人民創巨痛深，吐了一口氣，發出了一些聲音。不但對“四人幫”寫出控訴和暴露性的文學，而且對導致“四人幫”的一些歷史根源也提出了清算，引起了“傷痕文學”或“缺德文學”的爭論。去年這時候，舉行全國文代大會，我是參加的，在會上這個爭論還是很熱烈。所謂“傷痕文學”的作品，就藝術而講，也許成熟的不多，但是“物不得其平則鳴”，這正是極自然的現象。二十年來，大家看慣了歌頌現狀的正面——毋寧説是“正統”——作品，一旦看了這種諷刺咒駡現狀的“反面”作品，也自然覺得刺眼，説它“反常”，“離經叛道”。其實這倒是正常或經常的現象，從中國——甚至從西洋——的文學史來看，大作品的多數是包含或者表示對社會和人生的不滿的，而歌頌讚美現實的大作品在比例上較少。我們的司馬遷在講中國古代文學的兩大源泉《詩經》和《離騷》時就説：“發憤之所爲作也”。當代已故的瑞士博學家 Walter Muschg（瓦爾特・莫斯基）還寫了一大本書：*Tragische Literaturgeschichte*（《悲劇觀的文學史》），講許多大作家都是痛苦的、精神或肉體上有傷痕的人。“傷痕文學”的出現，表示中國文學創作在内容上開始解放，題材可以多樣化一點。同時，在形式或技巧方面，也突破“四人幫”垮臺以前那種“社會主義現實主義”而作出新的嘗試。譬如，現在作家最感興趣的東西就是“意識流”的小説(stream of consciousness)，有人也作出很粗糙甚至很幼稚的這類作品。這種“新嘗試”，在貴國看來，是要笑掉牙的。貴國對西方各種流派，感覺最敏捷、接受最早，Marcel

Proust（馬歇爾·普羅斯特）、Édouard Dujardin（愛多斯特·杜傑克林）、Dorothy Richardson（多蘿西·理查森）、Virginia Woolf（佛吉尼亞·伍爾夫）、James Joyce（詹姆斯·喬伊斯）等等，在貴國早已是老生常談，或過時古董了。我們作家現在的新鮮嘗試和大膽探索，從你們看來，也許就像Disraeli（迪斯瑞爾利）的一部小説裏提起的巴黎rue Rivoli一家舊貨鋪子的招牌：“古老的時新貨物。真不二價，可打折扣(nouveautés anciennes,prix fixe avec rabais)。”但是，一個落後的文化必然經過這種階段。“古老的時新貨物”而在中國能變成“時新的古老貨物”，這也就表示我們的文學在打破陳規，別尋路徑，作品可以花樣繁多起來。例如我們可以應用“百花齊放”的比喻，也不妨説，“百花齊放”可能意味兩種情況：一種百花齊放是這一百朵花都是一個顏色，衹有深淺不同，像杜甫詩所説：“可愛深紅映淺紅”，而另一種不是一種花開一百朵，而是一百種花，桃花紅、梨花白，“姹紫嫣紅開遍”。我們現在的文藝創作正是向後一種狀態發展。這是一種可喜的情形。

在文學研究方面，情況也相彷彿。中華人民共和國建立以來，文學研究有好幾次論戰。極重要的一次，就是敝同事俞平伯先生的《紅樓夢研究》引起來的。主要的是反對文學研究裏的繁瑣考證，用術語來講，是反對positivism（實證主義），而建立以唯物辯證法或馬克思主義爲指導的文學研究。實證主義並没有反掉，衹是退居次位，作爲文學研究裏助手或打雜的地位。用我們這幾年的術語來説，有關版本、作者生平、社會背景等等純粹知識方面的研究，都屬於“掌握資料”，根據這些資料，然後運用馬克思主義的觀點立場方法“進行分析”。理論上説來，這兩件事是不能分工的。康德所説理性概念没有感覺是空虛的，而感覺經驗没有理性概念是盲目的。但事實上，“掌握資料”的博學者，往往不熟悉馬克思主義的方法；而“進行分析”的文藝理論家往往對資料不够熟悉。無論如何，所謂進行分析就是運用馬克思主義對文藝的社會性的分析。不管這種研究的成績如何，至少是祇此一家，其他像心理學、形式主義的風格學、比較文學等等方法來進行文學研究，是不很受到鼓勵或歡迎的。這三四年來，各位在刊物上可以看到，文學研究的花樣也漸漸多起來了，結構主義有人講了，研究比較文學也不是罪名了。我看前幾年西德Grisenbach（格利森巴赫）：*Methoden der Literaturwissenschaften*（《文學研究的各種方法》）裏面舉了德國現行的文學研究方法有六個流派：實證主義、形式主義等等，人文學（Geisteswissenschaften），也有馬克思主義，歸入社會學派；意大利文論家Cesare Segre（格薩勒·賽格勒）主編的*Methodi Attuali della Critica Italiana*（《現在意大利文評的各種方法》）列舉七個流派：馬克思主義、意象學派、結構主義派、心理分析等等。今年春天，荷蘭的Fokkema（佛克瑪）教授來看我，送給我他的*20th-century Theories of Literature*（《二十世紀文學理論》）分了四個流派：馬克思主義、結構主義、意象學、receptor（接受學）。我想我也希望，不久的將來，中國文學研究裏也會出現這些派别，造成另一種百家争鳴的局面。百種禽鳥鳴叫各自的音調，而不是同種的一百頭禽鳥比賽同一音調的嗓子誰高誰低。人文科學和自然科學也許有很不同的一點。自然科學裏，一種新學説的成立和流行，往往舊學説就被取而代之，淘汰了，衹保存歷史上的價值，喪失現實意義。譬如有了太陽中心説，地球中心説就被投入歷史的垃圾堆；有了達爾文的物種演化論，創世論就變成古董。在人文科學裏，至少在文學裏，新理論新作品的産生，不意味着舊理論舊作品的死亡和拋棄。有了杜甫，並不意味着屈原的過時，有了 Balzac（巴爾扎克），並不意味 Cervantes（塞萬提斯）的喪失價值，甚至有了反小説 anti-roman，並不表示過去的 roman 已經反掉。Ibsen（易卜生）不是 Shakespeare 的替人，衹是他的新伴侣，正像 Ionesco（歐内斯庫，法國荒誕派戲劇家）不是 Ibsen 的篡奪者，而也是他的新伴侣，也就是 Shakespeare 的新伴侣。在文學研究方法上也是這樣，法國的“新批評派”（Nouvelle Critique）並不能淘汰美國的“新批評派”（New Criticism），有了 Victor Shklovsky（維克托·什克洛夫斯基，俄國形式主義文論家），並不意味着 Aristotle（亞里士多德）的消滅。正好像家裏新生了一個可愛的小娃娃，小娃娃的誕生並不同時就等於老爺爺老奶奶的壽終。有價值有用的流派完全可以同時共存，和平競賽，我們的情況也正是朝這個方向進展。至於發展到什麽程度，是快是慢，那我就不來算命了。

臨時奉命來講，謝謝各位客氣的耐心，聽我胡扯。

十五天後能和平嗎

“假使願望是馬，乞丐也可以有代步。”假使願望是事實，我們十五天後該有和平。不幸得很，願望往往不是事實，雖然它可能由願望者積漸的努力而成爲事實。

近來所見所聞使我們對自己的情感也得使用權術。我們失望得够痛苦了。我們不敢坦白地願望，我們教自己不存願望；這樣也許來一個望外的喜事，像半天裏掉下來的，像好風吹來的。假使結果並不如意呢，我們至少可以自慰説，本來没有抱什麼奢望。

（原載《週報》第四十一期，一九四六年六月十五日）

答《大公報·出版界》編者問[①]

（一）一部五七言舊詩集，在民國二十三年印的。

（二）幾個同做舊詩的朋友慫恿我印的，真是大膽胡鬧。內容甚糟，僥幸没有流傳。

（三）《談藝録》，用文言寫的，已在開明書店排印中。正計劃跟楊絳合寫喜劇一種，不知成否。

（原載《大公報》一九四七年十二月十一日）

---

① 一九四七年十二月十一日，《大公報·出版界》刊登了十八位作家對編者的回答。編者的問題是：（一）我的第一本書是什麽？（二）它是怎樣出版的？（三）我的下一本書將是什麽？作家依次爲：巴金、葉聖陶、靳以、袁水拍、胡適、鄭振鐸、費孝通、錢鍾書、張奚若、李廣田、陳達、吴景超、傅雷、豐子愷、馮至、沈從文、潘光旦、吴晗。大部分人附有照片。據編者按語，錢鍾書未交照片，他的解釋是："外面寒風苦雨，也實在怕上照像館。"——本書編者註

在中美比較文學學者雙邊討論會上的發言

女士們、先生們，

請允許我代表中國社會科學院熱烈歡迎你們來參加“中美雙邊比較文學討論會”。這個會議是我院的外國文學研究所和文學研究所協同美中學術交流委員會舉辦的。舉行這樣性質的討論會在此地還是空前第一次。雖然通常説，事無大小總得有第一次，但是這次會議對於將來中美比較文學學者繼續對話有重要的意義，因此我們不妨自豪地説，我們不但開創了記録，而且也平凡地、不鋪張地創造了歷史。

假如我們把艾略特的説話當真，那末中美文學之間有不同一般的親切關係。艾略特差不多發給龐特一張專利證，説他“爲我們的時代發明了中國詩歌”。中國文學一經“發明”之後，美國學者用他們特有的慧心和幹勁，認真地、穩步地進行了“發現”中國文學的工作。我們這裏的情況相彷彿。早期的中國翻譯家和作家各出心裁，“發明”了歐美文學，多年來我們的專業學者辛勤地從事於“發現”歐美文學。看起來，“發現”比“發明”艱苦、繁重得多。我這種説法也許流露出中國人的鄙塞，還保持古老看法，認爲“發明”和“發現”兩者可以截然區分。索緒爾的那句話：“觀點創造事物”，已在西方被廣泛接受，在閱讀和闡釋作品時，憑主觀直覺來創造已是文學研究者的職責；“發明”和“發現”也就無甚差異而衹能算多餘的區別了。

這個會議有雙重目的：比較文學，同時也必然比較比較文學學者，就是説，對照美國學者研究比較文學的途徑和中國對等學者研究比較文學的途徑。因此，會議本身就可以作爲社會人類學上所謂“文化多樣”和“結構相對”的實例。英美人有句諺語：“剥掉貓皮，刮洗牛頭有好多方法。”是否比較文學的方法也多種多樣呢？無論如何，學者們開會討論文學問題不同於外交家們開會談判，訂立條約。在我們這種討論裏，全體同意不很要緊，而且似乎也不該那樣要求。討論者大可以和而不同，不必同聲一致。“同聲”很容易變爲“單調”的同義詞和婉曲話的。

我一開頭曾誇大説我們是歷史創造者。近年來，神學家有關歷史的宇宙末日論在英美文學批評裏頗爲時髦，“終了感”已成流行的文評術語。不過，我堅信今天在座各位所共有的是一種興奮的“開始感”，想像裏都浮現出接二連三這種雙邊討論會的遠景，參加的人會一次比一次多，討論的範圍會一次比一次廣，一次更比一次接近理想的會議——真誠的思想融合。

（原載《文藝理論研究》一九八三年第四期）

年鑒寄語

在某一意義上，一切事物都是可以引合而相與比較的；在另一意義上，每一事物都是個別而無可比擬的。

按照前者，希臘的馬其頓(Macedon)，可比英國的蒙墨斯(Monmouth)，因爲兩地都有一條河流(Shakespeare，*Henry V*. IV.iii)。但是，按照後者，同一條河流裏的每一個水波都自別於其他水波(La Boétie:"*Vers à Marguerite de Carle*")。

敬題《中國比較文學年鑒》

一九八五年三月

(原載《中國比較文學年鑒（一九八六)》，

北京大學出版社一九八七年六月版)

“魯迅與中外文化”學術研討會開幕詞[①]（摘要）

五年前，爲紀念魯迅誕辰一百年舉行的大型學術討論會，由於安排上的疏忽，外國學者没有機會和中國學者在小組會上痛快地、充分地交換意見，不論是相同意見的彼此“和鳴”，還是不同意見的彼此“爭鳴”，這是一個很大的缺陷。在某種意義上，咱們這一次的討論會是上次那個會的繼續，也可以説是那一次會的缺陷的彌補。魯迅是個偉人，人物愈偉大，可供觀察的方面愈多；“中外文化”是個大題目，題目愈大，可發生的問題的範圍就愈寬廣。中外一堂，各個角度、各種觀點的意見都可以暢言無忌，不必曲意求同，學術討論不像外交或貿易談判，無須訂立什麽條約，不必獲得各方同意。假如我咬文嚼字，“會”字的訓詁是“和也”、“合也”，着重在大家的一致；但“討”字的訓詁是“伐也”，“論”字的訓詁是“評也”，就有爭鳴而且交鋒的涵義。討論會具有正反相成的辯證性質，也許可以用英語來概括：“no

① 《文學報》報道説，這篇開幕詞，“贏得全場熱烈的掌聲。”——本書編者註

conference without differences”。

一九八六年十月十九日

（原載《文學報》一九八六年十月二十三日）

報紙的開放是大趨勢

我們現在是個開放中的社會，報紙的改革就是開放的一個表現。今年報紙的開放程度已經出於有些人的意外了，這是大趨勢。官話已經不中聽了，但多少還得説；衹要有官存在，就不可能没有官話。

《光明日報》影響很大，你們辦報紙的也是責任重大。所謂透明度，總有個限度，比如人，透明到不穿衣服甚至剥掉皮肉，也不行。不要以爲資産階級政治全透明，他們有包裹得很嚴密的東西，當然任何包袱還免不了有破綻或窟窿的。

（原載《光明日報》一九八八年六月三日）

和一位攝影家的談話

你採訪了一個作家，未必因此更認識他的作品。他有一種不用文字寫的、不可能出版的創作，你倒可以看到。

我們即使不寫小説、劇本等等，不去創造什麽人物形象，而作爲社會動物，必然塑造自己的公開形象，表現自己爲某種角色。誰也逃避不了這個終身致力的製造和維修工作。

但是，盡心極力的塑造，不一定保證作品的成功和效果。用談話和舉動爲自己製造出來的公開形象，往往是一位成功作家的最失敗的創作，當然也許是一位壞作家的最好的創作。

（原載《中國文化人影録》，三聯書店香港分店出版）

作爲美學家的自述

研究美學的人也許可分兩類。第一類人主要對理論有興趣，也發生了對美的事物的興趣；第二類人主要對美的事物有興趣，也發生了對理論的興趣。我的原始興趣所在是文學作品；具體作品引起了一些問題，導使我去探討文藝理論和文藝史。

（原載《中國當代美學家》，河北教育出版社，一九八九年八月第一版，第六四一頁）

答《人民政協報》記者問

對於一個出版社也好，一個新聞記者也好，一個責任編輯也好，不能衹顧眼前，也應該講一點職業道德。法律應該是公正而周到的，但不應忘記高於法律的還有道德準則，它的價值，它的力量，會更高更大，它需要通過作品來體現，更要以文化人的自我鑄造來换取。因爲崇高的理想，凝重的節操和博大精深的科學、超凡脱俗的藝術，均具有非商業化的特質。强求人類的文化精粹，去符合某種市場價值價格的規則，那衹會使科學和文藝都“市儈化”，喪失去真正進步的可能和希望。歷史上和現代的這種事例還少嗎？我們必須提高覺悟，糾正“市儈化”的短視和淺見。大家都要做有高尚品格的人，做有文化的人，做實在而聰敏的君子。

（原載《人民政協報》一九九三年一月九日）

《圍城》日譯本序

大約在一九五六年冬天，荒井健先生首次和我通信，我模糊記得信上談到清末民初的一兩位詩人。他在以後的信裏，講起讀過《圍城》，願意譯成日語。我對這本書，像一九八○年重印本《前記》所説，早已不很滿意了，然而一位嶄露頭角的青年漢學家——荒井先生那時候剛三十開外——居然欣賞它，我還是高興的。我也自憾東西不够好，辜負他的手筆。漸漸彼此音問疏隔，差不多有二十年，我約略知道他成爲中晚唐詩歌的卓著權威，又是近代中國文學的敏鋭的評論家。隨着年齡和學識的增長，他對這本書的翻譯計劃，也許就像我本人對他的寫作經歷，衹看成賈寶玉所謂“小時候幹的營生”，懶去重提了。我偶爾回憶到那番通信時，曾經這樣猜想過。

一九七七年冬天，有朋友給我看日本京都出版的《飆風》雜誌三期。一九七五年十月號刊載荒井先生的《圍城》譯文第一章，這够使我驚喜了。又看見一九七七年十月號第三章譯文的《附記》，我十分感愧。一九七五年左右，國外流傳着我的死訊。荒井先生動手翻譯《圍城》，寓有悼念的深情；他得知惡耗不確，特地寫了《附記》，表示欣慰。在我故鄉，舊日有個迷信：錯報某人死了，反而使他延年益壽。“説凶就是吉”原屬於古老而又普遍的民間傳説。按照這種頗有辯證法意味的迷信，不確的死訊對當事人正是可賀的喜訊。但是，那謠言害得友好們一度爲我悲傷，我就彷彿自己幹下騙局，把假死亡賺取了真同情，心裏老是抱歉，因爲有時候真死亡也衹消假同情就盡够了。荒井先生準覺得他和我有約在先，一定要實踐向亡友的諾言。他獲悉我依然活着，大可以中止翻譯，而專心主持他的《李義山詩集釋》。他依然繼續下去，還和後起的優秀學者中島長文、中島碧伉儷合作，加工出細貨，把《圍城》譯完，了卻二十餘年前的宿願。和日、中兩國都沾邊的蘇曼殊曾稱翻譯爲“文學因緣”，這一次的文學因緣也標誌着生死交情呢。

十九世紀末德國最大的希臘學家(Ulrich von Wilamowitz-Moellendorff)在一部悲劇(Euripides：*Hippolytus*)譯本的開頭，討論翻譯藝術，説：“真正的翻譯是靈魂轉生”，譬如古希臘語原著裏的實質換上了德語譯文的外形。他用的比喻是我們中國人最熟悉不過的，而且我們知道它可以有形形色色的涵義。幾千年來，筆記、傳奇、章回小説裏所講投胎轉世和借屍還魂的故事真是無奇不有；往往老頭子的靈魂脱離了衰朽的軀殼而假藉少年人的身體再生，或者醜八怪的靈魂拋棄了自慚形穢的臭皮囊而轉世成爲美人胚子。我相信，通過荒井、中島兩先生的譯筆，我的原著竟會在日語裏脱去凡胎，換成仙體。

兩位先生要我爲譯本寫篇序，我没有其它的話可説。關於這部書本身呢，作品好歹自會説它的話，作者不用再搶在頭裏、出面開口；多嘴是多餘的。

一九八一年七月四日於北京

（原載《讀書》一九八一年第十期）

《圍城》德譯本[1]前言

波恩大學莫妮克博士(Dr. Monika Motsch)最初學古希臘語文，後來專攻英美文學，寫了一本博雅的《埃兹拉·龐德和中國》(*Ezra Pound und China*, 1976)，收入文學理論大師加達莫(H. G. Gadamer)、英美文學研究的卓著權威蘇納爾(R. Sühnel)等人主編的叢書裏。

龐德對中國語文的一知半解、無知妄解、煞費苦心的誤解增强了莫妮克博士探討中國文化的興趣和決心。她對中國近代文學有廣泛而又親切的認識，善於運用漢語，寫出活潑明淨的散文，中國人看到了，都會驚歎説："但願我能用外語寫得出這樣靈活的散文!"龐德的漢語知識常被人當作笑話，而莫妮克博士能成爲傑出的漢學家；我們飲水思源，也許還該把這件事最後歸功於龐德。可惜她中文學得那麼好，偏來翻譯和研究我的作品；也許有人順藤摸瓜，要把這件事最後歸罪於龐德了。

莫妮克博士特來中國，和我商談她的譯本。她精細地指出

① 德國法蘭克福出版社，一九八八年出版。——本書編者註

了誰都没有發見的一些印刷錯誤，以及我糊塗失察的一個敍事破綻。臨别時，她要求我爲譯本寫篇引言。她來自現代“闡釋”(hermeneutik)派文評的發源地——西德，有作品爲據，大概不再需要作者的補充説明。我更考慮到，她對我的東西可能翻譯得膩煩了，我省事也正是省她的事。我體恤她的勞動，即使有長篇大論，也就隱而不發了。好在我並没有。

一九八二年九月

（原載《讀書》一九八二年第十二期）

表示風向的一片樹葉[①]

水是流通的，但也可能阻隔："君家門前水，我家門前流"往往變爲"盈盈一水間，脈脈不得語"。就像"海峽兩岸"的大陸和臺灣。這種正反轉化是事物的平常現象，譬如生活裏，使彼此瞭解、和解的是語言，而正是語言也常使人彼此誤解以至冤仇不解。

由通而忽隔，當然也會正反轉化，由隔而復通。現在，海峽兩岸開始文化交流，正式出版彼此的書籍就標識着轉變的大趨勢。我很欣幸，拙著也得作爲表示這股風向的一根稻草、一片樹葉。青年好學的蘇正隆先生彙輯了《錢著七種》，由書林有限公司出版。幾年前，《圍城》曾牽累蘇先生遭受小小一場文字之禍，我對他更覺感愧[②]。

蘇先生來信，要我爲臺灣版寫幾句前言，説第一種印行的是《談藝録》。我憶起一九四三年伏處上海，胡步曾先生自江西

① 本文是臺灣版《錢鍾書作品集》前言。——本書編者註

② 數年前，蘇君因在臺島流傳《圍城》，曾被警方拘留罰款。

輾轉寄來論舊詩的長信，附了一首七律。我的和詩有一聯："中州無外皆同壤，舊命維新豈陋邦"；我採用了家鉉翁《中州集序》和黄庭堅《子瞻詩句妙一世》詩的詞意，想説西洋詩歌理論和技巧可以貫通於中國舊詩的研究。現在讀來，這兩句彷彿切合海峽兩岸間關係的前景，不妨事後冒充預感或先見。《談藝録》裏曾講起"作者未必然，讀者何必不然"（complete liberty of interpretation），就算那兩句也是一例，藉此表達願望吧。

（原載《人民日報》一九八八年九月二十六日）

《復堂日記續録》[①] 序

簡策之文，莫或先乎日記。左右史記言動，尚已；及學者爲之，見彼不捨，安此日富。《黄氏日鈔》而下，亭林一《録》，最爲玄箸。然參伍稽決，乃真積力充之所得。控名責實，札記爲宜。未有詳燕處道俗之私，兼提要鈎玄之箸。本子夏“日知”之誼，比古史“起居”之註，如晚近世所謂“日記”者也。蓋匪特獨坐之娱，抑亦雅俗之所共適矣。覩記所及，湘鄉曾文正、常熟翁文恭、會稽李蒓客侍御、湘潭王壬秋檢討，皆累累挾數十巨册，多矣哉！前古之所未有。而仁和譚復堂大令獨能盡雅，人雖曰多乎，固可以少勝之。曾公事業文章，鯨鏗春麗，即酬酢應答之微，想精神亦足以蔭映數人。顧其書連篇累牘，語簡不詳；知人論世，未克衆喻。是以湘潭王翁欲學裴松之以註輔志，而歎文字紀録之不備，至箠札悃愊無華，尤疑若與公生平學問不稱。古史尚質，此蓋其遺意歟？翁相才德遜乎曾公，以言所遭，又爲未

---

① 譚獻（字仲修，號復堂）《復堂日記續録》，收入錫山徐氏輯録《念劬廬叢刻》。——本書編者註

逮，慍於羣小，蹙蹙靡騁。然久筦樞要，爲帝王師，四十年間，内廷之供奉，宫壺之禁約，親貴之庸，人才之濫，旨婉詞隱，時復一見。至如臣力已窮，徵女君之爲衰世；居心叵測，諫長素之非純臣；胥足廣益陋聞，間執讒口。又若同治、光緒，再行婚禮；慈安、毅宗，迭告大喪，事異尋常，有關國典，而皆躬與其役，瑣屑舉書，補會典所未備，拾國史之闕遺。綜一代典，成一家言；藝事鑒賞，抑爲末已。第此皆達官貴人，賓退隨筆，未若王、李之作，能使窮士自娱其老云。王翁楚艷之侈，能以文字緣飾經術，收朋勤誨，化及湘蜀，乃所作支晦無俚，雖運而無所積。與世爲趣，不同曾文正、李炁伯之刺促尠歡，而多記博塞奸進之事。學人之望，固勿如越縵之足以厚厭矣。李生小心精潔，匪唯摭華，頗尋厥根，自負能爲本末兼該之學。觀其故實紛羅，文詞耀艷，洵近世之華士聞人也！其書行世者既至五十一册，閟而弗覯者尚有二十一册之衆。多文爲富，日記之作，自來無此大觀焉。顧猶時時徵逐酒色，奔走公卿，如周畇叔所記爲“心雜”者[①]，至以自累其書，未若譚先生盡刊以去之；而情思嬋媛，首尾自貫，又異乎札記之倫，少以勝多，蓋勿徒然。若夫心飲九流，口嗽千卷，益之以博，附之以文，庶相齊肩，殆難鼎足。兩君同産越中，豈地氣邪？顧即同籀異，又有數端[②]。李承浙西鄉先生之緒，嬗崇鄭、許，訶禁西京之學，以爲不過供一二心思才

① 見《鷗堂日記》。

② 凡所云云，均限《日記》。

知之士，自便空疏[①]；譚則以越人而顛倒於常州莊氏之門，謂可遥承賈、董，作師儒表，引冠絶學[②]。鄙陶子珍之流爲經生孱守，欲以微言大義相諷諭[③]。此學問徑途之大異者一也。譚既宗仰今文，而又信“六經皆史”之説，自有牴牾。拳拳奉《文史通義》以爲能洞究六藝之原[④]；李則以章氏鄉後生，而好言證史之學，鄙夷實齋，謂同宋明腐儒，師心自用[⑤]。此學問徑途之大異者二也。李書矜心好詆，妄人俗學，横被先賢[⑥]；譚書多褒少貶，微詞申旨，未嘗逸口[⑦]。雖或見理有殊，而此亦德宇廣狹之大異者焉。至於文字雖同歸雅令，而李則祈向齊梁，處周藻密；譚則志尚魏晉，辭隱情繁；亦貌同心異之一端也。譚《記》久已傳世。夷吾丈人者，爲譚先生姻家子。手録其餘，列之叢刊，以爲前《記》之續。索書而觀，苦其易竟，又以先生絶筆於斯，未如前《記》之修飾盡疋。然而性情所至，往往妙不自尋。蓋於是先生亦老矣。哀樂迫於暮年，死喪萃於骨肉。訪舊半鬼，臣質多淪。經師如南海、餘杭，纔見頭角；詞客如樊山、碩甫，方當盛年。視昔日固無復戴子高、莊中白其人，視今日則康、易諸賢，一時俱逝，章、樊而下，僅有存者。則續《記》之行，不特視越縵二十一册之尚閟人間，爲能釋先生遺憾於九原而已。閲人成世

① 見《日記》。

② 見《日記》。

③ 此譚致李書云云，見李《日記》。

④ 見《日記》。

⑤ 見《日記》

⑥ 參觀《日記》。

⑦ 參觀《日記》。

之感，要當與天下之士共之。唯丈人高文綺如，恥爲小儒。周瑜、荀彧，雖曰未能[①]，譚、李之業，固自不讓。名山有書，當成以漸。而又身兼張文襄所謂“刻書五百年不朽之業”，于是乎爲不廉矣。承屬題詞，蹇産之思，赴筆來會，不能自休。生本南人，或尚存牖中窺日之風。丈人哂之邪？抑許之邪？

無錫錢鍾書[②]

① 復堂先生詩有“周瑜荀彧是何人”及“周瑜荀彧成虚語”之語。丈人三十一時亦云：“我與復堂同濩落，周瑜荀彧笑輪伊”云。

② 此文“成於十九歲暑假中，方攷取清華，尚未北遊”。（見一九八一年十二月十三日錢鍾書致汪榮祖信）——本書編者註

序冒叔子孝魯《邛都集》[1]

叔子出示《邛都集》，江山之助，風雲之氣，詩境既拓，詩筆亦漸酣放矣。東坡云："須知酣放本精微"。願君無忽斯語。與君文字定交，忽焉十載，亂離復合，各感餘生。自有麒麟之閣，賞詩不羡功名（本司空表聖杏花詩）；相遺魴鯉之書，遠害要慎出入。君將南行，記此爲别，聊當車贈。

丁亥（一九四七年）一月

① 作者冒孝魯，名景璠，别號叔子。——本書編者註

《幹校六記》小引

楊絳寫完《幹校六記》，把稿子給我看了一遍。我覺得她漏寫了一篇，篇名不妨暫定爲《運動記愧》。

學部在幹校的一個重要任務是搞運動，清查“五一六分子”。幹校兩年多的生活是在這個批判鬥爭的氣氛中度過的；按照農活、造房、搬家等等需要，搞運動的節奏一會子加緊，一會子放鬆，但彷彿間歇瘧，疾病始終纏住身體。“記勞”，“記閑”，記這，記那，都不過是這個大背景的小點綴，大故事的小穿插。

現在事過境遷，也可以說水落石出。在這次運動裏，如同在歷次運動裏，少不了有三類人。假如要寫回憶的話，當時在運動裏受冤枉、挨批鬥的同志們也許會來一篇《記屈》或《記憤》。至於一般羣衆呢，回憶時大約都得寫《記愧》：或者慚愧自己是糊塗蟲，没看清“假案”、“錯案”，一味隨着大夥兒去糟蹋一些好人；或者（就像我本人）慚愧自己是懦怯鬼，覺得這裏面有冤屈，卻没有膽氣出頭抗議，至多衹敢對運動不很積極參加。也有一種人，他們明知道這是一團亂蓬蓬的葛藤賬，但依然充當旗手、鼓手、打手，去大判“葫蘆案”。按道理說，這類人最應當

“記愧”。不過，他們很可能既不記憶在心，也無愧怍於心。他們的忘記也許正由於他們感到慚愧，也許更由於他們不覺慚愧。慚愧常使人健忘，虧心和丢臉的事總是不願記起的事，因此也很容易在記憶的篩眼裏走漏得一乾二淨。慚愧也使人畏縮、遲疑，躭誤了急劇的生存競爭；内疚抱愧的人會一時上退卻以至於一輩子落伍。所以，慚愧是該被淘汰而不是該被培養的感情；古來經典上相傳的“七情”裏就没有列上它。在日益緊張的近代社會生活裏，這種心理狀態看來不但無用，而且是很不利的，不感覺到它也罷，落得個身心輕鬆愉快。

《浮生六記》——一部我不很喜歡的書——事實上祇存四記，《幹校六記》理論上該有七記。在收藏家、古董販和專家學者通力合作的今天，發現大小作家們並未寫過的未刊稿已成爲文學研究裏發展特快的新行業了。誰知道没有那麽一天，這兩部書缺掉的篇章會被陸續發現，補足填滿，稍微減少了人世間的缺陷。

一九八〇年十二月

《記錢鍾書與〈圍城〉》附識[①]

這篇文章的内容，不但是實情，而且是“秘聞”。要不是作者一點一滴地向我詢問，並且勤快地寫下來，有好些事跡我自己也快忘記了。文筆之佳，不待言也！

錢鍾書識

一九八二年七月四日

（原載《文匯讀書週報》一九九八年一月十七日）

---

① 一九九七年十月十日，楊絳先生準備發表這篇附識時寫道：“我寫完《記錢鍾書與〈圍城〉》，給鍾書過目。他提筆蘸上他慣用的淡墨，在我稿子的後面一頁上，寫了幾句話。我以爲是稱讚，單給我一人看的，就收了藏好，藏了十五年。如今我又看到這一頁‘錢鍾書識’，恍然明白這幾句話是寫給别人看的。我當時怎麽一點兒也没有想到！真是‘謙虚’得糊塗了，不過，這幾句附識如果一九八六年和本文一起刊出，也許有吹捧之嫌。讀者現在讀到，會明白這不是稱讚我，衹不過説明我所記都是實事。”——本書編者註

《壯歲集》序[①]

陳君百庸，軼才豪氣，擅詩、書、畫之三長。余識君也晚，已不及見田光壯盛時矣。嘗謂之曰：“想子當年，意態雄傑，殆所謂興酣落筆，摇五嶽而吟滄洲者耶。”别去數載，忽寄《壯歲集》一卷來索序，且曰：“欲知狂奴故態乎？展卷斯在。”余披尋吟諷，君少日憤時救世、探幽尋勝、輕命犯難諸情事，歷歷紙上：嬉笑怒駡，哀思激烈，亦莊亦諧，可歌可泣。因叁證締交以來，君爲國爲民之壯志，一如疇昔也；好山好水之壯遊，不減舊時也；若夫詩、書、畫之大筆淋漓，更無愧老當益壯也。余不及見田光壯盛之憾，於是乎涣然釋矣。君之詩，酣放可以驚四筵，精微可以適獨座。余嘗爲君《出峽詩畫册》題七言短句，品目之曰：“筆端風虎雲龍氣，空外霜鐘月笛音。”今亦無以易之焉。

一九八三年五月

---

① 陳凡（字百庸）《壯歲集》，香港何氏至樂樓一九九〇年刊。——本書編者註

《走向世界》[1] 序

我首次看見《讀書》裏鍾叔河同志爲《走向世界叢書》寫的文章，就感到驚喜，也憶起舊事。差不多四十年前，我用英語寫過關於清末我國引進西洋文學的片段，常涉獵叔河同志論述的遊記、旅行記、漫遊日録等等，當時這一類書早是稀罕而不名貴的冷門東西了。我的視野很窄，衹局限於文學，遠不如他眼光普照，察看歐、美以及日本文化在中國的全面影響；我又心粗氣浮，對那一類書，没有像他這樣耐心搜羅和虚心研讀。一些出洋遊歷者强充内行或吹捧自我，所寫的旅行記——像大名流康有爲的《十一國遊記》或小文人王芝的《海客日譚》——往往無稽失實，行使了英國老話所謂旅行家享有的憑空編造的特權(the traveller's leave to lie)。"遠來和尚會念經"，遠遊歸來者會撒謊，原是常事，也不值得大驚小怪的。

叔河同志正確地識别了這部分史料的重要，唤起了讀者的

① 鍾叔河《走向世界——近代知識分子考察西方的歷史》，中華書局一九八五年五月第一版。——本書編者註

注意，而且採訪發掘，找到了極有價值而久被湮没的著作，輯成《走向世界叢書》，給研究者以便利。這是很大的勞績。李一氓同志和我談起《走向世界叢書》的序文，表示讚許；晚清文獻也屬於一氓同志的博學的範圍，他的意見非同泛泛。對中外文化交流史素有研究的李侃同志也很重視叔河同志的文章和他爲湖南人民出版社所制訂的規劃。我相信，由於他們兩位的鼓勵，叔河同志雖然工作條件不很順利，身體情況更爲惡劣，而搜輯，校訂，一篇篇寫出有分量的序文（就是收集在這本書裏的文章），不過三年，竟大功告成了。

“走向世界”？那還用説！難道能够不“走向”它而走出它嗎？哪怕你不情不願，兩腳彷彿拖着鐵鐐和鐵球，你也衹好走向這個世界，因爲你絶没有辦法走出這世界，即使兩腳生了翅膀。人走到哪裏，哪裏就是世界，就成爲人的世界。

中國“走向世界”，也可以説是“世界走向中國”。咱們開門走出去，正由於外面有人推門，敲門，撞門，甚至破門跳窗進來。“閉關自守”、“門户開放”，那種簡潔利落的公式語言很便於記憶，作爲標題或標語，又湊手，又容易上口。但是，歷史過程似乎不爲歷史編寫者的方便着想，不肯直截了當地、按部就班地推進。在我們日常生活裏，有時大開着門和窗；有時衹開了或半開了窗，卻關上門；有時門和窗都緊閉，衹留下門窗縫和鑰匙孔透些兒氣。門窗洞開，難保屋子裏的老弱不傷風着涼；門窗牢閉，又防屋子裏人多，會氣悶窒息；門窗半開半掩，也許在效果上反而像男女“搞對象”的半推半就。談論歷史過程，是否可以打這種庸俗粗淺的比方，我不知道。叔河同志的這一系列文章，中肯扎實，不僅能豐富我們的知識，而且很能够引導我們提出問題。

一九八四年三月

（原載《人民日報》一九八四年五月八日）

《徐燕謀詩草》序

余十三歲入蘇州一美國教會中學。燕謀以卓異生都講一校，彼此班級懸絶若雲泥，余仰之彌高而已。越一年，君卒業，去入大學，在先公門下，爲先公所劇賞；君亦竺於師弟子之誼，余遂與君相識。後來兩次共事教英語，交契漸厚，余始得覩君詩筆超妙，冠冕儕輩，驚其深藏若虚，且自悵一向知之不盡，益歎常流爲五七言，裁足比敬去文、盧倚馬之屬，而已沾沾矜炫也。君於古人好少陵、山谷、誠齋、放翁，於近世名家取巢經巢、服敔堂。自運古詩，氣盛而言宜，排奡而妥貼。《紀湘行》滔滔莽莽，尤爲一篇跳出。今幸存《燼餘集》中，余《談藝録》曾稱其《讀〈宛陵集〉》五言古，則爲六丁取將，不復可見矣。君近體屬詞儷事，貼切精工，而澹乎容與，無血指絶臏之態。憶君見己詩與余詩並載雜誌，因賦一篇，警策云："誰言我語勝黄語，敢學嚴詩附杜詩。"同人莫不擊節絶倒。《燼餘集》中追憶，纔獲半首，此聯赫然猶在，特一二字異耳。余當時贈君詩云："琢心一絲髮，湧地萬汪泉。"又以君好臥帳中讀書，余有不知，叩之，如肉貫串，戲贈云："示人高枕臥遊録，作我下帷行秘書。"余於君傾心服膺，蓋若此者。君耽吟有癖，與年俱甚。歡愉愁苦，意到筆隨，老而更成，妙無過熟。子婿潘郎，裒録新什，斐然盈帙。二十年前余酬君詩嘗云："兄事肩隨四十年，老來猶賴故人憐。"又云："何時北駕南航便，商略新詩到茗邊。"閲水成川，閲人爲世，歷焚坑之劫，留命不死，仍得君而兄事焉。先後遂已六十年一甲子矣。君憐余而弟蓄之如故。書問無虚月，又因老能閑，每歲必北遊，晤面則劇譚暴謔，不減少壯。兹居然合新舊詩而共商略之，洵所謂"孤始願不及此"也，豈非大幸事哉！昔同寓湘西山間，僭爲君詩稿作長序，稿既僅剩燼餘，序亦勿免摧燒，余自存底本又佚去。憶序末略謂：相識來十年中，離合者數，合則如二鳥之酬鳴，離則如一鶯之求友。[①] 今君年逾耄耋，而齒宿意新，藴不盡之才，徵無疆之壽。余潢污易竭，薄植早雕，久矣夫！吾詩之尋醫也。高唱難酬，友聲莫答。重展君詩，愧生顔變。不復能如少年狂態，奮筆更爲之序矣。聊志吾二人之交情云爾。

乙丑四月，同學如弟錢鍾書敬題

（原載香港《文匯報》，一九八七年二月二十三日）

① 據鄭朝宗先生説："其實他的序文尚在人間，一九四二年我有幸得讀此序，酷愛其文字之美，特把他抄録在一破舊的練習簿裏，幾十年來，幾經劫難，書籍、筆記本散失殆盡，而此破本子赫然猶存，難道真的是有鬼神呵護的嗎？"破本子所抄題目是：《徐燕謀詩序》。全文見附録。——本書編者註

徐燕謀詩序

余交燕謀垂二十年矣。初識君於吴門一教會中學，時年十三，爲末級生。君長余六齡，都講一校，號善屬英文。望其衣冠之盛，啖飲之豪，稚騃企羡，以爲天人。未幾君去以入大學，則適出吾父門下，尊師而有禮，饋遺不絶，因稍得酬接，竊樂君之和易不吾棄也。余年二十三，至上海爲英文教師，君已先在，所操業相同，重以舊誼，過從乃密。君故昆山鉅家，良田廣宅，可以樂其志者靡勿有。又好聚書，中外三數國典籍，燦然略備，悉假余不少吝，復時時招余飯其寓。顧君簡默，多笑而寡言，蹤跡雖數，未足以盡知之也。儕輩與君相處，以郭君晴湖爲最久。晴湖，春榆侍郎從子也，亦出吾父門，雅擅筆札，作詩小有《吴會英才集》風致，頗共余唱酬。偶言君亦能爲詩，余漫應而未之信，以爲新學少年，作詩若文，往往不過如鸚鵡能言，匪真能也，貴其難能耳。一日過君，聞君吟諷聲殊美，洋溢户外，逕排闥入，則君方攤稿誦自作詩，亟掩取而讀之，懷抱淵厚，氣骨高穩，不事描頭畫角，始大駭異，賦七言古一章贈之，今存余集中者是。有曰："徐君作詩存於密，文章有神難久遏。"又曰："莫更衛文如處女，萬喚千呼始肯出。”蓋本全謝山《文説》語調之也。自是厥後，君雖撝謙，始稍稍自信，於余無所復隱，較藝甚歡，文字之好，締於此矣。及余赴歐洲，音問少疏，三載回歸，已非故國。與君遇於滬上，各出詩相質，滄桑之感，苞苴之懼，並結乎心，未嘗不恨志意之深，而文字之淺，不足以達也。而君詩則已大進已，蒼堅崛兀，古體近鄭子尹，近體類范无錯，凡吴歈蘇意，軟媚之習，舉洗而空之。試以詢君，果喜此二家。於古則杜、韓也，坡、谷也，莫不含英而咀華，不捨而深入，獨不嗜謝靈運、孟郊、楊萬里，蓋君寬厚以和，作雅言而不肯晦，苦語而不至於刻，放筆而不屑爲野，亦秉性然也。余别君萬里走昆明，尋間關來湖南窮山中，又得與君共事，南皮墜歡，幾於重拾。然皆自傷失地，沉憂積悴，無復囊興，豈無多士，在我非儕，煦沫嚶和，唯君是賴，文字之交，進而爲骨肉，侘傺之思，溢之於篇章。君益冥搜，化排奡爲熨貼，不矜不卓，而自開生面，君詩於是乎名家，而有以自立矣。抑君治英文學，飲冰室《詩中八賢》所謂“歐鉛亚槧”，固所宿習，而其詩伐材取意，一若慶鄭之諫乘小駟，安於土産，不乞諸鄰，雅飭有足稱者。余嘗謂海通以還，天涯鄰比，亦五十許年，而大邑上庠，尚有鯫生曲儒，未老先朽，於外域之舟車器物，樂用而不厭，獨至行文論學，則西來之要言妙道，絶之惟恐不甚，假信而好古之名，以抱守殘闕，自安於井蛙褌虱，是何重貨利而輕義理哉！蓋未讀李斯《逐客書》也。而其欲推陳言以出新意者，則又鹵莽滅裂，才若黄公度，祇解鋪比歐故，以炫鄉里，於西方文學之興象意境，概乎未聞，此皆如眼中之金屑，非水中之鹽味，所謂爲者敗之者是也。譬若啖魚肉，正當融爲津液，使異物與我同體，生肌補氣，殊功合效，豈可橫梗胸中，哇而出之，藥轉而暴下焉，以誇示己之未嘗蔬食乎哉？故必深造熟思，化書卷見聞作吾性靈，與古今中外爲無町畦。及夫因情生文，應物而付，不設範以自規，不劃界以自封，意得手隨，洋洋乎祇知寫吾胸中之所有，沛然覺肺肝所流出，曰新曰古，蓋脱然兩忘之矣。姜白石詩集序所謂“與古不得不合，不能不異”云云，昔嘗以自勖，亦願標而出之，以爲吾黨告。若學究輩墟拘隅守，比於餘氣寄生，於兹事之江河萬古本無預也。今年夏，余將徙業以去，君重惜余之别，出稿命爲序。余謂余集中詩，爲君及冒君孝魯作者最夥，如君詩之於晴湖及余也，援姜西溟之説，名字互見，倘亦可免於泯滅。識君二十年，聚散離合，真若過隙，合則爲二馬之同囚，離則爲一鶯之求友，胥足以發皇詩思。然詩之變無盡，而一人之詩，雖善變而必至於盡。君年未四十，才力方盛，倘天意之欲昌詩也，則他日窮態而盡妍，必有甚異乎今者之撰，更二十年亦復易度。余不能詩，而自負知詩，方且取君老去之細律，作君晚年之定論，然則此序也，雖不作可也，而作之亦無傷也。民國三十年三月同學弟錢鍾書敬撰

《史傳通説》[1] 序

古之常言，曰“良史”，曰“直筆”；其曰“不盡不實”，則史傳之有乖良直者也。竊謂求盡則盡無止境，責實則實無定指。積材愈新，則久號博稽周知之史傳變而爲寡見闕聞矣。着眼迥異，則羣推真識圓覽之史傳不免於皮相畦執矣。斯所以一朝之史、一人之傳，祖構繼作，彼此相因相革而未有艾也。劉彦和《史傳》一篇稍窺端倪，劉子玄《史通》窮源竟委，慎思明辨，卓爾成一家言，後來論者，祇如餘閏。海通以還，吾國學人涉獵西方論史傳著作，有新相知之樂，固也，而復往往笑與抃會，如獲故物、如遇故人焉。吾友汪君榮祖通識方聞，貫穿新故，出其緒餘，成兹一編。於中外古今之論史傳者提要鈎玄，折衷求是，洵足以疏瀹心胸，開張耳目，筆語雅飭，抑又末已。余受而讀之，賞歎之不足，僭書數語於簡端。

錢鍾書，丙寅九月

① 汪榮祖著，臺灣聯經出版事業公司，一九八八年十月出版。——本書編者註

《〈管錐編〉與杜甫新探》序[①]

在中國，交通工具日漸發達，旅遊事業就愈來愈興旺，所謂“比較文學”也幾乎變成了它的副產品。語言文字的挑釁性的障礙彷彿隨着山川陵谷的阻隔一起消失了。

“三十年爲一世”，四十多年前真如隔了幾世。那時候，對比較文學有些興趣的人屬於蘇聯日丹諾夫欽定的範疇：“没有國籍護照的文化流浪漢”(passportless cultural tramps)。他們至多衹能做些地下工作，缺乏研究的工具和方便。《管錐編》就是一種“私貨”；它採用了典雅的文言，也正是迂迴隱晦的“伊索式語言”(Aesopian language)。這個用意逃不出莫芝博士的慧眼。

莫芝博士也許是西方第一個“發現”《管錐編》而寫出一系列研究文章的人。對讚美，我當然喜歡；對毁駡，我也受得了；唯獨對於“研究”——尤其像莫芝博士的精思博涉的研究，我

① 《〈管錐編〉與杜甫新探》是德國莫芝（Monika Motsch）教授的專著，法蘭克福歐洲科學出版社，一九九四年出版。作者對《管錐編》進行系統研究，受到啓發，以新理念對杜甫作了新的觀察。——本書編者註

既忻忻自得而更慄慄自危。這篇不像樣的短序，就算是被考驗者照例説的“博取善意”的開場白(captatio benevolentiae)罷。

一九九三年一月

(原載《錢鍾書研究採輯》第二輯，三聯書店，一九九六年二月第一版)

《吴宓日記》[1] 序言

學昭女士大鑒：

奉摘示先師日記中道及不才諸節，讀後殊如韓退之之見殷侑，“愧生顔變”，無地自容。先君與先師雅故，不才入清華時，諸承先師知愛。本畢業於美國教會中學，於英美文學淺嘗一二。及聞先師於課程規劃倡“博雅”之説，心眼大開，稍識祈向；今代美國時流所譏 DWEMs[2]，正不才宿秉師説，拳拳勿失者也。然不才少不解事，又好諧戲，同學復慫恿之，逞才行小慧，以先師肅穆，故尊而不親。且先師爲人誠慤，胸無城府，常

① 《吴宓日記》，吴學昭整理，三聯書店，一九九八年三月第一版。——本書編者註

② 美國新派人物反對大學課程爲希臘、羅馬文化和基督教相結合的人文主義傳統所壟斷，他們稱人文主義者爲 DWEMs。據美國《官方政治正確詞典和手册》（一九九二），DWEMs 指“已故（Dead），白種人（White），歐洲人（European），男性（Male）”。該詞典並以柏拉圖爲 DWEMs 的典型，認爲“這些人應受譴責，不僅因爲他們創造了至今仍形成現代大學課程核心的那些大量不相干的文學藝術和音樂作品，而且這些人還合力陰謀制訂了那佔統治地位的族長式的工業社會秩序。”——《吴宓日記》整理者註

以其言情篇什中本事，爲同學箋釋之。衆口流傳，以爲談助。余卒業後赴上海爲英語教師，温源寧師亦南遷來滬。渠適成 *Imperfect Understanding* 一書，中有專篇論先師者；林語堂先生邀作中文書評，甚賞拙譯書名爲《不够知己》之雅切；温師遂命余以英語爲書評。弄筆取快，不意使先師傷心如此，罪不可逭，真當焚筆硯矣！承命爲先師日記作序，本當勉爲，而大病以來，心力枯耗。即就摘示各節，一斑窺豹，滴水嘗海。其道人之善，省己之嚴，不才讀中西文家日記不少，大率露才揚己，爭名不讓，雖於友好，亦嘲毁無顧藉；未見有純篤敦厚如此者。於日記文學足以自開生面，不特一代文獻之資而已。

先師大度包容，式好如初；而不才内疚於心，補過無從，惟有愧悔。倘蒙以此書附入日記中，俾見老物尚非不知人間有羞恥事者，頭白門生倘得免乎削籍而標于頭牆之外乎！敬請卓裁，即頌

近祉。

錢鍾書敬上

（一九九三年）三月十八日

《周南詩詞選》[①]跋

一九七九年暮春，予隨社會科學院同人訪美。經紐約，始於賓筵與君相晤，不介自親。寒暄語了，君即談詩。徵引古人名章佳句，如瓶瀉水。余大驚失喜。晚清洋務中名輩如郭筠仙、曾劼剛，皆文質相宣，劼剛以七言律闡釋二十四詩品，尤工語言，善引伸，不意君竟繼踵接武也。以後書問無虛歲，常以所作篇什相示。君尋返國，任外部要職，公餘枉過，亦必論詩。君折衝樽俎而復敷陳翰藻，“餘事作詩人”云乎哉！多才兼擅爾。近編新舊篇什爲一集，示余俾先覩之。君犯難歷險，雄心壯業，老病如我，亦殊有“聞雞起舞”之概。孫子荊云：“其人磊砢而英多”。識君者讀此集，必曰：“其人信如其詩”；不識君者讀此集，必曰：“其詩足見其人”。率題數語於卷尾，質諸識曲聽真者。

一九九五年

---

① 《周南詩詞選》，香港香江出版有限公司，一九九六年九月第一版。——本書編者註

爲什麽人要穿衣[1]

在英國的心解學者之中，我最喜歡 Ernest Jones 和 J. S. Flügel 兩家；因爲他倆都能很巧妙地應用弗羅乙德的學理到一切事物上，而且都能寫很流利可誦的文章。當然，在弗羅乙德學理的修正上，他們的貢獻比，例如，W. H. R. Rivers，差得多；但是，“述者之明”四個字，他倆是至少當之而無愧的。

心解 Psycho-Analysis（對於這個字，高年宿學的批評家 G. Saintsbury 在他的富於機趣的《雜碎書》第一輯中曾發過脾氣），本是一種“破執”的方法，是辯證法在意識上的應用（參觀 M.J. Adler 的《辯證法》）。而一般心解學者，往往放一拈一，又生新執；T. Burrow 在《意識的社會基礎》一書引論中曾透徹言之。弗羅乙德他自己已經有點“像煞有介事”了，Adler 更缺乏幽默；Jung 比較好些，但是他的近著《心理模型》，亂七八

① John Carl Flügel: *The Psychology of Clothes*（佛流格爾:《衣服的心理》），London: L. and V. Woolf at the Hogarth Press and the International Institute of Psycho-Analysis, pp. 257.

糟，絶無新見，不知何故能使絶頂聰明的 Aldous Huxley“吾師乎！吾師乎”地嚷起來（見所著 *Proper Studies*，出版於一九二八年，似乎不如他的小説來得風行，至少是在中國，所以附帶地介紹一下。中間有專論孔子一節，不以孔子與老子、基督、釋迦並論，好像比把孔、佛、蘇格拉底、Erasmus 四人相提並稱的美國教授的識見高出一籌）。

凡讀過佛流格爾博士《家庭的心解研究》和他在《不列顛心理學雜誌》、《國際心解雜誌》上所發表的文字的人，都能知道作者於弗羅乙德學理之使用，具有十分敏活的手腕，絶不露出牽强附會的痕跡。果然，這本《衣服的心理》是同樣地爽心悦目；横看成嶺，側看成峯，新奇而不穿鑿——撑傘是 womb phantasy，着尖頭鞋是 phallic symbolism，諸如此類，作者“一拍即合”的本領，實可驚歎！作者的出發點以爲衣服之起，並不由於保護身體，或遮羞，而由於人類好裝飾好賣弄的天性（exhibitionism）；作者的結論以爲衣服違反“實在原理”，故當在而且必在淘汰之列，“自然的朋友”或“裸體文化”不過是時間早晏的問題。僅就這兩點而論，已足使熟讀《創世記》樹葉遮身的故事的人，駭一大跳了。作者又作進一步的討論，以爲人類一方面要賣弄，一方面要掩飾，衣服是一種委屈求全的折衷辦法（compromise）。此外，對於裝飾、剪裁、時髦，以及其他爲人家所不注意的問題，均有娓娓動聽的議論。而尤其使我喜悦的，就是卡萊爾奇書《衣服哲學》中許多見解，在本書中有意的或無意的都給證明了。

當然，可以批評的地方是很多。譬如講衣服當廢不當廢的問題，未免牽涉到價值判斷；而心解術與價值判斷是不相容的，至少從我看來。又如講時髦(fashion)亦不無遺憾之處。時髦之所以爲時髦，就在於它的不甚時髦(fashionable)或流行；一件東西真變成時髦或流行了，那就無足爲奇，換句話説，那就不時髦了。作者没有把這個現象界的“詭論”(paradox)講得十分清楚。又如作者把“美容”分爲兩類：一曰“烘”(intensification)，例如抹粉施朱；二曰“托”(contrast)，例如“美痣”。這誠然是不錯，但“烘雲托月”大多數是一件事的兩種看法；在雲爲“烘”，在月則爲“托”，本是交相爲用的。不過，這許多枝節的批評，無傷於本書之大體。

本書作者現在倫敦大學哲學心理學系教書。英國新出《近代學問大全》中“心解”一篇即出此君手筆，可見於學術界上已有相當的聲譽。本書爲Jones主編《國際心解文庫》之第十八種，一九三〇年出版，當然非申府先生所介紹的“嶄嶄新”的書籍可比；但是，在外國雜誌上，我還没有見到可觀的批評，並且，衣服是中國“欽定”民生問題之一，故此樂爲介紹。

最後，本書雖爲弗羅乙德弟子所作，卻絶無“髒”的地方；斷不會“教壞”讀者。加以印刷精良，插圖美富，頗足增加閲覽時的興會。

(原載《大公報》一九三二年十月一日)

《一種哲學的綱要》[①]

這是一本十二開，合着“飛葉”算不過一百六十面的小册子。目録上卻載着“意識問題”、“實在問題”、“經驗問題”、“心理學問題”、“生命問題”、“神的問題”、“美學問題”、“品行問題”（原文爲 conduct，是倫理學的問題，譯爲“品行”，所以與“行爲” behavior 示别，二字涵義不同之處，Ward 在他大著《心理學原理》第三百八十五面上，講得最清楚）、“情愛問題”、“政治問題”、“邏輯問題”和“神怪問題”；差不多把哲學上的問題，應有盡有地都討論到了，真令人起 Multum in Parvo 之歎！書名是很值得我們注意的：它並不是普通的“哲學綱要”（an outline of philosophy），而是“一種哲學的綱要”（a philosophy in outline），着重在“一種”兩字。顧名思義，自然，我們希望書中有作者自己的創見；可是，説來也奇，書中的議論，都是現在哲學界中很平常、很普通的議論。偶有不流行的見解，譬

① 卞納特著。開根寶羅公司出版，一九三二年，二先令六便士。*A Philosophy in Outline*, By E. S. Bennett. Psyche Miniature. Kegan Paul. 1932. 2s 6d.

如論物如之絶對存在(The Absolute Existence of Thing-in-itself),則又是"芻狗已陳"而且講不通的東西——Bennett 先生亦未嘗能把它講通。據作者的自序看來,倒也没有"著書立説"、"成一家言"的意思;並且自謙爲英皇陛下一個老老實實、"天真未鑿"的公務人員(A Plain unsophisticated Civil Servant of the Crown)。因有激於老師某某兩先生之言,謂非精熟哲學之歷史,不能講哲學,而平常人(ordinary person)則雖精熟哲學之歷史,亦無能爲役,故撰此書,以爲平常人吐氣。此書之目的在乎"To suggest a minimum dose of what I (Mr. Bennett) believe to be in controvertible philosophic truth such as might be suitable for teaching in all schools",而學生不必再擲光陰於無用(unprofitable expenditure of time)以研究哲學之歷史云。换句話講,這本書是——至少從作者自己看來——一本"袖珍哲學須知"。作者在自序中曾自稱爲"素人"(amateur),這話倒也並非過謙;因爲他對於研究哲學歷史——Ferrier 所谓"philosophy taking its time"——的態度,和他的意見以爲哲學上的"真理"可以"囊括"(packed together)在一起,以爲"速成"之用,都很明白地表示出一個不知"此中甘苦"的人來。

本書最重要的意見,在開頭六章中,而此六章中,不可通——也許是不能懂——的地方最多。舉個例罷,作者給"意識"下個定義道:"An activity of the organism in co-ordinating the various impressions received through the organ of sense."並舉墨色背景上之白色紙片爲證,這是很普通的説教,即英國分析心理派所講"unity of consciousness"是也。可是有兩個語病:第一，“the organ of sense”須改爲多數，方能與“co-ordinate ”相照應；因爲第二，一個“organ of sense”在“a given moment”中，衹能有一個“impression”，無所謂 “various impressions”。黑板上白紙，衹是一個印象，並非如作者所謂一個黑的感覺再加上一個相反的白的感覺。據 Stout 講，黑板白紙間之關係——即作者所謂 concrete relation——亦須經過一番分析和綜合的工夫，纔能見到；最初不過渾然一個印象(“buzzing and blooming confusion”)而已，作者所説，未免“闊於事情”了。作者在下文討論數理關係與感覺關係之不同時，又道：“Between the parts of our sense presentation there obtain concrete relations which thrust themselves up on us，refusing to be other than they are. There are not merely a white card and a dark space; The card is for our vision in the space.”此言與上文界説，不無自相矛盾；因爲既然如此，又何須乎“意識”的“co-ordinating activity”呢？此外如討論“concrete”之不可言説，“物如”之絶對存在，都有些“莫明其妙”；而作者的文筆又並不是“樸實説理，深入淺出”的，此地不能一一爲之辯正了。

一般哲學家講到宇宙間之有秩序，輒歸之於“神”力。作者對於（一）時間之秩序，（二）空間之秩序，（三）生命之規律(law of ontogeny)，亦不能解釋，而歸之於“神”。但是作者所謂“神”，衹有一種“cognitive function”，絶無情感上的功能，所以作者講美學，講倫理學，甚而至於講邏輯，都從心理出發——一種絶端的“psychologismus”，而於神的存在及神的人性——Royce 認爲宗教經驗中最重要的一點——皆不肯下斷語，這是作者謹慎的地方。可是最好的酒，還是在最後；“神怪問題”，在我看來，是書中最清楚的一章，雖然没有特殊的意見，而三條結論頗能把對於此問題應抱的態度，很簡捷的説出來，所舉“凹鏡”一例，也是“罕譬而喻”的。

附帶地講一講作者的文筆，本來就是拖泥帶水，不甚流利的；加以濫用名詞，愈見詰屈，又好把許多子句、仂語，堆砌起來，中間點綴以括弧符號，成一“見首不見尾”的長句，忘掉文法的地方，亦所不免；也許是手民鬧的頑意。此書既爲“平常人”説法，似乎文筆不宜如此“艱深”罷？

（原載《新月月刊》第四卷第三期，
一九三二年十月一日）

《大衛·休謨》[①]

這幾年來，休謨似乎又交上好運了，試看，關於他的哲學和他的生平的書接連地出版。是六十年前罷，那時格林(T. H. Green)爲休謨的全集做了兩篇傳誦一時的“引論”，指桑駡槐地藉着攻擊休謨來攻擊穆勒和斯賓塞爾，把休謨批評得體無完膚；從此，休謨的聲名立刻低落下去，而格林的聲名忽然地響起來了。格林勸二十五歲以下的青年，專讀康德和黑格爾，而丢開斯賓塞爾和穆勒——當然，他不好意思説丢開洛克和休謨。六十年來，斯賓塞爾和穆勒誠然是“束置高閣”(on a shelf)了；康德和黑格爾呢？謝謝格林和凱爾德(Caird)的鼓吹，已經風彌英國了；但是，被打倒的休謨居然翻過身來了；而格林自己呢？時髦的唯心論者一手拉攏安斯坦，一手拉攏柯羅采了；甚而至於卜賴德雷的書，也是駁的多，讀的少了，而格林呢？Où sont les neiges d'antan?

---

① J. Y. T. Greig (John Carruthers): *David Hume*（格莱格：《大衛·休謨傳》），London：Cape. 一九三一年。四百三十六頁。十六先令。

我常想，格林和休謨間的關係，並不如一般哲學史家和唯心論者甚而至於格林自己所想的那樣格格不相容。據我看來，格林其實是承受休謨的知識論的衣鉢的。何所見而云然？即於格林講“知識中之精神原理”見之。因爲格林不知不覺地接受了休謨對於知識的解析——一切感覺是零零碎碎的，不相聯繫的——所以他纔那樣發急，特地(ad hoc)把“精神原理”介紹進來，爲這許多不聯屬的、零碎的感覺拉攏。假使格林像詹美士那樣批評休謨——根本反對感覺是不聯屬的、零碎的，那麼，“精神原理”便不需要了，至少在知識論上。這豈不是强有力的反證麼？世苟有鮑桑癸，欲續作《現代哲學中之寃家碰頭記》（*The Meeting of Extremes in Contemporary Philosophy*）者，願以休謨與格林之rapprochement質之。

休謨之所以不朽，誠然是因爲他的哲學。但是，他是一個多才多藝的人，不僅以哲學自限。於哲學家頭銜之外，他還有許多旁的頭銜，例如：史家、文家、政治家、經濟家、賣空買空的商人、豬——“伊壁鳩魯豚笠中最肥的豬”，像史家吉朋在某處説過的，因爲休謨的食不厭精(gourmet)和膾不厭“巨”(gourmand)。他的時代，又是歷史上最有趣的時代——十八世紀。他又曾寄居於那個時代中最有趣的國——革命前的法國，而又與法國中最有趣的人——盧梭往來。其生活之豐富，可想而知。通行英國的“文人叢書”中的《休謨傳》，雖出赫胥黎之手，衹把三四十頁了卻休謨的一生，當然不會翔實。格萊格教授居然詳詳細細地花了四百餘頁來專記休謨的行事，我們看了已經够高興了，何況教授的文章是這樣的輕靈呢？作者爲文學批評家，蘇格蘭人，而生長於中國的東三省；自今年起，在南非洲 Witwatersrand 大學任英國文學教授，除爲休謨作詳傳外，並且編輯過他的書信集（此書張申府先生《新哲學》書中曾介紹過）。此傳專記生平，並不批評學理；敍述雖十分生動，而事實卻都有根據(documented)。看慣 Strachey-Maurois-Ludwig 派所作的傳記的人，也許覺得本書欠“刺激性”。但是，本書的目的是敍述而非描寫，所以（一）不“踵事增華”，（二）不賣弄才情——像 Charles Smith 在 *Historical Biography* 中所指摘 Strachey-Maurois-Ludwig 派那樣的做。然而本書中像描寫蘇格蘭教堂中做禮拜的情形，休謨與巴黎貴婦演戲時的窘狀（“Eh bien，mesdemoiselles，vous voilà donc”），休謨與盧梭倫敦看戲的盛況，等等，其有趣味正不亞於小說。

從來批評休謨的人，總說他名心(vanity)太重，例如 Taylor 教授在《休謨與不可思議》演講中，Selby-Bigge 爵士在《人知探究》引論內。赫胥黎甚至痛斥休謨爲好名一念所誤，不專攻哲學。但是，從格萊格教授看來，休謨根本上是一個講實際而不重虛想的人。像《人性論》那樣大著不過是休謨少年未入世以前的“超超玄著”。休謨中年後的講史學，講政治，講經濟，改《人性論》爲《人知探究》，並非想“曲學阿世，嘩衆取寵”，像赫胥黎所説，而實出於其求實用的脾氣。這一點的確是對於休謨的人格的解釋上極重大的貢獻。然而我們看到休謨這樣的講實用，終不免被《哲學家的心理》的作者 Hertzberg 博士置之 professional failure 之列，我們不自主地想到 transcendental irony 了！

本書作者雖没有綜括地説明休謨是怎樣的人，休謨卻曾把自己的特徵分爲十六項。摘譯數則，使讀者可想像休謨的風趣：（一）好人而以做壞事爲目的；（三）非常用功，但是無補於人而亦無益於己；（八）非常“怕難爲情”，頗謙虚，而絶不卑遜；（十一）雖離群索居而善於應酬；（十三）有熱誠而不信宗教，講哲學而不求真理；（十四）雖講道德，然不信理智而信本能；（十五）好與女子調情，而決不使未嫁的姑娘的母親發急或已嫁的姑娘的丈夫捻酸。

本書第一章爲休謨哲學之簡單説明。雖無特見，而其稱讚黎德(Reid)，頗足注意。作者的蘇格蘭人的特色，此處極看得出。蘇格蘭人最深於地域觀念，講到駁休謨的懷疑論的人，總要擡出黎德來和康德相比——已故 Andrew Seth 的《蘇格蘭哲學》那本書就是一個好例。

本書有幾個文字上的小錯誤。例如：一二〇頁十九行 letter 當作 latter，一二八頁五行 sending 當作 sent。我從前常想休謨喜歡“手談”（參觀 *Treatise*，Selby-Bigge edition，p.269），在本書卻没有能證實，不免使我失望。

（原載《大公報》一九三二年十月十五日）

《中國新文學的源流》[1]

這是一本小而可貴的書，正如一切好書一樣，它不僅給讀者以有系統的事實，而且能引起讀者許多反想；加以周先生那“泠泠然”的語調，和他的幽默的“幽默”（quietistic humor），我們讀完之後更覺得它十分地 companionable。惟其書是這樣的好，評者愈覺得爲難；要讚呢，須讚個不休；要評呢，又不願意糟蹋這本好書。當然，那種評論普通文學史的手段——評論作者之標舉不當（sins of omission and commission），在本書是用不着的，因爲作者本意衹是“偶然標舉，意不求全”；對於本書理論上有不同意的地方，例如，作者純粹的“爲文學而文學”的見解——我名之曰文學的“自主論”（autonomy），亦無須討論，因爲這不是本書的重心所在。我的方法，衹是把本書全部地接受，而於其基本概念及事實上，加以商榷，或者說是補充；瑣碎的地方，都存而不論。但是，關於現代中國文學一節尚待專家來

① 周作人講校。鄧恭三記録。北平人文書店出版，一九三二年。實價大洋五角。

討論，此處恕從略。

本書的基本概念是：明末公安派、竟陵派的新文學運動，和民國以來的這次文學革命運動，趨向上和主張上，不期而合，或者用周先生自己的話，“無意中的巧合”，因此周先生頗引爲“奇怪”的事。我看，這事並不足爲奇，因爲這兩個文學運動同是革命的，所以他們能“合”；又因爲他們同是革命的而非遵命的，所以他們能“不期而合”，——假使“有期而合”，便是遵命的了。如此着眼，則民國的文學革命運動，溯流窮源，不僅止於公安、竟陵二派；推而上之，像韓柳革初唐的命，歐梅革西昆的命，同是一條綫下來的。因爲他們對於當時矯揉做作的形式文學都不滿意，而趨向於自我表現。韓的反對“剽賊”，歐的反對“撏撦”，與周先生所引袁中郎的話，何嘗無巧合的地方呢？誠然，周先生把唐宋元的文學，敘述得太“大意”(cavalierly)了。韓柳之倡兩漢三代，歐梅之尊杜韓（關於歐是否也尊杜的問題，不能在此討論），正跟公安之倡白蘇一樣（嚴格地説，白蘇並稱，衹有伯修，中郎稱東坡而遺香山），不過是一種“舊瓶盛新酒”的把戲，利用一般人崇遠賤近的心理，以爲吶喊的口號。不幸，韓柳的革命是成功了，而衹能産生遵命的文學；歐梅的革命也成功了，也衹能産生遵命的文學；公安、竟陵的革命，不幸中之大幸，竟没有成功（照我所知，兩派的聲勢，遠不如“七子”的浩大），所以纔能留下無窮去後之思，使富有思古之幽情如周先生也者，曠世相感起來。這裏，似乎不無成敗論人的“抗不來格事”(complex)；當然，普通成敗論人的標準，在周先生是反過來了。

周先生把文學分爲“載道”和“言志”。這個分法本來不錯，相當於德昆西所謂 literature of knowledge 和 literature of power。至於周先生之主“言志”而絀“載道”，那是周先生“文學自主論”的結果。這種文學自主論袁枚在他一首《答友人論文第二書》裏講得差不多有周先生那樣的清楚，我們毋庸討論。祇是，周先生以“文以載道”和“詩以言志”，分爲文學史上互相起伏的兩派，這原是很普通的説教，研究歷史的人，都知道有這種 dialectic movement。不過，周先生根據“文以載道”、“詩以言志”來分派，不無可以斟酌的地方。並且包含着傳統的文學批評上一個很大的問題。“詩以言志”和“文以載道”在傳統的文學批評上，似乎不是兩個格格不相容的命題，有如周先生和其他批評家所想者。在傳統的批評上，我們没有“文學”這個綜合的概念，我們所有的祇是“詩”、“文”、“詞”、“曲”這許多零碎的門類。其緣故也許是中國人太“小心眼兒”(departmentality)罷！“詩”是“詩”，“文”是“文”，分茅設蕝，各有各的規律和使命。“文以載道”的“文”字，通常祇是指“古文”或散文而言，並不是用來涵蓋一切近世所謂“文學”；而“道”字無論依照《文心雕龍·原道篇》(一篇很重要的參考，而《現代評論》第八卷二〇六、七、八期中所載雪林女士之《文以載道》一文，竟没有提到，卻引了無數《老子》、《淮南子》的不相干東西。)作爲自然的現象解釋，或依照唐宋以來的習慣而釋爲抽象的“理”，“道”這個東西，是有客觀的存在的；而“詩”呢，便不同了。詩本來是“古文”之餘事，品類(genre)較低，目的僅在乎發表主觀的感情——“言志”，没有“文”那樣大的使命。所以我們對於客觀的“道”衹能“載”，而對於主觀的感情便能“詩者持也”地把它“持”（control）起來。這兩種態度的分歧，在我看來，不無片面的真理；而且它們在傳統的文學批評上，原是並行不背的，無所謂兩“派”。所以許多講“載道”的文人，做起詩來，往往“抒寫性靈”，與他們平時的“文境”絶然不同，就由於這個道理。他人不用説，舉周先生所謂“桐城派定鼎的皇帝”爲例罷；讀過姚鼐的詩的人，一定會和程秉釗《國朝名人集》題詞那樣想：“論詩轉貴桐城派，比似文章孰重輕!”周先生書中曾引過劉熙載的話，我們更把劉氏《藝概》爲例罷；劉氏在舊批評家之中，是比較有思想的人，但是在《藝概》一書中，《文概》和《詩概》劃然打作兩橛!《文概》裏還是講“經誥之指歸，遷雄之氣格”，《詩概》裏便講“性情”了。這一點，似乎可資研究中國傳統的文學批評的人參考。

本書講公安派頗詳細，講竟陵派不過寥寥數語，這當然因爲公安派在理論上比較有發揮。但周先生因此而謂公安派持論比民國文學革命家，如胡適先生，圓滿得多，這也許是一種立異恐怖！公安派的論據斷無胡適先生那樣的周密；而袁中郎許多矛盾的議論，周先生又不肯引出來。譬如周先生引中郎所作《雪濤閣集唐文》而加以按語謂：“對於文學史這樣看法，較諸説‘中國過去的文學所走的全非正路，衹有現在所走的道路纔對’要高明得多”，而不知中郎《致張幼于》一劄中也仿着七子的口氣説過“唐無詩，秦漢無文，詩文在宋元”那種一筆抹殺的不甚“高明”的話。又如以民間歌謠如《打草竿》、《劈破玉》之類與宋元詩混爲一談，似乎也欠“高明”（附帶地講一樁有趣的巧合。中郎的提倡民間文學，誠無足怪；而一意復古的巨子如李空同，也令人意想不到地提倡民間文學，參觀《詩集自序》及《擬烏生八九子後附郭公謠自識》。從來講明文學史的人，對於這一個有趣的rapprochement都没有注意到）。此外枝枝節節的刺謬，亦不在少數；例如在《答梅客生》一書中，捧東坡爲千古無兩，而在《上馮侍郎座主》一書中，對徐青藤那樣捧法，則“卓絶千古”的東坡又出青藤之下了。在《致張幼于》一書中，把漢唐一筆抹殺而推重宋元，而在《答梅客生》另一書中偏又説：“當代可掩前古者，惟陽明之學而已；其他事功文章，尚不敢與有宋諸君子敵，遑敢望漢唐也!”徐青藤又似乎被王陽明擠出了。諸如此類，雖不必一一舉，我們可以想像中郎的善於自相矛盾了。更有一件有趣而周先生没有講到的事，就是袁中郎多少有和周先生相似的地方——主張八股的（參觀《時文敍》、《與友人論時文》諸篇）。我們知道周先生的主張講八股，是爲瞭解舊文學起見；中郎則不然，他爲“時文”的“時”字所惑，以爲“時”即“不古”之謂，所以居然以“時文”當作“天地間之真文”。就這一點論，袁中郎的識見，遠不如周先生自己來得“高明”了。

周先生又舉出幾個人如金聖歎、李笠翁，以爲他們皆受公安派和竟陵派的影響的。不錯，這幾個人都是文學上的流星，向爲正統文學史家所忽視，誠然有標舉之必要，但是我們也不能忽視公安派和竟陵派在正統文學上的影響，例如它們與明清間“宋詩”運動的關係，尤其是鍾譚對於王漁洋詩學的影響；這許多問題，一般文學史書都没有注意，我的意見，與周先生完全一致，不過爲補充周先生之説起見，故提到這許多問題。

在初，我已經聲明不談標舉的問題，但是看了附於書後的《近代散文鈔》目録之後，又忍不住要説一句話。周先生提出了許多文學上的流星，但有一座小星似乎没有能“swim into his ken”;這個人便是張大復。記得錢牧齋《初學集》裏有爲他作的狀或碑銘。他的《梅花草堂集》（我所見者爲文明書局《筆記小説大觀》本）我認爲可與張宗子的《夢憶》平分“集公安、竟陵二派大成”之榮譽，雖然他們的風味是完全不相同。此人外間稱道的很少，所以膽敢爲他標榜一下，並且，我知道，葉公超先生對於這本書也非常的喜愛。

周先生引魯迅“從革命文學到遵命文學”一句話，而謂一切“載道”的文學都是遵命的，此説大可斟酌。研究文學史的人，都能知道在一個“抒寫性靈”的文學運動裏面，往往所抒寫的“性靈”固定成爲單一的模型(pattern);並且，進一步説所以要“革”人家的“命”，就因爲人家不肯“遵”自己的“命”。“革命尚未成功”，乃須繼續革命；等到革命成功了，便要人家遵命。這不僅文學上爲然，一切社會上政治上的革命，亦何獨不然。所以，我常説：革命在事實上的成功便是革命在理論上的失敗。這誠然有些乞斯透頓式“詭論”的意味，但是叔本華説得好：“假如在這個世界裏，真理不同時是詭論，這個世界將何等的美麗呢!”後之視今，正猶今之視昔，世間有多少始於“革”而不終於“因”的事情？

把周先生的書批評了一大套，並不足以減損它的價值。這本書無疑地能博得許多稱譽，無須我來錦上添花，雖然如裴德所說，最好的批評都是稱譽。

（原載《新月月刊》第四卷第四期，

一九三二年十一月一日）

休謨的哲學[1]

這是在英文中講休謨的哲學的最詳備的書，也是萊爾德教授《唯實論探究》後最好的著作，雖然他出版了大大小小好幾種書。本書凡十章：曰引言，曰感象論(Sensory Phenomenalism)，曰空間、時間與外界存在，曰因果、實驗與歸納，曰體與心，曰自然與懷疑論，曰情(Passions)，曰倫理與人道，曰政治、經濟、歷史與文學批評，曰宗教。雖應無者不必盡無，而應有者卻已盡有；引言前半章並且是休謨的略傳。於休謨學說之來源，有極繁博的考訂；於休謨學說之癥結，有極縝密的分析。假使有一個美中不足的地方，那就是萊爾德教授弄得太煩碎了，反而提挈不起休謨學說的綱領來。我們所得的印象是：休謨並非如我們理想中那樣戛戛獨造，前無古人；他不僅於同國哲學先輩如霍布士、奈端、洛克、柏克立，以至於《蜂喻》的作者 Mandeville 都有所承受，並且在重要的意見上，他多少總被兩個法國人瑪爾布朗會 Ma-

---

[1] John Laird: *Hume's philosophy of Human Nature*（萊爾德：《休謨之原人哲學》）. London: Methuen. 三百十二頁。一九三二年。十二先令六便士。

lebranche與白勒 Bayle 所支配——打開書來一看，援據之多，引證之廣，滿紙雲煙（cloud of witnesses）似的，讀起來非常費力。加以萊爾德教授故習依然，拚命想做警句，語不猶人（preciosity）；例如：三十二頁上云：“Every idea is so very wise as to know its father”，三十五頁上云：“Impressions were literally capable of a comatose resurrection”，看後終覺得渾身不痛快似的。並且，作者好用對稱：如以 semi-competent futility（！）對 misplaced superiority，以 largely agreed 對 subtly differed；似乎没有學到休謨文筆的好處，把休謨文筆的壞處——格萊格教授所謂“pairing for euphony”——倒學像了。這許多咬文嚼字的勾當，本來是無需的。但是，因爲萊爾德教授自己評書的時候，總喜歡替人家斟酌字句，故聊一效顰云爾。

記得萊爾德教授在《知識、信仰與意見》一書中曾説過他生平學問於古最得力於休謨，於今最得力於穆爾（G. E. Moore）。無怪乎他在本書中一變平日英雄（cavalier）的氣概，對休謨那樣恭而且敬。他在自序内很撝謙地説研究休謨者凡二十五年，每一年讀休謨的時候，終覺得往年知他不盡，有許多誤解的地方；恐怕以後再研究他二十五年（願天使萊爾德教授長壽!），也未必能完全瞭解。這種“其詞若有憾”的態度，確然足以表示出教授的謙德；但是做書評的人便無從開口了，因爲他對於休謨決没有二十五年的長期研究，所以在提出以下幾點的時候，評者自己覺得非常之惶恐。並且會聲明在先，這本費了二十五年精心結撰的巨著，有非一篇書評所能説盡的好處。

萊爾德教授以爲休謨的哲學的基本原則是：一切知識和信

仰皆始於現象而終於現象(appearances),一切現象皆由於感覺(sensations)(本書二十五頁)。萊爾德教授對於此點特別注重。當然“現象”這個名詞,是《愛麗斯異鄉遊記》的作者所謂portmanteau Word,不過我們一時倒也想不出較妥善的名詞來。但是,休謨對於感覺的性質的描寫,萊爾德教授似乎没有充分的注重。所以評者以爲於原則(一)“一切知識”云云之外,根據《人性論》卷三附録中休謨自己的撮要,須加上原則(二)一切感覺都是零碎的、不相聯繫的、界限分明的(distinct)(參觀 *Treatise*,六三六頁,休謨在此處綜括自己的哲學所成的兩個命題,評者認爲十分重要的,萊爾德教授卻没有引,他在二十九頁上衹引了一八九頁、四五八頁),方得休謨哲學之全。萊爾德教授雖然知道感象論爲休謨哲學之中心原則,卻没有能把休謨對於此原則在各種問題上之應用作有條理的敍述,所以他的書遂致那樣的缺乏綱領。據評者看來,休謨解決問題時有(甲)並用(一)與(二)兩原則者,例如他的講因果關係;有(乙)僅用(一)者,例如他的講幾何學;有(丙)僅用(二)者,例如他的講自我,講時間。姑爲簡單的説明,爲讀本書者之參考。

(甲)根據原則(二)一切存在(existence,六三六頁)或物件(Object,二〇二頁)衹能“contiguous”,決不能“connected”;但是因果關係又是公認的現象,普遍的信仰(belief)(一〇七、一〇八頁),根據原則(一),又似乎不可否認。因爲感象論的要旨,簡括地説就是“似的即是的”(whatever appears is)。休謨左右兩難,想出一個折中辦法;否認因果關係物理上(或現象上)的存在,以求無背於原則(二),而承認因果觀念心理的存在——聯想習慣的産物（一六六至一六八頁），以求無背於原則（一），這樣一來，兩面都到了。萊爾德教授對於心理上或物理上存在這一點，卻没有講清楚。（乙）休謨對於幾何學理論上的組織，認爲有必然性；但是對於“幾何觀念”（geometrical ideas）現象上的存在，他十分懷疑。簡言之，他承認幾何學組織之爲對（valid），而否認“幾何觀念”之爲實（real）（四五頁以下，又七一頁以下）——原則（一）之應用。評者曾在一篇講懷疑論的英文文章中，把休謨的意見概括爲二點：（A）“幾何觀念”與一切觀念同，皆源於感覺印象（impressions），故決不會比旁的觀念更真實；（B）幾何學的標準是矯揉造作的（arbitrary and man-made）；（C）“幾何觀念”之所以比一般觀念準切（precise），乃是人工所致，其實，既不“實”，又無用（They are made so at the expense of their usefulness and reality）。休謨對於幾何命題間的關係，覺得無懈可擊（fullest assent and approbation，五十二頁），他衹是否認在現象上能找出那麼清晰，那麼準切的“幾何觀念”來；這完全是根據於原則（一），萊爾德教授對於這一點，解析得非常之不清楚。他又以爲休謨對於幾何學的見解，適與笛卡兒相反。我也覺得不十分對：笛卡兒之尊幾何學，正因爲它組織之嚴密，可以使它脱離感覺界（withdraw from senses）（*Discourse*，七五頁）；休謨於幾何學組織的嚴密，未嘗有違言，他衹是對幾何學所以組織成的分子有疑問罷了，與笛卡兒並没有針鋒相對。（丙）關於這一點，格林批評最利害——誠然，他全副精神都貫注在原則（二）上面，所以此地毋庸再説。格林所作休謨集“總引”（General Introduction）第二四五節以下，差不多都是説明休謨怎樣應用原則（二）於時間及自我問題上。休謨因爲執著原則（二）的緣故，所以覺得時間也可以分爲零碎的“parts”，用近代的話來講，休謨把時間空間化了：所以他衹注意到時間的 succession，而没有注意到時間上最重要的兩個現象——simultaneity 與“綿延”（也許是爲了這兩個現象與原則（二）不甚相容的緣故）。萊爾德教授似乎也没有看到這點。再者，萊爾德教授把休謨學説的源流講得很清楚，而對於原則（二）與前人學説是否有相同之處，卻没有提到。評者常覺得休謨的 perception 與笛卡兒的 intuition，十分相像，都是 atomistic 的東西，希望研究西洋哲學史者能留心到此點。

有一小節，評者甚不以萊爾德教授爲然，萊爾德教授在批評休謨的聯想説的時候，説 Stout《分析心理學》裏對於此問題有最後之解決。《分析心理學》當然是一部精闢無比的名著，但是 Stout 對於聯想説的批評，完全本之於卜賴德雷《邏輯原理》第二卷第二部第一章，萊爾德教授自己所引“Association only marries universals”，亦即卜賴德雷之雋語。卜賴德雷批評聯想説的一節，差不多是他生平著作中最傳誦的文字，假使評者没有記錯（因爲手邊没有以下兩本書），《大英百科全書》第十三版聯想條把此節完全引入，詩人 T. S. Eliot 在論文集 *For Lancelot Andrews* 中讚賞卜賴德雷文筆的時候，此節亦在稱引之中。萊爾德教授徒以派別的關係，引其言而没其名；本書二六五頁説休謨對福禄泰爾的態度有些“不光明”（disingenuous），希望萊爾德教授自己學休謨纔好。

評者很抱歉没有把本書的好處一一説出來。萊爾德教授提到近人對休謨的問題有什麼解決的時候，從來没有露出後來居上，今是昨非的態度。在“一切價值都重新估定”的中國，這一點頗可取法。假使一個古代思想家值得我們的研究，我們應當尊敬他爲他的時代的先驅者，而不宜奚落他爲我們的時代的落伍者，换句話講，我們應當看他怎樣趕在他同時人之先，而不應當怪他落在我們之後，古人不作，逝者如斯，打死老虎够得上什麼好漢？

（原載《大公報》，一九三二年十一月五日）

鬼話連篇[①]

在一切歐美哲學家之中，祇有威廉·詹美士纔够得上“immortal”這個字。

“immortality”有兩個涵義：第一個涵義，就是我們通常所謂“不朽”，第二個涵義是鄭道子《神不滅論》所謂“不滅”。這兩個涵義大不相同，假使我們要詳細地分疏它們的不同(“multiply distinctions”)，雖幾十萬字亦不能盡。我在此處祇能舉出我所認爲最重要的四點：(1)“不朽”包含着一個價值判斷；我們總覺得“不朽”的東西都是“好”的東西——雖然幾千年前中國的Cynic早知道“流芳百世”和“遺臭萬年”，從“不朽”的立場上看來，是沒有什麽分別的——譬如我們說“葉斯壁”和“陶士道”的作品皆足以“不朽”，又如法蘭西學院的四十尊“immortels”都是公認爲最“好”的文人。反過來說，凡是不

① Jane Revere Burke: *Let Us In*, A Record of Communications believed to have come from William James（白克夫人：《讓我們進來》，已故威廉·詹美士與人間世的通訊），E. P. Dutton & Co., N. Y.，一九三一年出版，二一頁又一四四頁。

“好”的東西，我們認爲是要“朽”的，是有時間性的，例如一個教授批評“陀思妥耶夫斯基爲必死必朽之文學”，又如我們罵人家“老朽”，罵人家“該死”。“不滅”呢，衹是一個純粹的存在判斷；“不朽”的名人的靈魂固然“不滅”，“必死必朽”的人的靈魂也同樣地“不滅”。不論靈魂在天堂之中逍遥，或在地獄之中掙扎，衹要“有”靈魂，就當得起“不滅”，“不朽”是少數人的 privilege，“不滅”是一切人的 right。康德在《純理性批判》卷二第二章第四節中給“不滅”下的定義是，一個人的“永久繼續着的存在”（infinitely prolonged existence）；“歿而爲神”也好，“歿而爲鬼”也好，鬼和神在存在上是一般的。（2）“不朽”是依靠着他人的，是被動的，因爲我們通常所謂“不朽”，衹是被後世所道知，被後世所記得之謂（關於記憶與“不朽”與價值的關係，長才短命的 Otto Weininger 在他的奇書《性别與性質》第二部中講得最發人深省）；我們不僅要“好”，並且要人家道知我們的“好”，纔算“不朽”。“實”雖在乎自己，“名”有賴乎他人，所以詩人濟慈臨死要發“姓名寫在水上”那樣的牢騷。“不滅”呢，是自主的；早被忘掉的人，雖在人間世已經是銷聲滅跡的了，但依照“不滅”的原則在幽冥界中依然存在着，正好比一般無聲無臭的人，雖然不爲社會所知，也一天一天地度着他們的黯淡的生活。換句話講，“不朽”的 Esse 有待於 Percipi，而“不滅”的 Esse 無待於 Percipi。因此（3）我們説某人“不朽”的時候，我們並不是説某人的身體没有“出於土而歸於土”，我們衹是説某人的姓名或作品能長爲旁人記憶着；嚴格地我們應當説某人名的“不朽”。同樣，我們講“不滅”的時候，我們並不是指“embodied self”（藉用 G. F. Stout《物與心》中的名詞）全部“不滅”，我們衹是指全人格中的一部分“不滅”——Broad 所謂“靈子”（psychic factor）。用中國的舊話來説，我們衹是説“形徂而神在”——“神不滅”。所以“不朽”和“不滅”在不同之中又有相同之點：“不朽”僅指一個人的姓名或作品，“不滅”僅指一個人的靈魂；它們都不是指全分人格的“保留”（survival），而衹是指一部分人格的“遺留”（persistence）。（4）“不朽”是人間的現象，“不滅”斷非人間世的現象；關於幽冥界怎樣，我們不知道。我趕緊聲明我既無“不朽”的奢望，亦無“不滅”的信仰，我衹是藉這個機會把“immortality”的兩個涵義分析比較一下。

從柏拉圖的《斐都篇》直到 Broad 的《心在自然界之位置》，均有“神不滅”的證明。但是“事實勝於雄辯”，詹美士的現身説法，比任何論證都强。誠然，在一切歐美哲學家之中，衹有他當得起“immortal”這個字，因爲他在人類文化上貢獻之偉大可以使他的“大名垂宇宙”——名不朽，而據白克夫人的《讓我們進來》的報告，他老人家的靈魂又方逍遥於冥漠之鄉，——“神不滅”；“immortal”的兩方面，詹美士都做到了。詹美士的哲學雖不免洋行買辦的氣息，而詹美士的品性卻帶一些神秘的意味，跟一切偉大的人一樣。他對於神不滅論或者——通俗地説——有鬼論，是有相當的信仰的（參看他的《書信集》）；他在有名的 Ingersoll 演講裏面曾講過形與神的關係不一定是“利寓於刃”的關係（instrumental），像我國范縝所説，而也許是“薪盡火傳”的關係（transmissive），像桓譚所説。

不料幾十年之後，他老人家居然“顯聖”起來！白克夫人不知何許人，據説是一個美國的“聖手書生”（automatic writer），她的手爲詹美士的靈爽所憑，發表了無數在幽冥界所發生的感想，結果成功了這一本書。並有 Edward P. Martin 所作的序言。內容非常之烏煙瘴氣，不僅有鬼話那樣的漠忽，並且有夢話那樣的雜亂。我們簡直想不到本書是威廉的手筆。無論如何，白克夫人是有自知之明的；她在一三四頁上説道：“我完全知道這本書没有充分的證據使讀者信其爲出於幽靈之手。”我們不敢説白克夫人存心欺騙，因爲我們知道這種“説謊説到自己都當真”的心理；Rebecca West 女士在《坐在黑暗中的人們》那篇小説裏，把神媒們這種心理，寫得非常透徹。詹美士的徒弟 F. C. S. Schiller 博士對白克夫人十分地懷疑；博士畢竟不愧爲英國人，上過 Cock Lane Ghost 的當，知道女人最善於“搗鬼”的。

記得赫赫有名的“聖手書生”Worth Patience 女士的一樁故事。有人問她在陰間遇見詹美士没有，她莫名其妙地回答道：“I telled a one o'the brothers and neighbors o'thy day, and they both know."（Agnes Reppelier 女士的《摩擦點》中引）因爲講到詹美士的鬼，附帶地提一下。

盛德壇的高會似乎比外國的“賽因士”（séance 不是 science）莊嚴得多，衹有教堂裏的做禮拜差足相比——誠然，我常以爲做禮拜不過是大規模的“賽因士”，教士説教無異爲 Holy Ghost “關亡”。並且外國人所請到的鬼，都有傻氣——鬼而不詭，遠没有中國鬼的機伶。中國降壇的鬼，都是名“人”，動不動便是老子、孔子、釋迦之流，甚至摩訶末德和耶穌基督也曾臨過壇以英文宣講教義；外國所講到的鬼，大多是無名小鬼，雖有“不滅”之“神”，卻無“不朽”之“名”，白克夫人居然能講到威廉·詹美士，的確是破天荒的盛事！

傾倒一世的 Mme de Maintenon 説道：“死人是不寫東西的”（Les morts n'écrivent point）。白克夫人的書就是一個絶好的反證。當然，在某種意義上，Mme de Maintenon 的話尚講得通：因爲寫東西的不是死人，而是活鬼。據另一個神媒 Elsa Barker 女士講，幽冥界有意想不到的詳備的圖書館，想來文化事業是極發達的了！

本文所以標題爲“鬼話連篇”者，因爲白克夫人的書是鬼講的話，而本文是講鬼的話，亦有兩種涵義也——

姑妄言之妄聽之，
夜涼燈顫夢回時。

（原載《清華週刊》第三十八卷第六期，
一九三二年十一月七日）

英譯《千家詩》

舊日吾國啓蒙之書，《老殘遊記》所謂三百千千者是也。中惟《三字經》有 Giles 英譯本，Brouner 與 Fung 合撰《華語便讀》第五卷亦嘗註譯之，胥資西人學華語之用，無當大雅。《千家詩》則篇章美富，雖乏别裁之功，頗見鈔纂之廣。其中佳什名篇，出自大家手筆者，譯爲英文，亦往往而有。然或則採自專集，或則本諸他家選本，均非據後村書也。前税務督辦蔡君廷幹，近譯《千家詩》卷一、卷三所録之詩都一百二十二首爲英文韻語，名曰 *Chinese Poems in English Rhyme*，由美國芝加哥大學出版部印行，定價美金三圓五角。其譯例見自序中以中文一字當英詩一 foot 或二 syllable，故 pentameter 可等中國詩之五言，hexameter 差比中國詩之七言。寧失之拘，毋失之放。雖執著附會，不免削足適履之譏，而其矜尚格律，雅可取法。向來譯者每譯歌行爲無韻詩，衍絶句爲長篇，頭面改易，迥異原作。蔡君乃能講究格式，其所立例，不必全是，然循例以求，不能讀中國詩者，尚可想像得其形式之彷彿，是亦差强人意者矣。至其遺神存貌，踐跡失真，斯又譯事之難，於詩爲甚，未可獨苛論於蔡氏焉。

（原載《大公報》，一九三二年十一月十四日）

《美的生理學》①

老式的文學批評家並不是不講科學方法的，譬如碩果僅存的古董先生 Saintsbury 教授在《雜碎書》第一輯中便曾説過非對於幾何與邏輯有研究的人，不能做文學批評家——雖然老頭子所謂幾何，不過指《歐幾利得》，所謂邏輯，不過指 Aldrich。但是老式的批評家衹注重形式的或演繹的科學，而忽視實驗的或歸納的科學；他們衹注意科學的訓練而並不能利用科學的發現。他們對於實驗科學的發達，多少終有點"歧視"（不要説是"仇視"），還沒有擺脱安諾德《文學與科學》演講中的態度。這樣看來，瑞恰慈先生的《文學批評原理》確是在英美批評界中一本破天荒的書。它至少教我們知道，假使文學批評要有準確性的話，那末，決不是吟嘯於書齋之中，一味"泛覽乎詩書之典籍"可以了事的。我們在鑽研故紙之餘，對於日新又新的科學——尤其

① 西惠兒著。倫敦開根保羅公司出版，一九三一年。八先令六便士。*The Physiology of Beauty*，By Arthur Sewell. With an Introduction by Lancelot Hogben.（London：Kegan Paul，Trench，Trubner & Co. 1931. PP. Xiv + 194. Price 8s 6d. Net.）

是心理學和生物學，應當有所藉重。換句話講，文學批評家以後宜少在圖書館裏埋頭，而多在實驗室中動手。麥克斯·伊斯脱曼先生(Max Eastman)稱瑞恰慈爲“曠古一遇的人——教文學的心理學家”(*Literary Mind* 第五十七頁)，誠非過當。便是伊斯脱曼自已，也同樣地表示着科學化的趨勢；他在《文心》(Scribner's. 1931)一書中，利用 Jean Piaget 兒童心理的研究來解釋近代詩之所以難懂，利用Jennings 下等生物的研究來説明詩人的心理，諸如此類，都十分地創闢。書中最新穎的理論，當然是對於詩的性質的研究（凡兩見：一見於《詩是什麼》，再見於《評瑞恰慈的詩的心理》)，雖然不是本文之所當及，也可以略爲討論。伊斯脱曼以爲詩有兩種相反的組織成分：一種是韻律，一種是情感。韻律是催眠的，情感是刺激的；伊斯脱曼稱之曰詩中的sleep and wine。這兩種相反的成分，並不相消，而足以相成；因爲在催眠狀態之下，受暗示的力愈强；所以，詩人有意利用韻律的單調先使我們入於催眠狀態，然後一切惟詩人之言是從，對於詩人所描寫的事物，都能認幻作真，有强烈的感應(heightened consciousness)。伊斯脱曼自負得了不得，以爲此説比瑞恰慈之説來得周密。據我看，此説雖然巧妙，還欠圓滿，我們可以作兩個簡單的批評：(一）伊斯脱曼把詩的内容或情感與詩的形式或韻律分劃得太清楚，好像詩不過是二者機械式的拼合，容易引起誤解。(二）韻律對於讀者是不是有催眠的影響，這是一件事，詩人用韻律是不是爲了要使讀者入於催眠狀態，那又是一件事；伊斯脱曼混二者爲一談，把讀者的觀點認爲即詩人的觀點，把已解析後的結果當作未解析前的造因，犯了一般批評家的通病。又有人講，伊斯脱曼的説法不足以證明韻律在詩中的重要，因爲極强烈的情感也能使人入於催眠狀態：興奮之極，轉成麻醉（南方人所謂“熱昏”），麻醉之中，也能認幻作真，譬如“情人眼中出西施”，愛極而忘其醜，就是一個例。這樣看來，詩中祇要有强烈的情感也足以催眠，更何須藉助於韻律呢？然而不然。因爲“熱昏”狀態，祇有在親身所感受的情感中方能發生，詩中所敍述的情感，在讀者不過是一種 vicarious experience，隔靴搔癢，決無原來的熱度。伊斯脱曼以爲要使這種隔靴搔癢的經驗“感同身受”，非催眠讀者不可，而催眠讀者，又須藉助於韻律；實際生活上的“熱昏”雖不必用韻律，詩中的“熱昏”必用韻律，伊斯脱曼雖没有把這一點講清楚，他的理論仍舊是説得通的。

西惠兒先生是專治生物學、心理學的青年，他和瑞恰慈、伊斯脱曼不同的地方是他一向在實驗室裏用功，没有什麼書齋中的修養的。他是有名的生物哲學家霍格本教授的高徒，絶端信仰行爲主義的心理學。《美的生理學》一書就是想應用行爲主義於藝術上，比瑞恰慈和伊斯脱曼更走極端。不過西惠兒先生以爲藝術的主要性質在乎“傳達”（communication），這一點與瑞恰慈和伊斯脱曼的意見完全一致。書中的基本觀念與霍格本 *Living Matter* 一書相似，而據霍格本爲本書所作《敍言》，則似乎霍格本作 *Living Matter* 的時候，得力於西惠兒先生者不少；譬如“public”這一個名詞，就是西惠兒先生所貢獻。本書凡分四部：一曰“公與實”（Publicity and Reality），二曰“公與私”（The Public and the Private），三曰“道德與道學先生”（Morals and

Moralists)，四曰“美的生理學”。在形式上看來，本書的結構非常之欠平衡；名爲《美的生理學》，而實則所講的東西大部分與藝術不相干，第三部尤其侵入倫理學的範圍。作者的文筆雖説不上好，流暢是有餘的，並且很富於 epigrams。因作者是少年人，所以意氣非常之盛，興會非常之高，對於老前輩誰都不買賬，挖苦俏皮，無所不至。《倫理原理》(*Principia Ethica*)的作者 Moore 教授，《善意》(*Good Will*)的作者 Paton 教授，《浪漫主義》的作者 Abercrombie 教授，《藝術》的作者 Bell 先生等等都着了幾下。而文武全材的 Smuts 將軍與科玄兼通的 Haldane Sr. 教授尤其被駡得痛。祇有 Pavlov 的 *Conditioned Reflex*（牛津出版）一書，作者認爲是天經地義。

作者認爲世間無所謂物件(things)，祇有事情（events)，而一切事情的性質，隨着我們的行爲而決定。思想與概念都是後天學習的結果(tuition)，並無先天的直覺（intuition)。向來心與物的分別祇是“私”(private)與“公”(public）的分別。所謂“公”者是可以傳達的（communicable)，是“common among mankind”的，是公開共見的，例如行爲。所謂“私”者是不可傳達的，是神秘的，是難捉摸的，是不能公開共見的，例如自我傳達的工具，最重要的當然是語言文字，但語言文字也有公私之辨，有許多字是沒有公開共見的 reference 的，是隨人立義的，例如“實在”(reality)、“意識”(consciousness)之類，那便是私的，因爲它們所要傳達的東西根本上是不可傳達的，語言文字常與所傳達的事物相聯屬着。我們對於事物既有反應，我們對於語言文字便有定性反應（conditioned response)。所以，從行爲主義的立足點看起來，文藝的欣賞不過是 conditioned reflex。據 Pavlov 對於狗的試驗，定性反應成立之後，也可以消滅。消滅的方法是衹給與定性刺激而不給與 reinforcement——“口惠而實不至”。如此數次之後，狗自己覺得上了當；雖給與定性刺激，不能復喚起定性反應了。但是，假使在新的環境裏面，則給與定性刺激之後，已消滅的定性反應仍能重現。這種改變環境把已消滅的定性反應重新喚起的歷程叫做 disinhibition。西惠兒先生將此説應用到文藝欣賞上面，大致以爲語言文字是一種定性刺激，但是人類對於語言文字的定性反應，大部分是消滅的了；文學家把語言文字重新拼合(combination)，做成妙語警句，以喚起已消滅的定性反應，彷彿新的環境能喚起狗的已消滅的定性反應一樣。但是這種配合，不得太新奇；因爲太新奇了，衹能引起好奇心(investigatory impulse)，這種好奇心反而把定性反應抑住。所以據作者看來，Sitwell 女士的詩，Joyce 先生的小説都犯了這種毛病，因此，作者來一個極耐人尋味的 obiter dictum：一切藝術在新興的時候，很難確定它的美學上的價值；因爲新興的藝術衹能引起好奇心，非相習之後，不能喚起適當的定性反應。第一夜上俄國跳舞場的人，好比初進大觀園的劉老老，衹會覺得“奇”，不會感到“美”的。

以上是本書理論的簡單敍述，書中有許多透闢的 obiter dicta，例如講電影，講自由詩，講戲劇的佈局，可惜不能在此地舉出來，以下衹是批評。

西惠兒先生極崇拜 Pavlov 所試驗的狗，以爲惟有狗是真正的哲學家；所以我們要解決人的問題，須採取狗的方法。狗是不是哲學家，我不知道，想來西惠兒先生是知道的——我們不必來一個莊周、惠施遊於濠梁的 riposte。退一步講，即使狗是哲學家，哲學家也似乎不必像西惠兒先生那樣努力去做狗。並且，狗的方法未必便適用於人的問題，至少西惠兒先生沒有應用得當。我們姑且指出我們所認爲的弱點：（一）用定性反應來講“美”，至多衹能解釋用語言文字的藝術如詩文之類，對於音樂、雕刻、繪畫等藝術，此説困難極多。因爲文字言語因事因物方能有意義，是有 reference 的（或用西惠兒自己的話，是傳達的），但是音樂、繪畫、雕刻等藝術的 media 本身就是一種事物，不必有（不一定是“没有”）reference——像語言文字所有的 reference。西惠兒先生自己所用的例大多偏於文學一方面，並不能面面都到。（二）並且，定性反應並不能解釋文學的“美”。西惠兒先生從狗推類到人，我們便試用他的方法，看是否説得通。狗的定性反應所以消滅，是因爲“口惠而實不至”的緣故；在新環境之中，施用定性刺激，雖然能喚起定性反應，但是假使仍舊“口惠而實不至”，所重新喚起的定性反應依然消滅。文學的欣賞是不是相同呢？何以我們對於普通語言文字的定性反應會消滅，西惠兒先生沒有講起，想也是爲了“口惠而實不至”罷？那末，文學家的語言文字的新拼合，至多不過暫時地喚起讀者的已消滅的定性反應，假使照樣的“口惠而實不至”（西惠兒先生也沒有提到這一點），是不是這種新的拼合便失了效用呢？這樣看來，斷無“百讀不厭”的詩文或“不朽”的文學了。並且，文學當然並不是拼字的把戲，西惠兒未免把文學看得太簡單罷！進一步講，在狗的試驗裏面，環境雖新，定性刺激並没有改變；但是在文字的新拼合裏面，定性刺激（文字）本身已經改變（新拼合）了，西惠兒先生的推類大可斟酌。（三）西惠兒先生以爲文學能唤起已消滅的定性反應，但是一切唤起定性反應的東西是否都算文學，好文學與壞文學以何者爲分别的標準，西惠兒先生一句也没有談到。講美學的書而不提起這個問題，真使我們詫異。也許西惠兒先生以爲“美”的標準跟“善”的標準一樣，都是“私”的而非“公”的罷?（四）談到“公”和“私”，事實也並不如西惠兒先生所想的簡單。世間有不是“公”而亦並不是“私”的東西，西惠兒先生所竭力反對的“意識”便是一例。意識雖非“公開”卻是“同具”的；因爲每個人都有“意識”的緣故，所以甲講“意識”的時候，乙亦能懂——可以“傳達”到乙。像神秘經驗等等才真是“私”的，因爲它們既非公開共見的，而亦非人人都有的。（五）事情雖有公私之别，語言文字似乎没有這種分别——永遠是公的。“意識”這個東西也許是私有的，但是“意識”這個字是公開共見的。西惠兒先生屢次在書中混二者爲一談。

作者的大膽的立説，不肯崇拜老輩的偶像，一意遵奉實驗科學，都是極好的事。但是作者因爲少年盛氣的緣故，似乎過火了一點。誠然，作者對於定性反應的信仰，不亞於《英勇的新世界》裏面的 D. H. C.。假使他不僅大膽而能細心，少挖苦前輩的誕説而多堅實自己的論證，少賣弄科學實事求是的方法而能學到科學實事求是的態度，那豈不更好麽? 所以當我們合上這本氣壯而理不直的書的時候，我們不由自主地想到那句聰明的話："Si jeunesse savait!"

（原載《新月月刊》第四卷第五期，

一九三二年十二月一日）

約德的自傳[①]

年紀輕就做自傳，大部分是不會長進的表現。約德先生方届不惑之年（整整的四十歲），也不算少年了，但是要賣老，似乎還早着。約德先生卻動不動便捋着馬克思式的大鬍子，帶嚷帶笑地説道："中年人了！中年人了！浪漫的、綺麗的，都没有我的份了。惟有一卷 Trollope 的小説，一斗淡巴菰，烤着火，以消磨此中歲月了。"你看，居然是"老夫耄矣"的口氣。約德先生自己也承認是不長進的——愈加確切地，是長而不進的。在九十八面上，他説："我的一切意見在二十五歲時已經是固定的了，到四十歲的時候，並没有什麼重要的改變。"所以，約德先生是，僭用白芝浩（Bagehot）僭用某人的妙語，生就的（cast），並非長成的（grown）。

記得諾娃利史（Novalis）講過這樣的一句話："每一個人的傳

---

① C.J.M. Joad：*Under the Fifth Rib*，*A Belligerent Autobiography*（約德：《在第五肋骨之下，一本挑釁的自傳》）. London：Faber & Faber. 十先令六便士。三百二十頁，有照相。

應當是一部 *Bible*。”喜歡做警句的人（約德先生即其一也，參觀三十三頁）大可套着調來一句：“每一個思想家的自傳應當是一部 Phänomenologie des Geistes。”這種自傳最爲難寫。我們須要捉住心的變動不居，看它在追求，在創化，在生息，然後我們把這個心的“天路歷程”委曲詳盡地傳達出來；在文筆一方面，不能太抽象，在實質一方面，不宜與我們的專著相犯，因爲自傳的要點在於描寫，不在於解釋，側重在思想的微茫的來源(psychological cause)，不在思想的正確理由(logical ground)。英國思想家的自傳能做到這種地步的，簡直沒有。祇有牛曼(Newman)主教的 *Apologia* 還够得上。穆勒和斯賓塞的自傳太把一切行動和思想“合理化”(rationalise)了，迂遠而不近人情。譬如斯賓塞説他所以不結婚是因爲沒有符合他的頭骨原理(phrenological hypothesis)的女人——真可惜！否則，我常想，George Eliot 跟他倒是天生的一對，正好比 Barbellion 在《最後的日記》裏面想跟尼采和 Emily Brontë 作伐。還有許多哲學家，做起自傳來，索性不記思想生活而專記實際生活，休謨便是一個好例；去世不久的海登爵士(Lord Haldane)的《自傳》也僅敍述着他的政治生涯；鼎鼎大名的《哲學故事》的作者杜蘭先生在三年前也出了一本自傳，書名是《過渡》(*Transition*)，裏面也祇記着他怎樣從無政府黨一變而爲土豪的食客，他怎樣失掉永生的天主教的上帝而找到十五歲的猶太血的姑娘。

約德先生的自傳是很別致的，既沒有講到思想生活，也沒有講到實際生活，祇是許多零零碎碎的意見，關於食，關於色，關於戰爭，關於政治，關於一切。我們祇知道他是四十歲，至於他是什麽時候生的，我們還得向《誰是誰》和《現代不列顛哲學》中去找。從書中四散着的 obiter dicta 看起來，我們知道他是一個多才多藝的人。他不僅深好音樂（一百十二頁以下又二百六十二頁以下），並且本身是個音樂家，曾在 London Hall 公奏過貝多芬（一百八十一頁）。長運動。爲球隊隊員（三百零六頁）。貪吃（四十頁以下，又二百六十八頁以下）。想來是結婚的了，因爲他曾提起過他的女孩子（三百頁）。戀愛史是很豐富的，雖然他没有説起；我們衹知道他的情婦中，有一個是女工（一七四頁）。生平思想與文筆均深受蕭伯納的影響（書中屢見），所以他列蕭伯納爲最偉大的今人之一。約德先生的 Pantheon 簡直是莫名其妙；古人衹有 Bach、Mozart、柏拉圖、釋迦、耶穌，今人除了蕭伯納還有威爾斯、安斯坦和羅素（一百二十四頁）。約德先生選擇這九個人，並非出於“偏見”，他有他的大道理，非讀過《物質、生命與價值》的人，想來不能瞭解這個道理（這個道理記得蕭伯納也曾説過），因爲大人物在約德先生的哲學系統上是有位置的。不過，我認爲叔本華、柏格森和魯意・摩根（Lloyd Morgan）應當加入這九巨頭之内：約德先生的哲學系統，是拆補的，截搭的；對於物質與生命的見解完全本之於叔本華與柏格森，對於價值的見解完全本之於早年的羅素，而藉摩根的“層化論”爲貫串，割裂之跡顯然，試看他在《現代不列顛哲學》中的《自述》、《生命的意義》那本小册子和《物質、生命與價值》那本大書。其他的事實，我們知道他在歐戰時曾做過公務員（六十三頁），雖然他極不愛國（二十九頁），極反對戰爭。他是女權運動者，雖然他很瞧不起女人的没出息（五十六頁以下）。他是費邊社會主義者，在大學的時候，對於宣傳運動，非常努力，雖然他極討厭工人（二十一頁）。出身於牛津大學的 Balliol 學院，精於希臘拉丁，但卻極鄙視之，以爲學那種死文字，耗廢光陰，勞而無功。拚命著書，非常勤勞；做書評的時候，不用細看所評的書，把鼻子一嗅，便知好歹（三百零九頁），頗有中國“望氣”之概。印行的著述已有二十六種，包羅萬象；雖以哲學爲主體，然於政治、宗教、倫理、文學、鄉村風景、閑暇之類，都有撰述。此外還做過一本 Entler 的評傳，一本美洲現象的批評，一本長篇小説，一本短篇小説集（三百零一頁），真是多文爲富，洋洋大觀。雜誌文字，當然不計其數；譬如在本書最後一章的屬稿期間——兩星期，約德先生寫了不少雜誌文字，有論散步的小品文，有論青年人的政治思想的文章，有現代社會中之婚姻問題的討論，有論科學的應用的文章，有論英國國民性的文章，有論物理與自由意志的專篇著作，有三四篇性質很專門的書評（三百零三頁）。並且我們不要忘了，約德先生並不是閑人，他是大學的系主任，而應酬又非常之多。喜歡讀約德先生的書的人，定然應接不暇，忙得氣都喘不過來，而約德先生自己卻並不費勁，據説隨筆寫來，便成文字（三百零三頁）。所以在批評約德先生的書的時候，我們是不能論好醜的了，因爲約德先生的著作，好比 Falstaff 的大肚子，它的量就是它的質。

至於書中的議論呢，那是莊諧雜出；我們無論同意與否，總會感覺到它們的英鋭和透闢。因爲全書都是發議論，並且所涉及的範圍廣漠無垠，所以不能爲之撮要。大指是反對現代人之不講“道理”（the cult of unreason），這種不講“道理”的現象，處處看得出來，譬如在文學裏面就有 Lawrence，Virginia Woolf 等的小説（約德先生是很崇拜 Woolf 的，見一百頁），在科學裏面就發生機械化（robotization）（約德先生因此大罵美國）。造成這個現象者有三個因子：心解學、行爲學和馬克思主義。約德先生把他的觀點講得非常娓娓動人——誠然，多麽可愛的文筆！怪不得 J. B. Priestley 把他那樣的捧——我們雖不能相信，也衹有佩服。

這本書是生氣蓬勃的“少年文字”。約德先生並没有老，他對於人生仍舊是充滿了興趣。約德先生雖然這樣的活潑，我們總覺得他缺乏情感。他衹是冷，卻並不靜——像一道奔流的瀑布。他不愛國，他不信友誼，他講社會主義爲了恨無産階級，他講愛情衹是爲消遣。

本書其實是論文集，並不是傳記。而所發的議論，已數見於約德先生的專門著作中，第八章並且在先已有 Hogarth Press 的單行本。所以看過約德先生他種著作的人，不必再看這本有名無實的自傳，而單看了這本有名無實的自傳，簡直也不必更看約德先生他種著作。但是約德先生於二十六種著作之外，居然堆牀疊架地作了一種自傳，於是約德先生有二十七種著作了。

（原載《大公報》，一九三二年十二月二十二日）

旁觀者[①]

中國似乎還没有人談過加賽德教授的（除了本刊編者[②]曾經提及外），生存着的道地的西班牙哲學家中，他是數一數二的人了。說“道地的西班牙哲學家”，山潭野衲（Santayana）先生是撇開不算的。

這幾年來，在英在美，出版了許多許多討論現代“時代精神”（Zeitgeist）的書。偏是弄文學的人，最喜歡談這一套——我們中國不是就有人文主義者麽？——克勒支（Krutch）先生的《現代脾胃》（*Modern Temper*）尤其是雅俗共賞的著作。雖然書的觀點和論調各各不同，按照我個人淺狹的經驗，有兩點是各書差不多一致的：（一）現代的人（恐怕不是指的你和我）不講理性，不抱理想；（二）現代是有史以來最奇特、最好或最壞、最吃緊（critical）的時代。這許多書，在方法上，總有一個共同的弱

① José Ortega y Gasset：*The Modern Theme*（加賽德：《現代論衡》），Translated from the Spanish by James Clough. London：The. W. Daniel Co.，1931.

② 指《大公報·世界思潮》編者張申府。——本書編者註

點。要談“時代精神”，不得不講“史觀”（historicism）；講到史觀，就不容忽視史跡的演化；講到演化，那末，形成現代的因子，早潛伏在過去的時代中。現代之所以爲現代，有來源，有造因，並不是偶然或忽然的事，有什麽可奇可怪呢？好，不是現代的光榮；壞，不是現代的恥辱；因爲，照史觀看起來，現代不過是收獲着前代所撒佈下的種子，同時也就是撒佈下種子給後代收獲，在本身是説不上是非好壞的——當然，獨立的是非好壞的標準是否宜於史觀，也成爲問題了。講史觀的人對於史跡，祇求瞭解，不能判斷；祇可接受，不能改革。因爲，從演化的立場上講，每一個存在着的時代都是應當存在，每一個過去的時代都是應當過去，每一個現象的存在就是它的充足理由（Whatever is, is right and the existence of a thing is its justification）。所以柯亨（Cohen）教授在《理性與自然》（*Reason and Nature*）一書中要説馬克思唯物史觀是不革命的。不過，柯亨教授似乎没有把“不革命”和“保守”分開；講史觀的人當然不革命，但是他也不反革命，因爲他知道革命也是事實，也有它的來源和造因，他得接受；進一步講，他也不反反革命，因爲既有這種事實，一定是符合着演化上的需要，他同樣得接受。所以我們聽到崇奉創化論的人，大駡理智，不由自主地替他們慚愧；理智當然也是“創化”出來的；我們不談創化論自然不會駡理智，談到創化似乎不宜駡理智罷？真講史觀的人總是胸襟最寬大的人，最有容量，最有亞歷山大教授《空時與神性》一書中所謂“安琪兒態度”的人。話又説回來了：我個人所看見的許多談現代“時代精神”的文學批評家，没有一個是有史觀的，尤其是那般唾駡現代，而醉心於古希臘羅馬的學者——當然，從一個有史觀的人看來，他們的“虐今榮古”本身就是現代“時代精神”的一種徵象。

加賽德教授這本書內容並不怎樣充實；連書面在內不過一五二面的小册子，重複的話卻說了不知多少。但是，他有一個特點，他是懂得史觀的。本書是講現代思想的狀態，加賽德教授名之曰 physiognomy，要旨可以一句話了之：現代思想是古代思想的反動，古代思想是理性化的（書中名詞不一，有時是 rational，有時是 spiritual，有時是 cultural），理性化過度，激成現代思想，變而爲生命化（書中名詞亦不一，有時是 vita，有時是 biological）。加賽德教授以爲這種反動是應當的，不過最好能“允執厥中”，調和理性與生命，以生命爲主，理性爲輔，“以至於至善”（summum bonum）。這種折衷兩元論，在我們中國人聽來，也覺得古色古香得可驚。真的，加賽德教授對於近代的思想家，似乎尼采以後衹知道有安斯坦。此外一切學術界的趨向，他似乎完全隔膜。名爲講現代思想，而絕無具體的例證。在全世界懷抱着無名恐怖的時候，加賽德教授在《革命的日落》（*The Sunset of Revolution*）一篇中坦然地說道：“在歐洲，革命是過去的事了，以後不會再有革命了。”——雖然加賽德先生所謂革命，是含有一種 Pickwickian 的意義，我們聽了也衹有驚佩，一方面想像世外桃源的西班牙，一方面羨慕加賽德教授坐井觀天的寫意。

在譯本裏，我們能看得出作者文筆的濃膩。每說一句話，老是擺足了架子，加賽德教授是“堂·吉訶德”的同鄉，難怪他有“紗帽氣”（grandiose）。這種“堂哉皇哉”的文章裏面，時時閃爍着詼諧，倒也别是一種風味。

書中最中意的文章有三篇，恰巧是開頭兩篇結尾一篇（做書評的人大有嫌疑）。最後一篇是《安斯坦學説在歷史上的意義》（*The Historical Significance of the Theory of Einstein*），尤其精彩的地方是加賽德教授説明“相對論”並不是唯心的，不可與舊日的“相對主義”（relativism）相混，講得非常簡捷了當，記得舊的《心》雜誌裏有土訥（Tuner）博士駁卡爾（Carr）教授談“相對論”的文章，也是這個意思，但是説話遠不如加賽德教授痛快了。加賽德教授又講，安斯坦著作未行世之前，他自己在 *El Espectator* 一書裏就説過相同的理論（參觀第九十二頁又第一百四十一頁），不過，假使我没有記錯，似乎尼采就談過 Perspektivismus 這個東西，即加賽德教授所謂 doctrine of the point of view 是也。

第一篇《代的觀念》（*The Concept of the Generation*），第二篇《預知將來》（*The Forecasting of the Future*），尤其是研究歷史哲學的人不可不讀的東西。加賽德教授以爲一個時代中最根本的是它的心理狀態（ideology），政治狀況和社會狀況不過是這種心理狀態的表現。這一點我認爲不無理由。一般把政治狀況和社會狀況認爲思想或文學的造因的人，尤其要知道這個道理。這樣看來，與其把政治制度、社會形式來解釋文學和思想，不如把思想和文學來解釋實際生活，似乎近情一些。政治、社會、文學、哲學至多不過是平行着的各方面，共同表示出一種心理狀態（參觀 Rivers：*Psychology and Ethnology*，尤其是講《社會學與心理學》那一篇），至於心理狀態之所以變易，是依照着它本身的辯證韻節(dialectical rhythm)，相反相成，相消相合，政治、社會、文學、哲學跟隨這種韻節而改變方式。從前講“時代精神”，總把時代來決定精神，若照以上所説的觀點看來，其實是精神決定時代的——spirit taking its time，結果未必不同，重心點是換了位置了。這雖是我的偏見，而與加賽德教授的議論並無抵牾的地方。加賽德教授又説可以預決將來，我以爲史學的難關不在將來而在過去，因爲，説句離奇的話，過去也時時刻刻在變換的。我們不僅把將來理想化了來滿足現在的需要，我們也把過去理想化了來滿足現在的需要。同一件過去的事實，因爲現在的不同，發生了兩種意義。舉個例罷：在福禄特爾的時候，中世紀從文化史上看來是黑暗得像白紙一樣，而碰到現代理想制度崩潰，“物質文明”膨脹的時候，思想家又覺得中世紀是文化史上最整齊嚴肅、最清高的時代了。在我們中國，明朝也正在經歷這種歷程。申府先生不是在一篇講事理的文章中引着樸蔭開雷（此用 Poincaré 之常譯，若求與原音近合，宜照本刊編者作邦嘉雷）的事實分類麽？樸蔭開雷分事實爲兩種：（一）野蠻的事實；（二）科學的事實。據上面的説法，我以爲歷史上的事實也可分爲兩類：（一）野蠻的事實；（二）史家的事實。一切歷史上的事實，拆開了單獨看，都是野蠻的。到了史家手裏，把這件事實和旁的事實聯繫起來，於是這件事實，有頭有尾，是因是果，便成了史家的事實了。所以叫做史家的事實(historians' fact)而不叫做史的事實(historical fact)，也有緣故：因爲歷史現象比不得自然現象，既不能復演，又不能隔離，要斷定彼此間關係的性質，非常困難；往往同一事實，兩個史家給它以兩種關係，而且都“持之有故，言之成理”。我們爲謹慎起見，祇能喚作史家的事實。

因爲加賽德教授主張要有 metahistory（第十八頁），所以説了上面一大套。metahistory 是極有趣的玩藝兒，雖然像知識論和美學一樣，對於實際工作的人，未必有大幫助，不過至少教我們知道歷史的抽象意義究竟是怎麽一回事，免得有權威的學者動不動便擡出“史學方法”來唬人。

（原載《大公報》，一九三三年三月十六日）

作者五人

據説柏拉圖寫《理想國》的時候，祇是第一句，他就改了九十次——“無怪柏拉圖的東西是不堪入目了”，Samuel Butler在《筆記》(*Note-Books*)中挖苦着説。一篇文章的“起”，確是頂難寫：心上緊擠了千言萬語，各搶着先，筆下反而滴不出字來；要經過好幾番嘗試，才理得出頭緒，以下的“承轉合”便爽快了。所以柏拉圖寫《理想國》的時候，他改了九十次的，也許祇有第一句。

用對話體來發表思想，比較上容易打動讀者的興趣，因爲對話中包含幾個角色，帶些戲劇的成分；彼此間語言往來，有許多扯淡不相干的話來調節着嚴酷的邏輯。我們讀的時候——假使不忙着古典文學或西洋哲學史的考試——興味並不在辯論的勝負是非，倒在辯論中閃爍着的各角色的性質品格，一種人的興味代替了硬性的學術研究，像讀戲劇一樣。所以，爲弄文學的人着想，不妨把柏拉圖加進了Aeschylus、Aristophanes的隊，他的對話便是絶好的道德劇(moralities)，不，還有笑劇(farce)呢！譬如*Euthydemus*和*Gorgias*兩篇對話，摹仿着詭辯家裝腔作勢的口吻，不就很像 Aristophanes 的《蛙》(*Frogs*)或 Molière 的《女學士》(*École des Femmes*)麼? Epicurus 開過柏拉圖的頑笑，說他是演戲的人(dionysiokolax)，哲學史家從來不敢提起這句非聖無法的話，不過，照我以上所説看來，這句頑笑未嘗不是真理。

柏拉圖對話的主角最近又出現了一次，在 J. B. Pratt 的《宗教和哲學中的冒險》(*Adventures in Religion and Philosophy*)第一章裏，是一篇比得上馮芝生先生的《新對話》的作品。

但是我要講的五個人，五個近代最智慧的人，卻全沒有用對話寫過書，祇有山潭野衲(Santayana)的《地獄對話》(*Dialogues in Limbo*)是個小小的例外。他們都寫着頂有特殊風格的散文，雖然他們的姓名不常在《英美散文選》那一類書裏見過。

第一個是穆爾(G. E. Moore)，他是一般人不以爲能文的，不比卜賴德雷(Bradley)，不比羅素，更不比雅俗共賞的詹美士和山潭野衲。但是他的是最特别的，個性頂强烈的文體。英國散文裏也許有它的先例罷，至少我没有能找出來。有些像薛知微(Henry Sidgwich)，不過薛知微的不是好文章，滯重，散漫，拖沓，泥土氣，犯了許多修辭學定下的規律。穆爾既乾淨，又斬截，透明似的清楚——祇是不美。穆爾的光明潔淨是無可否認的，祇是不美觀，像禿髮的人的頭頂。像禿子的頭頂一樣，他絶無暗示力，説一句是一句，是哲學家中最無生發，最無藴蓄的人。他具有一切 Stendhal 認爲良好哲學家的品性——“乾燥，清晰，没有幻象”(sec，clair，sans illusion)(尼采《超善惡》第二章第三十九節引)。情感當然是有的，在文章中倒看不見。偶爾流露一種枯冷的幽默，譬如癟了嘴的人的苦笑，記得 Montgomery Belgion 在《鸚鵡能言》(*Human Parrot*)裏曾説穆爾的文章句句是綜合命題(synthetic proposition)。穆爾的膽跟他的心一般的細，每説一句話，總要填滿了缺陷，補足了罅縫，不留絲毫可指摘的地方。説着一句，又縮回了半截，用了一個字，倒解釋了一大套，兜着數不清的圈子(tours,détours et retours)，極少直捷痛快一口氣講下去的。你找不出一句廢話來，偏又覺得煩瑣。他似乎不僅把理由(reasoning)告訴我們，並且要把理解力(understanding)灌輸給我們。所以有許多人嫌他“費力不討好”；貝子仁先生(E. S. Bennett)對我竟説他是“insufferable bore”。在他那本《倫理學》(*Ethics*)裏，這許多特點最顯著。《倫理原理》(*Principia Ethica*)的文筆倒是極爽利的，想是少年著作的緣故。至於穆爾辯論的方術，在《哲學探究》(*Philosophical Studies*)中頂看得出：碰見了一個問題，老説自己不大懂，表面上是讓步，其實是縮短戰綫，鞏固陣地，這一點極像柏拉圖對話中的蘇格拉底。

從穆爾轉到卜賴德雷，好像深冬回了春。他的文章是經名詩人愛理惡德(T. S. Eliot)先生在 *For Launcelot Andrews* 論文集中品題過的，至少崇拜愛理惡德先生的文人們應該知道有一個會寫文章的他。但是愛理惡德那篇文章寫得不甚好；標題是《卜賴德雷》，文章卻偏重在《倫理探究》(*Ethical Studies*)一部書，又祇注意到《倫理探究》的腳註裏諷刺人家的話，似乎大題小做了罷？臨了忽然心血來潮，無端把行爲主義者華生(Watson)咒詛了一頓。藉題發揮，須要認清目標；談《倫理探究》而罵到華生，便是放野箭了，實用主義者像Schiller之類才是該罵的：實用主義者動不動便説卜賴德雷是不通人事，違反常識的理想家；但是在《倫理探究》裏，他偏把他所謂“俗見”（vulgar notion）作爲根據，他偏攻擊功利主義的不近人情，違背常識，態度偏跟《現代不列顛哲學》（*Contemporary British Philosophy*）第二輯中穆爾的宣言相像，不是大可代卜賴德雷喊冤枉麽？可惜愛理惡德先生衹會高坐堂皇地下旨褒獎，不肯屈了身份來辯護，這番申冤工作便無人做了。詩人又説卜賴德雷的文筆最像安諾德（Arnold），這一點我也不大明白。我覺得卜賴德雷的是近代英國哲學家中頂精煉，質地最厚，最不易蒸發的文章。把一節壓成了一句，把一句擠成了一個字，他從來不肯費着唇舌來解釋，所以時常有人嫌他晦澀。安諾德是否如此，一翻文學史便可解决的。卜賴德雷遺作《格言》（*Aphorisms*）的出版，更可以證明他文筆的精警簡約，此外還使我們吃驚着，想不到這個索居多病的老鰥夫居然是嘗遍了，參透了愛情的滋味的人（參觀申府先生譯《愛經》）；衹是我們不知道具體的事實，否則，在Abelard和Amiel之外，倒又添了一位參情禪的哲學者。至於他的文筆，我想衹有一個形容字——英文（不是法文）的farouche，一種虚怯的勇。極緊張，又極充實，好比彎滿未發的弓弦，雷雨欲來時忽然静寂的空氣，悲痛極了還没有下淚前一刹那的心境，更像遇見敵人時，弓起了背脊的貓。一切都預備好了，“磨厲以須”，衹等動員令——永遠不發出的動員令。從他的斂抑裏，我們看得出他情感的豐富。愛理惡德先生讚美《倫理探究》裏罵人的藝術，這倒不錯；把晚年《真實論集》（*Essays on Truth and*

Reality)裏罵詹美士和早年《倫理探究》裏罵安諾德，罵 Harrison 相比，態度是同樣的客氣，說話是同樣的不客氣，但是晚年的嗓子似乎提高了，似乎動了真氣，不比早年帶說帶笑的。老年人了，肝火要旺(liverish)的。

羅素的文章，最好讓有長期研究像申府先生等來講。我衹慚愧自己捉摸不住它的品性。你可以摹仿穆爾到七八分像，摹仿卜賴德雷到四五分像，衹有羅素，你愈摹仿，愈不像他；因爲摹仿脫不了矯揉做作，而羅素是極自然，極不擺架子的。清楚，流利，有鋒芒，都是通常形容他的文筆的字——但是，他的文筆的特質偏潛伏在這許多形容字的夾縫裏。頂平坦，頂没有阻力，有日常口語那樣寫意，卻又十分文靜——剛與齊名的懷惕黑(Whitehead)相反。讀他的時候，我們往往順了他的意思滑過，忘掉是在讀着好文章。除非到他講得興高采烈的地方，議論特別的風發泉湧，我們才如夢初醒，悟到我們是讀着一個現代的偉大散文家的作品，一半懊悔，一半詫異着向來没有留心他的妙處。這種地方，在羅素的書裏，舉不勝舉，隨便打開他的一部書來，例如《神秘主義和邏輯》(*Mysticism and Logic*)罷，在第六十面上，我們就看見一節詩的散文——還是散文的詩呢？——像情人一般的頌讚着數學的崇高和美麗，使我們想到 Victor Cousin 描寫另一個數理哲學家 Pascal 的名言："燃燒着熱情的幾何學"(la géométrie enflammée)。羅素的思想也是流動不呆板的，跟基督教《聖經》所說的風一樣，要到哪裏，就到哪裏，所以《宗教和哲學中的冒險》裏要給他一個混名叫"馬浪蕩"(Mr. Try-Everything-Once)。Dionysus 式的性情，Apollo 式的學問（借用尼采《悲劇的産生》中的分别），這是羅素的特點，也是我大膽對於他的按語。最後，聽説羅素的文章已經被選入一本什麽高中英文讀本，居然和我們的政學界名流的社論時評並列；這，在羅素，不得不算是一種新享受的國際榮譽了！

詹美士有兩點像羅素：（一）羅素的學説是極科學化的，而性格卻帶些神秘；詹美士的主義雖是功利化的，他的脾氣偏傾向於宗教。（二）在本文所講的五個人裏，衹有他們倆有 enthusiasm（姑且譯爲“火氣”），詹美士的火氣更大，不比穆爾的淡漠或卜賴德雷的莊重。Macy 在《美國文學的精神》（*Spirit of American Literature*）裏把“勇往直前”（straight-forward）四個字——也就是詹美士批評柏格森的四個字——來形容詹美士的文筆，一些兒不錯。因爲他有火氣，所以他勇往直前，大笑大鬧，充滿着孩子氣。羅素的是文靜，他的是活潑，帶一點粗野的氣息。他的筆時常要放縱出去，不受他的管束；我們所以往往覺得他不切題。不論俗語土語，他的文章裏都用得着，尤其是極村氣或極都市氣的比喻；這許多當然使讀者感到新奇，不過，有時也嫌突兀，跟周遭的文境不甚調和似的。所以詹美士的文章並不比羅素的易讀，有如許多人那樣想。他的是一種速度很快而並不流利的（rapid but jerky）文筆，彷彿一條衝過好多石塊的奔流。羅素講的東西極專門，因此反襯出詹美士的書容易懂了。詹美士的書非常通俗化，被選入文學讀本的可能性也極大；在他那部較專門的大著《心理學原理》（*Principles of Psychology*）裏，有不少絶名雋的小品文，例如講“自我”一節中説我們爲什麽不得不祈禱，又如論習慣是怎樣造成的。《宗教經驗的形形色色》（*Va-*

rieties of Religious Experience）當然是他的最富於文學意味的著作；假使我們不常看見歪詩和打油詩的話，我簡直想套一句現代文學批評的濫調，説這本書“美麗得像一首詩”了！

山潭野衲是五個人裏頂多才多藝的。他的詩裏，他的批評裏，和他的小品文裏，都散佈着微妙的哲學，恰像他的哲學著作裏，隨處都是詩，隨處都是精美的小品文。《微末》（*Trivia*）的作者 L. P. Smith 爲他選的那本《小品文》（*Little Essays*），中間倒有一半是從他的大著《理性的生命》（*Life of Reason*）裏挑出來的。山潭野衲的運氣比以前四個人裏誰都好，因爲有裴理斯脱萊（Priestley）先生在《近代文學裏的人物》（*Figures in Modern Literature*）那本書裏極精緻地分析着他的文筆。裴理斯脱萊先生講過的話，我不再講，祇略爲補充幾點。他説山潭野衲在表面上差不多是“國際聯盟”的化身，一個温文高貴的世界公民，而内心像有什麼東西在交戰着，先天的西班牙的遺傳似乎不能跟後天的美國的習慣融合無間。裴理斯脱萊先生没有讀到《現代美利堅哲學》（*Contemporary American Philosophy*）第二輯裏山潭野衲的自述，在那裏山潭野衲自己就説他怎樣不得已用英國人的文字來發表非英國人的思想，所以格格不相入了。山潭野衲也是絶無火氣的，但是他跟穆爾和卜賴德雷又不同，一種懶洋洋的春睏（languor）籠罩着他的文筆，好像不值得使勁的。他用字最講究，比喻最豐富，祇是有時賣弄文筆，甜俗濃膩，不及穆爾、卜賴德雷和羅素的清淨。他的書不易看，有一點很近卜賴德雷，他們兩人的文筆的纖維組織——Edith Sitwell 的 Pope 傳裏所謂 texture——都很厚，很密；他們的文筆都不是明白曉暢的，都帶些女性，陰沉、細膩，充滿了夜色和憧憧的黑影(shade)。他三年前一本批評人文主義的書——《紳士遺風的末路》(*Genteel Tradition at Bay*)，最可以代表他態度的瀟灑，口氣的廣闊。同樣的講“文化”(culture)，襯着這個獨立主義的文人的胸襟，人文主義立刻顯得固執、狹小了。

除了柏拉圖或培根以外，一般哲學家的文筆是從來被忽略的。在劍橋大學的兩部大文學史裏，Sorley 教授寫的《英國哲學》、Cohen 教授寫的《美國哲學》，都不注重文筆，還是通常哲學史的寫法；此外的文學史更簡陋得可悲了。所以我有時夢想着寫一本講哲學家的文學史，每讀了一本文筆好的哲學書，這個夢想便在心上掠過。這本文學史是不會長的，譬如近五十年來夠得上有文學價值的英美哲學家，不過本文的五個人——至多，加上三四個二等角色，像 Royce、Andrew Seth、Balfour 之類。一切把糊塗當神秘，吶喊當辯證，自登廣告當著作的人恐怕在這本夢想的書裏，是沒有地位的，不管他們的東西在世界上，不，在書架上佔據着多大地位。所以，你看，這本文學史是當不得人名字典或點鬼簿用的。

(原載《大公報·世界思潮》第五十六期，

一九三三年十月五日)

《馬克斯傳》

書看得太少了；又趕不上這個善產的時代，一九三四年大作早已上市，自己還在看一九三三甚至一三九三的東西。祇記得幾天前看到一本馬克斯傳（E. F. Carr：*Karl Marx*，*A Study in Fanaticism*，Dent & Son），頗有興味，倒確是今年出版的。妙在不是一本拍馬的書，寫他不通世故，善於得罪朋友，孩子氣十足，絕不像我們理想中的大鬍子。又分析他思想包含英法德成分爲多，絕無猶太臭味，極爲新穎。似乎值得介紹給幾個好朋友看。便以此作答，何如。

P.S. 頃又把來信細讀，乃知看錯題目，並不限於一九三四年出版的書。寬題窄做，悔之無及；懶得重寫，由它去！

（原載《人間世》第十九期，一九三五年一月五日）

補評《英文新字辭典》

《英文新字辭典》出版後，由發行者惠贈一册。對於編者諸君搜羅的廣博，解釋的清楚，極爲欽佩；偶爾使用，深得幫助。但翻檢所及，頗有可斟酌之處。頃見本刊戴鎦齡先生的批評，忍不住略添幾條。

第五頁："after us the deluge（俗）將來怎樣，不關我們了。"這話是成語，不是俗語，從法文來：après nous, le déluge——相傳是 Mme de Pompadour 對路易十五説的。après nous 當作 après moi，但 Mirabeau 在一七八五年給 la Couteulx 論銀行的公開信裏引此語作 après nous；英文類書像 C. T. Ramage 的《法國意國名語集》第三八一頁、Smithland Haseltine 的《牛津英國成語大辭典》第三四頁引此均作 after us the deluge。

第十四頁："angel（美俗）n. 把金錢幫助他人在政治上活動者。"這解釋太狹，替一切活動出錢的"後臺老闆"，全可稱爲 angel；例如 Frances and Richard Lockridge：*Death on the Aisle* 話劇就寫一個 Angel 的被刺。這字不但是名詞，也可作動詞用。

第十九頁："ask fot it"。第一個 t 應改 r。

第七十六頁："cup-of-tea（英俗）"。這三個字不必連寫，可逕作 cup of tea；Ngaio Marsh 小說裏的角色，最喜歡說這三個字，例如 *Died in the Wool*，*Murder and the Dancing Footman* 等書裏，She is not your cup of tea 這類句子，都把三字分開。

第八十三頁："deutschland erwacke!"第二字拼錯了，音也注錯了（因注音符號不便排字，故從略）。

第一〇一頁："fellow traveler 是俄文某字的譯語。""某字"爲 poputchiki，現在用的意義是 L. Trotzki 定的。

第一三四頁："Iron Duce 鐵血首領。" "血"字可删。説"鐵"不必牽連到"血"；Fowler《近代英語用法辭典》If and When 一條第一節可參觀。我疑心這名稱是從英文成語 Iron Duke 點化而得。

第一三八頁："kaput（俗）被破滅了的。"這是第一次世界大戰的軍用俗語，kaputt gehen 的簡省，並非英美土産字。

第一四三頁："lemon（俗）使人不愉快的或没有價值的東西。"應當加一句："不可愛的女人"；這是"peach"（可愛的女人）的相對字，參觀 Eric Partridge：*Dictionary of Slang*。既有 lemon 一字，似不該無 peach 一字，亦如二一六頁有 sadism 一字，不該無 masochism 一字。

第一六三頁："museum piece 異常的人或物。"從法文 pièce de musée 來，例如 Norman Douglas 自傳 *Looking Back* 裏就用原文；還有年齡長大，"老古董"的意思。

第二一一頁："robot…原來是 Capek 劇本裏機器人的名稱。"

似應指出從 robotit (to drudge)來。

第二一八頁："schizophrene 患着 SCHIZOPHRIA 的人。"下文並無 schizophria 一字。

第二五七頁："Third Sex（俗）第三種性；既不男也不女的人們。"這本書裏不論成語或 neologism 或文字遊戲，往往一概稱之曰"俗"，未免"俗"而濫了。例如這個名詞是大衆化的專門術語，算不得"俗語"。近代德國名作家 Ernst von Wolzogen 在諷刺小説《第三種性》(*Das dritte Geschlecht*)裏定下這個名詞，經醫學家和心理學家像 Iwan Bloch 等採用推行，流入英美。這名詞雖然還新，意思是極舊的。例如 Lady Holland 爲她父親 Sydney Smith 所作傳裏就説："法國人説，人類有三種性别：男士、女士、教士(men, women and clergymen)。"柏拉圖及中世紀哲人所説"第三種性"則指神性，與此不同，參觀 C. Patmore：*Religio Poetae* 第二百頁。

第二五七頁："Three K Movement 指德文 Kuchen, Kinder, Kirchen。"第一字、第三字拼錯了，應作 Küche, Kirche。

第二七八頁："bilboism 對於異族的仇恨。"似應註出從 Senator Theodore G. Bilbo 取義。此類字解釋體例，本書殊不劃一。

第二八二頁："existentialism 現代法國文學裏的一種哲學。"這不大確切，祇能説一派現代哲學，戰前在德國流行，戰後在法國成風氣。我有 Karl Jaspers：*Existenzphilosophie*，就是一九三八年印行的，比法國 Sartre：*L'Etre et le néant*，Camus：*Le Mythe de Sisyphe* 要早四、五年。近來 Kierkegaard, Heidegger 的

著作有了英譯本，這派哲學在英、美似乎也開始流行。本辭典爲“存在主義”下的定義，也不甚了了。

以上幾條，也許可供編者諸君的參考。至於書中新字的該刪或該補，我不願意多説。附帶地提到一點。G. M. Trevelyan：*Clio*，*A Muse* 論文集裏有一篇講遠足的文章，常爲中國英文讀本所採用。文中有 white night 一語，這是法文 la nuit blanche 的直譯，意爲“失眠的夜”，英文裏極少用，我此外祇在 W. J. Locke 的小説裏見到幾次。有位在中國大學當教授的美國人，編了一本極暢銷的教科書，也選這篇文章，把 white night 解釋爲“白晝”，到第四版依然没有改正。我曾寫篇書評，蒙本辭典主編者葛傳槼先生引用討論過。我看見在二七一頁上 white night 也收進去了，而且有了正確的解釋，覺得似曾相識，有一種不合理的高興。

（原載《觀察》第三卷第五期，

一九四七年九月二十七日）

白朗：咬文嚼字[①]

白朗的作品，我衹看過兩本散文，一本小說；他最出名的劇評，從未引起我的興趣。他對藝術和人生的態度是保守而且甚至於頑固的。在《付之一炬》（*I Commit to the Flames*）那本書裏，他對第一次世界大戰後的英國文學，嘻笑怒駡個痛快，愛略脱的詩、勞倫斯的詩和小説，還牽上“新心理學”。我記得他説，與其讀一打心析學派的書，不如看三頁勃萊克(Blake)的《地獄格言》。這話的是非，不必討論；它至少可以使人翻一下勃萊克，那未始不是好事。

白朗寫得一手爽辣精悍的散文，是筆戰時短兵相接的好武器。雖然心思不甚深密，但具有英國人所謂健全的常識。近幾年來，他寫了幾本講文字的書，聽説極風行，可惜我没見過。這本小册據自序説是他講文字的第四種。按照字母次序排列，從 antigropelos 到 zythepsary 凡百餘字，他把每個字作爲題目，發表

① Ivor Brown：*Say the Word*，倫敦 Jonathan Cape 公司出版。一九四七年。一二七頁。六先令。

他對該字的感想，短或數句，長或數頁不等。這些字裏有古有今，有雅有俗。他討論這些字在形體和意義上的沿革，在詩文裏的用法，什麽字要不得，什麽字應當採用。他坦白地表示他對文字有主觀的愛憎。所以這不是文字學，還是文學批評，朗吉納斯（Longinus）所提倡的尋章摘句或咬文嚼字的批評。像在八十四頁到八十五頁上，他指出英文裏 mouth 一字不宜入詩而蘇格蘭文 mou 一字宜入詩，就是個體會精細的例子。他書卷豐富，而引徵的衹是尋常典籍，並不搜奇愛僻；他對文字的感覺很敏鋭，而普通讀者的常識還都體會得到，並不玄幻幽渺，像但丁那樣會感到字有毛纖有光滑，或像法國象徵詩人會感到字母有紅有緑。我説他“咬文嚼字”不過湊一句現成話；他可絶未從文字裏嚼出肉的味道（ce goût de chair）來（這是 Charles Maurras 駡浪漫詩人的話，見 *Romantisme Féminin*，一五三頁連下）。

這本書裏一百多條幾乎一大半都很精闢。偶有老生常談：像第五十一頁講 enthusiasm 的原意是“瘋狂”。偶有藉題發揮，跟文字無關的：例如第六十七頁 halibut 條專講這種魚的味道。偶有當面錯過資料的：例如第十六頁説古英文 pouls 一字在現代法文裏還保持原意，而第四十四頁講起古英文 demi-lass，竟忘掉現代法文裏的 demivierge；又如第九十六頁講 copy 跟 coopia 的關係，這個關係巴爾扎克在《失掉的幻象》（*Illusions Perdues*）裏説得最妙，白朗竟不如他。第八十七頁 namby-pamby 條講的全是這位小詩人的詩，他最有名的一首翻譯沙福（Sapho）的詩也引了，但白朗的評語裏出了兩個小毛病。他説gentle horrors 不作恐怖解，而解作 pricking quivering excitation。這首詩描寫情人見面，“眼花繚亂，魂靈飛上半天”的情況。沙福原文此處衹説身體發抖(tremble,shake)，英譯用拉丁文 horror 的原意：發抖或病疾。當然拉丁文 horror 也可譯作“毛骨悚然”(pricking,bristling)，但此處按照沙福原文，作“發抖”解已够，不必想像得太細微，横生枝節。白朗又説 dewy damps 意思是 moistening grief，所以有人主張 damps 應該改爲 dumps，這完全是誤解。沙福原文衹説“出汗”(sweat)，“出汗”這句話在英國直到十九世紀末葉還公認爲不雅——E. E. Kellett《自傳》(*As I Remember*)記載一個女學生爲了説“出汗”，給校長叫去教訓説：“牛馬纔‘出汗’，女士小姐們衹會‘臉上亮津津’(in a glow)。”十八世紀的小詩人當然更没有膽説“出汗”，衹敢轉了彎説“露水似的潮濕”。這是地道十八世紀的修詞，好像李卻特孫的小説裏不説“眼淚”而説“珠子似的流動物”(pearly fugitives)，不説“炮彈”而説“球形的鐵塊”(globous irons)。白朗誤認潮濕爲憂鬱(fit of melancholy)，真太離奇，我疑心他没有對照沙福原詩。第一一六頁 tiddle 條，白朗説英文裏 ti 常跟渺小的事物發生聯繫，這話很對，但没有徹底。我想這聯繫不僅在 t，也在 i 音的長短，據 A. H. Tolman 批評文集(*Hamlet and Other Essays*)一篇極耐人思索的文章(*The Symbolic Value of Sounds*)説，i 短音和 e 長音，都使人聯想到渺小、纖巧。所以 tittle 就小，titan 就大，這當然跟發音時脣齒的收放有關。白朗舉的例裏有 tiny，但值得注意的是：跟小孩子説話的時候，我們不張嘴説 tiny，而合齒説 teony。

這些都是無關弘旨的小節。白朗的文章寫得真好，稱心而道，涉筆成趣，差不多每條都是一篇好散文。自序也很值得注意；白朗對政治家、社會學家、批評家等濫用文字和術語以冒充科學化的文體，痛加針砭。他這些話也許是該說的，但我怕是白說的。

（原載《大公報》，一九四七年十一月二十二日）

《英國人民》[①]

憤世嫉俗的商福(Chamfort)在《雜記》(*Caracteristic Anecdotes*)裏載着一段故事。有位M先生爲了討論一部作品，跟人爭執；那人説："一般讀衆的意見跟你不同。"M先生的回答是："一般讀衆？需要多少傻瓜湊成一般讀衆？"(Combien faut-il de sots pour faire un public?)(Collection Hetzel《商福集》第二五九頁)每讀到關於某一國人民的品性，某一個民族的心理或精神的討論，我也常想問：要多少美國人的品性才算得整個美國民族的品性？所謂英國人民的性格究竟是多少英國人具有的性格？不幸得很，討論民族心理的人忙於討論，没工夫理會這些問題。這其實是科學方法所謂"歸類"(class)的問題。近代社會和心理科學裏把統計的類(statistical class)代替邏輯的類(logical class)；民族心理的一切結論應該是統計的平均(average)。不過，能不能統計，有没有經過統計，統計是不是精密，這許多問題也没有

① *The English People*, George Orwell著。四十八頁。一九四七年。倫敦Collins公司出版。

人理會。

所以，討論民族品性的書往往祇是一種藝術作品，表示出作者自己識見的深淺，知識的廣狹，以及能不能自圓其説，對該民族的瞭解未必具有客觀的準確性。幸虧外交家不讀書，否則根據這類書，認爲辦交涉的時候，可以知己知彼，百戰百勝，那就冤枉了。不管是狄貝立斯（Wilhelm Dibelius）淵博繁重的《英國論》，或像渥惠爾這本輕描淡寫的薄册子，在科學上的價值，没有多少高下。

這本不到五十頁的書是 Britain in Pictures 叢書之一，印刷非常精緻，附有二十五幅插圖；都是描狀英國人生活的名畫，其中八幅系彩色版。作者渥惠爾的政論、文評和諷刺小説久負當代盛名。書分六節：第一眼看來的英國，英國人的道德觀，英國人的政治觀，英國人的階級制，英國語言，英國人民的將來。議論和意見並不很新穎，但不用説是明通清晰。至於文筆，有光芒，又有鋒芒，舉的例子都極巧妙，令人讀之惟恐易盡。上帝愛的人據説都短命，那末書評者喜歡的書也是短書，一看就完，省事也省時間；爽利的文筆使這本短書在讀者心理上更見得短。作者的目的要使“外國人”瞭解英國，至少消除他們的誤解，所以處處爲“外國人”説法。不過渥惠爾所謂“外國人”，恐怕是半世紀以前的或窮鄉僻壤的外國人——因爲空間上的偏僻跟時間上的陳舊同樣能使見聞狹陋。以我所見這二十年來德國、法國、捷克和西班牙作家爲他們本國人解釋英國民族性的著作，議論跟渥惠爾相同者不少。就像久居英國的荷蘭經濟學家和傳記家雷尼埃（Renier）所作《英國人是人麽?》（*Are the English Human*?）一書，標題雖然驚心動目，内容並不荒謬離奇。也許渥惠爾身爲英國人，不屑看外國人講英國的書，所以他衹知道外國人對英國的“誤解”，不知道外國人對英國的“瞭解”——假使跟渥惠爾所見相同就算得是“瞭解”的話。渥惠爾並不諱言英國人的短處，正像英國人承認頑固、醜陋、愚笨，肯把喇叭狗(Bulldog)作爲國徽（見第十二頁)。但這種坦白包含着袒護，是一種反面的驕傲。一個人對於本國常彷彿作家之於自己作品，本人可以謙遜説不行不好，但旁人説了就要吵架的。因此渥惠爾一方面批評英國人有種種缺點，而一方面仍然希望“外國人”不要“誤解”。

此書所引起的感想，不暇細説。我衹能提到一點，在十六世紀，法國有個德・拉・樸脱(De La Porte)出版了一本詞典，名叫《形容詞》(*Les Epithètes*)，爲學生作文之助；每一名詞後註着一連串該名詞應有的形容詞。“英國人”（Les Anglais)的形容詞是：“皮膚白的，驕傲的，與法國爲敵的，善射的，不肯服從的(mufins)，有尾巴的(coues)，好戰的(belliqueux)，高亢的，臉色紅的，躁怒的(furieux)，勇敢的(hardis)，膽大的(audacieux)。”我所見討論英國民族性的書裏，這一節從未引過。仔細研究一下，我們發現這裏面關於英國人身體的形容詞都還適合——“有尾巴的”除外，而英國人品性的形容詞已經十九站不住了。“躁怒”麽？到十七世紀，歐洲流行話裏衹説“法國人的躁怒”（Furia Francese)。“好戰”麽？慕尼黑會議時候怎麽樣？英國人做事講實際經驗，不相信邏輯和抽象的推理，這是民族心理學家的常談。渥惠爾未能免俗，也照例説了一次，並且説從莎士比亞時到現在一直如此（第十三頁)。但是我們知道在法國大革命以前，比較民族心理的人像孟德斯鳩、服爾泰等衹說英國人做事講理性和邏輯，已故的華烈斯(Graham Wallas)在《思想的藝術》(*Art of Thought*)裏把這一點考論得明明白白。洛克的經驗哲學是公認爲英國人品性的代表產物的，但據近來哲學者像吉伯孫(Boyce Gibson)的研究，洛克的哲學體系完全是受幾何影響的理性主義。然則所謂民族性也有時間性。說到英國的某種品性，我們該問：什麽時代的英國人？還是維多利亞時代的？這一類問題跟上面所講歸類的問題同樣重要，也同樣的没人理會。

(原載《大公報》一九四七年十二月六日)

《遊歷者的眼睛》[1]

遊歷當然非具眼睛不可，然而衹有眼睛是不够的，何況往往戴上顏色眼鏡呢？托利亞諾(Torriano)收集的意大利諺語裏，有一句説：旅行者該有豬的嘴，鹿的腿，老鷹的眼睛，驢子的耳朵，駱駝的肩背，猴子的臉，外加飽滿的錢袋。豬嘴跟驢耳似乎比其他更重要：該聽得懂當地的語言，吃得慣當地的烹飪——烹飪是文化在日常生活裏最親切的表現，自從十七世紀西班牙批評家以來，西洋各國語文裏，"文藝鑒賞力"和"口味"是同一個字(taste)，並非偶然。例如許多在中國觀光的洋人，飲食起居，還牢守着自己本國的方式，來往的衹是些瞭解自己本國話的人，這種遊歷者衹像玻璃缸裏游泳的金魚，跟當地人情風土，有一種透明的隔離，隨他眼睛生得大，睜得大，也無濟於事。至於寫遊記呢，那倒事情簡單，無須具有這許多條件。因爲遊歷是爲了自己，而遊記是爲旁人寫的；爲己總得面面周到，爲人不妨敷

① *The Traveller's Eye*，作者：Dorothy Carrington。一九四七年。倫敦 The Pilot Press 出版。十八先令。

衍將就。所以許多遊記的作者，除掉飽滿的錢袋以外，並無鷹眼驢耳等等，衹有愛爾蘭一位散文家所謂馬蹄似的手指，能够筆不停揮，在又光又白的稿紙上日行千里。

這種遊記常常膚淺荒謬，可是有它的趣味。並且議論愈荒謬，記載愈錯誤，愈引起我們的好奇心，觸動我們的幽默感，因此它也可以流傳久遠。這跟文藝批評一樣：對於一件作品正確的估價，往往使人習而相忘；但是像雷麥(Rymer)批評莎士比亞的《奧塞羅》(*Othello*)説是“馬鳴犬吠”，傑夘雷(Jeffrey)批評華茨華斯的《漫遊》詩説：“這不行”，到現在還被人傳作話柄。譬如這本書選節的遊記裏，就有這類東西。

這本書是自古到今英國旅行家的合傳，兼英國人的遊記選。簡短的“引言”以後，分兩大部：“向東旅行”和“向西旅行”。“向東旅行”部裏分：法國、意大利、土耳其、亞洲、中國。“向西旅行”部裏分：西非洲與西印度羣島、美洲、太平洋。對於每種書和它的作者都有敍述和批評，在“夾敍夾議”之中，引了長篇大段的原文，彷彿把珠子貫串在綫索上。有時也許一顆顆珠子擠得太密，我們勉强瞧見些綫索，但這足以表示作者材料的豐富。她所搜採的不但是遊記，自傳、日記、書信以及小説（像七一—七三頁所引 Baron Corvo 的作品），拾在籃裏都算得菜。奇聞妙事，應接不暇，舉一例爲證。我們知道英國使臣來中國“進貢”，因爲不肯叩頭，引出許多糾紛；而據這本書的選載（第一六七頁），有個湯麥斯·曼寧（Thomas Manning）最喜歡向中國人叩頭，從來不肯放過跪拜的機會。可以補充兩點：這個曼寧就是蘭姆(Lamb)《書信集》裏常見姓名的那一位，也就是《論烤豬》那篇散文裏的“M先生”；他對叩頭的態度，使我們聯想到印度的普達王——這位國王向和尚們叩頭，因爲豬頭、牛頭、羊頭全有賣主，衹有人頭送給人都不要，這證明人頭最賤，叩個把頭，不足介意（見大正本《大藏經》第五二二種《普達王經》）。

從全書體裁上看來，頗多費解之處。何以没講到德國、俄國、西班牙、日本、南美洲等處？難道自古到今英國人没遊過這些地方？還是没有記載？既然收集的範圍那樣廣泛，包括傳記、小説等等，不應該欠缺關於那些地方的材料。即就所敍的地域而論，也有許多非講不可的遊記，作者都略而不道。例如Richard Burton的名字衹在第二六三頁上帶過，他的奇情壯采的《回教聖地旅行記》一字没引，又如拜輪和雪萊的好朋友E.J.Trelawny連名字都没有；他在旅行家裏算得一尊人物，他的遊記不是僻書，遊踪也很廣泛，到過南洋羣島，打過中國人和滿洲人的船，中國的咸鴨蛋首見於陶宗儀《輟耕録》，在英文書裏，以我所見，則以此書的描寫爲最早。Baron Corvo的小説佔了兩頁，而James Morier跟他的 *Haji Baba of Ispahan* 隻字不提：緣故是Baron Corvo這幾年來忽然走紅，而Morier的好小説——據我所藏一八九五年重印本前面Curzon侯爵的序説，衹要這部書跟另一部遊記存在，其餘關於波斯的書籍全可燒掉——知賞者還寥寥可數；别以爲歷史家好古，他們最趨時，他們所好是時髦的古代，不時髦的古代，他們也不屑理會的。A.W.Kinglake跟他的《東遊記》也没有提到，真使人不能相信。這種例子，不必多舉。我反覆研求，始終不瞭解作者去取的用意和標準。

全書給我們一個印象：英國“遊歷者的眼睛”大半生在頭頂上的。他們對外國的讚美，也彷彿是傳旨褒獎。作者選及 Smollett 的遊記，未説起 Sterne 的遊記；Sterne 在他的遊記裏給 Smollett 一個混名“Smelfungus”，説他懷挾偏見，厭惡一切外國事物。這個混名可以移贈許多英國旅行家。也許惟有這種固執驕横的人纔能建設大英帝國，還是依仗了大英帝國，這種人纔變成那樣固執驕横呢？我上面講到遊歷者的嘴，本書作者曾引 Philip Thicknesse 的法國遊記，但未引及此人自記在法國吃館子的故事。此人嫌旅館中菠菜不乾淨，不要吃；女侍者糊裏糊塗上了一碟菠菜，此人一時怒發，把碟子連菜合在女侍者頭上，替她“加冕”。這是十八世紀末葉的事。在十九世紀末葉，法國大小説家貢固兄弟的《日記》裏有這樣一節：“做了法國人在法國旅行真是倒霉。一起吃飯的時候，雞身上最好吃的一部分老是給英國人吃去的。何以故？因爲英國人不把侍者當人看待。”（*Journal des Goncourt*，t. III，一八六六年一月一日）近來的英國旅行者似乎沒有這樣氣焰了。

這本書有“引得”，可是所註頁數，沒有一個對的，相差兩三頁以至五六頁不等。錯得如此徹底，也值得佩服。

（原載《觀察》第三卷第十六期，
一九四七年十二月十三日）

《落日頌》[1]

已往的詩人呢，祇值得我們的記憶了，新進的詩人還值得我們的希望——希望到現在消滅爲已往的時候，他也能被記憶着；在不捨晝夜的流水面上，他，像濟慈，居然記下了姓名，留傳片言半語以至於千百首詩歌，感盪了無量數的讀者的心，跟隨作者的心一同顫動，跳躍！

所以，新進的詩人總有價值供研究的，即使研究之後發見他的無價值。他還未經論定，我們可以藉他來測驗我們美感的鋭鈍，文心的靈滯；他還没有成名，我們可以對他説老實話，免得附庸風雅，隨聲説好，做文學批評上的勢利小人（snob）。當然，我們對他的批評决不是最後的話（last word），因爲他正是“方興未艾”，祇要我們能搶在頭裏，説一句最先的話，我們也心滿意足了。

有一種詩人的“詩品”（在司空圖用這個名詞的意義上），常使我們聯想到一陣旋風，一團野火，蓬蓬勃勃的一大羣强烈的印象。這種詩人好比幾何學中的垂直綫，他把讀者兩分（bisect）了：

---

① 曹葆華作。新月書店出版，一九三二年。實價大洋四角。

讀者不是極端喜愛他，便是極端厭恨他；他絕不會讓你守淡漠的中立。誰是綿羊(sheep)，誰是山羊(goat)，井井然分開了，不留下任何 tertium quid。在這種產生兩極現象的詩人中，《落日頌》的作者有一個位置，一個不低的位置，所以他（出了兩部詩集的人）從來没有碰到公平無偏頗的批評。在他的詩裏，你看不見珠璣似的耀眼的字句，你聽不見唤起你腔子裏潛伏着的回響的音樂；他不會搔你心頭的癢處，他不能熨貼你靈魂上的瘡痛——他怎樣能够呢？可憐的人！他自己的靈魂正呼着痛。這種精神上的按摩(spiritual massage)，不是他粗手大腳所能施行的。不過（一個很大的“不過”），他有他的特長，他有氣力——一件在今日頗不易找的東西。他的是一種原始的力，一種不是從做工夫得來的生力，像 Samson。“筆尖兒横掃千人軍”，他大有此種氣概；但是，詩人，小心着，别把讀者都掃去了！你們記得“獅子搏兔亦用全力”那句妙語罷？這便是有氣力的不方便處。有了氣力本來要舉重若輕的，而結果卻往往舉輕若重起來。試看作者 Souffle 的小詩，例如《燈下》，都不免於“笨拙”，僭用作者自己的字；祇有《五橋泛舟》夷猶駘蕩，有一點兒，祇是一點兒，舊詩的滋味。

粗淺地説，文學作品與非文學作品有一個分别：非文學作品祇求 readable——能讀，文學作品須求 re-readable。re-readable 有兩層意義。一種是耐讀：“咿唔不厭巡檐讀，屈曲還憑臥被思”，這是耐讀的最好的定義。但是，作者的詩禁不得這種水磨工夫來讀的。爲欣賞作者的詩，我們要學豬八戒吃人參果的方法——囫圇吞下去。用這種方法來吃人參果，不足得人參果的真味，用這種方法來讀作者的詩，卻足以領略它的真氣魄。他有prime-sautière的作風，我們得用prime-sautière的讀法。行氣行空的詩切忌句斟字酌的讀：好比新春的草色，“遥看近卻無”；好比遠山的翠微，“即之愈稀”。在這裏，re-readable不作“耐讀”解了，是“重新讀”的意思。

話雖如此説，在作者一方面卻斷不可忽略字句推敲，修飾的技巧。作者的雕琢工夫粗淺得可觀：留下一條條縱着横着狼藉的斧鑿痕跡，既説不上太璞不雕，更談不到不露藝術的藝術，作者何嘗不想點綴一些燦爛的字句，給他的詩添上些珠光寶氣，可惜没有得當；詩中用字句妝點，比方衣襟上插鮮花（這是Gray的妙喻），口頰上點下了媚斑（beauty spot），要與周遭的詩景，相烘（intensify）相託（contrast），圓融成活的一片，不使讀者覺到絲毫突兀；反之，妝點不得法，便像——對不住，像門牙鑲了金，有一種説不出的刺眼的俗。鑲金牙的詩充分地表示出作者對於文字還没有能駕馭如意。他没有能把一切字，不管村的俏的，都洗濾了，配合了，調和了，讓它們消化在一首詩裏；村的字也變成了詩的血肉，俏的字也變成了詩的纖維：村的俏的都因爲這首詩而得了新的面目；使我們讀着衹覺得是好詩，不知道有好字。在作者手裏，文字還是呆板的死東西；他用字去嵌，去堆詩，他没有讓詩來支配字，有時還露出文字上基本訓練的缺乏。聲韻一方面的毛病，例如湊韻、急口之類，我們都存而不論，專講作者的用字。文字呢，當然是隨人立義的，但是也有一個界限——以不侵犯旁的字爲界限，像自由一樣。作者似乎不管這一點，往往强制一個字去執行旁一個字的任務。這種不顧原來的意義，信手濫用的行爲，無以名之，名之曰文字的强姦（罪過！罪過！）。强姦文字有相當的報應：在文法上不可通，在道理上不可懂。這一類的風流罪過，作者犯下了不少，尤其在顯比和隱喻（simile and metaphor）上。我常想，每一種修詞的技巧都有邏輯的根據（這也許因爲我喜歡 logic-chopping 罷?）；一個詭論（paradox），照我看來，就是縮短的辯證法三階段（a dialectical process tronqué），一個比喻就是割截的類比推理（an analogy tronqué）。所比較的兩樁事物中間，至少要有一點相合；否則，修詞學上的比喻牽强，便是邏輯上的不倫不類。當然，比喻的好壞不盡是邏輯上的問題：比喻不僅要有倫類並且要能貼切，一個有倫類而不貼切的比喻我們喚作散漫比喻（loose metaphor）。關於這許多，我另有文章來講。詩人心思鋭敏，能見到"貌異心同"的地方，抓住常人所看不到而想得懂的類似之點，創造新的比喻，譬如 Baudelaire 的 correspondance，Rimbaud 的 voyelles，Earnest Rhys 的 words。但是作者的比喻，不是散漫，便是陳腐，不是陳腐，便是離奇；例如"靈魂像白蓮花的皎潔"（《沉思》），"舉起意志的斧鉞"（《想起》），"嵌妝在琅瑠的歌裏"（《告訴你》），"落葉揚起了悲歌"（《燈下》），"幾點漁火在古崖下嚶嚶哭泣"（《沉思》），都算不得好比喻。我衹看到兩個好比喻：《告訴你》一首中的"清風摇曳中我看烏鴉怎樣馱走日色"和《江上》一首中的"傾聽暮色裏蜿蜒的晚鐘"。第一句還不算得十分特創，因爲我們想到"玉顔不及寒鴉色，猶帶昭陽日影來"那兩句好詩。第二句差不多把鐘聲的形狀逼真地描寫出來了——隨着一絲風送，高，下，裊裊地，由濃而淡，溶失在空濛裏。

看畢全集之後，我們覺得單調。幾十首詩老是一個不變的情調——英雄失路，才人怨命，Satan 被罰，Prometheus 被縶的情調。說文雅一些，是擺倫式(Byronic)的態度；說粗俗一些，是薛仁貴月下歎功勞的態度，充滿了牢騷、侘傺、憤恨和不肯低頭的傲兀。可憐的宇宙不知爲了什麽把我們的詩人開罪了，要受到這許多咒詛。但是，作者的詩不僅情緒少變化，並且結構也多重複，舉個例罷，《夕陽》的結尾道：

…………………這樣
沉思，我不禁悲憂，吐出了幾縷歎息。
同時江上的琵琶又送來無限哀怨，
催起我…………………

《不幸》的結尾道：

…………………像這樣
我怎不抑鬱，不悲傷……
…………………同時
隔壁的嬰兒送來一陣啼叫使我
慨歎…………………

《沉思》的結尾道：

…………正這樣深思，遥遠處忽來

《落日頌》

幾聲寺鐘，在我黯淡的心中添上陰霾
正如夜色的蒼茫…………

《歎息》的結尾道：

沉思………………
………………
………………
………………
………………
但是山後的杜鵑還送來幾聲啼泣，
在我悲哀的心上…………

《春天》的結尾道：

…………吐出愁天的吁嗟。
幸而深山裏的寺鐘送來一片
閑適………………

你看，這許多琵琶聲、嬰兒啼聲、寺鐘聲、杜鵑聲來得多巧？每當詩人思想完畢的時候，江上立刻奏着琵琶，嬰兒立刻放聲大哭，和尚立刻撞起寺鐘，杜鵑立刻使勁哀啼，八音齊奏，做詩人思想終止的 chorus。此外，作者所寫的景物也什九相同；詩中所出現的生物都是一些不祥的東西，毒蛇猛獸是不用說了，烏鴉和鴟梟差不多是作者的家禽；黄鶯兒也是有的，不過，她是一隻“飛躍”着的黄鶯，未免不顧鳥體面；並且，緊跟着黄鶯，就是“兇惡得吃人的虎豹”（參觀第三頁）。

這許多疵累作者當然要努力避免的，而讀者卻斷不可以此抹殺作者的長處。一瀉千里的河流無疑地帶挾着數不清的沙粒和石子。Gosse 的 *Impression* 那首詩説得好：

Ah! For the age when verse was lad,
Being godlike, to be bad and mad.

作者的詩，無論如何的不好，總有這種天真未漓的粗豪，不着一些兒纖仄(cultured triviality)。請問：有多少人有他那股拔山蓋世的傻勁？他至壞不過直着喉嚨狂喊，他從來不逼緊嗓子扭扭揑揑做俏身段，像——不用説咧！我是頑固的，我相信亞理斯多德的話，我以爲好的文學不僅要技巧到家，並且要氣概闊大(largeness)。讀作者的詩，你至多是急迫到喘不過氣來，你決不會覺得狹小到透不過氣來。

作者的詩還有一個特點，他有一點神秘的成分。我在别處説過，中國舊詩裏面有神説鬼話(mythology)，有裝神搗鬼(mystification)，没有神秘主義(mysticism)。神秘主義當然與偉大的自我主義十分相近；但是偉大的自我主義想吞併宇宙，而神秘主義想吸收宇宙——或者説，讓宇宙吸收了去，因爲結果是一般的；自我主義消滅宇宙以圓成自我，反客爲主，而神秘主義消滅自我以圓成宇宙，反主爲客。作者的自我主義够得上偉大，有時也透露着神秘。作者將來別開詩世界，未必不在此。神秘主義需要多年的性靈的滋養和潛修：不能東塗西抹，浪拋心力了，要改變擺倫式的怨天尤人的態度，要和宇宙及人生言歸於好，要向東方和西方的包含着蒼老的智慧的聖書裏，銀色的和墨色的，惝恍着拉比（Rabbi）的精靈的魔術裏找取通行入宇宙的深秘處的護照，直到——直到從最微末的花瓣裏窺見了天國，最纖小的沙粒裏看出了世界，一剎那中悟徹了永生。假使作者把這個境界懸爲目的，那末，作者的藝術還没有成熟。

没有成熟並不是可耻的事，大器從來是晚成的。青年時代做詩，值得什麽驚奇——當然，一首好詩永遠是一樁奇跡。在青年時代，誰不覺到心頭的隱痛？誰不偷空做着星星的迷離的夢？誰不自以爲有海洋般深的情，海洋般大的愁？誰不藉詩來發洩（catharsis）？在青年時代做詩不算什麽一會事，不過是一種（説句粗話）發身時期的精神排洩，一種 greensickness。許多一絲兒散文氣都没有的中年人，想當年，也曾經跟夜鶯賽過歌喉來，現在呢？祇有得上帝的憐愛而不早死的詩人，直到頭白眼花的時候——心是不痛了，卻没有變堅硬；夢是不做了，因爲他知道醒着也是一樣做夢；依舊有海洋般深的情，海洋般大的愁，但是不無風作浪——到頭白眼花的時候，我説，他依然唱着新歌，爲這個躋嘈不堪的巴比爾（Babel）的人間添進了一點和諧，爲那句刻毒的話“長壽就是天才”添上了一個新鮮的意義。作者的集名——《落日頌》——是很象徵的。“落日”是臨死前片刻的光榮；夕陽無限好，衹是近黄昏——

你看！牛羊走過了山坡，農人
早回村莊——（《祈求》中句）

地面上管領了荒涼(desert)，倒也算是平靜(peace)，令我們憶起Tacitus的名句；而作者的“頌”卻給我們一個絕然不同的印象：我們想到秋天早晨的霧，白漫漫的煊染了朝暾的紅色，從這一點子紅色，我們知道又是一個晴和淑麗的好天，推測到霧散後初陽的絢爛，午日的光華。

所以，作者最好的詩是作者還沒有寫出來的詩。對於一位新進的詩人，有比這個更好的，不，更切實的批評麼？

（原載《新月月刊》第四卷第六期，
一九三三年三月一日）

《近代散文鈔》[1]

先講近代，後講散文，鈔則草草了之。

鈔的都是明末清初的文章，在我們不能“上知五百年”的人看來，已經算得太古時的遺跡了。假使“近代”這個名詞，不僅含有時代的意思，而是指一種風格，像所謂“唐詩”，“宋詩”一樣，不是 chronologically modern，而是 critically “modernistic”，那末，明以前的文章，明以後的文章，够得上“冰雪小品”的，不知多多少少，何以偏偏又限止於明末清初？話雖這樣說，不過是稍盡批評家的義務而已；對於沈先生搜輯的功夫，讓我們讀到許多不易見的文章，有良心的人都得感謝。我在别處説過，過去已是給現在支配着的；同一件過去的事實，因爲現在的不同，發生了兩種意義，我們常常把過去來補足現代的缺陷，適應現代的嗜好，“黄金時代”不僅在將來，往往在過去，並且跟着現在轉移；在西方，我舉中世紀爲例，在中國，我舉明朝爲例，

① 沈啓無編。周作人序。北平人文書店出版。民國二十一（一九三二）年。價二元二角。

這兩個時代都正在翻過身來。沈先生這本書的出版，給我的說法一個有力的例證，我尤得爲自己忻幸。

“小品”文和“一品”文或“極品”文（本“一品當朝”，“官居極品”之意，取其有“紗帽氣”，即本書俞平伯先生《跋》所謂“代要人立言”之“正統”文也）的分別，當然並不是一個“說自己的話”，一個“說人家的話”；語言文字本來是先蘇維埃而實行“共產”的，章實齋師老爺所謂“言公”是也，你的就是我的，我的不妨算你的，“自己”“人家”的界限，極難分別。不讀過詹姆士《大心理學》的人，也懂得這種困難。偏有一等人，用自己的嘴，說了人家的話，硬說嘴是自己的，所以話算不得人家的，你還有什麼辦法？並且用“言志”、“載道”等題材（subject-matter）來作 fundamental division，是極不妥當的。我們不必用理論來駁，祇要看本書所鈔的文章，便知道小品文也有載道說理之作，可見“小品”和“極品”的分疆，不在題材或内容而在格調（style）或形式了。這種“小品”文的格調，——我名之曰家常體（familiar style），因爲它不衫不履得妙，跟“極品”文的蟒袍玉帶踱着方步的，迥乎不同——由來遠矣！其形成殆在魏晉之世乎？漢朝的文章是駢體的逐漸完成，祇有司馬遷是站在綫外的，不過他的散文，並不是“家常體”，要到唐人復古的時候，纔有人去師法他；在魏晉六朝，駢體已成正統文字，卻又橫生出一種文體來，不駢不散，亦駢亦散，不文不白，亦文亦白，不爲聲律對偶所拘，亦不有意求擺脱聲律對偶，一種最自在，最蕭閑的文體，即我所謂家常體，試看《世說新語》，試看魏晉六朝人的書信，像王右軍的《雜帖》。最妙是書信有用兩體寫的，譬如

《江醴陵集》内《被黜爲吴興令辭箋詣建平王》、《獄中上建平王書》是絶好的駢體，而《與交友論隱書》、《報袁叔明書》便是絶好的家常體。把這種家常體的長信和唐宋八家類似之作以及漢文如司馬遷《報任安書》、楊惲《報孫會宗書》、劉歆《讓太常博士》相比較，便看得出家常體和通常所謂散體“古文”的不同來。向來鬧着的魏晉六朝“文筆”之别，據我看，“筆”就是這種自由自在的家常體，介乎駢散雅(bookish)俗(vernacular)之間的一種文體，絶非唐以來不拘聲韻的“古文”。韓愈復古，純粹單行的散文變了正統；駢體文到了清朝方恢復地位，而家常體雖未經承認，卻在筆記小説裏，在書函裏相沿不絶，到蘇東坡、黄山谷的手裏，大放光明（東坡、山谷的題跋，便是家常體，他作則爲“古文”)，以後便數着沈先生所鈔的作者們了。本書中選書牘這一類的文字還嫌太少；書牘從魏晉時開始成爲小巧玲瓏的the gentlest art 以來，是最符合“小品”條件的東西，無論在形式或内容，都比其他文體，如序記論説之類，“極品”的成分少有些。桐城派論“古文”，不是説要避免“尺牘氣”麽？這就是一個反證。

據沈先生《後記》講，本書原名曰《冰雪小品》，我以爲比《近代散文鈔》來得妥當，至少可以不用“近代”那種招惹是非的名詞。張宗子不是也選過一卷《冰雪文》麽？更有進者，本書所鈔的都是冰清雪淨的文章，並且是没有人注意到的冷文章——冰和雪總够得上冷了。古語云：“艷如桃李，冷若冰霜”，霜雪一家，可以“連坐”的，一語雙關，比“散文鈔”有詩意得多。記得《青門簏稿·與金來書》曾云：“昨見足下抨擊袁中郎文甚當，明季文章自有此尖新一派：臨川濫觴，公安泛委，而倒瀾於陳仲醇、王季重，僕戲謂此文章家清客陪堂也。”寥寥數語，當得本書一篇總論，“清客陪堂”云云，雖然過火，倒也是“小品”的絶好比喻。舊説清客有“十樣景”，謂其多才多藝，無所不能也，正是外國所謂“都來得的”（dilettante）一流人物，明人最有此種閑情逸致，在我們高談“推克諾克拉西”（technocracy）的時代，這種人無疑地是“没落”的，吾故回應第一節曰：“太古時之遺跡也！”

（原載《新月月刊》第四卷第七期，
一九三三年六月一日）

讀《道德定律的存在問題》書後

這是寄生在朱公謹先生那篇大文章上面的小文章，假使一個“街上人”(man in the street)，空虛得像白紙，愚昧得像黑漆，對於這個問題没有理論和成見的，讀了朱先生的精深的文章，他也許要提出幾個問題來。這幾個問題並不是向(to)朱先生提出的，是代(for)朱先生提出的，我當然不會解決這幾個問題，否則我也不必提出來，但是，朱先生未必就能解決它們，因爲俗語説：“聰明人是答不盡傻子的疑問的”(A fool can ask more questions than a wise man can answer)。

假使在自然定律裏，遵守和存在一致，而在道德定律裏，存在跟遵守無關，那末，在何種意義上，我們能説道德定律是存在着(In what sense can moral laws be said to “exist” or “subsist”)？至少，道德定律的存在的“存在”跟自然定律的存在的“存在”有些差異，不管那個差異是多麼微細。所以，我們似乎不妨“因道德定律之未爲人遵守而懷疑道德定律本身之是否存在”(朱先生句)——注重在“存在”兩字，不在“是否”兩字。

在自然定律裏，不遵守證明定律的不存在，但是在道德定律裏，説來也奇，不遵守反足以證明定律的存在。當然，假使道德定律不存在，根本上無所謂遵守或不遵守了。道德定律之所以爲道德定律，就在於它的不必遵守或可以不遵守，道德現象之所以爲道德現象而不同於自然現象——簡單地説，道德現象的differentia——就在它包含着的自由（freedom）的成分。我們所以在"必然"之外加了"應然"，在indicative之外加了imperative（朱先生的名詞），在does之外加了ought to，就因爲在自然現象裏，我們衹能這樣幹，没有第二條路可走，而在道德現象裏，我們可以任意幹，同時有一條以上的路，讓我們自由選擇着去走——不過在這許多路中，衹有一條是"應當"走的，此外都是"可"走而不"當"走的。換句話説，自然定律是不得不遵守或必得遵守的，道德定律是可以不遵守或不必遵守的，假使道德定律跟自然定律同樣的不得不遵守，那末，人類的道德行爲，如忠孝奸欺之類，跟水流火燒同等，更何須於"必然"之外添個"應然"呢？

因此，我們對於"遵守"兩個字，也發生疑問。我們上面説道德定律是可以不遵守的，此地所謂"可以"是什麼意義？我們要知道有道德現象中的"可以"，有非道德現象中的"可以"，在非道德現象裏，"可以"的相對還是"可以"，譬如説："喝茶'可以'解渴，喝咖啡也'可以'解渴"，這兩個"可以"是平行的，它們的關係是"也"（both—and）的關係；在道德現象裏，便不然了："可以"的相對是"應當"，譬如説："你'可以'説謊話，但你'應當'説真話。"在這裏，我們側重在"應當"，"應當"和"可以"間的關係是"但"（although—but）的關係。假使你不遵守道德定律去做“可”做而不“當”做的事，道德定律並不因此而顛覆，反得藉此證明它的權威來判斷你爲“不道德”。所以道德定律的須遵守正不亞於自然定律，違反道德定律也有處分的，你違反地心吸力的定律，想跳上天去（記得 F. C. S. Schielle：*Formal Logic* 中講思想律，曾舉此例），你的處分是跌傷或跌死；你違反摩西十誡，説誑騙人，你的處分是被判爲“不道德”，雖然這個處分没有跌死那樣的顯明，但是還是一個處分。所以，我們上面説“道德定律可以不遵守”，我們是從違反自然定律的處分的觀點來看違反道德定律的處分，比較之下，覺得違反道德定律的處分（moral punishment qua moral）不會影響到我們的生機現象，因此看得輕淡。不過，從道德定律的立場來看，這種處分也就够嚴重了。

這篇文章的根本概念是全盤接受了朱先生的，所以對於“定律”、“存在”等等都没有分析；這絶不是説“定律”、“存在”等等無須乎分析。對於道德標準的來源也没有能講，雖然新讀了 Westermark 教授大作 *Ethical Relativity* 的人不愁無話講的。

（一九三三年）十月二十四日夜

（原載《光華大學半月刊》第二卷第二期，

一九三三年十月二十五日）

闕　題

這寥寥幾句是因第三期上《讀〈道德定律的存在問題〉書後》那篇洋洋大文中涉及第二期上我的那篇同題目的文章中的幾點而做的。其實也不必做，因爲我的答覆還不出我那篇文章，略申明三點於下：（一）假使你是在注重事實和價值的分别，事實本身裏的分别（像 causality 和 casualty）或價值本身裏的分别（像 intrinsic 和 instrumental）似乎都不必提到，至少從我看來。（二）“可以”在我的文章裏相當於 can 這個字，所以決不得“應該”相混，至少在我的文章裏。（三）我的意思正是説道德定律跟自然定律或思想定律一般的不可“違反”或破壞，破壞它適足以證明它，我明説“moral punishment qua moral”，似乎那位作者没有看到。

“正名”也好，“歪名”也好。我的意見是：衹要你不把一個名詞兩歧地用（equivocation），稍有讀書訓練的人自能看出他的 system of reference 來，反過來説，不管那個名詞在他人的文章裏有什麽 system of reference，衹因爲跟自己的意見不同，便手舞足蹈地説：“必也正名乎！”安知他人不可還敬一句？一個人對於一個字的一貫的（consistent）用法和許多人對於一個字的公同的（common）用法是並行不背的，柏拉圖的“觀念”（idea）不同洛克的“觀念”，不過，假使洛克執著他自己的“觀念”，説柏拉圖“名不正”，這不是“正名”，這是一切經院派哲學的通病——預立定義的謬誤（fallacy of initial definition）。

然而竟有人説是“正名”的！

然而竟有人説是“預立定義的謬誤”！

然而還有人説是“正名”的！

由此觀之，何去何從？似乎“正名”一“名”本身有些歪也。孔子不云乎：“必也正名乎”，我也來抄一句《論語》。

（原載《光華大學半月刊》第二卷第四期，
一九三三年十一月二十五日）

論復古

讀了郭紹虞先生大作《中國文學批評史》上册，發生好多感想，論復古也是一個①。目的倒並不在批評郭先生，也非爲復古辯護，更不是反對復古，雖然郭先生是不甚許可復古的。我衹想把歷史的事實研究、分析，看它們能給我什麼啓示，能否使我對於復古採取和郭先生同樣的態度。藐視復古似乎是極時髦的態度；假使我學不像時髦，這是我的不幸。我先引郭先生幾句話，因爲這幾句話最引起我研究的興味。第三頁云："文學觀念經了以上兩漢與魏晉南北朝兩個時期的演進，於是漸歸於明晰。可是，不幾時復爲逆流的進行，……一再復古。"第八頁云："因此文學方面，亦盡可不爲傳統的衛道觀念所支配，而純文學的進行遂得以絶無阻礙，文學觀念亦得離開傳統思想而趨於正確。"第十頁云："不過歷史上的事實總是進化的，無論復古潮流怎樣震

① 我自己的文學觀念在《國風》第三卷第八期（即《中國文學小史序論》一文。——本書編者註）中講過，現在大體上還是那個意思。但是在本文中，我絶對没有把我的文學觀念來跟郭先生的較短長。

盪一時……以成爲逆流的進行，而此逆流的進行，也未嘗不是進化歷程中應有的步驟。”第三〇一頁云：“凡是作家，總無有不知新變的。劉昫這樣不主尊古、不主法古……這當然因爲他是史家。他本於歷史的觀念以批評文學，當然能知文學的進化，而不爲批評界的復古潮流所動摇了。”够了，我説過不批評郭先生的，但是，有兩點似乎可提出討論，第一：郭先生以爲文學要從“外形”來“認識”（第四頁），所以，魏晉南北朝的文學觀念是“正確”的觀念；同時郭先生又主張“純文學”才是“正確”的文學觀念，而郭先生解釋“純文學”則云：“同樣美而動人的文章（密圈是我冒昧加的）中間，更有‘文’‘筆’之分：‘筆’重在知，‘文’重在情；……始與近人所云純文學雜文學之分，其意義亦相似。”（第三頁）我不大明白！好像是説，“雜文學”“外形”雖跟“純文學”“同樣美而動人”，但是算不得“正確”的文學觀念的根據，因爲它的“内質”側重在“知”；反過來説，“純文學”之所以能爲“正確”文學觀念的根據，倒並不在它的“外形”——因爲“雜文學”也“同樣”具有“美而動人”的能力——還是在它的“内質”的側重“情”。説來説去，跟郭先生所不甚贊成的“復古派”一樣，還是從“内質”來“認識”文學，當然“内質”的性質是换過，不是“道”而是“情”了。我不知道“知”和“情”的絶然分割有没有心理學上的證實，我不知道“内質”、“外形”的絶然分割有没有美學上的根據，我衹覺得至少郭先生説話上前後有些矛盾，儘許他意思中間是始終一貫的。第二：郭先生以爲“歷史上的事實總是進化的”；所以，“本於歷史的觀念以批評文學”的人像劉昫——不用説，還有郭先生自己——“當然能知文學的進化”。我希望我能像郭先生那般的肯定。“文學進化”是否就等於“事實進化”?“事實進化”衹指着由簡而繁，從單純而變到錯綜，像斯賓塞爾所説。“文學進化”似乎在“事實”描寫外更包含一個價值判斷：“文學進化”不僅指（甲）後來的文學作品比先起的文學作品内容上來得複雜，結構上來得細密；並且指（乙）後來的文學作品比先起的文學作品價值上來得好，能引起更大或更高的美感。這兩個意義是要分清楚的，雖然有“歷史觀念”的批評家常把他們攪在一起。（甲）是文學史的問題，譬如怎樣詞會出於樂府，小説會出於評話等等；（乙）纔屬於文學批評的範圍。承認意義（甲）文體的更變並不就是承認意義（乙）文格的增進；反過來説，否認（乙）並不就否認（甲）。“後來居上”這句話至少在價值論裏是難説的。舉個眼前的例罷：從“内質”説來，郭先生的大作當然比劉昫的《舊唐書·文苑傳序》精博得多了！但是在“外形”的優美上，郭先生也高出於劉昫麽?恐怕郭先生自己就要謙讓未遑的①。即使退一步專就“歷史事實”而論，對於“進化”兩字也得斟酌。“進化”包含着目標(destination or telos)；除非我們能確定知道事物所趨向的最後目標，我們不能倉猝地把一切轉變認爲“進化”②。從現在郭先生主張魏

---

① Brunetière 第一個把天演論介紹進文學批評，但是他從没有把文體的變化和文品的增高混爲一事，參觀 *L'Evolution des Genres dans l' Histoire de la Littérature* 第一章、第四章、第九章。又 Santayana：*Winds of Doctrine* 第五十九頁。

② 即使對天演極抱樂觀的生物學家像 Julian Huxley，對于文明的進步極抱樂觀的史學家像 J. B. Bury 都不敢確定天演的目標；參觀 Huxley：*Essays in Popular Science* 中 “Evolution and Purpose”一文及 Bury：*The Idea of Progress* 第二頁。若照 Krutch：*Modern Temper* 及 Sainsbury：*Theory of Polarity* 説來，則天演簡直是一幕悲劇的開演了。

晉的文學觀念説來，唐宋的“復古”論自然是“逆流”或“退化”了；但是，假使有一天古典主義翻過身來（像在現代英國文學中一樣）①，那末，郭先生主張魏晉的文學觀念似乎也有被評爲“逆流”的希望。在無窮盡、難捉摸的歷史演變裏，依照自己的好惡來定“順流”、“逆流”的標準——這也許是頂好的個人主義，不過，無論如何，不能算是歷史觀。有“歷史觀念”的人“當然能知文學的進化”；但是，因爲他有“歷史觀念”，他也愛戀着過去，他能瞭解過去的現在性（The presentness of the past），他知道過去並不跟隨撕完的日曆簿而一同消逝。

我在討論“復古”説以前，還得藉重郭先生的話來清理我自己的思想。第四頁云：“不過同樣的復古潮流中，而唐宋又各有其分界。……李漢序《韓昌黎集》云：‘文者貫道之器也’，此唐人之説；周敦頤《通書》云：‘文者所以載道也’，此宋人之説。所以文學觀到了北宋，始把文學作爲道學的附庸。”第七頁云：“由極端尚質的語録體言之，則道學家之論文，重道輕文，以文爲載道之工具，以文學爲道學之附庸，又安足怪！”似乎北宋的文評，給道學家的“載道”觀籠罩住了。然而不然！第五頁云：“古文家之論文……衹是把道字作幌子……至其所重視者還是在修詞的工夫，這不僅唐代古文家是如此，即宋代的古文家亦未嘗不如此。”（密圈又是我加的）真令我大吃一驚！原來宋代還有“古文家”；原來“文以載道”等等，雖説是宋人之説，卻又並不是宋人“古文家”之説。看到下文第三二三頁，郭先生還明

① 參觀 Max Eastman：*Literary Mind* 第一、二、三章。

明告訴我們宋代的古文家與道學家“各立統系以相角勝”呢！我不明白！大約郭先生又在獨演矛攻盾的武藝了。我們無須問郭先生，道學家能否代表全部宋人，我們衹須問：（一）道學家的“文以載道”説，能否被認爲文學批評？一切學問都需要語言文字傳達，而語言文字往往不能傳達得適如其量；因此，不同的學科對於語言文字定下不同的條件，作不同的要求。這許多條件都爲學科本身着想，並没有顧到文學，應用它們的範圍衹能限於該學科本身，所以，“文以載道”之説，在道學家的坐標系（system to reference）内算不得文學批評。假使我們要把此説認爲文學批評，我們須依照它在文學家的坐標系裏的意義——即郭先生所謂：“古文家之論文，衹把道字作幌子。”英國皇家學會成立時，有一條規則，略謂本會會員作文，不得修飾詞藻，須同算學公式般的簡質(of a mathematical plainness)云云。若援郭先生“道學家文評”之例，我們似乎還得補作“物理學家文評”、“數學家文評”等等，其奈地球上容不下這本大著作何！我們更有一個反證：郭先生把“極端尚質的語録”作爲“道學家文評”的根據，假使如此，道學家在語録而外，不該再做詩古文了！最偉大的道學家像朱子（他的話郭先生在第三二四頁上引過）不該做有韋、柳般精潔的五言詩，有歐、曾般雍容的古文，摹仿陳子昂《感遇》而作中國最精微的玄學詩《感興》，更不該説“作詩先看李杜”以及《語類》中其他相類的話了！可見“文以載道”衹限於道學的範圍；道學家若談文學，也會“文以貫道”的。（二）“文以載道”在道學家的意義上能否被認爲“復古”？郭先生説：“至於北宋，則變本加厲，主張文以載道，主張爲道而作文，則便是以古昔聖賢的思想爲標準了。”好像宋代道學家所謂“道”不過是“古昔聖賢的思想”；直捷痛快得很！我們對此又可作三層的辯難：（甲）我們根本代宋儒否認“道”便是“古昔聖賢的思想”。從周敦頤《通書·誠上第一》所引《大傳》“一陰一陽之謂道”，徐積《荀子辯》“一陰一陽，天地之常道”，以至《二程遺書》“上天之載，無聲無臭……其理則謂之道”，朱熹《答陸子靜書》“器之理，則道也”等等，我們找不出郭先生把“道”釋爲“古昔聖賢的思想”的理由來。這不過“有書爲證”的問題，我們不必多作援引。（乙）否認“道”便是“古昔聖賢的思想”，並不就是否認“古昔聖賢的思想”可以算是“道”。此中包含一個極重大的關係，並非我咬文嚼字，假使“道”不過是“古昔聖賢的思想”，那末，“道”的存亡全靠着“古昔聖賢”有無“思想”，“古昔聖賢”便是“道”的製作者；“載道”當然是“復古”了。但是，假使像《中庸章句》所説：“一理散爲萬事，放之則彌六合”，“古昔聖賢的思想”祇是“道”的一部分，那末，“古昔聖賢”祇能明道傳道，不能創造道；所以《中庸章句》祇説“傳授心法”。因此（丙）“道”並不隨“聖賢的思想”而生，也不隨“聖賢的思想”而滅。像柏拉圖的模型，它永遠存在，無始無終，不生不滅，根本上就無時間性，更何所謂“古”和“今”[①]？假使道學家“文以載道”是“以古昔聖賢的思想爲標準”，理由是因爲“古昔聖賢的思想”有合於道，並非因爲道就是“古昔聖賢

---

① 馮友蘭先生《中國哲學史》下册對於宋學的新解釋爲本文此處增添了不少的力量。

的思想”。换句話説，道學家在原則上並非“復古”。

惟其郭先生的書有極大的權威，所以我不敢輕輕放過一字一句。並且，因研究郭先生的議論，我觸發許多意思。譬如：假使道學家並非“復古”，那麽，唐宋古文家也不得爲“復古”。何以故？郭先生云：“唐人論文，以古昔聖賢的著作爲標準；……所以雖主明道，而終偏於文；——所謂‘上規姚姒渾渾無涯’云云，正可看出唐人學文的態度”（第四頁）。道學家所求在“道”，古文家所求在美（郭先生所謂“終偏於文”）。“古昔聖賢的著作”可作“標準”，就因它們在美學上的價值。按照英國新實在論，美和“道”是同性質的，是一樣超出時間性的。所以，古文家的“上規姚姒”，在原則上並非因爲“姚姒”的古，還是因爲“姚姒”的永久不變的美（至少從古文家的觀點説來）。西洋古典主義者像 Boileau 説法古就是法“自然”（naturel）①，不是可作他山之鑒麽？這一點我在本文下篇中還要細講。

我希望在下篇中能證明（一）文學革命衹是一種作用（function），跟内容和目的無關；因此（二）復古本身就是一種革新或革命；而（三）一切成功的文學革命都多少帶些復古——推倒一個古代而另擡出旁一個古代；（四）若是不顧民族的保守性、歷史的連續性，而把一個絶然新異的思想或作風介紹進來，這個革新定不會十分成功。這四點能否適合文學和思想以外的事物，我不知道。日月無休息的運行，把我們最新的人物也推排成古老陳腐的東西；世界的推陳出新，把我們一批一批的淘汰。易卜生

① 參觀 Brunetière：*L'Evolution des Genres* 九十七頁至一百零六頁。

説得好：“年輕的人在外面敲着門呢!”這樣看來，“必死必朽”的人就没有重見天日的希望麼？不然!《新約全書》没有説過麼？“爲什麼向死人堆中去找活人呢？——他不死了，他已在墳墓裏站起來。”

（原載《大公報》一九三四年十月十七日）

《不够知己》[①]

在過去的一年，温先生爲《中國評論週報》寫了二十多篇富有《春秋》筆法的當代中國名人小傳，氣壞了好多人，同時也有人捧腹絶倒的。温先生挑出十七篇，印成這本精巧玲瓏的書。當初這許多文章在《週報》“親切寫真”欄（Intimate Portraits）中發表時，並没有温先生署名；可是我們看過温先生作品的人，那枝生龍活虎之筆到處都辨認得出，恰像温先生本書中描寫吴宓先生所説：“入得《無雙譜》的；見過一次，永遠忘不了。”（Like nothing on earth：once seen，never forgotten.）

話雖這樣説，天下事畢竟無獨還有偶的，譬如，温先生的書名就極像蘭姆(Lamb)一篇小品文的題目；讀過蘭姆小品第一輯的總該記得 *Imperfect Sympathies* 那篇妙文罷？不過，就文筆的作風而論，温先生絶不像蘭姆——誰能學像蘭姆呢？輕快，甘脆，尖刻，漂亮中帶些頑皮，這許多都使我們想起夏士烈德

① 温源寧著。別發洋行出版，一九三五年。*Imperfect Understanding*，by Wen Yuan-ning，Kelly and Walsh，LTD.

(Hazlitt)的作風。真的，本書整個兒的體裁和方法是從夏士烈德(Hazlitt)《時代精神》(*The Spirit of the Age*)一書脱胎換骨的，同樣地從側面來寫人物，同樣地若嘲若諷，同樣地在譏諷中不失公平。此外，在風格上還有一種極微妙的相似，好比父子兄弟間面貌的類似，看得出，説不出，看得出，指不出，在若即若離之際，表現出它們彼此的關係。當然，夏士烈德的火氣比温先生來得大；但是温先生的“肌理”(這是翁覃谿論詩的名詞，把它來譯 Edith Sitwell 所謂 texture，没有更好的成語了)似乎也不如夏士烈德來的稠密。這或許是時代爲之；生在斯屈來治(Lytton Strachey)以後的人，寫起小傳一類的東西，終免不掉《縮本寫真》(*Portraits in Miniatures*)的影響了。

温先生是弄文學的，本書所寫又多半是文學家，所以在小傳而外，本書中包含好多頂犀利的文學批評；夏士烈德不是也説過麽：“余無他長，批評而已”？(來個註罷：夏士烈德此語與莎士比亞 *Othello* 一劇中 lago 語全同。)頂有趣的是：温先生往往在論人之中，隱寓論文，一言不着，涵意無窮。例如徐志摩先生既死，没有常識的人捧他是雪萊，引起没有幽默的人駡他不是歌德；温先生此地衹淡淡地説，志摩先生的戀愛極像雪萊。又如梁遇春先生的小品文，我們看來，老覺得他在掉書袋，够不上空靈的書卷氣；温先生此地衹説他人像蘭姆。又如被好多人誤解的吴宓先生，惟有温先生在此地爲他講比較公平的話：在一切舊體抒情詩作者中，吴先生是頂老實、頂嚴重、頂没有 Don Juan 式採花的氣息的；我們偶爾看見他做得好的詩，往往像 Catullus 和 Donne，温先生想亦同有此感。

本書中名言雋語，絡繹不絕。我怕譯不好，索性不引，好在能讀原文的，定能有目共賞。本書原是溫先生的遊戲文章，好比信筆灑出的幾朵墨花，當不得《現代中國名人字典》用。在第五十一頁上，有一個排字匠的小錯誤，“homme Sensuel moyen”三字給他顛倒了。

（原載《人間世》第二十九期，一九三五年六月五日）

《韓昌黎詩繫年集釋》[1]

韓愈的詩集有兩個詳細的清代註本：康熙時所刻顧嗣立的《昌黎先生詩集註》和乾隆時所刻方世舉的《韓昌黎詩集編年箋註》。顧註比方註流行，可是不及方註精密，當時早被人挖苦[2]，現在也遭到本書作者的鄙夷（卷首六五頁）。韓詩在清代是跟韓文一樣走紅的，詩人和學者接二連三的在上面花了工夫，校正和補充了前人的註釋和評論。這許多分散甚至於埋藏在文集、選本、筆記、詩話等書裏的資料由錢仲聯先生廣博的搜掘，長久的積累，仔細的編排，還加上一些自己的心得，成爲這部著作。從此我們研究韓詩可以一編在手，省掉不少翻找和鈔録的麻煩，比研究杜甫、李白、王維或李商隱的詩方便多了，因爲還没有人對那些詩的清人集註做過錢先生這樣大規模的補訂。

韓愈在《進學解》裏説："貪多務得，細大不捐"；又在

① 錢仲聯著，上海古典文學出版社。——本書編者註

② 李紱《穆堂别稿》卷二五《王右丞全集箋註序》："嘗見吴中陋者註昌黎詩，首引'學而'篇釋'學'字，不覺失笑……"

《南山詩》裏説："團辭試提挈，掛一念萬漏。"這幾句話恰好是本地風光，可以應用在錢先生的這部書上。貪多的流弊是不能"應無盡無"。於是陳曾壽、黄濬之流的絶不相干的作品都拉扯進來了，例如硬把陳曾壽的牡丹詩跟韓愈的"晚菊"詩攀上關係（三二三頁）。掛漏的結果是不能"應有盡有"；不過，我們知道，應無盡無也許還算容易，而應有盡有這件事實在不好辦。"集釋"這項工作最好由集體來負擔，一個人總不免有見聞不到、收採不盡的地方。我們在這裏不想列舉細節①，衹提出我們認爲比較重要的幾點，供作者參考。

搜輯很廣的《諸家詩話》（卷首二四至六〇頁）没有把清代中葉戚學標的批評網羅在裏面，這是最可惋惜的事。他説過這樣幾句話："硬語險語兼苦語，雜以奇字斑陸離……虞彝夏鼎嫌典重，往往破碎前人辭；有時任意自作故，究窮所出奚從知"；下面還有個註解："如'峙質能化貿'、'逞志縱獫猲'，用經不免破碎；'觰沙'、'滂葩'、'瓢瓠'、'敲韾'等字皆不見所出。"② 這段對韓詩的批評很有分量，也很有分寸，可以跟明末方以智對韓文的批評合看③，都一向爲研究韓愈的人所忽略，而都指出了韓

① 例如卷首二五頁説《詩人玉屑》引魏泰《隱居詩話》所記與惠洪《冷齋夜話》略同，而"《歷代詩話》本《臨漢隱居詩話》無之"；那一段話見魏泰《東軒筆録》卷十二。又如五五〇頁引《苕溪漁隱叢話》説韓愈詠櫻桃跟王維詠櫻桃"語意相似"而有"語病"；姚旅《露書》卷三把這兩首詩作了更細緻的比較。

② 《景文堂詩集》卷四《讀韓昌黎詩》。《景文堂詩集》的註解由戚氏的女婿和學生署名，但看來許多是作者的自註，就像《初學集》和《有學集》的註解一樣。

③ 《通雅》卷八："……皆對《廣韻》鈔撮，而又顛倒用之，故意聱牙"；舉了"瘢痏"、"媢妠"等等例證。參看《全唐文》卷八四五牛希濟《文章論》講韓愈影響之下所産生的"難文"。

愈的一種壞習氣。有些古代作者常常給我們一個印象，彷彿他們手邊不備字典，所以對字義和字音都很馬虎；也有些作者就像新弄到一本字典的小孩子，翻出各式各樣的僻字怪字來刁難我們。後面一種人不知道字典不但是一座倉庫，也是一所歷史博物館，有許多斑駁陸離的古董衹好在裏面陳列，把它們搬到日常生活來是不合用的。讀韓愈的詩，正像讀漢人的賦和其他受漢賦影響的作品①，我們衹恨這些作家不能够學薩克利《名利場》裏那位女主角的榜樣，把他們手頭的大字典從窗子裏直扔出去。《諸家詩話》裏採取了夏敬觀的話："多用駢字，出於司馬相如揚雄之賦"（卷首五九頁），因此更需要戚學標的話來補救這種一面之詞②，至少那個註解是可以採用而無傷體例的。

錢先生在四條"簡例"裏爲自己樹立了相當高的標準（卷首六六頁）。大體上看來，他的註釋也達到了那個標準。我們有些感想，可以分四項來説。

第一：有些地方雖然"奇辭奥旨，遠溯其朔"，似乎還没有"窺古人文心所在"。例如《歸彭城》詩的"刳肝以爲紙，瀝血以書辭"。方世舉註引《拾遺記》裏浮提國人瀝血代墨的故事，《唐宋詩醇》引庾信經藏碑裏"皮紙骨筆"的句子，錢先生因此引了

---

① 例如湯顯祖的有些賦，佩服他的人也説有時簡直像外國文一樣難懂；參看沈際飛選《玉茗堂賦集》卷一《廣意賦》批語。《書影》卷三引徐文長評湯《士不遇賦》，"以'四裔譯字生'譏之，又云'此不過以古字易今字，以奇謫語易今語'云云"。

② 卷首四〇頁引趙翼對韓詩"聱牙轇舌"的批評還抵消不了四九頁、五五頁引方東樹和沈曾植對韓詩不"換用生僻""得力於書"的恭維。

一節《大智度論》，説是韓愈“語所本”（五七頁）。這提出了一個很有趣味的問題。韓愈反對佛教出了名，免不得就有和尚做翻案文章，説辟佛的韓愈也參禪信佛，也少不了有箋註家在他的詩裏找出暗用釋典的詞句來。據我們看，祇有《嘲鼾睡》第一首裏“有如阿鼻尸”那一句（二八九頁）毫無疑義的用了釋典；藉佛經裏的話來嘲笑佛教徒，就像把野鴨身上的羽毛製成雁翎箭去射野鴨，是最湊巧不過的事，祇見得作者的俏皮，決不會壞掉他那塊“攘斥佛老”的招牌的。其他像朱翌説《醉贈張秘書》詩裏用了《楞嚴經》（一七九頁），沈欽韓説《雙鳥詩》裏用了《觀佛三昧經》（三六五頁）等，我們都覺得很牽强[①]，祇表示他們熟讀佛經，並不能證明韓愈私販印度貨。錢先生也頗有他們這種傾向，不過他對《歸彭城》詩的那個註解是尋到了綫索的，祇可惜沒有推究下去。假如我們猜測得不錯，那末在這兩句詩裏，韓愈並非引用釋典，而是極力避免釋典。“剥皮作紙，折骨爲筆，血用和墨”[②] 這一類話在佛經裏慣見，就在《大智度論》裏也出現過好多次[③]。更重要的是：六朝以來中國文人有關佛教的作品裏

① 我們祇要把《醉贈張秘書》：“雖得一餉樂，有如聚飛蚊”跟秦觀《淮海集》卷二《送張和叔》：“汝南如一器，百千聚飛蚊；終然鼓狂鬧，啾啾竟誰聞”對照一下，就看出秦觀是根據《楞嚴經》而韓愈的話跟《楞嚴經》無甚關係。如果要望文附會，我們可以“發現”好多暗用釋典的地方，例如《贈劉師服》詩的“合口軟嚼如牛呞（三六九頁），難道不可以説——難道竟可以説——是暗用《楞嚴經》卷五裏憍梵鉢提的故事麼？

② 這是《賢愚經》卷一裏的詞句。

③ 在錢先生所引的那一節以外，《大智度論》卷十六《毘梨耶波羅蜜義》第二七、卷二八《欲住六神通釋論》第四三等等都有這類的話。

也常常用到它，例如楊衒之的《洛陽伽藍記》①、庾信的《陝州弘農郡五張寺經藏碑》②、或陸雲公的《御講般若經序》③；韓愈的同輩白居易在《蘇州重玄寺法華浣石壁經碑文》裏就說："假使人刺血爲墨，剥膚爲紙"④。所以，儘管不讀佛經，一個人也會知道這個流行的佛教成語。同時，要是"文房四寶"得向身體上榨取的話，皮膚就是現成的紙張，血液也是自來的墨水。所以，儘管不受到印度的外來影響，一個人也會有那種想像⑤。韓愈真是狹路上碰見了冤家；一方面他想用這種沉痛淒厲的説法，一方面又知道這跟釋典不謀而合，生怕落了話柄，於是騰挪躲閃，十分狼狽。瀝血代墨呢？那可以把《拾遺記》來替自己開脱，算得中國固有的傳説。但是，除了皮膚，身體裏什麼東西可以代替紙張呢？從紙張想到"楮葉"，從"楮葉"聯想到中國古醫書裏所謂"肝葉"——《黄帝難經》的第四十一難不是説麼："肝獨有兩葉——應木葉也"⑥？就此拼湊出那個很費解、極不渾成、毫無現實感的句子"刳肝以爲紙"來了！講到楮葉，我們也想起錢先生另一處的註釋。《寄崔二十六立之》詩有"又論諸毛

① 《洛陽伽藍記》卷五《城北宋雲宅》一節。

② 《庾子山集》卷十三倪璠的註解裏也引了《洛陽伽藍記》。

③ 《釋文紀》卷二六。

④ 《白氏文集》卷六九。

⑤ 譬如莎士比亞《錯上加錯》（*Comedy of Errors*）第三幕第一場第十三行就設想皮膚是紙張，庫爾梯屋斯（E. R. Curtius）《歐洲文學與中世紀拉丁文學》（*Europäische Literatur und lateinisches Mittelalter*）第二版第三四九頁也引了十六、十七世紀詩歌裏類似"瀝血以書辭"的句子。

⑥ 王九思等《難經集註》卷四。

功”一句；錢先生引了三四個人的話，説這指“筆墨之事”，“毛”等於《毛穎傳》的“毛”，又採取何焯的考訂，説“諸毛”二字出於《三國志·張裕傳》所謂“諸毛繞涿居”（三七八頁）。不追究那兩個字的出處也罷，既然要考訂追究，就應該明白劉備和張裕開的那個玩笑是句穢褻下流的粗話[①]。因此，韓愈在此地決不會有意識的用《三國志》裏的那句話，除非他也像何焯那樣，衹看字面，一點不懂字義。我們一向疑心“諸”字是“褚”字之訛，就是《毛穎傳》的“褚先生”，藉指紙張，這樣使詞意都明順一些。提出來聊備一説。

第二：有些地方“推求”作詩的“背境”，似乎並不需要。箋註家幹的是細活兒，愛的是大場面；老爲一首小詩佈置了一個大而無邊、也大而無當的“背境”，動不動説得它關係世道人心，彷彿很不願意作者在個人的私事或家常瑣事上花費一點喜怒哀樂。錢先生也頗有這個習慣。例如韓愈有一首《雜詩》，錢先生引了幾位註家的話，説“爲後進爭名者發”，“譏時流不識文章本源……自慨獨抱真識”（一七頁）。我們試看：“古史散左右，詩書置後前；豈殊蠹書蟲，生死文字間！古道自愚蠢，古言自包纏；當今固殊古，誰與爲欣歡？獨攜無言子，共昇崑崙顛……”這明明是説自己用功讀書忽然厭煩無聊起來了，要開開眼界、換換空氣，那裏是什麼“譏時流”、駡“後進”呢？開頭八句不就是《孟生詩》所謂“嘗讀古人書，謂言古猶今”，或者《答孟郊》詩所謂“規模背時利，文字覷天巧……古心雖自鞭，世路終難

① 參看章炳麟《新方言》卷四論《爾雅·白州驠》條。

拗”麽（七頁、二七頁、二八頁）？可見“古言包纏”的“蠹書蟲”是自歎，不是駡人，就等於《感春》詩的“今者無端讀書史，智慧衹足勞精神”（一六九頁）。韓愈在《進學解》裏的自我描寫是：“口不絶吟於六藝之文，手不停披於百家之編……焚膏油以繼晷，恒兀兀以窮年。”不過，假如這種勤勤懇懇的學者還不失爲詩人的材料或者還有幾分浪漫的氣質，他對自己的生活準會有膩味和反感的時候，準會覺得閉門啃書太單調、没有意思，恰像好學多聞的浮士德想走出書齋到天空海闊的地方去[①]。吐露這種意思的作品在古人的詩集裏常找得着，譬如跟韓愈氣味相近而更加用功的朱熹就慨歎説：“川原紅緑一時新，暮雨朝晴更可人。書册埋頭無了日，不如抛卻去尋春！”[②] 這跟韓愈的《雜詩》完全拍合。《雜詩》又説：“……遨嬉未云幾，下已億萬年。向者誇奪子，萬墳厭其巔；惜哉抱所見，白黑未及分！慷慨爲悲咤，淚如九河翻；指摘相告語，雖還今誰親？……”“誇奪子”來得很突兀，其實跟“無言子”對照，指那些類似自己的誇多逞博的學者。“萬墳厭其巔”是申説“生死文字間”的“死”字。“抱所見”就是甘心“愚惷”和“包纏”，不肯走出“文字間”；“白黑未及分”是説一輩子也搞不明白“古史”和“詩書”裏的道理，因爲，正像韓愈在别處所講：“古聖人言，其旨密微；箋註紛羅，顛倒是非！”[③] “今誰親”的“今”字呼應“向者”，“誰”就是

① 歌德《浮士德》第一部第四一八行。

② 《朱子大全集》卷九《出山道中口占》；參看陸九淵《象山全集》卷三六《年譜》淳熙十五年十二月對這首詩的意見。

③ 《昌黎先生集》卷二四《施先生墓銘》。

“誰與爲欣歡”的“誰”，從“親”字上可以看出“誇奪子”指他平時的同道同伙而言：那些人給書本子糾纏住而又不想擺脱，害得他没有“欣歡”、“遨嬉”的伴侣，衹好另找“無言子”去；不過，假如他們都死個精光，他就更淒涼寂寞了。所以，“淚如九河翻”正表示物傷其類。當然，《雜詩》裏描寫的厭倦心情衹是暫時的，並没有發展成爲像古代道家或唐代禪宗那種反對讀書的理論。韓愈鬧過一陣情緒，吐了一口悶氣，也就完事，恰像拉磨的驢忽然站住不動，直着嗓子的叫，可是叫了幾聲，又乖乖的踏着陳跡去繞圈兒了。他到頭來還是在“文字間”生活，像《秋懷》詩就又説：“不如覷文字，丹鉛事點勘。”（二四二頁）總而言之，這首《雜詩》也像錢先生在《夜歌》的註釋裏所謂“羌無事實，隨諸家所解皆可通”（七三頁）。衹是既然“羌無事實”，諸家附會本事的解釋不僅“皆可通”而也“皆可省”了。

第三：註釋裏喜歡徵引旁人的詩句來和韓愈的聯繫或比較，似乎還美中不足。引徵的詩句未必都確當，這倒在其次；主要的是更應該多把韓愈自己的東西彼此聯繫，多找唐人的篇什來跟他的比較。顧嗣立《寒廳詩話》裏講韓愈“反用陳言”那一條就是前者的實例，很可以使我們瞭解韓愈寫作的技術。錢先生儘管瞧不起顧註，對這條詩話很賞識；可惜他雖然一再引用它（卷首三三頁、一一〇頁），卻没有照樣也來幾條。譬如他在《送區弘南歸》的註釋裏引了古人的話説：“‘洪濤’言‘春天’，……奇語也。”（二五二頁）其實韓愈用過各種寫法來描摹天水相接的景象：“洪濤春天禹穴幽”（《劉生》，一〇四頁），“洞庭連天九疑高”（《八月十五夜贈張功曹》，一二〇頁），“湖波連天日相騰”

（《永貞行》，一五五頁），“高浪駕天輸不盡”（《贈崔立之評事》，二四九頁），“海氣昏昏水拍天”（《題臨瀧寺》，四九五頁），“洞庭漫汗，粘天無壁”①。創闢生動的“奇語”像“舂天”、“駕天”、“拍天”、“粘天”都祇用過一次，而“連天”那種平易尋常的説法倒是一用再用的。也許韓愈以爲一般人用慣用熟的字法不妨在詩裏再三出現，因爲讀者往往讓它當面滑過，不會特别留心；字法愈嶄新奇特，産生的印象愈深，讀者愈容易注意到它的重見復出，作者就愈得對描摹的那個事物形態不斷的增加體會，新上翻新，奇外出奇，跟自己來個競賽，免得人家以爲他技窮才盡。這不失爲修詞上一個頗耐尋味的小問題，也是在那些標新立異的詩文集裏每每碰見的情況。至於把題材類似的唐人詩句來跟韓愈的相比呢，那可以襯托出韓愈在唐代詩人交響曲或者大合唱裏所奏的樂器、所唱的音調，幫助我們認識他的特色。《石鼓歌》的註釋裏不就引蔣之翹的意見，説韓愈這首詩比韋應物的《石鼓歌》好麽（三五一頁）？假如也把韋應物《射雉》的“野田雙雉起，翻射斗迴鞭……羽分繡臆碎，頭弛錦鞘懸”跟韓愈《雉帶箭》的“衝人決起百餘尺，紅翎白鏃隨傾斜；將軍仰笑軍吏賀，五色離披馬前墮”（五三頁）對照一下，韋應物那首詩就也顯得毫無生氣，完全給韓愈的詩比下去了，韓愈確有他拿手獨到的地方，恰像寓言裏所説，山固然没有牙齒，咬不動果子，可是松鼠的背上也馱不起一座森林。這是一方面。另一方面，這種比較也可以使我們不至於錯認了韓愈的特色。譬如《晚寄張十八助教周

① 《昌黎先生集》卷二二《祭河南張員外文》。

郎博士》有一句："新月似磨鐮"；註釋裏引程學恂説："'磨鐮'俚甚矣！"又引張鴻説："獨擅新喻，公之擅場"（四五一頁）。這都近乎大驚小怪。李白《魯東門觀刈蒲》詩早説："揮鐮若轉月"，韓愈衹把它翻了個轉。又如《感春》詩有兩句："艷姬蹋筵舞，清眸刺劍戟。"（四三一頁）我們親耳朵聽見前輩先生講過，衹要看這兩句，就斷得定韓愈不會寫温柔的風情詩：描摹《詩經》裏所謂"美目盼兮"的情景，哪裏用得着殺氣騰騰的拈刀弄槍呢！韓愈寫不來那一類詩也許是真的，但是我們不該把這兩句詩作爲證據；因爲在唐代，正像在西洋文藝復興時代①，這是一種普通説法。例如李宣古《杜司空席上賦》："能歌姹女顏如玉，解引蕭郎眼似刀"；李商隱《李夫人》第二首："柔腸早被秋眸割"；崔珏《有贈》第二首："劍截眸中一寸光"；張鷟《遊仙窟》："一眉猶叵耐，雙眼定傷人"；無名氏詞："兩眼如刀，渾身似玉，風流第一佳人"等等②。孫汝聽對"清眸刺劍戟"的解釋就表示他不知道這是唐人的慣語；"刺"包含着教人心醉的意思，並非專指眼光的"俊快"或鋭利，薛能《吴姬》第一首所謂"眼波嬌利"可以參證。研究韓愈、孟郊、李賀等風格奇特的作家，我們得留神，别把現在看來稀罕而當時是一般共同的語言也歸功於他們的自出心裁，或者歸罪於他們的矯揉造作。

① 那時候的情詩裏往往説意中人的眼睛能"殺"（uccide）——像但丁《席上談》（*Il Convito*）第二篇第一首，或能"割"（tagliate）——像波利齊亞諾（Poliziano）《敬愛詩》（*I Rspetti*）第二三首。莎士比亞《羅米歐與裘麗葉》第二幕第四場開首的説白裏也講羅米歐"給白面丫頭的黑眼睛刺傷（stabbed）了"。

② 《彊村遺書》第一種《雲謠集雜曲子》所載《内家嬌》第二首。

第四：對近人的詩話、詩評，似乎往往衹有採用，不加訂正。例如《謁衡岳廟》的註釋裏引了程學恂《韓詩臆説》的話："後來惟蘇子瞻解得此詩，所以能作《海市》詩"（一三〇頁）。蘇軾能作《海市》詩是否因爲這個緣故，且撇開不談，至少他把韓愈這首詩誤"解"了！韓愈説："潛心默禱若有應，豈非正直能感通?""正直"是讚美南嶽山神，錢先生所引何焯的話講得很對："謂嶽神；《左傳》：'神聰明正直……'"（一二九頁）；可是蘇軾的《海市》詩裏説韓愈："自言正直動山鬼，豈知造物哀龍鐘!"就彷彿韓愈在自誇"正直"，不免冤枉他了[①]。又如《李花贈張十一署》的註釋裏引陳衍《石遺室詩話》，把王安石的名句來解釋（一六四頁），其實楊萬里早給陸游提醒而作了同樣的解釋[②]。《次潼關》的註釋裏也引《石遺室詩話》挖苦王士禛的話，説他的"高秋華嶽三峯出，曉日潼關四扇開"不過把韓愈的"日出潼關四扇開"和高啓的"函關月落聽雞度，華嶽雲開立馬看"湊和而成（四七三頁）；高啓《送沈左司從汪参政分省陝西》當然是幾百年來大家傳誦和模仿的詩[③]，但是王士禛那一聯和它無關，倒跟蘇軾《華陰寄子由》的"三峯已過天浮翠，四扇行看日照扉"接近。《又寄周隨州員外》的註釋裏説大家誤解了白居易的詩句，韓愈並没有給硫磺毒死（五二七頁），卷首又引了夏敬

① 光聰諧《有不爲齋隨筆》卷壬有幾條論韓詩，其中一條就批評蘇軾那兩句"失"了韓愈的本"意"，"殆欲成己之論，遂不恤改竄前人。"

② 《誠齋集》卷二五《讀退之李花詩》；《老學菴筆記》卷一。

③ 尤其因爲明代那兩部極有權威的選本裏都收了它：李攀龍《古今詩删》卷二八，陳子龍《皇明詩選》卷十。

觀《説韓》裏對這一點的申説（六〇頁）。從陶穀《清異録》裏《火靈庫》那一則看來[①]，韓愈服硫磺而死的傳説在殘唐五代已經發展爲有頭有尾的故事，不止是白居易那兩句含糊空泛的詩了。那個故事王世貞一定看過[②]，而作《王弇州年譜》的錢大昕彷彿就没有知道[③]；註釋裏也許不該漏了它。

從上面一節裏就可以想像，集釋真不容易寫。你不但要伺候韓愈本人，還得一一對付那些箋註家、批點家、評論家、考訂家。他們給你許多幫助，可是也添你不少麻煩。他們本來各歸各的個體活動，現在聚集一起，貌合心離，七張八嘴，你有責任去調停他們的爭執，折中他們的分歧，綜括他們的智慧，或者駁斥他們的錯誤——終得像韓愈所謂“分”個“白黑”。錢先生往往祇邀請了大家來出席，卻不去主持他們的會議；不過他的細心和耐心的搜輯使他這部書比韓詩的一切舊註都來得豐富，完全能够代替顧註和方註。對於一個後起的註本，這也許是最低的要求，同時也算得很高的評價了。

（原載《文學研究》一九五八年第二期）

---

① 《清異録》卷二《藥品門》。

② 《弇州山人續稿》卷一八一《與華仲達書》。

③ 《十駕齋養新録》卷十六《衛中立字退之》條。

精印本《堂·吉訶德》引言

[德國] 海因立許·海涅

我童年知識已開、頗能認字以後，第一部讀的書就是薩費特賴的密圭爾·西萬提斯所著《曼卻郡敏慧的紳士堂·吉訶德的生平及事跡》①。一天清早，我從家裏溜出來，急急上皇家花園去，可以從容自在看《堂·吉訶德》；那片刻的時光，我還回憶得很清楚。是五月裏一個明媚的日子，穠麗的春天躺在靜穆的晨光裏，聽那個嬌柔獻媚的夜鶯向它頌讚。夜鶯的頌歌唱得溫存似的軟和，醉心融骨似的熱烈，最含羞的花苞就此開放，多情芳草和披着薄霧的陽光就吻得更忙，花木就都一片歡欣，顫動起來。在所謂"歎息小徑"裏，離瀑布不遠，有一條長了苔衣的舊石凳，

---

① 敏慧(scharfsinnig)。西萬提斯的原字 ingenioso 是按照他那拉丁語根的意義用的："有天才的"，"心思創闢的"。這種用法有它的理論根據。羅馬哲學家賽尼加(Seneca)的權威著作《論心地平靜》(*De Tranquillitate*)第十七章第十節裏引徵希臘舊説，以爲"人不瘋狂就作不出好詩"，"一切天才(ingenium)都帶幾分瘋氣"，所以西萬提斯寫堂·吉訶德舉動瘋瘋癲癲，而稱他爲 ingenioso —— "奇情妙想的"。在近代西歐語言裏，這個字喪失本意，大家祇解釋爲"聰慧"或"乖巧"，跟堂·吉訶德的性格就不合拍了。——譯者註（本文註釋均爲譯者註。——編者）

我坐下來，把這位勇士經歷的大事情來娱樂我的小心靈。我孩子氣，心眼老實，什麽都信以爲真。這位可憐的英雄給命運播弄得成了個笑柄，可是我以爲這是理所當然。遭人嘲笑，跟身體受傷一樣，都是英雄的本分；他遭人嘲笑害得我很難受，正像他受了傷叫我心裏不忍。上帝創造天地，把諷刺攙在裏面，大詩人在印刷成書的小天地裏，也就學樣；我還是個孩子，領會不到這種諷刺，看見這位好漢騎士，空有義俠心腸，祇落得受了虧負，挨了棍子，便爲他流辛酸的眼淚。我那時不大會看書，每個字都要高聲唸出來，所以花鳥林泉和我一起全聽見了。這些淳樸無猜的天然品物，像小孩子一樣，絲毫不知道天地間的諷刺，也一切當真，聽了那苦命騎士當災受罪，就陪着我哭。一株衰老不材的橡樹微微啜泣，那瀑布的白色長髯飄揚得越發厲害，彷彿在訶斥人世的險惡。看到那頭獅子無心迎鬥，轉身以屁股相向①，我們依然以爲這位騎士的英雄氣魄可敬可佩。愈是他身體又瘦又乾，披掛破爛，坐騎蹩腳，愈見他的所作所爲值得誇讚。我們瞧不起那些下流俗物，那種人花花緑緑，穿着綾羅，談吐高雅，而且頂着公爵頭銜②，卻把一個才德遠過他們的人取笑。我天天在花園裏看這本奇書，到秋天就看完了；我愈讀下去，就愈加器重，愈加愛慕杜爾辛妮亞的騎士。有一場比武真慘，這位騎士很丢臉，輸在人家手裏，我一輩子也忘不了唸到這段情事的那一天。

---

① 見《堂·吉訶德》第二部第十七章。

② 《堂·吉訶德》第二部第三十章至五十七章寫一位公爵和他夫人想出種種花樣來作弄堂·吉訶德。

那是個陰霾的日子，灰黯的天空裏一陣陣都是氣色兇惡的雲，黃葉兒淒淒涼涼從樹上落下來，憔悴的晚花奄奄待盡，頭也擡不起，花上壓着沉甸甸的淚珠，夜鶯兒早已不知下落，望出去是一片衰盛無常的景象。我讀到這位好漢騎士受了傷，摔得昏頭昏腦，躺在地上。他没去掉面盔，就向那佔上風的對手説話，聲音有氣無力，彷彿是墳墓裏出來的。他説："杜爾辛妮亞真是天下第一美人，我卻是世上最倒楣的騎士。儘管我本領不行，真是真非不可以顛倒。騎士大爺，你舉槍刺罷!"[①] 我看到這裏，心都要碎了。

唉！那位光華耀眼的銀月騎士，打敗了天下最勇敢最義氣的人的騎士，原來是一個喬裝改扮的剃頭匠![②]

我在《遊記》第四部裏寫了上面一段，描摹多年以前讀《堂·吉訶德》的印象。如今又過了八年了。天呀！時光真是飄忽！我在屠賽爾道夫地方皇家花園的歎息小徑裏把這部書看完，還彷彿是昨天的事呢。這位偉大騎士的所作所受，依然叫我震驚傾倒。是不是好多年來，我的心始終没有變呢？還是繞了個巧妙的圈子，又回到童年的情思呢？後面這一説也許道着了，因爲我記得每隔五年看一遍《堂·吉訶德》，印象每次不同。我發育得是個青年的時候，伸出稚嫩的手去採生命的玫瑰花，爬上峯巔去攀附太陽，夜裏做的夢全是老鷹[③]和清白無瑕的少女，覺得《堂·

① 見《堂·吉訶德》第二部第六十四章。

② 喬裝銀月騎士的不是剃頭匠，是堂·吉訶德同村一位大學生，在第二部第三章裏就出現。

③ 從中世紀宗教畫起，老鷹就是光榮的象徵。

吉訶德》掃興乏味，看見這部書就不耐煩似的把它擱在一邊。後來我快成人，跟這位擁護杜爾辛妮亞的倒楣戰士稍稍相安無事，而且嘲笑他起來了。我説，這傢伙是個傻瓜。可是，説也奇怪，在人生的程途裏，尤其是徘徊歧路的時候，那瘦騎士和那胖侍從總追踪在我後面。還記得那回上法國去遊歷。有一天我在驛車裏發燒似的睡得很恍惚，清早醒來，朝霧朦朧，看見兩個臉熟的人夾着我的車子齊驅並進。右面是曼卻郡的堂·吉訶德，跨着他那匹行空絶跡的馬羅齊南脱；左面是桑哥·潘查，騎的是他那頭腳踏實地的灰色驢子。我們到了法國邊境。區分國界的高杆上一面三色旗迎着我們飄盪，那位曼卻郡的上等人恭恭敬敬鞠了個躬；第一批法國憲兵向我們走來，那好桑哥冷冷的點了點頭。然後這兩位朋友搶在我頭裏去，影踪都不見了，衹有羅齊南脱的振奮長鳴和那驢子的應聲酬答還偶然聽得到。

這位好漢騎士想教早成陳跡的過去死裏回生，就和現在的事物衝撞，可憐他的手腳以至背脊都擦痛了，所以堂·吉訶德主義是個笑話。這是我那時候的意見。後來我纔知道還有樁不討好的傻事，那便是要教未來趕早在當今出現，而且衹憑一匹駑馬，一副破盔甲，一個瘦弱殘軀，卻去攻打現時的緊要利害關頭。聰明人見了這一種堂·吉訶德主義，像見了那一種堂·吉訶德主義一樣，直把他那乖覺的頭來搖。但是，土博索的杜爾辛妮亞真是天下第一美人，儘管我苦惱得很，躺在地上，我決不打消這句斷語，我衹能如此——銀月騎士呀，改裝的理髮匠呀，你們舉槍刺罷！

偉大的西萬提斯寫這部大作，抱着什麼宗旨呢？那時候武俠小説風靡了西班牙，教士和官吏都禁止不了，是不是西萬提斯衹想把這種小説廓清呢？還是他要把人類一切激昂奮發的熱情舉動，尤其是武士的英風俠骨，都當作笑柄呢？① 顯然他衹是嘲諷那類小説，想點明它的荒謬無理，供大家笑駡，就此把它掃除。他非常成功。教堂裏的儆誡和官廳裏的威嚇都不管事，然而窮文人的一枝筆見了效驗。他斷送了武俠小説；《堂·吉訶德》出世不多時，西班牙人全覺得那類小説索然無味，再也不出版了。不過，天才的那枝筆總比執筆的人還來得偉大，筆鋒所及總遠在作者意計之外。西萬提斯不知不覺之中，對人類那種激昂奮發的熱情，寫了一部最偉大的諷刺。這是他没料到的，他這人自己就是位英雄，大半世光陰都消磨在騎士遊俠的交鋒裏，身經勒邦土之役，損失了左手博來點勳名，可是他暮年還常常引爲樂事。

關於這位大創作家《堂·吉訶德》著者的人品和生涯，寫傳記的人所知無幾。通常那種瑣記都是掇拾些東鄰西舍嚼舌根娘兒們的唾餘，我們倒也不少了它。她們衹看見個殼子，我們卻看

① 第一種説法是根據西萬提斯在本書第一部“卷頭語”裏的聲明和第二部第七十四章裏堂·吉訶德的遺囑來的，例如孟德斯鳩的《隨感》(*Pensèes Diverses*)裏就説《堂·吉訶德》嘲笑的對象是西班牙的書籍——見“加尼埃經典叢書”(Classiques Garnier)本《波斯人書札及其它》第四二九頁。這種説法不很流行，十九世紀初葉一般都是第二種説法，例如拜倫長詩《堂·約翰》(*Don Juan*)第十三篇第十一節説西萬提斯笑掉了西班牙的騎士遊俠；雨果在《克林威爾》(*Cromwell*)有名的序文裏稱西萬提斯爲“插科打諢的荷馬”，也是這個意思，後來在《莎士比亞論》第二卷第十三節又申説這一點；黑智爾《美學講義》第二部第三分第三章第二節裏細講《堂·吉訶德》怎樣把騎士遊俠打趣取笑——見葛洛克納(H. Glockner)主編《黑智爾全集》第十三册第二一四至五頁。參看柯羅采(B. Croce)《哲學·詩學·歷史學》(*Filosofia, Poesia, Storia*)第七八六至七頁。

到這個人的本身，看到那真正的、無詐僞的、不誣妄的狀貌。

薩費特賴的唐·密圭爾·西萬提斯是個俊秀强壯的人。他氣概高傲，心地寬闊。他眼睛的魔力真是出奇。恰像有人能够看透地面，知道底下埋的是財寶金銀還是屍骸，這位大詩人會眼光照徹人的心胸，把裏面的藴蓄，瞧個明白。對好人呢，他這一瞥就像陽光，欣欣然耀得衷懷開朗；他這一瞥對壞人又像劍鋒，惡狠狠把心腸割碎。他的眼光像追索似的射進人的靈魂，跟它問答，它不肯答話，就動酷刑；靈魂血淋淋的横在拷問架上，也許那軀殼還要做出一副貴人屈尊的樣子。許多人不喜歡西萬提斯，世途上大家都懶得推挽他，還有什麼可怪呢？他從來没有富貴過；他朝山瞻禮，辛苦奔波，帶回來的不是珍珠，衹是幾枚空貝殼。據説他不稀罕錢，我告訴你罷，他没錢的時候，就知道錢多麽稀罕了。可是他不曾看得錢跟名譽一樣貴重。他該了些債。他寫過一篇詩神阿坡羅發給詩人的證書，第一節就説道："詩人若説自己没有錢，大家得相信他的話，不應該再要他賭咒發誓"①。他愛音樂，愛花，愛女人。他的戀愛往往很不得意，尤其在他還年輕的時候。他少年時給決絶無情的玫瑰花放刺扎傷了，是不是想到自己將來的偉大就可以慰情釋痛呢？一個晴明的夏天下午，他這位風流小伙子跟一個十六歲的美人兒在太古河畔散步，他談情説愛，那小姑娘一味的嘲笑。那時候，太陽還没下去，依然金光照耀，可是月亮已經升在天空，又小又淡，彷彿一抹白雲。少年詩人對情人説道："天上那黯然無色的小盤子，

---

① 見西萬提斯所作《巴拿所神山瞻禮記》（*Viaje del Parnaso*）。

你瞧見没有？它的影子落在咱們腳邊這條河心裏。這條河彷彿是可憐那月亮，纔肯在雄放的奔流裏映帶着它那苦惱的形象，有時候水波澎湃，還像瞧它不起，要把它抛向岸上。可是到天黑了瞧罷！夜色一起，那個黯淡的小盤子會愈來愈亮，光華遍照全河，這些翻騰蕩滌的波浪見了那顆燦爛星辰就要顫抖，又貪又愛的向着它洶湧。”

詩人的身世該向他作品裏去追究，因爲他在作品裏吐露了隱衷。上文説西萬提斯當了好一輩子的兵，這從他作品裏處處看得出來，在他的劇本裏比在《堂·吉訶德》裏還要清楚。羅馬人那句話，“生活就是打仗”①，對他很切，有兩層意義。斐利普二世替上帝掙面子，自己使性子，以兵爲戲，各處行兇；在那些戰事裏，西萬提斯好多次當個小兵，跟人家交戰。他整個青年供那位舊教的大護法驅使，他爲舊教的權利親自出馬。根據這種事實，我們可以猜想他對舊教的權利也是十分關切的。有人説他衹爲懼怕宗教法庭，所以《堂·吉訶德》裏不敢敍述當時新教的思想；那種事實就把這個流行頗廣的議論推翻了。西萬提斯決不是那樣；他是羅馬教會的忠心孩子，不僅在好多騎士遊俠的交鋒裏，他身體爲它的聖旗流血，並且他給異教徒俘虜多年，整個靈魂受到殉道的苦難。

關於西萬提斯在亞爾傑那一段，可巧我們知道些細節，看出來這個大詩人也是大英雄。有位不露圭角的寫意人物哄得奥古斯德大帝和德國一切學究先生都以爲他是個詩人，而且以爲

---

① 賽尼加語，見《箴規友人書》(*Epistulae morales*)第九十六函第五節。

詩人全沒有膽氣[①]；對他這種曼妙動聽的無稽之談，西萬提斯的俘虜生涯是一個光芒萬丈的反證。真詩人也一定是真英雄，他懷着西班牙人所謂“第二種勇敢”的那種堅忍。這個高貴的卡斯的利安人身爲亞爾傑總督的奴隸，一心一意要重獲自由，再接再厲的安排下潑天大膽的計策，面對險阻艱難，泰然自若，到舉事不成，拚着一死，挨着嚴刑，不肯半個字供出他的同謀來。這種情景真是壯烈極了。他身體的主人是個殺人不怕血腥的，可是看了這種大氣魄和高品節，也衹可以放下屠刀。這頭老虎保全了那個已入樊籠的獅子。他衹消一句話，就能教那可怕的“獨臂漢”送命，可是他見了面就戰戰慄慄。亞爾傑人全知道西萬提斯，稱他爲“獨臂漢”；總督也承認，要知道了這個獨臂西班牙人是關鎖得嚴嚴密密，他纔能安心睡覺，纔保得他的轄下、他的軍隊和奴隸不會出亂子。

上文說西萬提斯一輩子衹當個小兵。不過他在行伍裏露了頭角，奧地利的堂·約翰是他的統帥，也另眼相看。所以他從意大利回國，身邊有幾封極增光彩的保舉信，都是寫給西班牙皇帝的，一力推薦西萬提斯這個人才堪大用。亞爾傑的海盜在地中海上把他擄去，看見這些信，以爲他是了不起的要人，就此勒索一大筆贖身錢。他家裏千方百計，辛勤刻苦，也湊不出

---

① 這指羅馬詩人霍拉茨(Horaz)。霍拉茨《抒情詩集》(*Carminum*)第二卷第七首是自慶生還的詩，說斐利壁(Philippi)之戰，他自己在敗軍裏，顧不得羞恥，擲了盾牌逃命。海涅在《一八四九年十月》(*Im Oktober 1849*)那首詩裏也嘲笑霍拉茨這件事。“不露圭角”(glatt)影射霍拉茨《諷刺詩集》(*Sermonum*)第二卷第七首所謂哲人應該“光潤、圓轉”。

那筆款子去贖他回來，這位苦命詩人衹好在桎梏之中，多挨些日子，多受些罪了。那些信原因爲他是個非常人，表示器重，偏偏替他種了新的禍根；命運女神那狠毒婆娘就這樣作弄他到死，天才以爲不必仗她提拔也能够聲名顯赫，就惹下她一輩子的仇恨。

天才的潦倒不遇，是瞎碰瞎撞似的偶然如此呢？還是他内心和環境的性質使他必然如此呢？是他的心靈跟現實衝突呢？還是那粗魯的現實恃强凌弱，向他高尚的心靈開仗呢？

社會是個共和國。一個人要努力上進，大夥兒就笑呀，駡呀，逼得他退轉。没有人可以比旁人好，比旁人聰明。誰要憑他那百折不回的天才，高出於凡夫衆人之上，社會就排斥他，把他嘲笑糟蹋，一點兒不肯放鬆，閃得他到後來零丁孤獨，悶守在自己的思想裹。

不錯，社會有共和主義的本性①。一切尊貴的東西，在精神方面也好，在物質方面也好，都惹得它深惡痛絶。精神方面的尊貴往往要憑藉物質方面的尊貴，這是出於尋常揣度之外的。七月革命以後，社會上一切關係都顯出共和主義的精神，我們就親切

① 下面這段話針對着政論家布爾納(Karl Ludwig Börne)那一派的議論。海涅這篇文章是在巴黎寫的，在十九世紀的三十年代，布爾納是流亡在巴黎的德國民主人士的領袖；海涅看到了這種小資産階級急進分子的褊狹的意見和平均主義的思想，就跟布爾納有分歧——見《蘇聯大百科全書》裹《海涅》一篇的德譯單行本第八至九頁，又漢歇爾書店(Henschelverlag)出版的《馬克思、恩格斯論文藝》第五三五頁。海涅在《布爾納回憶録》第一卷裹記載布爾納賤視歌德和其他作家，在第一卷和第四卷裹都説布爾納寫的文章，句子短促，没有音節，單調稚氣，可以跟下面這段話參觀。

悟出上面講的道理。我們的共和主義者憎恨大詩人的桂冠，不亞於大皇帝的紫袍。他們想鏟除人類智力上的差歧；他們既然把國土上茁長的思想都當作國民公產，衹可以出了告示，要大家的文章風格也一律平等。好文章的確貶了價，據説含有貴族風味；我們又常聽見這種議論："真正的民主主義者寫的文章跟人民一樣，要真，要質，要拙"①。對許多講實幹的人説來，這事好辦；但是拙劣的文章並非人人會寫，一個寫慣好文章的人更其不會，旁人就要發話了："他是位貴族，是個愛好形式的人，是藝術的朋友，人民的仇敵。"他們真心這樣主張，很像聖希愛羅尼默司以爲自己的好文筆就是罪惡，把自己痛加鞭撻②。

在《堂·吉訶德》裏聽不見反對舊教的聲音，反對君主極權的聲音也一樣聽不見。那些聽見這種聲音的批評家顯然錯了。有一派人，把絶對服從君主這件事加以詩意的理想化；西萬提斯就屬於那一派。這裏的君主是西班牙皇帝，那時候巍巍赫赫，光芒普照大地。一個當小兵的也覺得沾了威光，寧願不顧一己的自由，要教卡斯的利亞民族逞遂那誇强好勝的心願。

那時候西班牙在政治上的偉大很能够教本國文人變得胸襟高遠。在西班牙詩人的心境裏，有如在卡爾五世的國境裏，太陽

---

① "質"和"拙"原文是 schlicht und schlecht。海涅的《隨感録》（*Gedanken und Einfälle*）裏也有四條跟這一段相類的話。

② 聖希愛羅尼默司（Hieronymus）《書信集》第二十二函第三十節説做了個夢，夢見上帝責備他是個西賽羅文筆的模擬者（Ciceronianus），算不得基督教信徒，醒來痛悔前非，把自己打了一頓，發誓不看異端邪説（《羅伯古典叢書》本《書信選》第一二六頁）。

不落[①]。跟摩爾人的惡戰已經收場；内戰以後，詩歌會盛極一時，恰像暴雨初晴，花香最烈。英國伊麗沙伯時代就有這種情景，那時候西班牙也詩派勃興，大可以相提並論。英國有莎士比亞，西班牙有西萬提斯，都是出類拔萃的人物。

伊麗沙伯時代的英國詩人都彷彿一家人似的，彼此有相像之處，三代斐利普治下的西班牙詩人也是這樣。要像我們講的那種獨創一格，莎士比亞和西萬提斯都説不上。他們跟並世的人兩樣，並非他們别具情感思想，别有表達的手法，而祇因爲他們比旁人深至得多，真摯得多，感受愈加敏鋭，力量愈加雄厚；在他們的作品裏，詩的精髓分外飽滿洋溢。

這兩位詩人不僅是當時開的花，而且替後世伏了根。大家因爲莎士比亞的作品在德國和現在的法國起了影響，就推他爲後世戲劇藝術的開山祖師。我們也應該推尊西萬提斯爲近代小説的開山。我有些隨感，讓我説來。

初期小説，所謂武俠小説，從中世紀的詩歌發源。那種敍事詩的主角都出於卡爾大帝和"聖盤"等連環傳説[②]，小説一上來不過把這些詩歌化成散文，内容老是騎士的奇遇。這是描寫貴族的小説，登場的不是荒幻神奇的人物，就是靴子上有黄金踢馬刺的騎士；人民的踪影一點也没有。這種武俠小説愈來愈糟，變

① 相傳這是西班牙皇帝卡爾五世的豪語，席勒的名劇《堂·卡洛斯》(*Don Carlos*)第一幕第六場就用進去了。

② 卡爾大帝一稱查理曼（七二四—八一四），統一西歐；"聖盤"是耶穌基督"最後的晚餐"用的家伙。中世紀有許多詩歌講卡爾大帝和他手下十二位大將的偉績，或者講騎士尋覓"聖盤"的故事。

到荒謬絶倫，西萬提斯憑《堂・吉訶德》一書把它推倒。但是他一面寫諷刺，拆了舊小説的臺，一面就給我們所謂近代小説的新型創作立下模範。大詩人的手段總是這樣，一面除舊，一面佈新，決不會有所破而無所立。西萬提斯在武俠小説裏安插了對下層階級的真實描畫，攙和了人民的生活，開創了近代小説。他並世的文人全喜歡模寫至卑極賤的俗人窮漢怎樣過活，不獨他一人如此。那時候西班牙的畫家跟詩人也有同好；繆利羅偷了天上最聖潔的顔色來畫聖母像①，但是他爲地面上的骯髒景物寫真，也同樣的衷心喜愛。也許這些高貴的西班牙人醉心的是技巧，所以把個捉虱的小化子畫來逼真，也很志得意滿，就跟造了個聖母像一般。或者是相映成趣，惹得那些頭等貴人，像漂亮的弄臣圭費陀，顯赫的權臣孟陀查之流，都寫小説，刻劃起衣衫襤褸的乞丐和流氓來了②。也許這種人在自己的境地裏過得膩味，就異想天開，置身在絶然相反的人生境界裏，正像許多德國作家也流露出這種設身處地的慾望，小説裏專寫華貴生涯，主角不是個伯爵，就是位子爵。西萬提斯卻没有一味寫凡俗人物的偏向；他把高超的事物和平常的事物合在一起，互相烘染襯托，上流人的成分跟平民的成分一般重要。英國人模仿他最早，到如今還學他的榜樣。可是在英國小説裏，找不到這種上流人的、武俠的、貴族的

① 繆利羅的（Murillo）《聖母升天像》最有名。

② 指無名氏一説是孟陀查（Diego Hurtado de Mendoza）所作《小癩子》（*Lazarillo de Tormas*）和圭費陀（Francisco de Quevcdo）所作《混蛋傳》（*La Vida del Buscon*）。《堂・吉訶德》第一部第二十二章講到《小癩子》。

成分[1]。自從理查特孫稱霸文壇以後，英國小説家都缺乏詩意，而且那時候的風氣迂腐拘謹，一點兒不許對普通人民的生活作透徹的描寫，海峽彼岸就出現了市民小説，反映市民階級那種平淡的生活瑣屑。英國讀者從此淹没在這種下劣的讀物裏，近來纔有一位偉大的蘇格蘭人崛起，來了個小説裏的革命，或者竟是復辟。當初小説裏衹是騎士的世界，西萬提斯纔把民主的成分安放進去；後來衹有全無詩意的庸俗市民在小説裏安身立命了，瓦爾德·司各脱就把走失的貴族成分又找了回來。《堂·吉訶德》裏那種美妙的配比勻稱使人驚歎，司各脱走一條跟西萬提斯相反的途徑，然而在小説裏恢復了這種勻稱。

英國第二位大詩人在這方面的功勞，我相信大家還没見到。就文學而論，就他的天才傑作而論，他那種保皇守舊的偏向和成見都有好處[2]。他的傑作到處得人讚賞，有人模仿，把市

① 海涅對《堂·吉訶德》的人民性還没有估量得適當。這部小説裏把貴族寫得極不堪，讀者都像英國散文家蘭姆那樣，痛恨那位“一錢不值的貴人”(*Last Essays of Elia*:“*Barrenness of the Imaginative Faculty in the Productions of Modern Art*”.)；海涅自己在上文裏也就駡過“頂着公爵頭銜”的“下流俗物”。第二部第十六章裏説得明明白白：“管他什麽王爺爵爺，一個無知小子就總是下流之輩。”第一部第二十一章講世界上有一類下降的人和一類上升的人，更表示西萬提斯看到貴族封建勢力的必然没落。至於對當時社會制度的憤慨，書裏到處流露，例如第二部第二十章講世界上祇有有錢的跟没錢的兩種人那一段。斐爾丁把《堂·吉訶德》作爲自己寫小説的模範，甚至《湯姆·瓊斯》第一卷第九章裏那個自註就像是翻譯上面引的“管他什麽王爺爵爺——”這一句。

② 《蘇聯大百科全書》裏《海涅》一篇德譯單行本第十二至十三頁指出海涅世界觀裏的矛盾，對工人階級的勝利又期待又擔憂；伊爾倍格(Werner Ilberg)《我們的海涅》第一四四至一四五頁指出海涅由於他的階級出身和他所處的時代，對無産階級的態度是兩面性的：他認識到社會革命的必然性，可是他還是個唯美主義者，是個貴族。這種認爲小説裏該有貴族成分的主張正是海涅兩面性的例子。

民小說的死灰陰影直擠到流通圖書館的冷角落裏去了。如果不承認司各脱手創歷史小説，倒去找德國方面的先例，那就不對。歷史小説的特色是貴族的成分跟民主的成分和諧配合，民主的成分獨霸，就攪亂了這種和諧。司各脱把貴族的成分重新配合進去，調和得盡善盡美，不像我們德國小説家在作品裏反把民主的成分一筆勾銷，走入迷途，回向西萬提斯以前盛行的那類武俠小説。以上種種，大家都没有看明白。從前詩人產生“迦利亞的亞馬迭斯”這一類的奇談野史[①]，我們的德・拉・穆脱・傅該衹能算落在他們後面的追隨者[②]。這位男爵大人居然在《堂・吉訶德》出世二百年以後還寫他的武俠小説，我不但歎佩他的才情，而且歎佩他的膽量。他的作品問世風行，恰逢德國一個特殊時期。偏愛武士遊俠和古代封建社會的形形色色，這在文學上有什麼意義呢？我以爲是這樣：德國人民要跟中世紀永訣，可是我們多情善感，在訣别的時候，接了一個吻。我們嘴唇印在那塊古董墓碑上，那是最後一次。不用説，那一次我們好多人的舉動都很傻裏傻氣。這一派裏的小伙子魯德維希・悌克掘開死鬼祖宗的墳墓，把棺材當摇籃似的摇着，嘴裏瘋瘋癲癲，呢呢牙牙的唱道：“睡覺罷！爺爺小寶貝，睡覺罷！”[③]

我稱瓦爾德・司各脱爲英國第二位大詩人，稱他的小説爲傑作。不過我衹極口推崇他的天才，絶不會把他那些作品跟西萬提斯

---

① 《堂・吉訶德》第一部第六章對“迦利亞的亞馬迭斯”（*Amadis de Galla*）以及相類的野史一一給了評定。

② 海涅在《論浪漫派》第三卷第四節裏詳細説明這一點，甚至把西萬提斯給堂・吉訶德的頭銜也轉送給德・拉・穆脱・傅該（der ingeniose Hidalgo Friedrich de la Fonqué）。

③ 《論浪漫派》第二卷第二節論悌克（Tieck）就是發揮這個意思。

的這部偉大小説比擬。要講史詩的天才，西萬提斯遠在司各脱之上。上文説過，他是個信奉舊教的作者，也許因此他的心境就有一種廣漠的、史詩風味的恬靜，不生一點兒疑惑，彷彿是晶瑩澄澈的一片天空，覆蓋在他構撰出來的那些五光十色的東西上面，一絲兒没有缺口。並且沉靜也是西班牙民族的本色。司各脱就不然了。他那個教會把神聖的事物都要當劇烈爭論的材料，加上他自己是位律師，又有蘇格蘭人的脾氣，行動和爭論都是家常便飯，所以他小説裏的戲劇成分太强，就跟他的生活和性格一樣。我們所謂小説的這一類創作决不能學他。西班牙人的功勳是産生最好的小説，正如産生最好的戲劇應當歸功於英國人。

那末，還剩下來什麽錦標給德國人呢？有的，我們是世界上第一號抒情詩人。德國人這樣美麗的抒情詩，誰都没有。現在各國人都政務怱忙，到那些事辦完以後，我們願意德國人、英國人、西班牙人、意大利人大家都上緑葉成陰的樹林子裏去唱歌，請夜鶯兒評判。在這番歌唱比賽裏，我深信歌德的抒情詩會得頭獎。

西萬提斯、莎士比亞、歌德成了個三頭統治，在紀事、戲劇、抒情這三類創作裏各各登峯造極。把我們那位偉大的同國人推尊爲盡善盡美的抒情詩人，這件事該讓本文作者來幹。歌德屹立在抒情詩兩股末流的中間：一派以我的名字命名，那真是椿憾事；另一派從許瓦伯地方得名①。兩派都立下功勞，間接出了力使德

① 許瓦伯詩派(die Schwäbische Schule)以烏朗德（Ludwig Uhland)爲首，用民歌的風格歌詠民間的習俗和宗教。海涅在《論浪漫派》第三卷第五節裏對烏朗德很嘲笑。

國詩歌大盛。第一派對德國抒情詩裏理想主義的偏向來了個對症下藥，把心思才力引向堅樸的現實，還把感情空浮的裴德拉楷主義鏟除①。我們一向認爲裴德拉楷主義就是抒情詩裏的堂·吉訶德習氣。許瓦伯派也間接挽救了德國詩。也許全虧了許瓦伯派，雄健的詩歌纔可能在德國北部出現，因爲那種萎靡枯淡的志誠虔信像一股濕氣似的，給這個詩派吸收個乾淨了。許都脱卡脱城就好比德國文藝女神的排洩口子②。

我説這偉大的三頭統治在戲劇、小説和抒情詩裏有最高的成就，並非對其他大詩人的作品有什麽挑剔，要問："哪一位詩人更來得偉大?"那真是最笨不過了。火焰就是火焰，不能掂斤播兩來考較它們的輕重。衹有跟雜貨鋪子裏俗物一般識見，纔想把一架稱乾酪的破天平去權衡天才。别説古代作者，就是許多近代作者也有詩火熊熊的作品，可以跟那三個人的傑作比美。不過莎士比亞、西萬提斯和歌德這三個名字總是並舉齊稱的，隱隱然有什麽繩子把它們串在一起。他們的創作裏流露出一種類似的精神：運行着永久不滅的仁慈，就像上帝的呼吸；發揚了不自矜炫的謙德，彷彿是大自然。歌德使人想起莎士比亞，也常使人想起西萬提斯。甚至是他文筆的特色也和西萬提斯的相似，都是隨便不拘束的散文，點綴着極可愛的、快意的諷刺。他們的毛病也相像，筆下都很絮煩，都偶或有那種長句子，冗長得像皇帝出行，前擁後簇着一大隊。一句浩浩蕩蕩的句子

① 十四世紀意大利詩人裴德拉楷(Francesco Petrarca)歌詠理想的戀愛對象，在西歐文學上有極大的影響。

② 許都脱卡脱(Stuttgart)是一個出版中心。

裏，往往衹有一點兒意思，彷彿一輛金彩輝煌的宮廷大車，架上六匹盛裝麗飾的馬，一路行來，好不隆重。不過這點兒意思，就算比不上皇帝，也總相當於一位貴人。

關於西萬提斯的才情以及他這部書的影響，我不能多談。關於這部小説在藝術上的價值，此地更不能多談，因爲仔細講起來就牽涉到美學的範圍很廣。我衹要叫大家注意這本書的體裁和書裏兩個中心人物。體裁是遊記，也是這類創作天造地設的體裁。我想起古代第一部小説、亞普萊厄斯的《金驢記》來了①。後世創作家覺得這種體裁太没有變化，就用我們今天所謂小説的佈局來補救那個缺陷。不過大多數小説家都不會自出心裁，衹好佈局輾轉藉用，至少也是把旁人的佈局藉來，稍爲改頭换面。因此翻來覆去老是這一類角色、情景和關鍵，到後來讀者就不大愛看小説了。這種陳腐的小説佈局沉悶得很，大家得另打主意，有一時又遁逃到上古原始的那種遊記體裏去。不過要是有位自出心裁的作家創了個新鮮的小説佈局，遊記體就會完全廢除的。在文學裏，也像在政治裏，一切轉移全按照運動力和反運動力的規律。

名叫堂·吉訶德和桑哥·潘查那兩位人物呢？他們倆從頭到底彼此學嘴學樣，襯得可笑，可是彼此也相濟相成，妙不可言。所以兩口兒合起來纔算得這部小説的真正主人公。這也見得這位創作家在藝術上的識力以及他那深厚的才力。旁的文人寫小

① 《堂·吉訶德》第一卷第三十五章裏跟皮酒袋廝殺的故事就是根據《金驢記》第二卷第三十二節至第三卷第九節。參看湯麥斯·曼（Thomas Mann）《航海時讀〈堂·吉訶德〉日記》（*Meerfahrt mit Don Quixote*）裏一九三四年五月二十四日論西萬提斯受《金驢記》以及其他古希臘傳記影響的那一節。

説，祇有一個主角雲遊四海；作者勢必假藉獨白呀，書信呀，日記呀，好讓人知道這位主角的心思觀感。西萬提斯可以隨處來一段毫不牽强的對話；那兩位人物一開口就是彼此學舌頭取笑，作者的用意因此更彰著了。西萬提斯的小説所以妙奪天然，都承這兩位的情，從此大家紛紛模仿。整整一套小説從這兩個角色裏生發出來，就像從一顆種子裏長出那種印度大樹，枝葉紛披，花香果燦，枝頭上還有猴子跟珍禽異鳥。

不過把一切都算是婢學夫人似的模仿，也不免冤枉。我們在生活裏常碰見一對人物：一個像堂・吉訶德，有詩意，愛冒險；一個像桑哥・潘查，一半出於忠心，一半也爲了私利，跟住那一個人，同甘共苦。把這一對寫到書裏去，那真是順手拈來。他們倆在藝術裏種種喬裝改扮，也像在人生裏一樣；要認出他們的本來面目，就得注意本質和心靈上的標記，不能拘泥着表面以及外附的事物。這種例子舉不勝舉。在堂・約翰和萊柏瑞羅兩個身上①，也許像在拜倫爵士和他的親隨弗萊邱身上②，我們不就找到了堂・吉訶德和桑哥・潘查麼？在瓦爾德才的騎士和他的

---

① 西班牙的悌爾所・德・穆利那(Tirso de Molina)第一個把貪花浪子唐・約翰(Don Juan)的事編成劇本，戲裏的親隨名叫卡泰利農（Catalinon)，是個不重要的角色。意大利的奇各尼尼(G. A. Cicognini)寫的《石像來賓》(*Il Convitato di Pietra*)那本戲裏把親隨這個角色發展到相當於桑哥的地位，親隨名叫巴塞利諾(Passarino)。從此在莫里哀等的劇本裏，堂・約翰的親隨也是個要角，祇是名字又換了。萊柏瑞羅(Leporello)是莫查特(Mozart)歌劇裏給他的名字。

② 據拜倫給他母親的信，威廉・弗萊邱(William Fletcher)懶惰懦怯，貪吃愛喝，確和桑哥相似。見瀰洛塞羅(R. E. Prothero)編《拜倫書信與日記》第一三一函、一三二函、一四一函、一五一函。

卡斯拜·喇哩嗶哩身上[①]，正如在許多文人和他們的出版家身上，我們不都看出來這兩種人物以及他們的相互關係麼？出版家瞧明白作家的一團傻氣，但是其中有實在利益可圖，也就死心塌地跟着到理想境界裏去亂闖亂跑。書店大老闆桑哥幹他那行營生，往往吃耳光當飽，卻仍舊肥肥胖胖，衹是那個好漢騎士一天天瘦下去了。

堂·吉訶德和他的侍從這兩種人不但男人裏有，我在女人裏也常碰見。我尤其記得一位美麗的英國女郎和她的朋友，她們倆是結伴從倫敦一家寄宿女學堂裏逃出來的。這位女郎癡情洋溢，皮膚白淨，要走遍世界去找一顆男人的心，像她在溶溶月夜裏夢想的那樣高貴。她那朋友又矮又黑，想趁機撈個丈夫到手，儘管他不是一位出衆的意中人，至少也得模樣兒漂亮。我彷彿還看見那女郎的纖削腰身站在白雷敦海灘上，含情的藍眼睛脈脈望着汪洋大海的法蘭西彼岸。這時候，那位朋友正砸着榛子，把仁兒吃得滿口香甜，把殼兒擲在水裏。

至於這兩種人彼此間的情形，別說在其他藝術家的傑作裏，就是在人生裏也没有西萬提斯筆下寫來那樣風光細膩。這一位的性情體態，一枝一節全跟那一位的相反相連，恰成對照。每一個特色都等於學樣學嘴似的取笑。是的，甚至羅齊南脱和桑哥的灰色驢子，正跟那位騎士和他的侍從一樣，也是相形之下，言外大

---

① 瓦爾德才騎士(Ritter von Waldsee)和卡斯巴·喇哩嗶哩(Kaspar Larifari)是恒斯累(K.J. Hensler)所作《多瑙河邊小娘子》(*Das Donauweibchen*)裏的角色。

有諷刺；這兩頭牲口象徵的意義，多少跟那兩個人物相同。主僕兩人講的話，就像他們的心思，也是個極明顯的對比。翻譯家有個非解答不可的難題，我這裏得提一下，那便是怎樣把好桑哥那種家常粗俗、疙瘩嚕蘇的話翻成德文。好桑哥老愛支離破碎的引用諺語，常常胡引亂用。這就教人想起所羅門王的那些俳優，想起馬爾可夫來了①，因爲馬爾可夫要把可憐的理想主義跟常人從經驗得來的智慧對照，也就用些簡短的格言成語。堂·吉訶德講起話來可就不同，他講的是文雅的、上流人的話，而且句法完整，有一種莊重的風度，見得是位高貴紳士。有時候，句子鋪排得太長，這位騎士的話就譬如一位高揚着臉兒的命婦，穿了一身袖子裙子都鼓出來的綢緞衣裳，拖着綷縩長裾。可是美麗、文雅和歡樂這三位女神搖身變了小跟班，嘻嘻哈哈，捧起那長裾一角，那些長句子的收梢也一變而爲韻致盎然了。

堂·吉訶德和桑哥·潘查的詞令可用幾句話來概括：前面一位講起話來，就像他本人那樣，老是騎了一匹高大的馬；後面一位講起話來，也像他自己那樣，祇跨着一頭低賤的驢子。

此外有一件事要談。在我作序的這部《堂·吉訶德》新譯本裏，出版家妝點了些插畫。德國印行插圖的文學書籍，這還是第一部。在英國，插圖是照例應有的東西，非常吃香，在法國尤其如此。我們德國人萬事認真，都想尋根究柢，就要問了："這

---

① 馬爾可夫(Markolf)是所羅門王宮裏最有名的俳優。歐洲中世紀流傳着許多故事，都講"智不可及"的所羅門難不倒"愚不可及"的馬爾可夫，有首十四世紀的德文詩就叫《所羅門與馬爾可夫》。

類插圖對真正藝術有什麼裨益呢?”我以爲没有什麼。當然，畫家那種敏快輕靈、善於創物造形的妙手，將詩人筆下的人物把握住了，依樣模寫出來，這一點在插畫裏是看得見的；或者看書看得乏了，有插圖來打個岔子，也是別饒趣味的。不過插畫也是一種徵象，見得圖畫這門獨立的藝術倒了架子，下降而爲繁華粉飾的工具了。因爲在插圖裏，畫家不但能够或者容易把事物輕描淡寫，而且他祇應該這樣，輪不到他來無微不至的刻劃。至於古書裏的木刻畫，那別有用意，不能跟插圖一概而論。

這個本子的插畫根據東尼·約翰諾的圖樣，都是他從英法兩國舊版畫裏套製的。東尼·約翰諾名不虛傳①，所以這些畫的意匠和手法又雅緻又特色，儘管輕描淡寫，我們也瞧得出這位畫家深得那位創作家的用心。每一章第一個字母的花樣和章末的點綴都很有巧思奇想；妝飾的花紋大多採用摩爾民族的圖案，當然畫家在這裏面寓寄着深微的詩意。對摩爾人清平時代的那種思古幽情，的確在《堂·吉訶德》全書裏如隱如現，彷彿遠遠襯托的一片美麗背景。東尼·約翰諾列在巴黎最出色、最重要的畫家裏，不過他是生在德國的。

《堂·吉訶德》是很有畫意的書，可是説也奇怪，竟還没個畫家向這樣一部書裏找些題目，來一套獨立的圖畫。是不是這部書的才思太空靈奇幻了，所以畫家捉摸不到那些五顔六色、輕盈飄忽的東西呢？我想不是。不管《堂·吉訶德》多少空靈奇幻，它

---

① 海涅在《一八三一年巴黎畫展補記》裏對東尼·約翰諾(Tony Johannot)有較詳細的批評。約翰諾畫的海涅像頗有名。

總在堅牢的、地生土長的現實上面奠基立礎，要不然，就不會是部人民的書。也許還有深奧的意義，躲在作者搬演給我們看的那些人物背後，不是畫家描摹得出的，因此他捉不住這種深意來照樣寫真，祇會畫個外貌，儘管很引人注目，總祇是個外貌。這話對不對呢？看來正是這個道理。試爲《堂·吉訶德》作圖的畫家很多。我看見的英國人、西班牙人以及從前法國人這類手筆，實在討厭。至於德國畫家呢，我該提起我們那位偉大的大尼埃爾·休度維基。他畫了一套《堂·吉訶德》的圖片，由貝爾格鏤上銅版，附在貝爾都黑的譯本一起①。裏面有很好的東西。那時候的畫家有種誤會，以爲西班牙人的衣服就像戲臺上的照例裝束，休度維基也不免上了大當。不過我們處處瞧得出他懂透了《堂·吉訶德》。這就教我喜歡這位藝術家；爲他份上，爲西萬提斯份上，我對這件事都很愜意。我的兩位朋友要好，我總很高興，恰像我的兩個怨家打架，我也總很快心。休度維基那時候，文學正在草創，要的是激昂奮發的熱情，諷刺是不當景的；這種時代跟《堂·吉訶德》氣味很不相投。何況比起别的畫家來，休度維基更是他那時代的兒子，在那個時代裏生的根，祇屬於那個時代，承它培養，得它瞭解，蒙它器重。然而西萬提斯筆下的人物在那時候竟會有人知賞，這就證明他好，休度維基在那時候竟會是堂·吉訶德和桑哥·潘查這類人物的知音，這也見得他很不錯了。

在最近的《堂·吉訶德》圖像裏，我喜歡講一講德岡的

① 附有大尼埃爾·休度維基(Daniel Chodowiecki)圖畫的貝爾都黑(F. J. Bertuch)譯本在一七七五年出版。

幾幅簡筆畫，他是法國現存畫家裏最有創造力的人①。可是衹有德國人纔會把《堂·吉訶德》懂個徹頭徹尾。有一天，我在蒙馬脱爾馬路上一家畫鋪子的橱窗裏，看見一幅畫，是那位曼卻郡的上等人在書房裏的景象，仿着大師亞道爾夫·許羅陀的筆意；我看到那幅畫，就滿腔高興，起了方纔説的那個感想。

一八三七年狂歡節作於巴黎

譯者後記：海涅對《堂·吉訶德》的評論主要見於三處。第一是《遊記》(*Reisebilder*)第四部第三分第十五至十七章；他在一八三〇年寫的，稱讚堂·吉訶德的性格，並且自比於這個典型人物。第二是《論浪漫派》(*Die romantische Schule*)法文本的第二卷第二節，一八三三年寫的；他把《堂·吉訶德》、《哈姆雷特》和《浮士德》三部傑作相提並論，彷彿替屠格涅夫的名著《論堂·吉訶德與哈姆雷特》開了先路（參見 Émile Montégut, *Types littéraires et fantaisies ésthetique* (1882): *Don Quixote*, *Hamlet*, *Werther*, *Wilhelm Meister*: *4 Types of Aesthetic Ideals*.)。第三就是這裏翻譯的《精印本〈堂·吉訶德〉引言》(*Einleitung zur Prachtausgabe des "Don Quichotte"*)，海涅在一八三七年爲一個德文新譯本寫的，把《遊記》的第十六章删改了幾個字，作爲本文開頭一段。雖然他在兩封信裏都説到作《引言》的時候，自己正害流

① 海涅在《一八三一年巴黎畫展》裏，對德岡(A. G. Decamps)非常讚許。

行性感冒，寫得很不得意，可是這篇文章代表他對《堂·吉訶德》的最成熟的見解和最周到的分析，不失爲十九世紀西歐經典文評裏關於這部小説的一篇重要文獻。今年恰逢《堂·吉訶德》出版的三百五十週年，這個《引言》也許有點參考的價值，因此根據古斯大夫·楷貝勒斯(Gustav Karpeles)所編《海涅全集》譯出來，加了些註解；《引言》見全集第八册第二一二至二三四頁，那兩封信見第九册第七〇頁又第七九頁。

(原載《文學研究集刊》，
人民文學出版社一九五六年一月版)

關於巴爾札克

［法］左拉

［雖然巴爾札克是保王黨和天主教徒，他卻花了畢生精力爲共和國、］爲未來的自由社會和自由信仰［開路］。……巴爾札克没有知道自己是位民主主義者；傳説裏有個遭到天罰的人，他的惡毒咒詛都會變成甘言軟語的祈禱，巴爾札克就跟那個人一模一樣，自以爲討幾條繩子來絞死人民，而其實是爲人民要求自由。……所以《人間喜劇》是這麼一回事：諷刺貴族和資産階級，展覽當時那場混打亂吵的情景，把永遠結束的過去和正在開展的未來兩者之間的現狀作了戲劇性的描述。依我看來，巴爾札克事實上已經瞭望到了光華燦爛的共和國。共和國是命運注定要來的，是全部作品所流露的結論，是貴族無恥和資産階級無能的後果。假如追究一下，巴爾札克把民族裏生氣蓬勃的力量給與哪一個階級，我們就發現他把這種力量給了那個偉大的缺席者——人民。他也衹可以這樣做。他的識見非常高明，他對真理的愛好非常熱烈，他就不能不抨擊那些昏蛋和膿包。儘管他有保王黨的政見和天主教的信仰，可是他把貴人和富翁描摹得都在他那嘻笑怒駡的筆鋒下送命。他的作品就像一條引向人民的大

路，路面上撒佈着廢墟遺跡。

後記：

左拉早年寫的批評文章大多數還埋没在各種已成古董的小報紙裏，並没有收進《全集》的那九本“批評著作”裏去。因此研究左拉的人不曾留心到這部分資料。拉諾（Armand Lanoux）在他的極風行的《左拉先生，您好!》（*Bonjour, Monsieur Zola!*）（一九五四）第三九一頁上説自己參考了無數已印行和未印行的材料，但從全書看來，他就忽略了這些集外文。號稱最詳博的《左拉評傳》（一九五三）的作者海敏士（F. W. J. Hemmings）也在他那本書出版以後，纔下了一番工夫，把左拉投過稿的七種巴黎舊報仔細翻檢，做了提要和摘録，發表在一九五六年六月號的《美國現代語文學會集刊》（PMLA）裏，題目是《左拉的報章文字習作》（*Zola's Apprenticeship to Journalism*）。上面譯的一節見《集刊》第三五三—四頁，原來登載在一八七〇年五月十三日的《號召報》（*Le Rappel*）上，加方括弧的半句是海敏士的英文撮要，其餘全是左拉的原文；整節的意思可以説跟恩格斯在一八八八年四月寫給瑪克瑞德·哈克納斯（Magaret Harkness）信裏的話大致暗合（見人民文學出版社《馬恩列斯論文藝》第二一 —二二頁）。

（原載《古典文藝理論譯叢》第二輯，

人民文學出版社一九五七年）

弗·德·桑克梯斯文論三則

譯者案：弗朗契斯戈·德·桑克梯斯（Francesco De Sanctis）（一八一七—一八八七），十九世紀意大利最重要的批評家。早年參加愛國運動，爭取意大利的統一和反對異族的統治，曾兩度坐牢並流亡出國。意大利統一以後，任教育部部長，後任奈波利（Napoli）大學比較文學教授。著作甚多，最有名的是《意大利文學史（*Storia della letteratura italiana*）》（一八七〇——一八七二）和身後出版的未定稿《十九世紀意大利文學史》（*Storia della letteratura italiana nel secolo xix*）。貫串在德·桑克梯斯的文學史和批評論文裏的基本概念之一，就是作家的意圖跟作品的效果往往不相符合，以至彼此矛盾。這個概念在近代西洋文評裏發生很大的影響，克羅采（B. Croce）《詩論（*La Poesia*）》甚至説這是德·桑克梯斯在文評的方法論上最卓著的貢獻（《詩論》第五版三〇六至三〇七頁）。現代英美資產階級文評家常説的"意圖的迷誤（intentional fallacy）"就是德·桑克梯斯這個論點的發展。下面選譯了三節有關這個問題的議論。

1、論但丁

在《神曲》裏，正像在一切藝術品裏，作者意圖中的世界和作品實現出來的世界，或者説作者的願望和作者的實踐，是有區分的。一個人做事，不會順着自己的心願，衹可以按照自己的能力。詩人的寫作總不能脱離他那時代的文藝理論、形式、思想以及大家注意的問題。愈是小作家，愈能確切地表現出他意圖中的世界，例如布羅内托·拉丁尼（Brunetto Latini）和費德利哥·弗來齊(Federigo Frezzi)①。在他們的作品裏，一切都簡單明瞭、有條理、不矛盾，現實變成了一個空虚的外象。一位真正的藝術家寫起詩來，矛盾就會爆發，所出現的不是他的意圖的世界而是藝術的世界。……

但丁的世界是以道德觀念爲基礎的。道德觀念並不是强加在故事情節上面的一個外來概念，它是故事情節的世界裏内在的東西，是它固有的概念；没有了道德觀念，故事情節就喪失它的存在的理由。這種基礎是真實的，是和故事情節打成一片的；要説有缺點，那就是故事情節本身的缺點。可是但丁不從詩人而從哲學家的角度來考慮這個問題，他越出了故事情節的範圍。他覺得作品裏存在着道德觀念還不够，得加上關於這個觀念的指示和闡明。這還不算數。他要使這個觀念發展而爲一套哲學、一個把概念配比組合起來的系統。這個觀念不復是故事情節的基礎或含藴

---

① 拉丁尼（一二二〇——一二九四），學者兼詩人，但丁的老師；曾作長篇寓意詩，寫自己在自然界、道德界、快樂陷阱等等裏的經歷，未完成。弗來齊（一三四六——一四一六），詩人；仿但丁《神曲》作長篇寓意詩，寫在愛情、道德、魔鬼、罪惡等四國的經歷。——譯者註（本文註釋均爲譯者註——編者）

的意義，像物質裏含蘊着的精神；它本身成爲作品的內容，成爲故事情節，成爲作品的目的。這樣，生動活潑的現實就要在空泛的哲理裏消失，作品變成蒙着故事情節的面紗的道德和政治教本。一個自然而又通俗的詩人變成一個博學和道貌岸然的詩人。……

但丁並没有心手一貫；他做的是一回事，而他意圖的是另一回事。不管一個人是否情願或有無其他意圖，他是怎樣的人，就做怎樣的事。但丁是詩人，雖然他糾纏在抽象概念裏，把它們砌築在一起，他卻留下無數漏洞，放進了空氣和光亮。囿於當時的風氣，他給一個錯誤觀念牽引着，越出了故事情節而走進了純粹概念的世界，以此作爲自己的意圖所在，而把整個現實拉過來作爲這些概念的外象。但是，當他接觸到現實，他就發現了自己，有了創造力，他的天才找到了素料，那些空虛的外象也生長了血肉、有了生命。我們簡直可以說，假如没有那個莊嚴神聖的意圖像鉛球似的繫在它們身上、時常妨礙着行動，它們竟是自由和獨立的活物了。祇有這個實現出來的世界是有活氣和生命的，在它的光輝裏，詩人所珍愛的意圖的世界像煙霧一樣消散。

譯自羅索(L. Russo)編《意大利作家論》(*Gli Scrittori italiani*)上册選載德·桑克梯斯《意大利文學史》。

2、論亞歷桑德羅·孟佐尼(Alessandro Manzoni)①

靈感和理論——或者説，藝術的自在流行和批評的深思熟慮——二者之間的鬥爭是個有趣味的而且很有教育意義的景象。藝術家知道自己要創作些什麽，但是他不會意識到怎樣去創作它。創作的活動是不受他管束的，結果常常出於他意想之外。假如有缺點的話，那缺點大多在於作者被自己的意想或先入爲主的理論所滲透了。孟佐尼就是這樣的，但丁和塔索也是這樣。虧得他們的天才把他們從他們的理論裏拯救出來。……

孟佐尼把藝術的真實和事物的或歷史的真實混淆在一起，他對理想的看法也同樣糊塗。他所謂理想是一個跟他心目中的現實事物隔離的世界、一個完美圓滿的宗教和道德世界；他所謂歷史真實是沾不上這個世界的一點兒邊的。比起理想世界來，大自然和歷史都是有缺陷的。因此，應該由藝術來改變大自然和歷史，産生一種理想的真實，以符合於那個世界。但是，這麽一來，事物的真實又將作何下落呢？……

事物還是理想？兩者得分個勝負，不是事物吞滅了理想，就是理想吞滅了事物。……大作家隨任着靈感，往往可以勝利地解脱自加的約束。事物的真實就不成爲他達到藝術的真實的障礙；在藝術的這種更深刻、更豐富的真實裏，他不知不覺地走進了他所追求的孤立在現實之外或現實之上的理想世界。……

正因爲孟佐尼違背了自己的思想體系纔成爲藝術家，我們

① 孟佐尼（一七八五——一八七三），詩人兼小説家，所作歷史小説《未婚夫婦》（*I Promessi Sposi*）最爲傳誦。

不妨一反他本人的做法：我們稱揚他的藝術而譴責他的思想體系。這是根據藝術裏的天經地義來的：天才並不自覺，它的施展並不依賴思想系統，而且常常違反作者的思想系統。

譯自羅索編《意大利作家論》下册選載德·桑克梯斯《十九世紀意大利文學史》。

3、論吉亞古謨·來歐巴地(Giacomo Leopardi)①

他產生的效果正跟他的意圖相反。他不相信有進步，可是他恰恰使你要求進步；他不相信有自由，可是他恰恰使你愛慕自由。他把愛情、榮譽、道德等等一筆勾銷説都是幻覺，可是他在你心裏挑動了對這些東西的無窮的慾望。……他是個懷疑主義者，但是他偏偏使你有了信仰；他不信人類的將來會比現在好，但是他偏偏引起你對前途的熱烈嚮往，激發你去幹崇高的事業。他鄙薄人類，而他本人高尚、溫柔和純潔的品性正使人類增加了光榮和身份。

譯自比尼(W. Bini)編《歷代批評家對於意大利經典作家的評價(*I Classici italiani nella storia della critica*)》第二册引德·桑克梯斯《叔本華與來歐巴地》。

(原載《文匯報》，一九六二年八月十五日)

---

① 來歐巴地（一七九八——一八三七），詩人兼學者，多病殘廢，作品裏充滿厭世情緒。

外國理論家作家論形象思維*

*《外國理論家作家論形象思維》，中國社會科學出版社一九七九年一月第一版。其中西歐古典部分，標明由“錢鍾書、楊絳、柳鳴九、劉若端選譯”；西歐及美國現代部分，標明由“錢鍾書、楊絳選譯”。據向柳鳴九、劉若端先生瞭解，全文內容由錢鍾書、楊絳先生選定，並完成大部分翻譯。爲了提携後輩，他們請柳鳴九初譯了“伏佛納爾格”一段，請劉若端初譯了“柯爾立治”、“弗洛伊德”兩段，並對譯文作了認真的校譯改定。“狄德羅”、“黑格爾”和“渥兹渥斯”三篇因分别採用了陸達成、徐繼增先生；朱光潛先生和曹葆華先生的譯文，本書在編選時删去。——本書編者註

一、西歐古典部分

前　言

在西歐的文藝理論和哲學著作裏，“形象思維”是個不經見的名詞。黑格爾《美學》中文譯本第一卷第六頁所謂“創作和形象思維的自由性”在原文裏是：“die Freiheit der Produktion und der Gestaltungen”①；譯爲“形象思維”的那個字衹是“形成”、“完形”或“構成形體”的意思，現代西方資産階級心理學派中很流行的“形態心理學”或“格式心理學”（Gestaltpsychologie），正是用同一個字命名。英國現代作家林賽(Jack Lindsay)用了“形象思維”（imaged thought)這個名詞，馬上聲明那是俄國文評裏的術語②；這也表示它在西歐至今還是一個陌生的名稱。

大體説來，所謂“形象思維”相當於古希臘人的 phantasia 和古羅馬人的 imaginatio。在中世紀和文藝復興時期，phantasia 和 imaginatio 兩字並用，也没有意義上的差別；十六、十七世紀古典主義理論家還繼承着那種用法。但是，早在中世紀後

① 黑格爾《美學》，一九五五年建設(Aufbau)出版社版，第五二頁。

② 《三十年代以後》(*After the 30's*)第一四五頁。

期，已有個別作者以這兩個字分別指程度上不同的兩種心理活動：phantasia 指高級的、富於創造性的想像，而 imaginatio 則指低級的幻想或夢想。在後來的浪漫主義理論裏，這個區別被肯定下來而普遍推廣。該注意的是，這裏又產生了地域性的差歧；德、意作者一般以 phantasie，fantasia 指高級的想像，而以 Einbildungskraft，immaginazione 指低級的幻想（例如黑格爾《美學》朱譯本三四八頁）；英、法作者恰恰相反，常以 imagination 指高級的想像，而以 fancy，fantaisie 指低級的幻想（例如柯爾立治《文學生涯》，見下面選録）①。同時，常譯爲“直覺”的 Intuition，Anschauung 那個字也有兩種意義：一是笛卡爾、洛克的用法，可以譯爲“直覺”（例如在柏格森的著作裏）；二是萊布尼茨、康德的而還保存在許多美學或文論著作裏的用法，應當更確切地譯爲“形象”、“對事物的具體印象”、“感象”、“形象觀感”之類（例如在克羅齊的著作裏）②。因此，在下面選輯的材料裏，假如原作者以 phantasia 和 imaginatio 兩字混同使用，那末我們一律譯爲“想像”；假如原作者以兩字分別使用，那末我們按照作者的語文習慣或語氣，譯文裏一律以“想像”或“創造的想像”指高級的心理活動，而以“幻想”指低級的心理活動；假如作者用 intuition 一字是沿襲着萊布尼茨給予的意義（見

---

① 據畢促羅索（A. Pizzorusso）《法國浪漫主義先期文學研究》（*Studi sulla letteratura dell' età preromantica in Francia*）的考訂，儒貝爾（Joubert）是很早（在一八〇七年）這樣區分的法國作者。

② 參看洛克《人類理解力論》，潑令格爾－巴的生（A. S. Pringle-Pattison）編本第二九二頁註；奧爾齊尼（G. N. G. Orsini）《克羅齊》第三二一三四頁。

下面選録)，那末我們就不譯爲“直覺”而譯爲“形象”或“形象觀感”。譯名未必確當，但是這樣辨也許可以免於張冠李戴或節外生枝，不至於合其所當分或分其所當合了。

下面選譯了有關這個問題的一些比較有影響或有代表性的資料。由於知識、材料、時間的限制，嚴重的疏漏和缺略一定不少，有待於將來的補正。譬如中世紀思想家大亞爾貝爾德斯(Albertus Magnus)是最早區別“想像”和“幻想”的人，文藝復興時期思想家畢柯·德拉·米朗杜拉(Pico della Mirandola)是最早寫專論反對“想像”的人，然而我們没有找到他們的原著或第二手的、章句比較完整的引文，暫時衹好付缺。

這些不完備的資料也許足够使人看出“想像”這個重要概念在美學和文評史裏發展歷程的概貌。古希臘文藝理論忽視“想像”，亞里士多德《詩學》裏没有隻字片言提到它；古希臘哲學和心理學對“想像”歧視甚至敵視。衹有阿波羅尼阿斯的議論是個例外：把“想像”和造形藝術聯繫起來而且給以很高的地位。後世古典主義的看法基本上受這兩種論點的支配，在二者之間依違摇擺。古典主義的理論家一方面承認“想像”是文藝創作的主要特徵，另一方面又貶斥它是理智的仇敵，是正確認識事物的障礙，把它和錯覺、瘋狂歸爲一類。“家裏的瘋婆子”(la loca de la casa)從十六世紀起就成爲“想像”的流行的代稱詞[①]。但是，由於但丁在他的名作《神曲》裏對“崇高

① 詳見《生活與語言》雜誌(*Vie et Language*)一九六〇年一月和七月兩號裏有關這個成語的考訂。

的想像”（l’alta fantasia）表示的企仰[①]，意大利首先有個别文論家開始重視“想像”，加以研究分析，企圖擡高它在精神活動裏的位置，導引了後來浪漫主義的主張。十七世紀末，萊布尼茨發現在一切思維裏，有些觀念是抽去形象的，而有些觀念是包含形象的，於是創造了一個和現代文論所謂“形象思維”表面上相似的名詞。十八世紀初，維柯認爲詩歌完全出於“想像”而哲學完全出於理智，兩者不但分庭抗禮，而且簡直進行着“你死我活”的競爭，於是提示了一種和現代文論所誇大的“形象思維”實質上相似的理論。到了十九世紀，隨着浪漫主義運動的進展，“想像”的地位愈來愈高，没有或者很少人再否認或貶低它的作用了。有些思想家和作家——例如謝林（見下面選録）——甚至説概念或邏輯思維也得依靠“想像”。他們企圖使“想像”滲透或吞併理智，頌讚它是最主要、最必需的心理功能。因此，“錯誤和虛誑的女主人”（巴斯楷爾語，見下面選録）屢經提拔，高升而爲人類“一切功能中的女皇陛下”（波德萊亞語，見下面選録）。

這些不完備的資料也足够使人看出古典理論家在這個問題上還没有能作出實事求是的、細緻精密的科學分析。他們常常受了“功能心理學”的束縛，多少有傾向把精神在不同方面的活動抽象和片面化，分割爲許多不同的精神功能，許多獨立或者孤立甚至對立的功能。這個傾向伴隨着二十世紀的開始而進一步發

① 《天堂》篇第三三節第一四二行。

展①，維柯的理論獲得了系統性的發揮，從事於形象的“想像”和從事於邏輯概念的理智彷彿遭到了更加嚴厲的隔離監禁，彼此不許接觸，而且“想像”不僅和“理智”分家，甚至還和清醒的意識分家，成爲在睡夢裏表現的典型的“潛意識”活動——一切這些都不屬於“古典”資料的範圍了。

① 弗洛伊德《釋夢》（*Die Traumdeutung*）出版於一九〇〇年，克羅齊《美學》出版於一九〇二年。

亞里士多德

（Aristotle，公元前三八四—前三二二，古希臘）

想像不同於感覺和判斷。想像裹蘊蓄着感覺，而判斷裹又蘊蓄着想像。顯然，想像和判斷是不同的思想方式。想像是可以隨心所欲的，……而獲得結論①是不由我們作主的，結論有正確和錯誤之别。想像不是感覺。有現實的感覺，有可能的感覺，例如有正見到的和能見到的事物；但是，即使没有現實的和可能的感覺，想像依然可以發生，例如夢中見物。……一切感覺都是真實的，而許多想像是虚假的。假如我們的感覺官能正確地起作用，我們不會説："我想像那是一個人"；衹有在我們的感覺不很明確的時候，我們纔那樣説。上面説過，我們閉上眼睛，一樣可以見到幻象。知識或理智是永遠正確的，想像不能和它相比，是可能錯誤的。……想像的東西在心裹牢不可去，和感覺很相似，因此動物就會按照想像而採取行動，像有些畜類，那是由於它們缺乏智力，還像有些人，那是由於他們受了感情、疾病或睡眠的影響。

——《心靈論》第三卷第三章，《羅伯(Loeb)古典叢書》本第一五七頁起。

① 按指判斷。

顯然，記憶和想像屬於心靈的同一部分。一切可以想像的東西本質上都是記憶裏的東西。

——《記憶和回憶》一章，同前版本第二九三頁。

想像就是萎褪了的感覺①。

——《修辭學》第一卷第一一章，同前版本第一一七頁。

① 這句簡單的話成爲後世經驗論派關於想像的重要論據，參看下面霍布斯選録。

阿波羅尼阿斯

（Apollonius，公元一世紀中期，古希臘）

賽斯沛西翁問：“……你們的菲狄亞斯和伯拉克西特列斯[①]是不是到天上去模寫了各個神道的狀貌，然後在他們的藝術品裏照樣複製的？還是另有什麼東西主持和指導着他們的造形過程呢？”阿波羅尼阿斯回答：“是有那末一個富於智慧和才能的東西指導着他們。”“那是什麼呢？難道還不是摹擬麽？”“是想像。它造作了那些藝術品，它的巧妙和智慧遠遠超過摹擬。摹仿衹會仿製它所見到的事物，而想像連它所没有見過的事物也能創造，因爲它能從現實裏推演出理想。”

——斐羅斯屈拉德斯（Philostratus）《阿波羅尼阿斯傳》第六卷第一九章，《羅伯古典叢書》本第七七—七九頁。

① 希臘大雕刻家。

湯密達諾

（B. Tomitano，意大利）

正像普遍性的概念是理智的對象，由感覺所認識到的個體事物的彼此類似就是想像的對象。因此，有一個學者曾説，想像是應用在個體事物上的理智，而理智就是應用在普遍性概念上的想像；這是一種不甚符合哲學而很有詩意的説法。……想像是一種心理功能，它像純潔而經琢磨的水晶，照映出感覺所獲得的具體事物的形象。

——《德斯干語言論》（*Della lingua thoscana*，一五四五），譯自哈德威（B. Hathaway）《批評的時代》（*The Age of Criticism*）第三一二頁引文。

龍　沙

（Ronsard，一五二四——一五八五，法國）

創造不是别的，正是想像力裏自然産生的好東西，它能懸擬出各種可以想像得到的觀念和事物形象——天上的和地上的、有生命的和無生命的事物，然後把它們表現、描寫和模仿出來。……創造是一切東西的本源，詩歌的結構追隨着它，如影隨形。我教你創造美麗和偉大的東西，意思並非指那種荒誕和陰沉的創造。那種創造出來的東西彼此間不相聯繫，就像瘋子和發高燒病人的紛亂的幻夢；這些人的想像力受了損傷，因此就臆造出無數雜亂零碎的奇形怪象。

——《法國詩學要略》（*Abrégé de l'art poétique françois*，一五六五），《七星（Pléiade）叢書》本《龍沙全集》第二册第九九九頁。

烏阿爾德

（J. Huarte，一五三〇—一五九二，西班牙）

想像力是從人身的熱度裏産生的。那種胡説和病狂的人的知識是屬於想像的。這種知識不屬於理智和記憶。既然瘋狂、憂鬱都是頭腦熱旺的病症，那末，我們有理由肯定想像也就是熱度構成的。好的想像能産生一切由形象、比喻、和諧和比例所構成的技術和學藝，那就是：詩歌、雄辯、音樂和説教。我們把詩歌這門學問隸屬於想像，用意就是要大家知道那些善於作詩的人是和理智隔離很遠的。一個人鬧戀愛，就馬上會大作其詩；因爲詩歌屬於想像，而戀愛産生熱度，也就使想像力增高。

——《論適合於各種學藝的才能》（*Examen de ingenios para las scienzias*，一五七八），譯自迦司德（G. Castor）《七星派詩論》（*Pléiade Poetics*）第一三八頁引文。

蒙　田

（Montaigne，一五三三——一五九二，法國）

學士們說："强烈的想像會産生真實的事件"。有些人深深感到想像的力量很大，我就是那種人。人人都會被它摇撼，但是没有人會被它震倒。想像所産生的印象透入我的心裏；我對付的方法是躲避它，而不是抵抗它。我衹想和頭腦清醒、心情愉快的人生活在一起。因爲我設身處地，常把旁人的痛苦變爲我親身的痛苦，讓旁人的情感篡奪了我本心的情感。一個咳嗽不停的人會使我覺得自己的肺和喉嚨都不舒服。……奇跡、幻象、魔術等等非常可怪的事物所以會有人相信，看來主要出於想像首先對庸夫俗子疲軟的心靈所施展的威力。他們被擺佈得什麽都相信，自以爲看見了明明並未看見的東西。……畜類和人類一樣，也受着想像力的支配①。主人死了，狗也跟着懨懨而死，就是一個例證。我們也看到狗在睡夢中吠叫或騷動，或向馬尋釁，或自己之間吵架。

——《想像的力量》（*De la Force de l'Imagination*，一五八〇），見《散文集》第一卷第二一章，《七星叢書》本第一一〇頁起。

① 換句話説，使人類區别於畜類的是理智。參看上面亞里士多德和下面讓·保羅的選録。

馬佐尼

（G. Mazzoni，一五四八——一五九八，意大利）

想像是作夢和作詩逼真時共同需要的一種心理功能。……詩人所追求的逼真具有這樣的性質：詩人隨心逞意的虛構。因此，它必然是一種依照意願來構想的功能的産物。這個功能絶不會是理智；依照事物性質來構想時，理智纔是必需的。精細的斯各都斯①在他的著作裏反覆説得很好：理智是自然的而不是自由的功能②。所以，適宜於創造的功能就是想像力。我們這裏所説的意思，亞里士多德在《心靈論》卷二裏首先講過③："我們有能力不僅想像出可能的事物，而且想像出不可能的事物，例如三首三身的人或長着翅膀的人……正像在圖畫裏可以畫出任何奇形怪狀的動物，我們心裏也可以把它擬想出來。不但如此，我們想到大禍臨頭，馬上就會意氣沮喪，通身顫抖，面無人色；反過來説，我們認爲心願將遂或利益可以到手，就會恢復勇氣，興高采烈而歡呼。但是，假如我們不過在想像中虛構或懸擬那些事態，譬如設想自己遭到厲害的地震或碰上兇惡的野獸，那末心裏就並不覺得恐怖，正像圖畫裏的、幻想裏的以及任意拼湊而杜撰出來的事

---

① 中世紀英國經院哲學家。

② 其實這就是亞里士多德的意思：想像隨着我們的心願，而判斷不由我們自主。（見上面選録）

③ 這是賽密斯惕烏斯（Themistius）解釋亞里士多德的話，不是《心靈論》裏的本文。

物不會影響我們的行動一樣。所以我們能夠把想像和思想或理解區别。”假如我没有錯誤，我們可以由此明白：主管着詩歌裏的情節的真正功能就是想像，衹有它能使我們産生那些虚構的東西而又把它們配搭一起。必然的結論就是：詩歌由虚構和想像的東西組成，因爲它是以想像力爲根據的。

——《神曲的辯護》（*Della difesa della Comedia di Dante*，一五八七），譯自吉而勃德（A. H. Gilbert）編《柏拉圖至德萊登文評選》（*Literary Criticism：Plato to Dryden*）第三八六—三八七頁。

莎士比亞

（Shakespeare，一五六四——一六一六，英國）

瘋子、情人和詩人都是滿腦子結結實實的想像。瘋子看見的魔鬼，比廣大的地獄裏所能容納的還多。情人和瘋子一樣癲狂，他從一個埃及人的臉上會看到海倫的美。詩人轉動着眼睛，眼睛裏帶着精妙的瘋狂，從天上看到地下，地下看到天上。他的想像爲從來没人知道的東西構成形體，他筆下又描出它們的狀貌，使虛無杳渺的東西有了確切的寄寓和名目。

——《仲夏夜之夢》（一六〇〇）第五幕一場第七——一七行。

培　根

（Bacon，一五六一—一六二六，英國）

人的智力是學問的基礎。學問的不同部門和人的三種智力互相關連：歷史和記憶、詩和想像、哲學和理智是各各關連的。……詩是一門學問，在文字的韻律方面大部分有限制，但在其他方面極端自由，並且和想像確有關係。想像因爲不受物質規律的束縛，可以隨意把自然界裏分開的東西聯合，聯合的東西分開。這就在事物間造成不合法的配偶和離異。……詩就它的文字或内容可有兩個意義。就文字而論，詩不過是一種文體的性質，屬於修辭的範圍，和這裏所講的無關。就内容而論，上文已經説過，詩是一門主要的學問。詩無非是虚構的歷史，它的體裁可用散文，也可用韻文。

有一種迷惑人的方法不憑論旨的錯綜巧妙，而憑印象的强烈深刻。它不是混淆理智，卻是用想像的力量來主宰理智。

——《學問的推進》（*Advancement of Learning*，一六〇五）第二卷，《人人叢書》本第六九頁起。

霍布斯

(T. Hobbes，一五八八——一六七九，英國)

東西拿走或者眼睛閉上以後，我們仍然保留着這件東西的形象，祇是比當前看見的時候模糊些。這就是羅馬人所謂“想像”(imagination)，這個字原是從視覺的形象來的，然後不大恰當地應用於其他感覺。可是希臘人稱爲“幻想”(fancy)，指“顯現的形態”，這就對各種感覺都適用。所以“想像”無非是“正在衰減的感覺”(decaying sense)，人和許多別的動物不論在清醒和睡眠的時候都有。……

我們説到“正在衰減的感覺”的時候，如果説的是這種感覺本身——我指“幻想”本身，那麼我們稱它爲“想像”，上文已經説過。可是我們如果要説它的衰減，指出這個感覺在漸漸消失，指出它已經陳舊，已經過去，那麼我們就稱它爲“記憶”。所以想像和記憶原是一件東西，由於不同方面的看法而有不同的名稱。

許多的記憶，或者記憶裏的許多事物稱爲經驗。想像祇是感官裏曾經感受到的東西，或者是全部一下子感受的，或者是逐部一次次感受的。想像全部一下子曾在感覺裏呈現的東西，就是“單純”的想像，例如想像以前見過的一個人或一隻馬。另一種是“組合”(compounded)的想像，例如我們一次看見一個人，又一次看見一隻馬，我們心靈裏就擬想出一個馬身人首的怪物。一個人如果把他對自己本人的想像和他對別人所作所爲的想像合在一起，例如想像自己是赫喀琉斯或亞歷山大，小説迷往往如此，這就是組合的想像。説得更確當些，這祇是心靈的揑造。……

睡眠裏的想像我們稱爲“夢”。這種想像以及其他各種想像都全部或分別在感覺裏存在過。……

有時候，事物之間相似的地方是常人觀察不到的，誰能觀察到，人家就説他“聰明”。“聰明”在這裏指“善於想像”。觀察事物之間的差異和不同，叫作辨别、分析，或判斷。有時候事物之間不同的地方不容易看出來，誰能看出來，人家就説他善於判斷。……想像没有判斷的幫助不是值得讚揚的品德，但是判斷和察别無須想像的幫助，本身就值得讚揚。……

好的詩歌，不論史詩或戲劇，不論十四行詩，諷刺短詩，或其他體裁，裏面判斷和想像二者都是必需的。可是想像應該更重要些，因爲狂放的想像能討人喜歡，但是不要狂放得没有分寸以致討厭。

好的歷史裏應該是判斷更重要，因爲歷史的好處在於它有條理，真實，能選出知道了最有益的事情。這裏想像是没用的，除非作爲詞藻。……

論證、勸導以及各種嚴格推求真理的過程裏全靠用判斷，除非有時候需要藉一個適當的比喻來啓人領悟，那纔需要想像。不過這裏絶對不用隱喻，因爲它公然以欺蒙爲目的，在勸導和推理的時候運用隱喻是要上當的。

——《利維坦》（*Leviathan*，一六五一）第一卷第二章、八章，喬治·羅特列治書店（George Routledge）版第三頁起，又第四〇頁起。

巴斯楷爾

（B. Pascal，一六二三——一六六二，法國）

想像——這是人性裏欺騙的部分，是錯誤和虛誑的女主人；正因爲它偶爾老實，所以它尤其刁猾。……我不談瘋子，我講的是那些最智慧的人；在他們中間，想像有潛移默誘的大本領。理性大聲疾呼，也是枉然，因爲它不會增飾事物。這個高傲的功能是理性的仇敵，喜歡把理性管束、壓制，以表示自己的威權；它已經變成人的第二天性了。

想像荒唐地把小事物擴大，以致塞滿了我們的心靈；它也狂妄地把大事物縮減到和自己一般尺度，例如它講到上帝的時候。

［由於想像］我們把虛無變成永久而把永久變成虛無。這在我們的心裏有着活生生的根子，我們的理性對它無能爲力。

——《思感録》（*Pensées*，一六七〇）第八二、八三，一九五（乙）節，勃倫許維格（L. Brunschvicg）編《巴斯楷爾全集》第一三册第一一二頁、一五頁、一二三頁。

馬勒勃朗許

（N. Malebranche，法國）

我們的感覺器官是纖維組成的，這些纖維的末梢一端在身體的表面和皮膚上，另一端在頭腦裏。激動這些纖維可以有兩種方式：或從頭腦裏那一端開始，或從身體表面那一端開始。纖維的激動必然傳播於頭腦而使心靈領會到一些事物。假如事物的印象先激動了身體表面的神經纖維而後傳播到頭腦裏，那麽心靈就有感覺，而且斷定這個感覺是外來的，換句話説，它認識到所感覺的事物是當前存在的。但是，假如由於身體裏活動力的流行或其他原因，單單頭腦裏的纖維受到輕微的震盪，那麽心靈就有想像，而且斷定這個想像並非外來而是在頭腦裏的，換句話説，它認識到想像的事物不是當前存在的。這就是感覺和想像的區别。……受了斷食、熬夜、發高燒或劇烈感情的影響，有些人身體裏的活動力往往攪亂得很厲害，頭腦裏的纖維就彷彿受了外物的激動一樣。於是這些人把想像當作感覺，把想像裏的事物誤爲眼前的事物。……

心靈産生形象的這個功能包含着兩種東西：一是心靈方面的，一是身體方面的。前者指意志的活動和操縱；後者指産生形象的身體活動力和印刻着那些形象的頭腦纖維對意志的服從。……［泛稱的想像］或出於心靈的主動想像（l'imagination active），或出於身體的被動想像（l'imagination passive）。

頭腦裏纖維的脆弱是一個主要障礙，使我們不能致力於探究比較隱秘的真理。纖維的脆弱是一般婦女的特徵，因此她們對於刺激感覺的東西有高度的領悟。選定時裝，判斷語言的用法，辨別社交裏的舉止和禮貌——這些事都得讓婦女來做。在這些問題上，她們比男人更淵博、更敏捷、更精細。一切依靠鑒別力來判斷的事物都屬於她們的領域。但是衹要碰到稍爲艱深的真理，她們一般就無法探索。她們不能理解任何抽象的東西。她們不會運用她們的想像力來推究複雜和困難的問題。她們衹注意到事物的皮毛。

——《真理探究論》（*Traité de la Recherche de la Vérité*，一六七四）第二卷第一部第一章、第二部第一章、阿諦埃（Hatier）書店《普及經典叢書》節本第一一——一二頁、二四頁。

萊布尼茨

（G. W. Leibniz，一六四六——七一六，德國）

認識可以分爲曖昧的和顯明的；顯明的認識又可以分爲混亂的和清晰的；清晰的認識又可以分爲足够的和不足够的；足够的認識又可以分爲符號的和形象的（cognitio vel symbolica vel intuitiva）。既足够而又有形象是最完善的認識[①]。……尤其在作較長的分析時，我們常常不去注視（intuemur）[②]事物的具體性質而用符號來代替它。……我常稱這種思維爲瞎了眼睛的或符號的思維（cogitatio caeca vel symbolica），在幾何和代數裏，我們就是這樣思維的；其實我們幾乎隨時隨地都運用這種思維方式。假如一個觀念在我們心裏已經牢固地形成，我們提起它，就不會同時想到一切組成它的屬性；但是，祇要可能或者盡可能想到一些，我就稱這種認識爲形象的認識。

——《關於認識、真理和觀念的沉思》（*Meditationes de Cognitione, Veritateet Ideis*，一六八四），蓋爾哈德

① 萊布尼茨在這一節和下一節裏，都不是講“想像”和文藝，但是他的術語和基本概念被後世文論家借用了，例如克羅齊《美學》開宗明義就可以説是用萊布尼茨的語言來表達維柯的思想：“認識有兩種：形象認識（conoscenza intuitiva）和邏輯認識，得自想像的認識和得自理智的認識。”（《美學》一九五八年十版第三頁）

② 正像通常譯爲“想像”的 imaginatio 一樣（見上面霍布斯選録），通常譯爲“直覺”的 intuitio 那個字也是從視覺來的，拉丁文本意是“定睛觀看”。

(C.J.Gerhardt)編《萊布尼茨哲學著作集》第四册第四二二—四二三頁。

我們的大部分思想可以説是聾了耳朵的(pensées sourdes),我在拉丁文裏稱它們爲“瞎了眼睛的思想”。那就是説,這些思想完全没有感性和感情的内容(vides de perception et de sentiment),而衹赤裸裸地運用着符號,例如那些用代數來計算的人衹偶或在心目中見到他們所探究的幾何形體。一般説來,文字的作用和算術或代數裏的符號相同。我們推理時,常常衹是運用文字語言,心目中幾乎没有具體事物。這種認識不能動人;要使人感動,非帶些生氣活力不行。

——《理解力新論》(*Nouveaux Essais sur l'Entendement*,一七〇九年寫畢,一七六五年出版)第二卷第二一章第三五節,同前版本第五册第一七一頁。

洛　克

（Locke，一六三二——一七〇四，英國）

這種簡單觀念是我們知識的原料，是上述的感覺和思考那兩個活動向心靈提供和資給的。理解裏儲藏了這些簡單概念，就能够使它們重現，把它們彼此比較，或者用各種各樣幾乎數不盡的方式把它們拼合起來，而隨心所欲地產生新的複雜觀念。但是，賦有最高卓的天才和最廣大的理解力的人，不管他的思想多麽敏捷而善於變化，也没有本領在心裏創造或構成一個不從感覺或思考得來的新的簡單觀念；同樣，理解不管花多大的氣力，也不能消滅心裏已存在的簡單觀念。人在他的理解的小天地裏所行使的主宰權，和他在具體事物的大世界裏的主宰權差不多；在大世界裏，他的本領，不管多麽巧妙，祇限於把現成的材料分開和合攏，既不能創出絲毫新的物質，也不能滅掉一點點已有的物質。

幻想的觀念是簡單觀念的組合；那些簡單觀念在實在事物裏從未結合或一起出現過，例如馬頭合上人身而成的理性動物，像神話所描寫的怪物。

——《人類理解力論》（一六九〇）第二卷第二章、三〇章，潑令格爾—巴的生（A. S. Pringle-Pattison）編本第五一——五四頁、二〇九頁。

慕拉多利

（L. A. Muratori，一六七二——七五〇，意大利）

想像力是心靈裏那種領會和認識具體事物的功能，更準確地說，是領會和認識具體事物形象的功能。我們把這種功能歸之於靈魂的低級部分，因此不妨稱它爲“低等的領會”。靈魂還有一種對事物的“高等的領會”，屬於高級的理性或神性部分，通稱爲理解力。想像的職責衹是去領略事物，不是去探究它們的真僞；探究事物的真僞是理解的職責。在我們思想的時候，想像和理解一起合作，低級功能從自己的倉庫裏向高級功能供給事物的形象或影像，免得它再去請教感覺。有時，低級功能自己也可以利用那些形象去懸想曾經接觸過的事物，或者從舊影像裏構造出新影像來，因爲它具有這種創造新形象的本領。……假如我們要把擬想的東西表達出來而公諸於世，那麼想像力會神速地供給語言文字，使旁人耳聞或目覩我們的思想。……形象的構成有三個方式。第一是神奇和深入的理解力本身構成形象，想像力不過提供了一些種子。第二是理解力和想像力聯合起來，構成形象。第三是想像力不和理解力商量，單獨構成形象。第一種例如想像力領略而又保存着許多人的形象，理解力看到了這些形象，把它們綜合歸納，從低等領略所收集的若干個別形象裏提煉出一個尚未存在的普遍形象，譬如說：“一切人都會笑。”……第三種例如我們睡夢、情感猛烈或精神錯亂時的經驗。……

我要講的是第二種。……想像力既然和理解力結合，就必然要求帶些真實性，它們所産生和能産生的形象可分三類。第一類是想像力和理解力雙方都直接認爲真實的形象，譬如描繪得生動而確切的天際長虹，或勇士比武，或一匹駿馬。這種形象表現了感覺向想像力所提供的真實狀況，同時也是理解力所承認的真實狀況。第二類是想像力和理解力雙方直接認爲衹是逼似真實的形象，譬如特洛伊城失陷時的悲慘景象，奥蘭都的瘋狂等虚構情節①，想像和理解都覺得完全可能而且逼真。第三類是想像直接認爲真實或逼似真實的形象，而理解力衹間接認爲那樣。譬如我們看見一道清溪在風光明媚的地方流過，蜿蜒無極，就想像溪水愛上了這片花香草緑的勝地，捨不得和它分離。據想像看來，這是真實或逼似真實的。理解力也可以從那個形象裏覺察到風景宜人以及溪流依依不捨的真實情況，但衹是間接而非直接地覺察，因爲那是個比喻，不能當真。……

想像力受了感情的影響，對有些形象也直接認爲真實或逼似真實。詩人的寶庫裏滿滿地貯藏着這類形象。……想像力把無生命的東西看成有生命的東西。情人爲他的愛情對象所激動，心目中充滿了這種形象。例如他的熱情使他以爲自己和意中人作伴調情是世界上最大的幸福，一切事物，甚至一朵花一棵草，都旁觀艷羡，動心歎氣。……這種幻象是被愛情顛倒的想像所産生的。詩人的想像産生了這種幻覺，就把它表現出

① 見於荷馬和阿利奥斯多(Ariosto)的史詩。

來，讓旁人清楚地看到他强烈的愛情。

——《論意大利最完美的詩歌》(*Della perfetta poesia italiana*，一七〇六)第一卷第一四章、一五章，譯自卡利特(E. F. Carritt)選《各派美學》(*Philosophies of Beauty*)第六一——六四頁。

艾迪生

（J. Addison，一六七二—一七一九，英國）

我們一切感覺裏最完美、最愉快的是視覺。它用最多種多樣的觀念來充實心靈；它隔着最大的距離來接觸外界的東西；它也是能經久地連續運動而不感到疲勞，對本身的享受不感到厭倦。觸覺確能給人以幅度、形狀以及其他隨視覺而來的各種觀念，除掉色彩的觀念，可是觸覺的功用在探索東西的數量、體積和距離方面有很大的限制。我們的視覺彷彿天生是爲彌補這一切缺陷的。我們可以把它當作一種更細緻、更廣泛的觸覺。它能分佈到無盡數的物體上，能包攬最龐大的形象，能摸索到宇宙間最遥遠的部分。

把觀念供給想像的就是這個感官。我所謂“想像或幻想的快樂”（我把“想像”和“幻想”混雜着用），就指由看見的東西所產生的快感：或者是我們眼前確有這些東西，或者是憑繪畫、雕像或描寫等等在我們心靈上喚起了對這些東西的觀念。我們想像裏没有一個形象不是先從視覺進來的。可是我們有本領在接受了這些形象之後，把它們保留、修改並且組合成想像裏最喜愛的各式各種圖樣和幻象。一個身在囹圄的人靠他這點本領，就能够把自然界最綺麗的風景來娱樂自己。……

文字如果選擇得好，力量非常大。一篇描寫往往能引起我們許多生動的觀念，甚至比所描寫的東西本身引起的還多。憑文字的渲染描繪，讀者在想像裏看到的一幅景象，比這個景象實際上在他眼前呈現時更加鮮明生動。在這種情形之下，詩人似乎是勝過了大自然。詩人確實是在摹仿自然的景物，可是他加深了渲染，增添了它的美，使整幅景致生氣勃勃，因而從這些東西本身發生出來的形象，和詩人表達出來的形象相形之下，就顯得淺弱和模糊了。這裏大概有個緣故。我們在觀察一件東西的時候，想像裏祇印上了眼中所見的那一方面。可是詩人憑他的描寫，可以任意把這件東西呈現在我們眼前，使我們看到當初注意不到或觀察不到的許多方面。我們看一件東西的時候，對這件東西的觀念大概是兩三個簡單的觀念所組成的。可是詩人在描摹這件東西的時候，或者給我們一個更複雜的觀念，或者使我們所產生的觀念全是最能深入想像的。

有一點也許值得在這裏指出。爲什麽幾個讀者儘管熟悉同一種語言，也都了解文字的意義，而對於同一篇描寫會各有不同的欣賞？我們看到有人讀了一段描寫深受感動，另有人卻草草讀過，漠然無動於中；有人覺得這段描寫非常逼真，另有人卻看不出任何逼真或像真的地方。這種不同的衡鑒，或是因爲有人的想像比別人的更完美，或是因爲讀者聯繫在文字上的觀念各有不同。一個人對一篇描寫如要真能欣賞，並且給以恰當的評價，他必須有天賦的好想像，而且必須把表達同一句話的各種字眼的力量和勁道仔細斟酌過，因而能辨別哪些字最意味深長，最能表達出它本身的觀念，這些字和別的字結合着用，又會生出什麽新的力量和美感。想像必須是熱(warm)的，纔能够使它從外界的東西所收到的形象留下模印。判斷必須敏鋭，纔能够辨別哪些表現的方式最能盡量把這些形象體現得生動，裝點得美妙。一個人如果在這兩方面欠缺了一方面，他雖然能從一篇描寫裏得到個籠統的觀念，決不能清清楚楚地把美妙之處一一看出來。好比一個近視眼可以模糊看見眼前的景物，卻分不出其中各別的部分，也看不清裏面絢爛和諧的五光十色。……

一個人想像事物的能力比別人高强，究竟是因爲他靈魂比別人完美，還是因爲他腦子的質地比別人細緻呢？這個問題是無須探索的。不過有一點可以肯定。一個偉大的作家必須天生有健全和壯盛的想像力，纔能夠從外界的事物取得生動的觀念，把這些觀念長期保留，及時把它們組合成最能打動讀者想像的詞藻和描寫。詩人應該費盡苦心去培養自己的想像力，正好比哲學家應當費盡苦心去培養自己的理解力。

——《旁觀者》（*The Spectator*）第四一一、四一六、四一七期（一七一二年六月），《人人叢書》本第六册第五六頁起。

維　柯

（G. Vico，一六六八——一七四四，意大利）

我收到了閣下寫的幾首十四行詩和一首遊戲詩。……閣下所處的是一個被分析方法搞得太細碎、被苛刻標準搞得太僵滯的時代。使這個時代僵滯的是一種哲學，它麻痹了心靈裏一切來自肉體的功能，尤其是想像；想像在今天被憎厭爲人類各種錯誤之母。換句話説，在閣下所處的時代裏，有一種學問把最好的詩的豐富多彩凍結起來了。詩衹能用狂放淋漓的興會來解釋，它衹遵守感覺的判決，主動地模擬和描繪事物、習俗和情感，强烈地用形象把它們表現出來而活潑地感受它們。

——《致蓋拉多·德衣·安琪奥利（Gherardo degli Angioli）書》（一七二五），李卻第（Riccardo Ricciardi）書店《意大利文學叢書》本《維柯集》第一二一頁。

推理力愈薄弱，想像力就愈雄厚。

詩的最高工作就是使無知的事物具有知覺和情感；小孩子有個特徵，他們手裏拿着没有生命的東西，把它們當作活人一般，和它們談話取樂。

上面這條語言學兼哲學的定理證明：在世界的兒童時期，人都是天生的大詩人。

原始人就像人類的兒童，他們對於事物還不會構成理智的類概念(generi intelligibili)，因此他們有一種自然的需要去創造出詩意的人物。這種人物就是以形象來表示的類概念或普遍概念(generi o universali fantastici)①；它們彷彿就是典範或理想的圖像，可以收納一切相似的個別事物。

小孩子們的記憶力最强，因此他們的想像力也特别生動。想像不過是擴大或加以組合的記憶②。

詩的性質决定了任何人不能既是大詩人，又是大哲學家，因爲哲學把心靈從感覺裏抽拔出來，而詩纔應該使整個心靈沉浸在感覺裏。哲學要超越普遍概念，而詩纔應該深入個别事物。

——《新學問》(*Scienza nuova*)改訂本（一七三〇）第一八五一七、二〇九、二一一、八二一條，同前版本第四四九頁、四五三頁、四五四頁、七四五頁。

一個有才能的人不會是大哲學家兼大詩人。有人會反對説：但丁既是意大利詩祖、詩王，卻又是精博的神學家。我們的回答

---

① Fantastici 保持着希臘語根的原意：表象、形象（見上面霍布斯選録）；維柯的用字是最講究字根和語源的。參看奥沃巴赫(E. Auerbach)對維柯的這個名詞的闡釋，見《獻給許必澤的語言和文學研究論文集》(*Studia Philologica et litteraria in Honorem L. Spitzer*)第三六頁。

② 參看上面霍布斯選録裏所謂“組合的想像”。維柯這裏的意見，後來意大利詩人巴斯柯立(G. Pascoli)在有名的《小孩子》(*Il Fanciullino*，一八九七)那篇文章裏大加發揮，認爲詩人必須是“小孩子”。

是：但丁產生在意大利已有詩歌的時代；假如他生在更野蠻的九、十、十一或十二世紀的意大利，既不懂經院哲學，又不通拉丁文，那末他就會是個更偉大的詩人，意大利語言也許可以把他擡出來和荷馬相比；而古羅馬就没有詩人可相比擬，因爲桓吉爾没有生在野蠻的時代①。

——同前版本第九五四頁編者註引《新學問》原本（一七二五）第三一四條。

① 詩歌衹能產生於原始野蠻時代這個意見，後來赫爾德(J. H. Herder)開始在《斷片》(*Fragmente*) 初輯（一七六六）裏加以宣揚，使成爲浪漫主義運動裏的一個流行觀念。

布萊丁格

(J.J. Breitinger，一七〇一——七七六，德國)

視覺器官通過光綫和顏色所能把握的一切東西，繪畫家會收納在他所用以模擬的材料裏。以詩歌來描繪的藝術也是如此：一切可用文字和詞藻有色有聲地、具形具體地、深刻生動地摹寫出來的東西，一切在想像——靈魂的眼睛(das Auge der Seele)[①]裏印刻下的東西，它有本領向生活和自然界裏去擬仿。

——《批判詩學》(*Kritische Dichtkunst*，一七四〇)，譯自馬克瓦德(B. Markwardt)《德國詩學史》(*Geschichte der deutschen Poetik*)第二册第七九頁引文。

---

① 儒貝爾(Joubert)《思感録》(*Pensées*，一八三八)裏常被稱引的名句："想像是靈魂的眼睛"(l'oeil de l'âme)(阿諦埃書店《普及經典叢書》本第二三頁)，比布萊丁格的這一節晚得多了。

伏佛納爾格

（L. de Vauvenargues，一七一五——一七四七，法國）

心靈裏，有三種值得注意的功能，即想像、思考與記憶。

憑形象的方式來產生對事物的觀念，並藉助形象來表達思想的那種禀賦（le don de concevoir les choses d'une manière figurée, et de rendre ses pensées par des images），我稱之爲想像。因此，想像總訴諸於人的感官；它是藝術的創造者，是精神的裝飾品。

對自己的觀念加以省察、檢查、修改或用各種不同的方式予以組合的能力，則謂之思考。它是推理和判斷的根本。

記憶儲藏了想像和思考的寶貴的積聚。其功用無可置疑，不必多說。在多數情況下，推理祇不過是運用記憶中的事物：我們正是在記憶中事物的基礎上，構成自己的思想。記憶中的事物是一切言辭的基礎和材料。倘若記憶不再供給材料，心靈便會在艱辛的摸索中萎頓蹇滯。對記憶力好的人，有一種由來已久的成見，那是因爲揣想他們祇知容納和整理不可勝數的回憶，對種種印象都兼收並蓄，心裏多的是別人的思想，自己的卻沒有多少；但是實際上卻有好些範例否定了這種臆測。在這裏合理的結論祇能是：記憶應以精神活動成適當的比例，否則，就會偏於不及或流於過度，兩類弊端，必居其一。

——《人類心靈的認識》（*Connaissance de l'esprit humain*，

一七四六）第一卷第二節，阿諦埃書店《普及經典叢書》本《伏佛納爾格選集》第一一頁。

伏爾泰

（Voltaire，一六九四——一七七八，法國）

想像是每個有感覺的人都能切身體會的一種能力，是在腦子裏擬想出可以感覺到的事物的能力。這種機能與記憶有關。我們看到人、動物、花園，這些知覺便通過感官而進入頭腦；記憶將它們保存起來；想像又將它們加以組合。古希臘人稱文藝的女神爲“記憶的女兒”①，其原因便在這裏。

特别重要的是該指出，這種把觀念吸取進來加以保存、予以組合的機能，屬於我們所不能解釋的事物之列。我們的存在中這種看不見的活動，受制於自然，而不受制於我們自己。

想像這種天賦，也許是我們藉以構成觀念、甚至是最抽象的觀念的惟一工具。……

想像有兩種：一種簡單地保存對事物的印象；另一種將這些意象千變萬化地排列組合。前者稱爲消極想像（l'imagination passive），後者稱爲積極想像（l'imagination active）②。消極想像比記憶超出不了多少；它是人與動物所具有的。因此，獵人與他的獵狗同樣都能在夢境裏追逐野物，聽見號角聲，獵人會發出叫喊，獵狗也會吠將起來。這時，人和狗的所爲超過了回憶，因爲

① 本事見赫希俄德（Hesiod）《神譜》第五六一五七行、九一五行。

② 原文雖然沿用了馬勒勃朗許的名詞，而涵意卻和霍布斯的區别相同，所以譯名不能和上面馬勒勃朗許選録裏一致。

夢幻根本不是忠實的意象。這種想像也能將對象加以組合；但是這裏没有一點理性的作用，這是顛倒錯亂的記憶。……

積極想像把思考、組合與記憶結合起來。它把彼此不相干的事物聯繫在一起，把混合在一起的事物分離開，將它們加以組合，加以修改；它看起來好像是在創造，其實它衹是在整理；因爲人不能自己製造觀念，他衹能修改觀念。

因此，積極想像實際上和消極想像一樣，不取決於我們自己。一個證明就是：如果你要一百個同樣無知的人去想像某種新的機器，一定就會有九十九個人什麽也想像不出來，即使他們費盡了腦筋也無濟於事。如果剩下的那個人想像出了某種東西，那他得天獨厚不是顯而易見的嗎？這便是我們所謂“天才”，從這種天賦中我們可以看到某種靈感和神奇。

這種天賦，在藝術中，在一幅畫、一首詩的結構中，就成爲創造的想像。它不能脱離記憶而存在，但是，它把記憶當作一種工具，用來創造它的一切作品。

看到了有人用一根木棒掀起一塊用手推不動的大石頭，積極想像就能創造出各種各樣的槓桿，然後還能創造出各種複合的動力機，這種機械衹不過是槓桿的改裝而已；必須首先在心靈裏設想出機器及其效能，然後纔能付諸實現。

並非如俗人所説的那樣，這種想像如同記憶，也是判斷力之敵。恰巧相反，它衹有和深鋭的判斷力一道纔能發揮作用；它不停地組合自己的圖案，糾正自己的錯誤，秩序井然地建立起自己的建築物。實用數學裏也有令人驚奇的想像，阿基米德的想像至少與荷馬的相等。正是憑藉這種想像，詩人纔創造出他的人物，賦予他們個性和激情；纔構造出他的故事情節，將它鋪展開來，把糾葛加緊，然後醞釀衝突的解決；這種創作活動正需要最深刻而又最細緻的判斷力。……

積極想像的第二種機能是對細節的想像，世人一般稱之爲想像。是這種想像使談話妙趣横生；因爲它不斷地把人們最喜愛的東西，即新奇的事物呈現在心靈之前。冷漠的心靈所勾畫不出來的，它都能描繪得栩栩如生。它運用最令人驚奇的情節；它舉出各種各樣的事例；如果這種才能又與對一切才能都適宜的平實自然結合在一起而表現出來，便會獲得一致的推崇。人的機體是這般的奇妙，喝酒有時能使他産生想像，但喝醉了又消除想像；這是使人慚愧的，但也使人驚奇。爲什麽一點點使人失去核算能力的某種飲料，卻能産生奇妙的想像呢?

特别是在詩裏，這種對細節、對形貌的想像，應該居於統治地位；這種想像在别的地方令人喜愛，而在詩裏卻千萬不能缺少，在荷馬、維吉爾、賀拉斯的作品裏，幾乎全都是形象，甚至無須去特别注意。……

雖然説記憶得到滋養、經過運用，就能成爲一切想像之源泉，這點記憶一旦裝載過多，反倒會叫想像窒息。因此，那些腦子裏裝滿了名詞術語、年代日期的人，就没有組合種種意象所需要的資料，那些整天計算或者俗務纏身的人，其想像一般總是很貧乏的。

當想像過於熱烈、過於紛亂的時候，它便墮入瘋狂；但是我們已經指出，這種頭腦器官的毛病，一般總是屬於那種限於從事物得到深刻印象的消極想像，而那種能將種種觀念加以組合的積極操作的想像裏倒不常有；因爲積極想像總是需要判斷力，而消極想像是不依賴判斷的。

——《哲學詞典》（*Dictionnaire Philosophique*，一七六四）"想像"條，德蘇伯（Th. Desoeb）書店版《伏爾泰全集》第一四卷第一二七六頁起。

康笛雅克

（E. de Condillac，一七一五——七八〇，法國）

假如我們憑藉思考去發現事物彼此差異的屬性，那麽，憑藉着同樣的思考（par la même réflexion），我們也可以把分散在幾個事物裏的屬性集合在一個事物裏。例如詩人就是那樣擬想出一個從未存在的英雄人物。因此，這種擬想出來的觀念是些形象，祇在心靈裏存在。產生這些形象的思考活動名爲想像。

——《邏輯學》（*Logique*，一七八〇），勒儒瓦（G. Le Roy）編《康笛雅克哲學著作集》第二册第三八五頁。

黎瓦羅

（A. de Rivarol，一七五三—一八〇一，法國）

詩人不過是個非常聰明、非常生氣勃勃的野蠻人，一切觀念都以形象的方式呈現在他的心目裏（toutes les idées se présentent en images）[①]。

——黎瓦羅死於一八〇一年，這是人家追記他説的一句話，見德畢杜爾（V. H. Debidour）編《黎瓦羅政治及文學著作選》第五八頁。

① 參看上面維柯選録。

康　德

（Kant，一七二四——一八〇四，德國）

就它的自由而説，想像力並非被聯想律約束住而衹能照樣複製的；它能够創造和自己活動，首創出各種可能的感象，賦予以隨心所欲的模樣。……但是，假如説想像力既自由而又合於規律，説它有自主權，那就是一種自相矛盾的説法。衹有理解力纔能提供規律。

想像力是一個創造性的認識功能；它有本領，能從真正的自然界所呈供的素材裏創造出另一個想像的自然界。……詩人企圖使極樂世界、地獄界、永存、創世等等那些無跡無象的情事的理性觀念變而爲具形具體（Vernunftideen zu versinnlichen）。至於死亡、嫉妒、罪惡、愛情、名譽等等那些人生經驗裏有例可找的情事，詩人又超越經驗的限制，運用想像力使它們具有圓滿完善的、自然界裏無可比例的形象；這種想像和理性所提示的典範互相競賽，看誰能達到最偉大的境界。

在美術裏，想像是否比判斷更重要呢？有想像，藝術衹能算是有“才”；有了判斷，藝術纔能説得上是“美”。因此，在衡量一種藝術是否藝術的時候，我們首先得把判斷重視爲不可缺少的條件。……美術需要想像和理解、才情和鑒别力。

——《判斷力批判》（一七九〇）第一卷後記、第二卷第四九、五〇節，卡錫婁（E. Cassirer）主編《康德集》第五册第三一一頁、三八九—三九一頁、三九四—三九五頁。

歌　德

（Goethe，一七四九—一八三二，德國）

這裏［康德的哲學裏］列舉了感覺、理解和理性作爲我們獲得觀念的主要功能，卻忘掉了想像，因而産生了一個無可彌補的缺陷。想像是我們精神本質裏的第四個主要功能：它以記憶的方式去補助感覺；它以經驗的方式爲理解提供世界觀；它爲理性觀念塑造或發明了形象（bildet oder findet Gestalten zu den Vernunftideen）①，鼓舞整個人類——假若没有它，人類會沉陷在黯然無生氣的狀態裏。想像爲它的三個姊妹功能這樣效勞，同時它也被它的那些親戚引進了真理和真實的領域。感覺給它以刻畫清楚的、確定的形象；理解對它的創造力加以節制；理性使它獲得完全保障，在思想觀念上立下基礎而不致成爲夢境幻象的遊戲。想像超出感覺之上而又爲感覺所吸引。但是想像一發覺向上還有理性，就牢牢地依貼着這個最高領導者。……透入一切的、妝飾一切的想像不斷地愈吸收感覺裏的養料，就愈有吸引力；它愈和理性結合，就愈高貴。到了極境，就出現了真正的詩，也就是真正的哲學。

① 參看上面康德選録裏詞意類似的説法。這些以及下面謝林選録裏所謂“理智的形象”都足以表示黑格爾《美學》裏“理念的感性體現”那個有名的主張衹是當時德國流行的意見。事實上，維柯的“以形象的普遍概念”早已説明了那個意思。

——《致瑪麗亞·包洛芙娜(Maria Paulowna)公爵夫人書》(一八一七),譯自季爾諾斯(W. Girnus)編《歌德論文藝》(*Goethe über Kunst und Literatur*)第一五三——一五五頁。

想像力祇受藝術——尤其是詩——的節制。有想像力而沒有鑒别力是世上最可怕的事。

詩指示出自然界的各種秘密,企圖用形象(durchs Bild)來解決它們;哲學指示出理性的各種秘密,企圖用文字來解決它們。

——《慧語集》(*Spruchweisheit in Vers und Prosa*),神寺(Der Tempel)出版社版《歌德集》第三册第三七一——三七二頁、四四八頁。

謝　林

（F. W. J. Schelling，一七七五——八五四，德國）

絶對不自覺的和非客觀的活動衹有在想像力的美學活動裏纔能獲得反映。……一切哲學都是創造性的。哲學和詩同樣依賴心靈的創造力，所不同者衹是創造力的方向彼此各異而已。

［自覺的和不自覺的］這兩種彼此矛盾的活動的無限分裂是哲學的出發點。但是，這個分裂也正是創造一切美的事物的基礎；在每一個藝術表現裏，這個分裂會獲得完全解決。哲學家説，有一種奇妙的功能，把一個無限度的矛盾在創造性的形象裏解決。這是什麽功能呢？我們至今未能把這個機能解釋得十分明白，因爲衹有在藝術才能裏它纔完全顯露出來。憑藉了這個創造性的功能，藝術能作一樁不可能的事：在一個有限度的作品裏去解決一個無限度的矛盾。這個創造性的功能正是詩才。詩才的最初力量是原始的形象觀感；反過來説，要能以最高力量去重新構成創造性的形象，那纔成爲我們所謂詩才。在兩方面活動的同一功能、使我們思考矛盾的事物而把它們把握在一起的唯一功能就是——想像力。

——《超經驗的唯心論大系》（*System des transzendentalen Idealismus*，一八〇〇）引言第四節、第六部第三節，韋司（O. Weiss）編《謝林選集》第二册第二五頁、三〇〇頁。

把想像和幻想對比之下，我認爲：幻想吸收了藝術成品而加工製造；想像能作具體表現，相應地使藝術品具有在外物世界出現的形象，把它們從本身發射出去。兩者之間的關係正像理性和理智的形象觀感之間的關係。觀念是在理性裏而且由理性所提供的素材構成的，而理智的形象觀感能在内心世界裏表現具體事物。在藝術裏，這種理智的形象（die intellektuelle Anschauung）就是想像。

——《藝術哲學》（*Philosophie der Kunst*，一八〇二年初次講、一八五九年出版）第二部第三一節附説，同前版本第三册第四三頁。

讓・保羅

(Jean Paul，一七六三——八二五，德國)

幻想之於想像，有如散文之於詩歌。幻想不過是一種力量增强的、色澤明朗的回憶；畜類在做夢和自驚自擾的時候，也會幻想。幻想所産生的形象衹彷彿現實世界裏的紛紛落葉飄聚在一起；發高燒、神經病、酒醉都能使那些幻象長得結結實實、肥肥胖胖，凝固成爲形體，走出内心世界而進入外物世界。

想像卻高出於此。它是心性裏無所不在的靈魂，是其他心理功能的基本精髓。因此，偉大的想像力可以向其他某一功能（譬如妙語、巧思等）流通、輸送，但是没有其他功能可以擴充而成爲想像力。……其他功能和經驗衹能從大自然的書册裏撕下片楮零葉，而想像力能使一切片段的事物變爲完全的整體，使缺陷世界變爲圓滿世界；它能使一切事物都完整化，甚至也使無限的、無所不包的宇宙變得完整。……想像能使理智裏的絶對和無限的觀念比較親切地、形象地向生命有限的人類呈現。……就在日常生活裏，想像也施展了它的增飾渲染的本領。他對老遠的過去生涯放射着光芒，就像雷雨過後掛着長虹，顔色燦爛、境地恬靜，使我們可望而不可即。它是主管戀愛的女神，是主管青春的女神。

——《美學入門》（*Vorschule der Aesthetik*，一八〇四）
第六至七節，密勒（N. Miller）編《讓・保羅集》
第五册第四七—四九頁。

柯爾立治

(Coleridge，一七七二——一八三四，英國)

我把人的功能分列在不同的感覺和能力下面：例如，視覺、聽覺、觸覺等；摹仿的能力（自主的和不自主的）；想像力，或造成形象和改造形象的能力；幻想力，或拼合和聯繫的能力；理解力，或約束、證實和體會的能力；思辨的理性，一稱創造理論和科學的能力(vis theoretica et scientifica)，或我們憑先驗的①原則，使一切知識具有統一性、必然性和普通性的能力；意志，或實踐的理性；選擇的功能和意志的感覺力（這和道德的意志和選擇不同)；……

我把想像分作第一性和第二性的兩種。第一性的想像是一切人類知覺的活功能和原動力，是無限的“我的存在”(I am)②中永恒創造活動在有限的心靈③裏的重演。第二性的想像是第一性想像的回聲，它和自覺的意志並存，它的功用和第一性想像的功用性質相同，但程度和起作用的方式有異。它溶化、分解、分散，於是重新創造。如果這一步辦不到，它還是不顧一切，致力

① “先驗的”(a priori)這個名詞通常被人誤解。“先驗的知識”並不是說未有經驗，先有知識；衹是說：我們由經驗得到知識之後，知道這一點知識早已存在，否則無從經驗到。我必須從經驗中得知自己有眼睛，但我的理智向我證實：我必是先已有了眼睛，方能有此經驗。——作者原註（節譯）

② 指上帝。

③ 指人類。

於理想化和統一化。它根本是有活力的，儘管它的對象的事物（作爲事物而論）根本都是凝固的、死的。

幻想卻相反。它衹是搬弄些死的、固定的東西。幻想其實無非就是從時間和空間的秩序裏解放出來的一種記憶。我們的意志在實踐裏的表現，我們稱爲選擇。幻想和選擇交和在一起，也受到選擇的修改。不過幻想和普通的記憶一樣，都衹能從聯想的規律所産生的現成資料裏獲取素材。……

假如能從外界制定規律，詩就不成其爲詩，而墮落爲機械性的技巧了。那就是依式成形（morphosis），不是匠心自運（poiesis）。生長和生産的能力本身裏就具有想像的規律。

——《文學生涯》（*Biographia Literaria*，一八一七）第一二章、一三章、一八章，蕭克羅斯（J. Shawcross）編本第一册第一九三——一九四頁、二〇二頁、第二册第六五頁。

萊歐巴迪

(G. Leopardi，一七九八——八三七，意大利)

創造力是想像力裏一個通常的、主要的、特具的屬性和部分。大哲學家和重要真理的偉大發現者都全靠這個功能。我們可以説，荷馬和但丁的詩歌、牛頓的數學原理和自然哲學出自同一源泉、同一才能，祇是這個才能使用在不同的方面，受不同的環境和習慣的影響和支配而已①。在大自然裏，人心機構的體系和安排是最簡單不過的，模型、花様以及組合的元素都没有多少，然而產生的成果卻多得數不清，又因環境、習慣和偶然的機緣而千變萬化。我們於是大大增加了人心體系裏的成分、部分和動力的數目，區别和分剖出許多功能和元素，愈分愈繁。事實上，這些功能和元素是統一而不可分割的，儘管它們產生，也永遠能產生不僅新鮮的、不同的而且完全相反的成果。所以，想像就是理智的源泉，也就是温情、熱情和詩的源泉。…… 想像和理智是二而一的。通過習慣、環境和天生的氣質，理智學會所謂想像；它也同

① 參看上面謝林選録；二十世紀著作裏最早系統地申説這個論點的是李博(T. Ribot)的《創造性的想像力論》(*Essai sur l'Imagination créatrice*，一九〇〇)。牛頓若不從事科學研究而從事文學創作，是否可以成爲大詩人？——這是十八世紀以來常有人討論的問題，萊歐巴迪的意見和約翰生的相同，而和康德以及柯爾立治的相反。參看約翰生《詩人列傳》，希爾(G. B. Hill)編本第五册第三五頁；《判斷力批判》第四七節，前引版本第三八四頁；柯爾立治《書信集》，格立格士(E. L. Griggs)編本第二册第七〇九頁。

樣地學會所謂思考。

——一八二一年十一月二十日筆記，弗洛拉(F. Flora)編萊歐巴迪《隨筆》(*Zibaldone di pensieri*)第一册第一三一〇一一三一一頁。

波德萊亞

（C. Baudelaire，一八二一——一八六七，法國）

這個"一切功能中的皇后"真是個神秘的功能！它牽涉到其他一切功能；它刺激了它們，使它們互相鬥爭。有時候，它和其他的功能非常相像，幾乎無從分辨，可是它始終保持着自己的特色。……

它是分析，它是綜合，但是善於剖析並且頗能歸結的人很可能缺乏想像力。它是這些功能，又不純然是這些功能。它是感受力，但是人感受很靈敏，或許過度地靈敏，卻並没有想像力。人對於顔色、輪廓、聲音、香味會有精神上的感覺，就因爲受了想像的指示。它在開天闢地的時候創造了比喻和隱喻。它分解了整個宇宙，然後用積聚和整理的材料，按照衹有在它靈魂深處纔找得到的規律，重新創造一個世界，產生出新鮮的感覺。它既然創造了世界（我相信即使在宗教的意義上也可以這麽説），按理就應該做個世界的主宰。一個戰士如果没有想像力，就成了個什麽樣的戰士呢？他可以是個良好的士兵，不過如要叫他指揮軍隊就打不了勝仗。這就好比一個詩人或小説家不以想像力爲主導，而譬如説，以熟悉文字、觀察事物爲主導。一個外交家如果没有想像力，就成了什麽樣的外交家呢？他對於過去歷史上的條約和聯盟可以很熟悉，而對於將來的條約和聯盟就無從設想。一個學者如果没有想像力呢？他對於傳授給他的東西都可以學到，但是對於還未發現的規律就摸索不到。想像是真實的皇后，"可能的事”也屬於真實的領域。想像確實和無限性有緊密的關係。

如果没有想像，一切功能不論多麽堅强，多麽敏鋭，都是枉然的。可是次要的功能如果軟弱，在强烈的想像力的刺激下，這缺陷也就無關緊要。任何功能都缺少不了想像，而想像卻可以彌補任何功能的不足。往往某一種功能要用許多不適合於事物的方法連連探索試驗，纔會有所收獲，而想像力卻能够簡捷了當地猜度出來。……

我把以上種種了不起的優越性歸之於想像力，我不想侮辱讀者再加解釋，不過有一點必須説明。好的想像力要儲藏着大量的觀察成果，纔算有了最好的幫手，也就最有力量，在和理想競爭時最能逞强取勝。

——《一八五九年畫展》(*Salon de 1859*)第三節，《七星叢書》本《波德萊亞全集》第七七三—七七四頁。

在浪漫主義的混亂年代，也就是熱情泛濫的年代，有一句時常引用的套話：“從心裏出來的詩”(La poésie du cœur)。這就是把全權交給熱情，認爲熱情是萬無一失的。這一個美學上的錯誤替法國文學造成了多少胡説和詭辯啊！心裏有熱情，心裏有忠誠，也有罪惡，衹有想像裏纔有詩。……

心的敏感對於作詩並不完全有利，有時候非常敏感的心對作詩也許還會有害。想像的敏感卻是另一種性質。它會迅速地、主動地選擇、判斷、比較，避免這一點，尋求那一點。這種敏感就是通常所謂“鑒别力”（Goût）；在詩裏我們避醜惡而求美善的能力就是從“鑒别力”那裏來的。

——《論郭悌逸》（*Théophile Gautier*，一八五九）第三節，同前版本第一〇三二——一〇三三頁。

二、西歐及美國現代部分

前　言

形象思維作爲文藝創作的固有規律，在西方古典文論中，從亞里士多德以來就有所論述，如我們在本資料的第一部分所看到的。雖然在用詞的含義上不完全一致，但多數作家，特別在進入十九世紀浪漫主義時期以後，都强調想像在創作中的支配作用，實際上就是肯定了形象思維。

自二十世紀以來，隨着心理學作爲一門獨立科學的發展，想像也作爲心理活動的一個獨立部門得到專門的研究和詳盡的論述，這種論述有時還藉助實驗的成果而表達得十分科學、嚴謹。但是，正如本世紀初的法國學者李博所感歎的，這種論述往往集中於研討被動的、復現的想像，而極少論及那種對衆多具體意象進行組合、加工從而創造出一個新的整體的“創造性想像”。李博本人的《論創造性想像》一書的出版第一次填補了心理學科學的這個空白，其中論述了創造性想像這種特殊心理活動的各個方面——它的能動性，它的理智的、感情的、下意識的諸因素，它由低級到高級的發展，它的發展規律和它的不同類型等等。古典作家提出的命題，如維柯關於擬人化的提示，也在李博筆下有詳盡的發揮。李博還特别論述了感情在文藝創作中的作用——感情因素作爲創作的原動力和感情狀態作爲創作材料的雙重作用，這些都是古典作家在關於想像的理論中未能充分説及的。

關於理性概念在想像中的作用，亦即形象思維與邏輯思維的區别與聯繫問題是形象思維理論中的一個重要方面。古典作家不是像早期的巴斯楷爾那樣貶低想像，就是把理性、概念與想像對立起來，把想像膨脹爲一種神秘的、超然的東西，而竭力貶低理性因素，如維柯説“推力愈薄弱，想像力就越雄厚”。現代西方美學的重要代表克羅齊接受了維柯的影響，繼承了康德、黑格爾主觀唯心主義的觀念，把“形象認識”和直覺在文藝創作中的作用提到絶對的地位，提出“形象認識”可以脱離對象成爲對“可能存在事物的想像”，而文藝創作相應地能使這種脱離對象的想像獲得“客觀存在”；這就在理論上爲唯我主義的、“爲藝術而藝術”的文藝觀開了方便之門。但是克羅齊在理論上肯定了形象認識，澄清了過去美學流派中關於形象思維與抽象思維的混淆，對形象認識的特點做了富有啓發性的論述，豐富了西方美學的思想園地。

弗洛伊德在他的心理分析學説的龐大體系中也涉及了創作過程的形象認識問題。他把形象認識不僅從理性而且從“清醒狀態”中排除出去，完全驅趕入夢的境界，照他説來，正是這類的想像把人們“内心的生活”塑造爲“外界的形象”即創作過程。這樣，他把形象認識驅入夢境導至他强調藝術的“白晝夢”的性質，要求描寫下意識、包括下意識的性心理，這對西方意識流小説乃至整個西方現代派文學的發展都有很大的影響。威爾賴特屬於所謂的神話儀式學派，把文藝看作集體潛意識的象徵，也可以算是心理分析學派的一個支流。《燃燒的源泉》一書的特點在於從象徵語言的角度闡明神話是認識世界的一種方式。這裏選擇的一節提出了想像力在“認識外界和營造外界”時的四種形式，即論述了想像力與對象的關係。

美國的約翰·杜威繼承了威廉·詹姆士的實用主義，發展爲當代的工具主義；他在自己的體系中主觀唯心地把概念看作是整頓和條理化客觀世界的工具。這裏選擇的《藝術即經驗》一書的一節强調了想像在一切有意識的經驗裏的作用。

此外，這裏選擇的法國存在主義哲學家讓·保羅·薩特《想像的事物》一書的片斷，就想像、追憶、意識、存在的區別與聯繫做了細緻的論述。

李　博

（Th. Ribot，一八三九——一九一六，法國）

如果從理智方面來看想像，就是説，如果考慮到想像的要素是從認識那裏藉來的，那末，想像便有兩種基本的活動方式：其一是消極的、預備性的，即分解（dissociation）；其二是積極的、建設性的，即結合（association）。

分解即是古代心理學家所指的抽象化，他們充分認識到它對我們研究的題目所具有的重要意義。儘管如此，我還是寧可用“分解”一詞，因爲它的意義更廣泛。分解標明一個種類，而抽象化衹不過是其中的一類。分解是自發的活動，性質更爲徹底。抽象化嚴格説來衹作用於孤立的思想狀態，分解卻另外還作用於一系列的思想狀態，把它切細、搗碎、融化，並通過這種準備工作，使之宜於進入新的組合。

知覺是一種綜合活動，正因爲它是一種複雜的狀態，分解（或抽象）即以胚胎形式存在於知覺之中。每個人按照自己的秉性和當時的印象而以各不相同的方式去知覺。畫家、獵人、商販或者對這匹馬沒有興趣的人，對於同一匹馬不會以相同的方式去觀看，此一人所感興趣的特徵，另一人卻會完全忽視。

…………

思想秩序中創造性的想像裏，根本的、基礎的要素，就是以類比來進行思維（Penser par analogie）的功能，換句話説，就是藉事物之間的、亦往往是偶然的相似關係來進行思維。我們這裏所説的類比，即是指相似的一種不完整的形式，因爲，相似是一個種類，而類比是其中的一種。……

類比——這種不穩定的、波動的、式樣繁複的方法——能造成一些最意想不到的、最新穎的組合。憑着幾乎無限的彈性，它同樣可以產生荒謬的比擬和很獨特的創造。

談到了以類比進行的思維方式之後，讓我們再來看看這種思維爲了創造而採取的方法。表面看來，問題頗爲紊亂複雜。類比的例子非常多，各不相同，全憑主觀，以致在創造的工作中簡直無法找到任何規律性。儘管如此，還是可以歸納爲兩種主要的類型或方式，一種是擬人化，一種是轉變或變化。

擬人化是原始的方法：它是徹底的，它的性質永遠不變，但是它的應用是暫時的，從我們自己推而至於其他的東西。它賦予萬物以生命，它假定有生命的甚至無生命的一切，都具有和我們相似的要求、激情和願望，並且這些感情就像在我們身上一樣，也都爲着某種目的而活動着。擬人化這種精神狀態對於成年的文明人是不可理解的，但是人們又必須承認它，因爲有無數的事實都證明它的存在。恕我以下不再舉例説明。這些事實盡人皆知，它們充斥在人類學者、原始地區旅行者和神話學者的著作中。此外，我們大家在生命開始的時候，在幼年，都不可避免地經歷過以爲萬物皆有靈的階段。兒童心理學的著作裏，很多這方面的論述，使人對此不能再有什麼懷疑；兒童賦予萬物以生命，他愈有想像力，就愈加如此。然而，這種情況，在文明人身上不過暫時發生，而在原始人身上，則固定下來，經常發生作用。這種擬人化的方法，是無窮無盡的源泉，從中迸發出大多數的神話、大堆的迷信和大量的文藝創作：總之，即“人通過類比”而創造出來的一切。

轉變或變化是一種普遍的、永久的、形式多樣的方法，它不是從思維着的主體推移到對象，而是從一個對象到另一個對象，由一物到另一物。它的作用在於通過部分的相似而形成轉變。這一作用有賴於兩個基礎。有時它依靠知覺所提供的不確切的相似：例如雲變成山，山變成怪異的動物，風聲變成哀怨之聲等等。有時則是感情的相似佔主導：知覺中的事物激發起某種感情，轉而成爲這種感情的標記、象徵或可塑之形象：如雄獅代表勇敢、貓代表狡猾、絲桐代表悲哀等等。無疑這一切都是謬誤的、主觀臆造的，然而想像的作用就在於創造而不在於認識。誰都知道，這個方法創造了比喻、寓言和象徵；但是人們切不要以爲這一切衹是藝術領域或語言發展的領域中纔有。這種情況每時每刻都在實際生活中、在機械、工業商業和科學的發明中出現。

所比較的事物之間，存在着各種比例不同的相似和差異。類比既然如前所述，是相似的一種不完整的形式，那末，我們要指出，它當然也就包括着各種不同程度的相似或差異。最低程度的情況，是藉模糊、荒誕的相似來比擬，而最高程度的情況，則是類比接近於精確的相似，這也就是接近嚴格意義上的認識了。譬如在機械和科學發明中便是如此。由此可見，想像常常代替理性，或者如歌德所説的那樣，成爲“理性的先驅”，就毫不足怪了。在創造性的想像和理性的探討之間，有着性質上的相同之處：兩者都具有抓住相似之處的功能。另一方面，精確的方法爲主導或模糊的方法爲主導，從根本上把“思想家”和“想像家”

區别了開來。……

1. 創造性想像的所有一切形式，都包含感情因素。

這個論斷，爲一些權威的心理學家所不同意，他們認爲："用文藝的形式來表達的想像裏有感情的成分；用機械的和知識的形式來表達的想像裏没有感情的成分。"這肯定是一種謬誤，其原因在於把兩種不同的情形混淆起來了，或者是没有加以正確的分析。非文藝性的創造裏，感情運動的作用是簡單的；如果是文藝性的創造，感情因素的作用則是雙重的。

讓我們先來看看形式最普通的創造。在這裏，感情因素是原始的、初發的；這是因爲一切創造總要以某種需要、某種願望、某種用心、某種没有滿足的衝動、甚至常常以某種痛苦的孕育爲它的前提。這裏的感情因素至多是同時並存的，也就是説，不論表現爲愉快或爲痛苦，爲希望、爲煩惱、爲憤怒等等，它總伴隨着創造的每個階段或整個發展過程。創造者全憑偶然，會嘗受激昂興奮和灰心沮喪的種種滋味；會一時感受到失敗的打擊，一時嘗到成功的歡樂，最後又得到從艱難的孕育中解放出來的滿足。我不相信人們可以在"抽象地"、不帶任何感情成分的情況下進行創造，因爲人類的本性不容許這種奇跡。

現在，讓我們來看看藝術性的創造（以及與此相近的一些創造形式）的特殊情況。在這裏，我們可以看到最初還是感情因素作爲原動力，然後感情因素又配合着創造的不同階段。但是，除此以外，這些感情狀態，還要成爲創造的材料。詩人、小説家、劇作家、音樂家，甚至雕刻家和畫家，都能感受到自己所創造的人物的情感和慾望，和所創造的人物完全融合爲一，這是一個衆所周知的事實，幾乎也是一條規律了。因此，在這第二種情形中，有兩道感情之流：一道構成激情，這是藝術的材料；另一道則激起創造的熱情，隨着創造而發展。

我們以上所區分的這兩種情況之間的不同，正在於此，也僅僅在於此。文藝性的創造有它特有的感情材料，絲毫也不影響一般創造的心理結構。其他形式的想像中没有它，並不妨礙感情成分隨時隨處存在於其他想像中的必然性。

2. 一切感情的氣質，不論它們怎樣，都能影響創造性的想像。

在這個論斷上，我也遇到了反對者，特别是奥爾采特－尼文(Olzelt-Newin)，他在他簡明而充實的論想像的專著①中，把感情劃分爲兩大類，一類是强旺或激發的，一類是虚弱或壓抑的。他認爲衹有第一類感情能够影響創造，唯有它纔有這個優點；但是，即使作者的論述衹限於文藝的想像而言，他這個論點也是難以成立的，因爲事實與此完全相反，而且，顯而易見，所有一切形式的感情，都是發動創造的因素，没有任何例外。

誰也不會否認，恐懼是虚弱感情的典型。但是，難道不正是由於恐懼，纔産生出種種的幻影、無數的迷信以及那些完全是非理性的、想入非非的宗教習慣？

憤怒的感情，一旦發展得狂暴、激烈，就成爲一種破壞性的力量，這一點似乎否定了我的論點；但是，風暴往往持續不

① 《論想像所呈現的觀念》(*Über Phantasievorstellungen*)，一八八九年，格拉茨，第四八頁。

久，等風暴過去，取而代之的，便是一些緩和的理性化的形式，它們是原來憤怒之情的種種不同的狀態，由激烈而緩和，其中包括企羨、嫉妒、敵視以及預謀的報復等等。這些精神狀態，不就產生了很多陰謀詭計、各種的創造嗎？即使以文藝性的創造而言，難道還須再引述古人所説的“用憤怒寫詩”嗎？

歡樂之情富於創造力，那是無須證明的。至於愛情，大家都知道它的作用在於要創造一個想像的意中人，來代替那個真實的愛情對象；而當激情消失之後，幻想破滅的情人就發現自己面對着赤裸裸的現實。

憂愁按理屬於壓抑的感情之列，但是，它對創造的影響，和任何其他感情的影響是等量齊觀的。大家不是都知道，憂鬱，甚至深沉的痛苦，曾使詩人、音樂家、畫家、雕刻家産生最美好的靈感嗎？不是還有一種藝術公然而且故意地悲觀厭世嗎？而且這種影響並不僅僅限於文藝創造：有人敢肯定害憂鬱的以及迫害狂的人是没有想像的嗎？他們病態的感情正是他們那些奇思異想層出不窮的根源。

總之，人們稱爲“自我意識”(self-feeling)的這種複雜的感情，最後可以歸結爲兩點：其一是因肯定自我力量以及因感到這種力量的發揚而來的愉快，其二是因自我力量遭到阻礙、受到削弱而産生的苦惱，正是這種複雜的感情直接把我們導向作爲創造之基本條件的動因。首先，在這種個人感情中，有一種自己成爲動因、也就是説因成爲創造者而來的愉快；而一切創造者對於非創造者都有一種優越感。不論他的創造多麼微不足道，也使他覺得自己高於那些一無發現的人。雖然人們説不求功利是文藝創造特有的標誌，簡直說的令人厭煩了，但應該承認，如格羅斯正確地指出的那樣①，藝術家不僅僅是爲了創造的愉快去從事創造，而是爲了超過其他的才智之士去進行創造的。創造是“自我意識”的自然而然的繽繹，而伴隨着創造而來的愉快，是勝利的愉快。

——《論創造性的想像》(*Essai sur l'Imagination Créatrice*)第一、二章，一九二六年，第十三至三〇頁。作者李博係法國哲學家，心理學家。一八七六年創辦《哲學雜誌》，一八八五至一八八九年間先後任巴黎大學，法蘭西公學教授，所著除《論創造性的想像》外，尚有《感情心理學》(一八九六）和《感情邏輯學》(一九〇五）等。

① 格羅斯（Groos):《動物的遊戲》(*Die Spiele der Tiere*)，一八九六年，耶納，第二九四—三〇一頁，有對於這個問題的很好的討論。

弗洛伊德

（Sig. Freud，一八五六——九三九，奥地利）

按照許來馬赫(F. Schleiermacher)的説法（《心理學》，一八六二，第三五一頁)，清醒狀態的特徵，就是思想活動用概念而不用形象。那麽，夢主要是用形象來思維(denkt der Traum hauptsächlich im Bildern)①；當睡眠臨近的時候，就可以觀察到，隨意的活動變得愈來愈困難，而不隨意的觀念紛紛出現，那些觀念都屬於形象一類。夢的兩個特性是：1. 不再能進行我們自覺有意的觀念活動；2. 與這種散漫的心理狀態往往聯在一起的形象的浮現；對夢所作的心理分析迫使我們把它們當作夢生活的主要特徵來認識。

在夢中，人主要地是用視覺的形象來思維——但是也並非毫無例外。在夢中人也利用聽覺的形象，而且，在更小的程度上，也利用那些屬於其他感官的印象。許多事物也僅僅作爲思想或觀念而發生在夢中（正像它們正常地發生在清醒的生活中一樣）——也許，也就是説，是作爲言語表現的殘餘而出現的。……

觀念的變爲幻覺並不是夢不同於清醒生活中的相應思想的唯一方面。夢還用這些形象構成一種**情境**，表現出一件正在發生

① 弗洛伊德的大弟子朗克闡述説："在夢裏，思想變化而爲形象"，見所著《藝術家》（*Der Künstler*）第三版，一九一八年，第九頁。

的事情，有如司壁達(W. Spitta)所説（《人類心靈睡眠和作夢時的情況》，一八八二，第一册第一四五頁)，夢把一個觀念“戲劇化”了。但是，要完全理解夢的這個特徵，我們得進一步認識下列的事實：在夢中——一般地説，因爲有些例外情況需要特殊的觀察——我們似乎不是在**思想**而是**經歷**，換句話説，我們完全把那些幻覺信以爲真。到我們醒來，判斷力纔告訴我們，我們並没有經歷什麽，而衹是用一種特殊的方法思想過，或者説，作過夢。就是這一特徵使真的夢區别於白天的夢想，白天的夢想是絶不會與現實混淆的。……

休納(A. K. Scherner)指出(《夢的生活》，一八六一)，在夢裏自我的集中核心——自發能力——被剥奪了神經的力量，這種分散的結果影響了認識、感覺、意志和思維等各種過程，使這些心靈的功能的殘餘不再具有真正的心理特徵而變成僅僅是機械結構。反之，那種可以稱之爲“想像”(Phantasie)的心理活動，由理智的支配和任何緩和的控制中解放出來，一躍而佔有無限權威的地位。雖然夢裏的想像利用醒時的最後記憶作爲它的建築材料，但是它用它們建成的東西，與清醒的生活中的那些東西没有任何相似之處；它出現在夢中不僅具有複製的能力，而且具有**新創**的能力。它的特徵就是它所給予夢的那些特殊的特性。它喜歡那些無節制的、誇張的和可怕的東西。但是，同時，由於擺脱了思想的範疇的障礙，它就更爲柔順、靈活、善於變化。它對於柔情的細微差别和熱烈的感情有極爲敏鋭的感應，而且迅速地把我們内心的生活塑造爲外界的形象（äußere plastische Anschaulichkeit)。夢裏的想像是缺乏概念的語言(Begriffssprache)的；它要説的話必須用形象表達出來。……

當我們沉睡時,“不隨意的觀念”浮現出來。這是由於某一種影響我們清醒時的觀念的趨勢的有意的(無疑地也是有批判力的)活動鬆弛了(我們經常認爲這種鬆弛是“疲倦”的結果)。當這些無意的觀念浮現時,它們就變成視覺的和聽覺的形象(參看前面許來馬赫的意見)。……

對那些似乎是自由出現的觀念採取必要的心理態度,而且拋棄那種正常地起着反對它們的作用的批判的功能,這對某些人來説似乎是很難辦到的。“不隨意的思想”容易解除那種設法阻止它們浮現的最猛烈的抵抗力。如果我們能相信那位偉大的詩人兼哲學家弗利德利希·席勒的話,詩的創作必然要求一種確實與此相似的態度。在他一七八八年十二月一日寫給柯納(Körner)的信中有一段,我們感謝朗克(Otto Rank)把它發掘出來。他的朋友怨恨自己寫不出東西,席勒回答説:“你抱怨的原因,在我看,似乎是在於你的理智給你的想像加上了拘束。我要用一個比喻把我的意思説得更具體些。當觀念湧進來時,如果理智彷彿就在門口給予他們太嚴密的檢查,這似乎是一種壞事,而且對心靈的創作活動是有害的。孤立地看,一個思想可能顯得非常瑣細或非常荒誕;但是它可能由於它所引進的思想變得重要,而且與其他看來也很離奇的思想連接起來,可能結果會形成一種最有效的連鎖。理智對這一切不可能下判斷,除非它把那個思想保留下來直到足以把它和其他思想聯繫起來觀察。反之,凡是創造性心靈所在之地,理智——依我看來——放鬆了它在門口的監督,觀念就亂七八糟地衝入,衹有在這時候,它纔能把它們整個集團來審看和檢查。你們這些批評家，或者，不論你們自稱爲什麼，對一切真正創造性心靈中所存在的這種頃刻的、暫時的神志紛亂現象感到羞恥、感到害怕，這種神志紛亂的時間的長或短，就是有精心的藝術家和作夢的人的區別。你抱怨你的創作没有結果，這是因爲你剔除得太早，你辨別得太嚴。”

——《釋夢》（*Die Traumdeutung*）第一、二章，六版（一九二一）第三四至三五頁、第五八頁、第七一至七二頁。作者弗洛伊德是奧地利精神病醫師，弗洛伊德主義和精神分析學的創始人。一八七三年開始在維也納學醫，一八八五年到巴黎聽法國精神病醫師夏戈講學，接受了他關於精神病是一種無器官性病變的心理病症的觀點。後來他試驗用暗示催眠術治療癔病患者，並逐步創立了精神分析學，在西方引起重大的影響。所著除《釋夢》外，尚有《精神分析學概論》（一九一六）、《我與它》（一九二三）和《幻想中的未來》（一九二七）等。

克羅齊

（B. Croce，一八六六——一九五二，意大利）

認識有兩種方式：形象認識（conoscenza intuitiva）①或邏輯認識，來自想像（fantasia）的認識②或來自理智（intelletto）的認識，對個體的認識或對共相的認識，對個別事物的認識或對事物間關係的認識——一句話，產生形象（immagini）的認識或產生概念的認識。……

自古以來有一門關於理智的認識的學問，大家公認它而毫無異議，那就是邏輯學。但是衹有很少人支吾畏縮地承認形象認識也能成爲一門學問。邏輯認識彷彿寓言裏那頭獅子，把該和大夥分享的東西整個兒都霸佔了③；它雖然没有咬死了同夥吞下肚去，卻衹肯讓它充當門房或婢女之類的卑微配角。大家以爲，離開了理智認識的指導，形象認識哪裏行呢？僕人没有主子是不行的。雖然主子用得着僕人，而僕人少不了主子，因爲他依靠主子纔能生活。形象觀感是盲目的，非藉用理智的眼睛不可。

---

① 參看第一部分前言裏關於 intuizione 一名詞的兩個意義。克羅齊自己爲避免混淆起見，主張分別用兩個字：intuizione（形象觀感）和 intúito（直覺），見所著《邏輯學》（*Logica*）第二版，第八九頁。

② 克羅齊在《美學簡論》（*Aesthetica in nuce*）裏申明他用 fantasia 指創造的想像，而用 immaginazione 指遊戲的幻想，見他的自選集《哲學、詩學、史學》（*Filosofia . Poesia . Storia*），第一九八頁。

③ 《伊索寓言》裏講獅子和驢子等一同打獵，到平分獵物的時候，自己獨佔全份。

我們該牢牢記住的第一點是：形象認識不需要主子，不需要依靠任何人。形象認識自己的眼睛很好，不必藉旁人的光。當然，和形象摻合在一起的概念是找得到的。但是，也有許多形象觀感，一點不摻合什麼成分；這證明概念和形象的摻合不是必需的。一幅繪畫裏的月夜的景色、一張地圖上的某一地方的輪廓、一個柔和動人的音樂主題、一首如嗟如歎的抒情小詩的詞句，還有我們平時發問、命令和悲悼所用的語言，這種種都是絲毫没有理智聯繫的形象感覺。不管我們對這些事例怎樣看法，儘管我們承認文明人的大部分形象觀感裏都滲透了概念的成分，還有更重要、更決定性的一點應該指出。假如概念真和形象摻合或混一了。那末它們就不再能算是概念，它們喪失了獨立自主。它們一度曾是概念，而現在變爲形象的組成部分。例如悲劇和喜劇裏的角色常常講些富於哲理的格言，但是這種哲理在劇本裏所起的不是抽象概念的作用而是具體表現出某一角色的性格的作用；正像一幅畫像裏人物臉上的紅顏色並不等於物理學家所講的顏色，而是畫中人的特徵。事物的組成部分的性質應該取決於事物的全體。一部文藝作品裏可能充滿了哲學概念，它也可能比一篇哲學論文包含着更豐富、更深奥的哲學概念；同樣，一篇哲學論文裏很可能充滿了以至洋溢着形象和對事物的描摹刻劃。雖然如此，文藝作品的整個效果仍然是形象，而哲學論文的整個效果仍然是概念。《未婚夫妻》①

① 《未婚夫妻》（*I Promessi Sposi*，一八二五——一八二七），意大利詩人孟佐尼所作的長篇小説。

裏有許多關於道德的議論和分析，但並不因此而喪失它的整個特性——單純的故事和形象。有些哲學家例如叔本華的著作裏隨處都是故事和嘲諷，卻並不因此而改變了它們的特性——理智性的論文。科學或理智成品和文藝或形象成品的差别在於作者所追求的整個效果。整個效果決定和指導作品的各個部分，我們不應該把各個部分孤立、抽象地考慮。……

一般人常把形象觀感瞭解爲感覺，瞭解爲對當前真實事物的認識、對一件認爲實在的東西的知覺。當然，感覺也是形象觀感。我感覺到自己此刻寫作所在的屋子、當前的墨水瓶和紙張、手裏的筆、接觸和使用爲我身體的工具的各樣事物（我身體是真實存在的，因爲它在動筆）：這些感覺都是形象。然而我腦子裏此刻還有我在另一個城市、另一個屋子裏用另一種紙、筆、墨水寫作的形象，那也是形象觀感。這表示就形象觀感的性質而論，事物的真實存在與否是次要的、非根本的區别。假如我們設想一個人第一次心裏發生形象，那些形象衹可能是當前事物的形象，換句話説，衹可能是對真實事物的感覺。但是，真實事物的認識必須以真實形象和虛幻形象的辨别爲基礎；一個人初次心裏有形象的時候還不會辨别真幻，所以他有的衹是純粹的形象，不是感覺，因爲對他説來，無所謂真實或虛幻。對他説來，一切都真，也就是一切都幻。小孩子很難分清真實和虛假、實事和寓言，覺得彼此都是一樣；小孩子的心理可以使我們約略模糊地瞭解那種原始的心理狀態。形象觀感就是對真實存在事物的感覺和對可能存在事物的想像二者的無區别的混合。在形象觀感時，我們不把自己作爲經驗的主體而和外界事物對立，我們衹使我們的印象

——不論什麽印象——獲得客觀存在。

——《美學》(*Estetica* 一九〇二)一章，十版（一九五八）第三至六頁。作者克羅齊係意大利哲學家、文學評論家、歷史學家。畢業於羅馬大學。一九〇三年創辦《評論》雜誌。曾任參議員（一九〇一)、教育部長（一九二〇—一九二一）等職。二次大戰期間積極參加反對墨索里尼法西斯政權的運動。一九四七年當選爲自由黨領袖、制憲議會代表，同年，在那不勒斯創建意大利歷史研究院。著作涉及歷史、文學史、哲學等方面，共八十餘部。其中有《美學》(一九〇二)、《邏輯學》(一九〇九)、《實踐的哲學》（一九〇九）和《美學原理》（一九一三）等。

杜 威

(J. Dewey，一八五九—一九五二，美國)

藝術家把他們直接經驗到的東西的性質作爲題材。運用理智去探討的人和這些性質間隔一層，須要通過記號；記號象徵這些性質，但這些性質如果當前呈現，記號就没有意義了。這兩種人在思想方法和感情上有很大的根本區别，但同樣都依靠具有感情的思想和下意識裏的醖釀。直接用顔色、聲調、形象來思維和用文字來思維在技巧上是不同的方法。但如果因爲圖畫和交響樂不能變爲文字，或者詩歌不能變爲散文，而把思想看作文字或散文所獨霸的東西，那就是迷信了。假如文字能充分表達一切意義，就不會有繪畫和音樂的藝術。有些價值、有些意義的確衹能用當前看得見、聽得到的屬性來表達。如果要追問：不能用語言表達的意義究竟是什麽意義，那就是否認這種意義的特殊存在。……

雕塑家不單單憑内心來想像他的雕像，他是憑灰泥、大理石、青銅來想像的。音樂家、畫家或建築家究竟是用聽得到、看得見的形象來表達他最初的、具有感情的觀念呢，還是一面工作，一面憑他使用的媒介物來表達呢？這個問題不大重要，因爲形象是在媒介物上逐漸發展出來的。藝術家無論在想像裏，或者在具體的素材裏，都在支配和安排這個媒介物。不管怎麽樣，在物體上的操作過程發展了想像；同時，想像依憑着具體素材而生發出來。……

“想像”和“美”分享了一種頗成問題的光榮，兩者在熱情而無知的美學著作裏成爲主要論題。在人類有貢獻的各種活動裏，想像最最被人看成一個特殊的、獨立自足的功能，好像它具有神秘的效力，和其他功能不同。不過，據藝術品的創造推斷起來，想像是指激發和滲透一切創造和觀察過程的一種性質。它是把許多東西看成和感覺成爲一個整體的一種方式。它是廣泛而普遍地把種種興趣交合在心靈和外界接觸的一個點上。舊的、熟悉的東西在感受中成爲新鮮東西的時候，裏面就有想像。新鮮東西創造出來之後，遥遠的、奇異的就變成了天下最自然而不可避免的東西。心靈和外面世界的接觸總帶着幾分冒險，這幾分冒險就是想像。……

我不大理解柯爾立治所講的想像和幻想的分别究竟是什麽意義。可是一個人如果故意替尋常事物套上不尋常的外衣，把它化裝成奇形怪狀，像幽靈鬼怪一樣，這種經驗無疑的和上文所講的不同。在這類的情況下，心靈和素材没有着着實實結合而互相滲透，心靈大體上還是超然的，它在玩弄素材，没有果斷地掌握素材。這份素材太單薄，不能促使含有價值和意義的意願(disposition)運用出全部力量來。這份素材的阻力不够大，所以心靈衹是輕浮地玩弄着它。……

審美的經驗是想像的。這點事實，加上對想像的性質的誤會，模糊了以下一點更重要的事實：一切有意識的經驗都必定多少有些想像的性質。生物和環境的彼此起作用是一切經驗的根本。從過去經驗裏獲得的意義滲入了這個經驗，纔使它成爲有意識的經驗，成爲感性的事物。衹有通過想像的門徑，過去經驗裏獲得的意義纔能滲和到當前的互起作用裏去。换句話説，我們已經看到，有意識地把新的和舊的配合調整就是想像。生物和環境的互起作用在動植物界裏都有。惟有從實際上不存在而想像裏存在的事物獲得意義和價值，向此時此地呈現的事物引申，那纔是人的經驗和有意識的經驗。……

……產生一件實用的東西也非有想像不可。發明蒸汽機的時候，發明者就是對目前某些材料看到了前所未見的關係和可能性。他用新方式組合了這些原料，把想像的可能性體現出來，於是自然界就有了蒸汽機這件東西。蒸汽機和其他物質構成的東西一樣有物質的效果。蒸汽起了物理作用，發生了一切膨脹氣體在一定的物質條件下所發生的結果。蒸汽機和美術品不同之點在於它起作用的條件是由人來設計安排的。

藝術品卻和機器不同。它不僅是想像的結果，它衹在想像裏而不在物質世界起作用。它的作用是把直接經驗加以集中和擴大。換句話説，構成美術品的物質直接表現了想像所喚起的意義，它不像機器裏由新方式組合的物質僅僅是個工具，供人用來達到機器本身之外的目的。想像所喚起、聚集、結合的種種意義由美術成品體現出來，在當時當地和自我互相影響。所以藝術品激發了鑒賞者照樣也在想像裏喚起這些意義而加以組合。它不僅僅是外界行動的推動力，不僅僅是導致外界行動的工具。……

想像力是結合藝術品裏一切因素的能力，它把各各不同的因素造成一個整體。我們在其他經驗裏着重表現和部分實現出來的因素，在美的經驗裏都融合在一起。在這個一下子全都完整的經驗裏，我們的各種因素完全融合爲一，各別之處全融化了。我們的意識裏不覺得有任何各別的因素。

可是美學往往從組成經驗的某一個因素出發，企圖單獨用一個因素來解釋美的經驗，如感覺、感情、理智、活動力。這就是沒把想像當作融合一切因素的功能，而衹把它看作一種特殊的功能了。

——《藝術的經驗觀》（*Art as Experience*，一九三四）四章、一一章、一二章，第七三至七五頁、第二六七至二六八頁、第二七二至二七五頁。作者杜威係美國實用主義哲學家、教育學家，曾先後在美國米尼蘇達、密執安、芝加哥和哥倫比亞等大學任教（一八八八—一九〇四）。根據他的工具主義和實用主義哲學理論創辦了一所實驗學校，實行他的教學法。所著尚有《學校與社會》（一八九九）、《民主與教育》（一九一六）、《邏輯學，探討的學説》（一九三八）等。

薩　特

(J.P.Sartre，一九○五—一九八○，法國)

想像時的意識所提供的和認識時的意識所提供的有根本性的不同。換句話說，一件事物作爲想像和同件事物被認爲真實屬於兩種不同性質的存在方式。當然，假使我現在想起披埃爾的形象①，我的想像意識裏也包含着他這時候事實上的所在地，譬如説，遠在柏林或倫敦。但是，這位正在倫敦的披埃爾既然作爲一個形象而向我呈現(m'apparaît en image)，也就是作爲一個不在當前的事物而向我呈現(m'apparaît absent)。想像中的事物按原則説是不在當前的，按本質説是不存在的；這是它和感覺中的事物的區别。……

記憶所提供的和想像所提供的也有本質上的不同。假如我追思到自己的一樁往事，我是把它回憶起來，而不是把它想像出來。換句話説，我並非認爲它當前不在(donnéabsent)，而衹認爲它過去曾在(donné-présent au passé)。披埃爾昨晚告别時和我拉手，這件事已成過去，然而它並未因成爲往事而就此成爲虚事；它衹彷彿年老退休，雖然過時，始終真實存在。它以過去的方式存在，那也是真實存在的方式之一。……假使我想

① 薩特常把披埃爾這個人作爲例證；在他的主要哲學著作《存在與虚無》(*L' Être et le Néant*,一九四三)裏，一開頭（第四四—四六頁）就舉披埃爾不在咖啡館裏爲“虚無”的事例。

像披埃爾此刻在柏林可能怎樣，或者更簡單地想像此刻的——不是昨晚告别時的——披埃爾怎樣，我就把捉着一個不在當前呈現的事物或一個恰恰呈現爲當前把捉不到的事物。我把捉着的衹是虚無；換句話説，我使這個虚無有了地位。在這個意義上，可見關於披埃爾此刻在柏林幹些什麼等等的想像是和關於我所認爲全不存在的半人半馬怪物的想像比較接近，而和關於披埃爾那天把别時的情况的回憶是不類似的。……

想像不是意識藉以獲得經驗的一個額外增加的功能。想像正是體現自由時的整個意識；意識在事物界裏所面臨的一切具體和真實的境地都充滿着想像的成分，因爲這些境地的呈現總是超溢出真實的。……

試以查理八世的畫像爲例。畫裏的查理八世是一件事物。但是，他當然和那張畫幅、畫布和層層疊疊的顔色絶不是一回事。假使我們衹注意畫布和畫框子本身，那末查理八世就不能作爲審美的對象而呈現。這並非因爲他給那張畫幅掩蓋住了，而是因爲他根本不可能向認識真實事物的意識呈現的。……常聽人説，藝術家先有一個出現爲形象的觀念(une idée en une image)，然後把它實現(réalise)在畫布上。的確，藝術家從内心的形象出發，這個形象既然在他的心裏，人家就瞧不見它；而他結果産生了一件事物，讓人人可以觀賞。這樣就造成一個錯覺：大家以爲他從想像而過渡到真實。這是不對的。我們得反覆申明：畫筆的塗抹痕跡、畫布的厚薄和紋理粗細、顔色上的油漆，這些纔是真實事物。但是這些恰恰不是藝術欣賞的對象。……事實上，畫家没有使他的内心形象外現而爲真實事物，他祇利用物體構造了一個仿型(un analogue matériel)，讓每個人從這個仿型去把捉那個内心形象。儘管它具有外界的仿型，内心形象仍然是内心形象①。……

圖畫是那樣，詩歌、小説和戲劇更顯而易見是那樣。不用説，小説家、詩人和戲劇家都用語言文字來爲不真實存在的事物構造仿型(analoga verbaux)；也不用説，扮演哈姆雷特的演員也用他自己、他整個身體來作爲那個想像人物的仿型。這可以使我們最後解決那個有名的關於“演員的反論”的爭辯②。有些作家堅持説，演員對自己扮演的角色並不信以爲真。另有些人根據許多例證，説演員把做戲當真，受他們所扮演的主角的擺佈。據我們看來，這兩派説法並不彼此排除。假使“信以爲真”的意思是“認識爲真人真事”，那末演員顯然並不認爲自己就是哈姆雷特。但是，這不等於説他不施展出通身的勁道來產生一個哈姆雷特。他運用自己的一切情感、一切氣力和一切動作來爲哈姆雷特的情感和舉動構成仿型。……他扮演得熱鬧頭上，很可能真正傷心落淚。那没有關係。他自己明白，觀衆也一樣明白，這些眼淚是哈姆雷特的眼淚，換句話説，祇是虛構的眼淚的仿型。……不是角色在演員身上實現(se réalise)，

① 這種論調和克羅齊的很相近，因此評論家常説薩特繼承了克羅齊的美學主張，參看瑞德（M. Rader）《近代美學論文選》（*A Modern Book of Esthetics*）第三版，一九六四年，第二一二、二一五頁。

② 指狄德羅的有名論文。

倒是演員在角色身上幻化(s'irréalise)。

——《想像的事物》(*L'Imaginaire*)四部結論，二五版(一九四八)自第二二九頁起。作者薩特係法國著名的存在主義哲學家、文學家。曾在德國的法蘭西學院學習哲學，受海德格爾影響較深。一九四三年，在《存在與虛無》中表達了存在主義哲學觀點，從此成爲西方思想界和文學界知名的有影響的人物。一九四六年，創辦《現代》雜誌。主要著作有小說《厭惡》(一九三八)、《自由之途》(一九四五)，劇本《骯髒的手》(一九四八)、《魔鬼與上帝》(一九五一)以及政論、雜文《存在主義是一種人道主義》(一九四六)、《狀況種種》(一九四七—一九四九)等。

威爾賴特

(P. Wheelwright，一九〇一——一九七〇，美國)

心靈有主動的、感應的、統合的能力，據我看來，外在世界從心靈的這種能力獲得意義和價值，事實上一般有四種主要方式。換句話説，想像力既在認識外界又在營造外界的作用，共有四個方面。第一是把事物獨特化和强烈化；這是和事物“面臨的想像”(confrontative imagination)。第二是給事物以風格，對它保持適當距離；這是“風格的想像”(stylistic imagination)。第三是把個體事物當作普遍性的體現和透露；這是“典型的想像”(archetypal imagination)。第四是把不同的因素合併成某種統一；這是“比喻的想像”(metaphoric imagination)。

面臨事物的想像

我們直接在經驗裏接觸到的事物，最初總是簡單的。如果你超出了你對人類的一般概念，直接認識了别爾・司密斯，瞭解了他此刻心上的某種悲哀或熱情，你就是超出了一般概念，而進入真實的具體存在。工藝化和機關化生活所助長的一個大害就是忘記了個人的存在，把個人祇當作普遍中的一個實例。當然，概括有時候是實際上必需的。不過我們如果太習慣於概括，甚至於把概括出來的觀念來代替這個光明燦爛的世界的本身，不論這是爲商業上的功效，或政治上的需要，或掛上科學的招牌，結果總是歪曲了人類的理性。……我們每一個人都是獨特的，每個人都是具體的存在，有他的本質，和任何別人不完全相同。每一個經驗，每一個美感的或痛苦的一刹那，也都是獨特的。……詩的語言是要直截了當、而且像經驗裏那麼明確地說出具體的獨特之處。布萊克說："獨特化是優點的唯一標誌。"……親切地見到經驗裏各别和獨特的地方是想像的成就。……這裏，想像的能力不是用來混合種種各别之處——至少這不是主要目的，卻是要把切身的經驗强烈化。……實證哲學的思想方法着重"我與它"(I—it)的關係。按這個關係，知識的對象都被看作理論上可以解釋、可以操縱的。詩人（我們每人也多少都有些純粹詩人作用）卻不然。他會把他外在世界的每一件真正有意義的東西當作"你"（thou）①。認真把一件東西當作"你"有兩個意思：一，爲這件東西本身的價值而非常看重它；二，認爲自己和它可以對換身份，讓它用"我"的身份說話，而我自己成爲聽它說話的人。有時候可以用修辭學上的擬人法和頓呼法作爲表現這種關係的措辭徵象。……想像覺察到當前個别事物的根本個性，就施展活動——這就是說，他就去掌握和表達這個根本個性。如果想像對經驗裏所碰到的事物有極深切的瞭解，因而在我們與外物之間立刻建立起"我與你"（I—thou)的關係，那麼它這種活動就特别明顯。

---

① 作者原有長註，說這是用布貝爾（Martin Buber)《我與你》（*Ich und Du*）的理論。布貝爾是當代頗有影響的猶太籍反動哲學家，存在主義創始人之一。他把"我與你"代表人與人的關係，認爲實際生活裏一個人常把旁人不當人而當物看待，變爲"我與它"（Ich und Es）的關係。

保持距離的想像

……不必臉上做出表情、歎氣、拍肩，也能有“我與你”的關係。……懂得保持適當距離是想像的成就，也有助於達到文明的生活，無論在生活上或藝術上，這都是風格的基本因素。① ……畫家要高瞻遠矚，必須有空間的距離。亞里士多德在研究爲什麽悲劇以古代史實爲結構中心最有效果時，提出了時間的距離。不僅須有空間和時間的距離，還須有一種對整個經驗到的事所保持的距離。這就是把“那個事件和實際在場的自我脱開”，於是帶着新的客觀性來看那件事。所以保持距離同時有消極和積極的兩方面：一方面是不願意理會事物的實際狀況；一方面是把這種和實際隔離而圈出來的經驗再加工精製。我們的經驗有幾個面浮現在意識的表面上，這多少是因爲習慣，也有幾分是因爲實際需要。在一般的實際情況裏，我們的注意力衹寄放在那些浮現的部分上。我們該注意而没注意的地方很多很多。藝術的目標是要使我們“突然從没注意到的反面看到這件事物”。……成功的藝術需保持多大的距離呢？這就不容易回答。距離太大，會打斷藝術品和我們準備好的感受境界之間的循環。距離不足，會損害藝術體會的美感的性質。演出《奥賽羅》的時候，理想的看客既不缺乏嫉妒的感情能力，也不當場就被嫉妒的苦惱狠狠侵

① 作者原有長註，申明這是用布婁（Edward Bullough）有名的論文論“心理距離”（Psychic Distance）的意思。這一節裏有引號的詞句都是從那篇文章裏來的。

襲。……要有風格，須要使通常策動人的意志力鎮靜下來，把普通的聯想遮蔽起來。……

典型的想像

亞里士多德對詩和歷史的區别是有名的；他着重在詩的典型性上。我們對這種典型性的功用往往因爲重點放得不對而模糊了它的意義。我敢説，很少幾位詩人會完全贊同布魯内悌耶①的話。他説："詩是什麽？無非就是由感覺的形象所顯現出來的形而上學罷了。"譬如像但丁、斯賓塞和特拉亨②，他們也許對這句話謹慎地打了些折扣而表示承認和贊成。可是很難想像荷馬或喬叟或莎士比亞或幾乎所有的二十世紀詩人會承認和贊成。如果一首詩裏確實具有或含有普遍意義，那麽，對這個意義的認識和感應當然是重要的。……普遍概念由什麽途徑進入詩裏去是個問題。最好不要像抽象的普遍概念，永遠一個樣兒，雖然暫時和詩的語言合在一起也毫無改變。如果一首詩裏所掌握的衹是抽象的普遍概念，表現着抽象的性質，那首詩就是説教的；如果詩裏從始至終系統地用象徵，那就是寓言詩。……進入詩裏的普遍概念是具體的，並且是根本含蓄在詩裏的。這就是説，普遍概念和表現它的文字分不開，也不能用邏輯來解釋，否則就會歪曲它的意義。因爲它的普遍性衹通過具體的比擬而存在，不是通過界説或定義。《俄狄浦斯王》和《李爾王》有重要的類似之處，我們讀

① 布魯内悌耶(F. Brunétière)，十九世紀後期法國批評家。

② Thomas Traherne，十七世紀英國宗教詩人。

這兩個劇本的時候能體會到。那時候，我們對一個劇本的記憶和對另一個劇本的反應都是不自覺的，説不清楚的。如果要用批評文字把兩個劇本的類似之處陳述出來，那就多麽笨拙呢！……有些細節特别富有典型性，換句話説，它們是“傑出的例子”，帶着豐富的特性來充當其他細節的代表。……這種“傑出的例子”是歌德文藝觀念的基本原則。……他説：

“詩人或者從普遍概念出發，然後尋覓適當的細節；或者從細節裏看出它的普遍概念來。二者有極大的區别。前一個方法産生了寓言。寓言裏面的細節衹能充當例子，衹能充當普遍概念的榜樣。二者相形之下，是後一個方法表達了詩的真正本質。這個方法在寫出細節的時候並不單獨地想到或説到典型，可是它抓住了細節生動之處，隱隱把典型也一起抓住了。”……

比喻的想像

在典型的想像和比喻的想像裏都有某種混合的過程，某種語言文字的交融過程。在典型的想像裏，那是形象和觀念、具體和概括、個體和典型的結合。在比喻的想像裏，那是兩個或兩個以上具體形象的結合；這些形象可能帶着些感情和理智的聯繫。什麽是比喻？……心靈把呈現給它認識的不同類的素材加以組合的時候，會起康德所設想的那種作用：就是説，它有一種化異爲同的方法，在組合素材的過程裏，使素材彼此間的根本差異簡直失去效力。① 結果就得到一個統一的概念。我們看到的世界是秩

① 上文原有註，引康德《純理性批判》論“統覺”（Apperzeption）。

序井然、合乎理性的：它有因有果，有本質和屬性，有可以衡量的空間和時間或“時——空”，有必然和或然等等。這番綜合表現出我們和外界有了實際的活的接觸，這是一個基於生命的綜合。可是這種綜合裏自然而然地保持着異類固有的性質（即各異類不同之處）。因此這個有意義的整體、這個不是機械而是活的整體裏還保存着異類的性質。……邏輯的意義或文字的意義（例如科學上和日常生活所應用的）代表通常老一套的聯想。在進行人世間大部分的工作時，這種聯想顯然是必需的，但在經驗裏的應用範圍就未免狹窄。新鮮的聯想能產生新鮮的意義。詩能促動和指導人的聯想能力，使它保持活躍，隨時能起作用，這樣就確實産生出新的意義來。詩對語言的功用主要就在這裏。這些新的意義離開了這首詩的文字就會喪失它的存在，但是在這首詩的文字裏卻是真確實在的。

——《燃燒的泉源》（*The Burning Fountain*，一九五四）第五章，第七六至一〇〇頁。作者威爾賴特係美國哲學家，曾先後任普林斯頓大學哲學講師、紐約大學哲學教授、加里佛尼亞大學哲學及人文學教授。主要著作尚有《倫理學評介》（一九三五）、《哲學之路》（一九五四）、《隱喻與真實》（一九六二）等。

石语

書名由作者題簽

絳檢得余舊稿，紙已破碎，病中爲之粘襯，圓女又釘成此小册子。槐聚記。一九九四年四月四日。

民國二十四年五月十日，石遺丈八十生辰，置酒蘇州胭脂橋寓廬，予登堂拜壽。席散告别，丈憮然曰："子將西渡，予欲南歸，殘年遠道，恐此生無復見期。"余以金石之堅，松柏之壽，善頌善禱。丈亦意解。是年冬，余在牛津，丈寄詩來，有"青眼高歌久，於君慰已奢"等語，余復書謝。以後音訊遂疏。二十六年夏，得許大千信，則丈以疝氣卒矣。欷歔惝怳，爲詩以哭。中日戰事尋起，而家而國，喪亂弘多，遂無暇傳其人，論其志行學問。息壤在彼，斯願不知何日償也。猶憶二十一年陰曆除夕，丈招予度歲，談讌甚歡。退記所言，多足與黄曾樾《談藝録》相發。因發篋陳稿，重爲理董。知人論世，或可取裁；偶有愚見，隨文附註。至丈奬飾之語，亦略仍其舊，一以著當時酬答之實，二以見老輩愛才之心，本不妄自菲薄，亦何至借重聲價。題曰《石語》。天遺一老，文出雙關。今也木壞山頹，蘭成詞賦，遂無韓陵片石堪共語矣。嗚呼！

民國二十七年二月八日默存記於巴黎客寓。

石　語

陳衍石遺説　錢鍾書默存記

余早歲學爲駢體文，不能工也，然已足傷詩古文之格矣，遂拋去不爲。凡擅駢文者，其詩、古文皆不工。余弟子黄秋岳，駢文集有清一代之大成，而散文不能成語，是其例也。丈言時，指客座壁上所懸秋岳撰《七十壽屏》云：此尤渠生平第一篇好文字。鍾書按：黄文結構，全仿彭甘亭《錢可廬壽序》。

爲學總須根柢經史，否則道聽途説，東塗西抹，必有露馬腳狐尾之日。交好中遠如嚴幾道、林琴南，近如冒鶴亭，皆不免空疏之譏。幾道乃留洋海軍學生，用夏變夷，修文偃武，半路出家，未宜苛論。琴南一代宗匠，在京師大學時授《儀禮》，不識“湇”字，欲易爲“酒”字；鍾書按：“湇”一作“湆”，《越縵堂日記》第十八册四十六頁訓釋最備。又以“生弓”爲不詞，諸如此類，鹵莽滅裂，予先後爲遮醜掩羞，不知多少。琴南反致書余弟子劉東明云：“汝師詩學自是專門名家，而於古文全然門外漢，足下有志古文，舍老夫安歸”云云，大可嗤笑。琴南既歿，其門人朱某記乃師談藝語爲一書，印刷甚精，開卷即云：“解經須望文生義，望文生義即以經解經之謂”；又曰：“讀經有害古文”。皆荒謬絶倫語。余亟囑其弟子燬書劈板，毋貽琴南聲名之玷。其弟子未能從也。按：朱名羲胄，潛江人。其書名《文微》。石遺書與朱答書均附卷末。“望文生義”條遵石遺語删去，而於“經與古文”之辨，則齗齗不相下。畏廬書多陳腐空泛，有一則云：“東坡每誚東野詩如食小魚，此外無他語。”真咄咄怪事。且極詆桐城派。蓋暮年侈泰，不無弇州所云舞陽、絳、灌既貴而諱屠狗吹簫之意也。朱氏筆舌蹇吃，絶無學問。答石遺書有云：“張和仲纂《千百年眼》一千卷”，可笑。鶴亭天資敏慧，而早年便專心並力作名士，未能向學用功。前日爲胡展堂詩集求序，作書與余，力稱胡詩之佳，有云：“公讀其詩，當喜心翻倒也。”夫“喜心翻倒”出杜詩“喜心翻倒極，嗚咽淚沾巾”，乃喜極悲來之意，鶴亭

按：後見琴南致李拔丈詩，亦云然。且曰：“吾之詩於石遺，不過緩行幾步耳。”

陳簡齋《得席大光書因以詩迓之》云“喜心翻倒相迎地”。季康註。

按：孝魯見此語予云：原函作“喜心倒極”。又按：鶴亭輓石遺詩，遂有“我好名君好利”之語，蓋反唇也。

誤認爲“喜極拜倒”，豈老夫膝如此易屈邪？按：《小倉山房尺牘·答相國、與書巢》兩札皆有此語，是隨園已誤用矣。

琴南最怕人罵，以其中有所不足也。余嘗謂之曰：“夫謗滿天下，名亦隨之，君何畏焉？”任京師大學教習時，謬誤百出。黄秋岳、梁衆異嘗集沈濤園許，議作《畏廬弟子記》。沈爲二子改名，一曰“無畏”，一曰“火廬”。畏廬聞之大恐，求解於予焉。

曾履川嘗欲學文於畏廬，畏廬高坐而進之曰：“古文之道難矣，老夫致力斯事五十年，僅幾乎成耳。”履川大不悦，以爲先生五十年所得爾爾，弟子老壽未必及先生，更從何處討生活耶？去而就吴北江。北江託乃翁之蔭，文學造詣，實遜畏廬，而善誘勵後進，門下轉盛於畏廬也。

按：北江庶出，少不爲家人所容，雖依託乃父爲名高，而時時有怨望之詞。

章太炎黄季剛師弟，皆矜心好詆，而遇余均極厚。季剛不知在何處曾從學於江叔海，嘗謂余曰：“叔海無所不知，而亦一無所知。”叔海傾心東洋人，好拾其説，講古學。余語叔海云，此等事不如讓梁卓如出頭地。叔海不快。鍾書對曰：“叔海《慎所立齋詩文集》有季剛與奚度青題詞，皆自居弟子。叔海議論確有近任公者，任公推王荆公爲第一大政治家，叔海《半山寺詩》用意亦同。”丈曰：信有此耶？按：《半山寺詩》云：“理財心本殊桑孔，紹述謀應罪卞京。今日尚留新法在，後儒底事浪譏評。”自註曰：“保甲免役，至今行之，不獨社倉爲青苗遺法也。”按：范肯堂伯子詩集有《東坡生日詩》，極推荆公而斥東坡之立異，此郭匏廬所謂“不謂閉門范伯子，已曾奮筆諍東坡”也。蓋任公推荆舒，實爲戊戌變政解嘲，伯子亦有同感耳。叔海則翻案也。又按：叔海《東遊絶句》論童蒙教本，與石遺《童孫詩》針鋒相對，當時忘記，未能對丈言之。江詩云：“花笑爺同桃太郎，教科書頗近荒唐。須知道本在粗淺，高語精微毋乃狂。”陳詩云：“《千家詩》是潛夫選，《三字經》原伯厚成。絶世文人從此出，教科坊本漫爭鳴。”

清華教詩學者，按：時余肄業清華。聞爲黄晦聞，此君才薄如紙，七言近體較可諷詠，終不免乾枯竭蹶。又聞其撰曹子建阮嗣宗詩箋，此等詩何用註釋乎？

王壬秋人品極低，儀表亦惡，世兄知之乎？鍾書對曰：“想是矮子。”丈笑曰：何以知之？曰：“憶王死，滬報有滑稽輓詩云：‘學富文中子，形同武大郎’，以此揣而得之。”曰：是矣。其人嘻皮笑臉，大類小花面。著作惟《湘軍志》可觀，此外經學詞章，可取者尟。余詩話僅採其詩二句，今亦忘作何許語。鍾書對曰：“似是：‘獨慙携短劍，真爲看山來。’”曰：世兄記性好。

人以“優孟衣冠”譏壬秋詩，夫“優孟衣冠”，亦談何容易。壬秋之作，學古往往闌入今語，正苦不純粹耳。至以“泥金捷報”入詩，按：參觀黄曾樾記《談藝録》。豈不使通人齒冷！鍾書對曰：“湘綺晚年作品，純乎打油體。早年《夜雪集》中七言絶句，已不免英雄欺人矣。即如《圓明園詞》此老壓卷之作，尚有‘即令福海冤如海，誰信神州尚有神’等語，寧非俳體乎？”丈曰：世兄記得多。按：《湘綺樓日記》第三十册，自稱其詩“不古不唐不清，適成自由體”，可謂有自知之明。其詩中俗語有甚於“泥金捷報”者，余別有檢舉，當時未及。

按：此種句法庾信最多，湘綺想學而得其短處耳。

鍾嶸《詩品》乃湖外僞體之聖經，予作評議，所以搗鈍賊之巢穴也，然亦以此爲湘綺門下所罵。鍾書對曰：“有沃邱仲子自稱王氏弟子，作《當代名人傳》，於丈甚多微詞。又有楊哲子之弟楊鈞，字重子，與兄同出王門，作《草堂之靈》，亦譏公不讀唐詩。”丈大笑曰：王學實少通材。鍾書問曰："丈於陳伯弢、宋芸子以爲何如？抱碧齋之精潔，問琴閣之風華，所謂智過其師、青出於藍者耶？"丈曰：世兄言或是，惜老夫於二家著述，所見不多。

論詩必須詩人，知此中甘苦者，方能不中不遠，否則附庸風雅，開口便錯，鍾嶸是其例也。按：詳見《詩品平議》卷下。此説實發於曹子建《與楊德祖書》，余別有考論。詳見拙作《中國文學批評之假設》一文。余刻清人五種詩評皆秘本，按：五種者：竹垞批少陵、覃谿批漁洋、蘀石批樊榭、杜園説杜、仲則詩話。有禅學人不淺。鍾書對曰："《粟香隨筆》備録覃谿爲戴可亭評《漁洋精華録》，與公所得，似非一本。"丈曰：得閑可示我。

又繆筱山《烟畫東堂小品》亦有覃谿批《漁洋精華録》，均大同小異。

余作《元詩紀事》，煞費經營，以材料少，搜集匪易，不比樊榭《宋詩紀事》之俯拾即是也。鍾書問曰："有陳田者，作《明詩紀事》，極爲淹雅，不知何人？"丈曰：田字松山，貴州人，官御史。家中堆牀塞屋，皆明人别集。《紀事》一書，蓋罄一家之財力，聚一生之精神爲之。余慫恿其刊板，陳尚秘不肯示人也。余《近代詩鈔》中選陳詩二首，世兄豈忘之耶？余欲爲《文士傳》，記交遊中學問博通而聲名黯淡者，陳其一焉。

陳散原詩，予所不喜。凡詩必須使人讀得、懂得，方能傳得。散原之作，數十年後恐尠過問者。早作尚有沉憂孤憤一段意思，而千篇一律，亦自可厭。近作稍平易，蓋老去才退，並艱深亦不能爲矣。爲散原體者，有一捷徑，所謂避熟避俗是也。言草木不曰柳暗花明，而曰花高柳大；言鳥不言紫燕黄鶯，而曰烏鴉鴟梟；言獸切忌虎豹熊羆，並馬牛亦説不得，祇好請教犬豕耳。丈言畢，撫掌大笑。

易實甫尚有靈機，曾重伯實多滯氣。鍾書對曰："古人云，'沉博絶麗'，重伯祇做到前兩字。"丈曰：然。

世兄詩才清妙，又佐以博聞强志，惜下筆太矜持。夫老年人須矜持，方免老手頽唐之譏，年富力强時，宜放筆直幹，有不擇地而流、挾泥沙而下之概，雖拳曲臃腫，亦不妨有作耳。按：丈言頗中余病痛。

鄭蘇戡詩專作高腔，然有頓挫故佳。而亦少變化，更喜作宗社黨語，極可厭。近來行爲益復喪心病狂，余與絶交久矣。按：時一二八滬戰方劇。

陳弢菴是翰苑出色人才，做八股文、

賦試帖詩、寫白摺子，皆拿手當行。二十年刮垢磨光，詩文卓然可觀，字亦有涪翁氣息。鍾書曰：“丈《匹園詩》所謂‘黄書楹帖蘇書扁，亞字闌干卍字文’者也。”丈大笑曰：世兄記老夫詩熟。鍾書曰：“弢菴書終似放脚娘姨，不甚自在。梁武帝評羊欣所謂‘舉止羞澀’者有之。”丈曰：此乃結習難除，不能怪他。科舉之學，不知銷卻多少才人精力。今人謂學校起而舊學衰，直是胡説。老輩須中進士，方能專力經史學問，即令早達，亦已擲十數年光陰於無用。學校中英算格致，既較八股爲有益，書本師友均視昔日爲易得，故眼中英髦，駸駸突過老輩。當年如學海堂、詁經精舍等文集，今日學校高才所作，有過無不及。以老夫爲例，弱冠橐筆漫遊，作幕處館，窮年累月，舍己耘人，惟至欲動筆時，心所疑難，不得不事翻檢。然正以無師自通，亦免於今日學生講義筆記耳學之弊焉。按：所見先輩中爲此論者，惟丈一人，通達可佩，惜學校中人未足當此也。

按：“娘姨”二字出處見《蘿摩亭札記》卷十六。

趙堯生與余至交，恨近來音問不通。其詩沉摯淒涼，力透紙背，求之儕輩，豁焉寡儔。余前日於卧室懸其贈余楹帖，清夜夢回，忽思得聯語悲苦，大似哀輓。懸

按：此過相標榜。堯生詩甚粗率，石遺稱之，有深譽，此盧詢祖對盧思道語用意。

處適有余小像，則似遺容，非吉兆也，亟撤之。鍾書問曰："聯語是'一燈説法懸孤月，五夜招魂向四圍'否？"丈曰：何以知之？曰："讀公《詩話》知之。汪辟畺作《光宣詩壇點將録》，亦引此爲丈讚語也。"丈點首，因朗吟堯生此詩一過，於末語"老無他路欲安歸"，尤三復不置。按：後晤辟畺，知丈以《點將録》中僅比之爲神機軍師朱武，頗不悦。余亦以爲辟畺過也。李審言不免餖飣，所謂可惋在碎者是矣。渠自比子部雜家，雜也可，碎也不可。

作文難於作詩，僞魏晉體及桐城文皆無出息人所爲，又散文中雜以駢語，如陽湖派所爲亦非體。按：丈《詩話》中論李蒓客文已有此説，實語病也。

唐蔚芝學問文章，皆有紗帽氣，須人爲之打鑼喝道。余作《茹經堂三集序》駁姚惜抱考訂義理詞章三分之説，而别出事功一類，即不以文學歸之也。

葉長青余所不喜，人尚聰明，而浮躁不切實。其先世數代皆短壽，長青惟有修相以延年耳。新撰《文心雕龍》《詩品》二註，多拾余牙慧。序中有斥梁任公語，亦余向來持論如此。任公專工作策論上條陳，他人萬言不能詳盡者，任公衹須用五千字，斯其絶技耳。

陳柱尊人尚好學，下筆亦快，惟大言不慚，嘗與予言，其詩有意於李杜蘇黄外别樹一幟。余笑而存之。鍾書曰："柱尊真可當土匪名士之號。"丈曰：品題極切。

結婚須用新法，舊法不知造成幾許怨耦。若余先室人之兼容德才，則譬如買彩票，暗中摸索，必有一頭獎，未可據爲典要。又如蘇堪堂堂一表，而其妻乃淮軍將領之女，禿髮跛足，侏身麻面，性又悍妒無匹。蘇堪納妾，余求一見，其妻自屏風後大吼曰："我家無此混帳東西！"蘇堪亦殊有杖落地而心茫然之意。清季國事日非，蘇戡中宵即起，託詞鍛煉筋骨，備萬一起用上陣，實就其妾宿也。爲妻所破，詬誶之聲，聞於户外。蘇戡大言欺世，家之不齊，安能救國乎！按：蘇戡香艷詩見歐陽仲濤《食字居脞談》，載《大中華》雜誌。

按：王陽明戚繼光尚懼内，蘇堪不必論矣。

女子身材不可太嬌小，太嬌小者，中年必發胖，侏肥不玲瓏矣。

少年女子自有生香活色，不必塗澤。若濃施朱白，則必其本質有不堪示人者，亦猶文之有僞魏晉體也。

晚飯後隨丈入其臥室，指吴昌碩畫軸、楊惺吾書聯謂鍾書曰：東洋人最崇拜此二人書畫。又曰：它人謂余屋内聯語多流連光景，少持家勤儉語，余自有勤儉對，人不知耳。因出示一聯云："園小栽花儉，窗虚月到勤"。自撰句而彊厂爲書者。按：余有《和牌字韻》云："醉頻中聖任耽酒，博亦猶賢偶鬥牌。"亦聖賢對之别調。

丈先後贈余詩三首，其二藏家中，遭亂，恐不可問，僅記一聯云："仍温同被榻，共對一爐灰。"蓋二十三年陰曆除夕招余與中行同到蘇州度歲也。其一則寄余海外，故在行篋中。余二十一年春在北平，得丈賜書問病，並示《人日思家懷人》詩，亦敬答一首，以少作删未入集，兹併録於後。

寄默存賢伉儷　二十四年十二月

石遺老人

青眼高歌久，於君慰已奢。
旁行書滿腹，同夢筆生花。
對影前身月，雙煙一氣霞。
乘槎過萬里，不是浪浮家。

石　語

敬簡石遺詩老　二十一年三月

默　存

新詩高妙絶躋攀，欲和徒嗟筆力孱。
自分不才當被棄，漫因多病頗相關。
半年行腳三冬負，萬卷撑腸一字慳。
那得從公參句律，孤燈懸月起癡頑。

二十一年春，丈點定拙詩，寵之以序。詩既從删，序録於左。

三十年來，海内文人治詩者衆矣，求其卓然獨立自成一家者蓋寡。何者?治詩第於詩求之，宜其不過爾爾也。默存精外國語言文字，强記深思，博覽載籍，文章淹雅，不屑屑枵然張架子。喜治詩，有性情，有興會，有作多以示余。余以爲性情興會固與生俱來，根柢閱歷必與年俱進。然性情興趣亦往往先入爲主而不自覺。而及其彌永而彌廣，有不能自爲限量者。未臻其境，遽發爲牢愁，遁爲曠達，流爲綺靡，入於僻澀，皆非深造逢源之道也。默存勉之。

以子之彊志博覽，不亟亟於盡發其覆，性情與會有不彌廣彌永獨立自成一家者，吾不信也。石遺老人書。

丈《詩話》續編有論拙詩二則，其書已行世，故不復録。余輓詩二律，已存集中，故亦不録。

石語終